庆祝世界贸易组织成立二十周年

中国法学会世界贸易组织法研究会　组织编写

WTO法与中国研究丛书

孙琬钟　总主编

寸土必争的世贸争端

孙　昭◎著

知识产权出版社

全国百佳图书出版单位

图书在版编目（CIP）数据

寸土必争的世贸争端/孙昭著．—北京：
知识产权出版社,2015.1
（WTO 法与中国研究丛书/孙琬钟总主编）
ISBN 978-7-5130-3184-4

Ⅰ.①寸…　Ⅱ.①孙…　Ⅲ.①世界贸易组织—国际贸易
—国际争端—研究　Ⅳ.①F743

中国版本图书馆 CIP 数据核字（2014）第 275485 号

内容提要

　　本书关注的是世贸争端解决案的法理和各国诉讼策略,力求通过对专家组和上诉机构报告的研读,观察世贸争端解决的体制性影响,同时试图揭示出各国之间复杂的法律对抗和政治博弈图景。世贸组织已经成立 20 年,中国也已加入世贸组织 14 年,在此期间,各国彼此的实力对比、国际经贸格局、世界经贸治理模式正在发生迅速、深刻的变化。如何善于运用国际规则,维护我国利益,成为当前刻不容缓、必须思考的重要课题。希望本书所作的案例分析,对国际经济法的实务者和研究者有所助益。

责任编辑:宋　云　　　　　　责任校对:孙婷婷
封面设计:张　冀　　　　　　责任出版:刘译文

寸土必争的世贸争端
孙　昭　著

出版发行:知识产权出版社有限责任公司　　网　　址:http://www.ipph.cn
社　　址:北京市海淀区马甸南村 1 号　　　　邮　　编:100088
责编电话:010-82000860 转 8388　　　　　　责编邮箱:songyun@cnipr.com
发行电话:82000860 转 8101/8102　　　　　　发行传真:010-82000893/82005070/82000270
印　　刷:三河市国英印务有限公司　　　　　经　　销:各大网上书店、新华书店及相关专业书店
开　　本:787mm×1092mm　1/16　　　　　　印　　张:20.25
版　　次:2015 年 1 月第 1 版　　　　　　　 印　　次:2015 年 1 月第 1 次印刷
字　　数:356 千字　　　　　　　　　　　　定　　价:49.00 元

ISBN 978-7-5130-3184-4

总　序

　　2015 年 1 月 1 日是世界贸易组织（WTO）成立 20 周年的日子，这是一个值得庆贺的时刻。

　　20 年来，世界贸易组织取得了举世瞩目的成就。虽然多哈回合谈判举步维艰，但是，2013 年底达成的"巴厘岛一揽子协议"使我们再次看到了多边贸易体制的曙光。WTO 不仅是制定自由贸易规则的平台，更是解决贸易争端的平台。成立 20 年来，WTO 受理了将近 500 件贸易争端，为世界贸易的平稳发展做出了重大贡献。尽管世界贸易组织谈判中也存在强权政治和大国利益，但在争端解决程序中，任何利益的实现都要以对规则进行合理解释为基础，这是法治社会的重要表征。毋庸置疑，WTO 是成功的，它推动了世界经济的发展，也为世界的和平与进步发挥了积极作用。

　　2001 年 12 月 11 日，中国加入世界贸易组织，成为现已拥有 160 个成员的世界贸易组织大家庭的一分子。13 年来，中国的改革开放不断深入，经济突飞猛进，社会不断进步，法制日趋完善，这与我国突破西方世界的壁垒加入到世界经济贸易的大市场是分不开的。实践充分证明，我国政府加入世界贸易组织的战略决策是英明和正确的。

　　13 年前，正当我国即将加入世界贸易组织之际，中国法学会审时度势，向中央提出报告，经朱镕基、胡锦涛、李岚清、罗干、吴仪等领导同志的同意，成立了"中国法学会世界贸易组织法研究会"。研究会的成立，为从事世界贸易组织法研究的专家学者提供了施展才能的平台，大大促进了我国对世界贸易组织法的深入研究，扩大了世界贸易组织法的影响。随着我国经济的发展以及对世界经济贸易的深入参与，世界贸易组织法在我国逐步发展成为一个具有完整理论框架和丰富案例资源的独立法学学科，中国法学会世界贸易组织法研究会也逐步发展成为我国 WTO 法律事务的智囊和人才库。

　　为了庆祝世界贸易组织成立 20 周年，中国法学会世界贸易组织法研究会将我国 WTO 专家学者的近期研究成果编辑成册，出版了这套《WTO 法与中国研究丛书》。尽管这套丛书仅仅展示了我国 WTO 法研究的一个侧面，但是，我们希望这套丛书能够为有志于 WTO 法研究的读者们提供有价值的参考和借鉴。

　　最后，我们要向为这套丛书提供出版机会的知识产权出版社表示深切的敬意！向为这套丛书的编写工作付出辛勤劳动的专家学者表示诚挚的谢意！

中国法学会世界贸易组织法研究会

2014 年 11 月 5 日

自　序

　　本书收录的大多为近 10 年的阅读笔记，本来没打算结集成册，所以写作目标很单纯，直面世贸争端裁决和各国的诉讼策略，顺带记录自己的阅读感受和思考角度，以便深化记忆。正是这样完全出于兴趣的写作，每篇文章不求对世贸争端面面俱到的介绍，所探讨的主要问题、案件选择和用力笔墨，不可避免地带有个人偏好与权衡。所作评论和所持立场也多基于个人的学习和实务经验，与其他专业研究者必然存在不同之处，甚至可能完全对立，借此首先表达歉意，我绝无意伤害和批评任何人，只是追求客观认知，独立思考，如果您看了有些观点不舒服，还请包涵。

　　最初从事国际经济法的学习，是受到我父亲的鼓励。当年在爱丁堡初步了解了世贸组织体系的基本架构之后，我告诉他，这门专业可能是个屠龙之技，好看，难学，离人间太远，应该赚不到钱。尽管父亲的经历饱含挫折，但他坚守着为国效力的理想主义精神，对家族里的晚辈严格要求，在他耳提面命之下，我虽然经常发些牢骚，仍然走上了这条道路。此后，又蒙多位前辈帮助、提携，竟然在这个领域幸存下来，看着不少杰出的同事出于各种原因，逐渐退出国际经济法领域，自己深感侥幸。同时，面对着飞速变化的国际经贸格局和层出不穷的国际法问题，又深感吃力。

　　世贸争端解决是一个媒体上热闹、实践中冷僻的法律领域。说热闹，是因为争端通常交织着经贸、政治、外交等诸多元素，吸引眼球。说冷僻，是因为现实中优秀的世贸法律专家少之又少，世贸规则长达 531 页的

核心条文（包括诸边协定）、300 多份专家组和上诉机构裁决报告，设置
了望而生畏的专业壁垒，这还未包括难以计数的各类决议、宣言、各国减
让表、承诺表、议定书、频繁引用的国际公约。中国的法律人，随着中国
加入世贸组织的那个瞬间，被不知深浅地抛入了波诡云谲的角斗场中，十
来年的国际诉讼，负多胜少，即便胜诉，能够转化为实际经济利益的案子
更少，时常还要忍受从对手、观众甚至法官席，传来的或明或暗、带有智
识优越感的冷嘲热讽。如此艰难的局面，可能是后进国家在世贸争端解决
领域的实务常态。究其原因，至少有三点观察：

其一，世贸争端解决机制缺乏立竿见影的效果。不少人认为世贸争端案
程序冗长，结果不理想，迟到的正义等于没有正义。这种观点实际上是建立
在对争端解决程序和历史先例不够了解的基础上的。从程序上看，一个完整
的世贸争端案需要经过磋商、专家组、上诉、执行、执行之诉专家组、执行
之诉上诉、报复仲裁等阶段，短则 5 年，长则 10 年。此程序设计，难以立即
挽救起诉方的短期利益，相对适合解决一些体制性关注（例如立法导致的市
场准入壁垒）。从涉案措施看，时至今日，各国已经很少有赤裸裸违反世贸规
则的做法了，大多伪装成更为复杂的非关税壁垒，或者规则表面是原产地中
立，但行政机关在实施过程中滥用自由裁量权。此项特征突出体现在贸易救
济领域，任何有关重要事项的争端，几乎都演变为旷日持久的法律博弈，外
部基准、归零、公共机构、私有化、不利推定等争议，在错综复杂的先例中，
变成了事实密集型的拉锯战，所有起诉方（加拿大、欧盟、日本、印度、巴
西等国）都面临着进退两难的窘境，只能通过数十年的诉讼，不断压缩调查
机关的自由裁量权，将各类武断的、歧视的做法，慢慢扫除于贸易救济之外。

其二，世贸争端解决经历了一个"祛魅"的过程。最初加入世贸组织时，
人们对世贸组织怀有普遍性的崇敬，随着学习和实践的深入，发现美欧在一
些案件中也会玩弄程序、有错不改，部分专家组和上诉机构裁决存在争议甚
至是错误，中国的不少起诉案件面临着"得胜而不得利"的困境，于是世贸
争端解决对部分人而言，从最初的满怀希望，跌落至失望，变得是否起诉无
所谓，是否被诉也无所谓。但这些由于期望值落差而形成的"灰心"立场，
可能忽略了一个重要事实，即尽管世贸争端解决充满各种瑕疵，它之所以能

存续至今、并发展为国际经贸领域最活跃的国际法庭，其中一个重要原因就是在全球视野中，没有比世贸争端解决更有效率、更有强制力的裁决机制。世贸争端案的裁决，不仅以合法的贸易报复作为后盾，同时占据着国际道义制高点，对任何违规的国家均有经贸利益受损、国际舆论批评的双重压力。只不过，世贸争端解决不是一剂猛药，其功能在于通过一段时间，推动各国经贸体制、国际规则逐渐变得更加透明、更加公平与更加合理。

其三，世贸争端解决的专业学习过程极为漫长。假设一名优秀的争端解决实务者，除了《马拉喀什协定》、《关贸总协定》和《争端解决谅解》，还应该至少熟悉3个部门协定，则要求该实务者至少阅读15本高质量的专业书籍，了解做出裁决的半数争端案（即需要阅读150个专家组或上诉机构报告），亦即意味着，若每年阅读2本书、20个裁决报告，需坚持7至8年。考虑到平均每个报告近200页的英文，阅读强度十分可观，这还未包括专业论文和各类研究报告，也未包括每年新增的10至20个裁决报告。这就是从事争端解决领域所需要的基本阅读量和时间投入，由于其过程漫长，专业要求苛刻，同样的精力投入，在其他领域也许早就成为业内翘楚，赚着不菲的报酬，而争端解决领域，主要的实务者（政府官员及政府聘请的律师）的待遇可能难以相提并论。所以在实践中，队伍建设缓慢，甚至人才流失也就是自然而然的现象。

但争端解决这个领域仍然吸引了一批潜心研究的法律人，最重要的原因就是他们在国际层面领略了法治的魅力，实践着为国家"维权"的职业理想。回顾《1947年关贸总协定》最初的争端，"裁决"只有一句话，没有披露程序，没有说明事实，也没有详细的法律论证。那时可能根本不需要法官和律师，只需要外交官凭借常识和妥协，就可以作出判断和决定。60多年后的今天，专家组和上诉机构报告已经不会短于百页，长的甚至千页，他们详细梳理每个重要事实和证据，认真回应当事方的每个法律主张和争议点，在听证会上从各个角度提出犀利问题，测试着当事方的法律逻辑，比较强弱，权衡利弊，最终作出裁决。这些直观感受，说明人类已经改变了国际传统的经贸争议解决方式，将历史上的铁血战争和政治对抗，转变为法庭上温文尔雅的司法诉讼，标志着世界经贸治理结构从权力导向型逐步演化为规则导向型。在这一深刻转变的过程中，参与其中的法律人，能够清楚地看到自己的学识、经验和努力，变为诉讼策略、抗辩技巧和法律文书，在争端解决中维护国家和民族利益。案件审理进程中，还可以近距离地观察到一个国际上最权威的裁决机构是如何运作的，制度是如何在司法意见中不断演变的，各国又是如何表现和应对的。所有这些，都是真切的法律实践，很艰难，又充满智慧，引人入胜，强烈地满足着法律人为国家和民族有所担当的职业理想。我想，这可能也是世贸争端解决在我国传播法治文化的一个重要途径。所以我相信世贸争端解决会像其辉煌的历史一样，有着远大前程，在世界经济治理结构中发挥更加重要的作用，中国也必然会有更多人士，学习世贸规则，关注世贸争端，从事世贸争端解决实务。

最后，也是最重要的，我希望在这篇序言里感谢我的父亲孙德斌先生和母亲沈坚女士，没有你们的严格督促、管教和支持，我不可能在国际经济法领域学习、工作至今。还要感谢我的太太李舒萌，陪我读书，陪我写作，陪我滑雪，还变成了一个不断进步的好厨娘。感谢我的领导和同事，因为你们的出色，使得我不敢懈怠。感谢我的对手们，由于你们，我学到了很多经验和教训。

2014 年 11 月 22 日于日内瓦莱蒙湖畔

目 录 CONTENTS

一、涉中国世贸争端

四、书评及其他论文

一、涉中国世贸争端

1. 战幕升起——诉美铜版纸双反初裁案[❶]

案件编号：DS368

　　这个案件让我们的感情如此纠结。它是我国遭遇的首起美国反倾销和反补贴合并调查，抗辩的主攻方向是补贴，对方却裁个国内产业无损害；不惜告上世贸争端解决机构，美国的终裁变化让人措手不及；正在总结意外的"胜诉"经验时，对方又连着发起10余起反倾销和反补贴案（以下简称双反案）。实践中的连续碰壁，不断纠正着我们对待补贴与反补贴的态度：（1）"不能对非市场经济国家发起反补贴调查"，世贸规则从来没有禁止对非市场经济体反补贴。（2）"不能对补贴和倾销双重救济"，你能证明双重救济吗？而且，这完全可以合并双反调查。（3）"反补贴技术复杂，不可能像反倾销一样泛滥"，反补贴和反倾销一样简单或复杂。我们的应对策略从不合作到有限合作，从政治交涉来点硬的，到搞点报复来点阴的，最终发现自己疲于奔命。

　　在此案中，美国商务部改变了不对非市场经济地位国家实施反补贴措施的传统做法，一方面将我国视为非市场经济国家，在反倾销调查中采取外部基准计算倾销幅度，另一方面对我国发起反补贴调查，将我国部分国内政策认定为补贴。此举引起国际广泛关注，并对我国外贸环境造成重要影响：美国已经不再限于利用反倾销措施限制我国出口贸易，而是利用反补贴措施挑战我国经济贸易管理体制，使贸易摩擦应对工作呈现出异常复杂的局面。在如此背景下，中国将美国的做法诉诸世贸组织争端解决机制，表面上是进攻战，实质上是防守战，原因是中方时刻在为中国经济体制辩护，在国际上寻求公平公正的待遇。

　　[❶]　此文曾经发表在李成钢主编：《世贸组织规则博弈：中国参与 WTO 争端解决的十年法律实践》，商务印书馆 2011 年版，有改动。

一、铜版纸世贸争端案的基本背景情况

（一）美国首次对我国发起反补贴调查

截至 2005 年年底，美国对华采取的贸易救济措施主要是反倾销措施，没有对华发起过反补贴调查。❶ 但随着美国贸易赤字的扩大，美国国会多次指责中国操纵汇率，要求对华采取反补贴措施的呼声越来越强烈。❷ 2006 年 10 月31 日，美国新页公司（NewPage Corporation）代表美国国内产业，提出针对中国、印度尼西亚和韩国进口的铜版纸的反倾销与反补贴合并调查申请，美国商务部于 2006 年 11 月 27 日决定立案，首次对华发起反倾销和反补贴（双反）调查。❸

（二）中方针对美国双反调查的应对

美国国内产业提出的双反调查申请书中包括了人民币汇率、赠款、优惠贷款、低价提供原材料、优惠税收、债务减免、外资企业所得税减免（"两免三减半"）、债转股等 13 个项目。2006 年 11 月 18 日至 22 日，中方专门组成磋商代表团赴美与美国商务部进行反补贴立案前磋商❹，向美方表明立场，详细阐述中方观点，要求其不予立案，并重点驳斥了申诉方提出的人民币汇率构成补贴项目的主张。此抗辩策略取得积极成效，美国商务部的立案公告将人民币汇率政策排除在调查范围之外。❺ 其后，我方研究填答了美方调查问卷，就美国反补贴调查的程序和实体问题作出积极抗辩。

在准备应诉的同时，2007 年 1 月 9 日，我国与涉案企业金东集团联合就

---

❶ 据 WTO 统计，1995～2006 年，美国对华发起反倾销调查 61 起，采取反倾销措施 50 起，未发起过反补贴调查。

❷ Vivian C. Jones, Foreign Affairs, Defense, and Trade Division, "Trade Remedy Legislation: Applying Countervailing Action to Nonmarket Economy Countries", Congressional Research Service Report RL33550, January 31, 2008.

❸ US Department of Commerce, Notice of Initiation of Countervailing Duty Investigations: Coated Free Sheet Paper From the People's Republic of China, Indonesia, and the Republic of Korea, [C – 570 – 907, C – 560 – 821, C – 580 – 857], Federal Register/Vol. 71, No. 227/Monday, November 27, 2006/Notices, 68546. Initiation of Antidumping Duty Investigations: Coated Free Sheet Paper from Indonesia, the People's Republic of China, and the Republic of Korea, [A – 560 – 820, A – 570 – 906, A – 580 – 856], Federal Register/Vol. 71, No. 227/Monday, November 27, 2006/Notices, 68537.

❹ 根据《补贴与反补贴措施协定》（以下简称《补贴与反补贴协定》）第 13.1 条，进口国 "应邀请"（shall be invited for consultation）产品可能接受调查的出口国进行磋商。

❺ 美国商务部以申请人举证不充分为由，拒绝调查其主张的操纵汇率补贴项目。See US Department of Commerce, Notice of Initiation of Countervailing Duty Investigations: Coated Free Sheet Paper From the People's Republic of China, Indonesia, and the Republic of Korea, [C – 570 – 907, C – 560 – 821, C – 580 – 857], Federal Register/Vol. 71, No. 227/Monday, November 27, 2006/Notices, 68546.

管辖权问题将美反补贴立案诉至美国国际贸易法庭（CIT），认为美国商务部无权对非市场经济国家发起反补贴调查，应终止有关程序。美国国际贸易法庭采取了快速程序❶，2007 年 3 月 29 日，美国国际贸易法庭裁决支持了美方的立场，认为美国商务部发起的反补贴调查未超越权限，现有美国法未排除非市场经济国家，乔治城钢铁案只是认可了美国商务部"充分的自由裁量权"。❷

（三）美国商务部裁决结果

2007 年 3 月 30 日，美国商务部作出肯定性初步裁定，认定中国政府向铜版纸生产者和出口商提供了补贴，决定对对华出口的铜版纸实施临时反补贴措施，根据认定的补贴率，两家强制应诉企业江苏金东纸业公司和晨鸣纸业公司的保证金率分别为 20.35% 和 10.90%，其他企业为18.16%。❸ 2007 年 5 月 29 日，美国商务部对反倾销调查作出肯定性初步裁决，认定我国企业存在 23.19% ~99.65% 的倾销幅度，征收相应比例的保证金。❹ 反倾销和反补贴初裁以后，美国商务部继续调查。2007 年 6月 13 日，晨鸣纸业公司退出反补贴调查。2007 年 7 月 11 日至 28 日，美国商务部对我国企业进行实地核查。2007 年 10 月 17 日，美国商务部作出终裁，维持了反倾销和反补贴肯定性初裁结论。在反补贴裁决中，美国商务部认为晨鸣纸业公司拒绝配合调查，对其采取了不利推定，反补贴税率从初裁的 10.90% 升至终裁的 44.25%；金东纸业公司的反补贴税率从初裁的 20.35% 降至终裁的 7.40%。❺ 在反倾销裁决中，美国商务部最终裁定倾销幅度为 21.12% ~99.65%。❻

---

❶　Dan Neumann, "CIT Sets Expedited Schedule For Preliminary Injunction Request In China CVD Case", Inside U. S. China Trade, posted on January 17, 2007.

❷　Government of the People's Republic of China v. United States, 483 F. Supp. 2d 1274, 1276, Court of International Trade, March 29, 2007.

❸　US Department of Commerce, Coated Free Sheet Paper From the People's Republic of China: Amended Preliminary Affirmative Countervailing Duty Determination, ［C – 570 – 907］, 72 FR 17484 – 17498, April 9, 2007.

❹　US Department of Commerce, Preliminary Determination of Sales at Less Than Fair Value and Postponement of Final Determination: Coated Free Sheet Paper from the People's Republic of China, ［A – 570 – 906］, 72 FR 30758, June 4, 2007.

❺　US Department of Commerce, Coated Free Sheet Paper from the People's Republic of China: Final Affirmative Countervailing Duty Determination, 72 FR 60645, October 25, 2007.

❻　US Department of Commerce, Final Determination of Sales at Less Than Fair Value: Coated Free Sheet Paper from the People's Republic of China, ［A – 570 – 906］, 72 FR 60632, October 25, 2007.

二、我国将美国诉诸世贸组织的过程

2007 年 9 月 14 日，我国就美国商务部铜版纸反倾销和反补贴初裁决定提出磋商请求❶，主要关注 3 个方面：（1）补贴专向性问题，包括外资企业税收优惠措施和国有银行政策性贷款的专向性；（2）政策性贷款的利益计算及外部基准问题；（3）反倾销措施和反补贴措施针对补贴的双重救济问题。❷ 我方主张美国临时措施违反了《补贴与反补贴协定》第 1、第 2.1、第 14、第 17 和第 19 条，以及《反倾销协定》第 7 条和第 9 条。

铜版纸案是我国在世贸组织单独起诉美国贸易限制措施的第一起案件，因此在起诉策略的选择上作了认真准备和详细论证，其中的一个重要问题是起诉对象，即中国究竟应该起诉美国商务部的初裁决定还是终裁决定。在铜版纸案之前，曾经有 12 起世贸争端涉及贸易救济案件的初裁决定或临时措施，只有加拿大起诉的美国—软木Ⅲ案（US—Softwood Lumber Ⅲ）发布了专家组报告❸，其他案件均未推进下去。❹ 起诉初裁的理由主要是以法律手段表达关注和形成威慑，但这种做法具有两个明显缺点：第一，即便取得胜诉，

---

❶ Request for Consultations by China, United States—Preliminary Anti-Dumping and Countervailing Duty Determination on Coated Free Sheet Paper from China, WT/DS368/1, 18 September 2007.

❷ 值得注意的是，铜版纸案的争议并不仅限于这些问题，还包括将我国有企业（商业银行）视为公共机构、信用不良公司及其贷款利率的认定、关联公司认定及其利益归属等事项。US Department of Commerce, Issues and Decision Memorandum for the Final Determination in the Countervailing Duty Investigation of Coated Free Sheet from the People's Republic of China, C‑570‑907, Investigation, Public Document, Office 1: DL/DEN. See Comments 12 and p. 4.

❸ Panel Report, United States—Preliminary Determinations with Respect to Certain Softwood Lumber from Canada (hereinafter "US—Softwood Lumber Ⅲ"), WT/DS236/R, 27 September 2002.

❹ 在我国铜版纸案（DS368）之前，除去 US—Softwood Lumber Ⅲ（DS236）案，其余 11 起争端如下：DS182 Ecuador—Provisional Anti-Dumping Measure on Cement from Mexico（Complainant: Mexico）；DS216 Mexico—Provisional Anti-Dumping Measure on Electric Transformers（Complainant: Brazil）；DS226 Chile—Provisional Safeguard Measure on Mixtures of Edible Oils（Complainant: Argentina）；DS247 United States of America—Provisional Anti-Dumping Measure on Imports of Certain Softwood Lumber from Canada（Complainant: Canada）；DS260 European Communities—Provisional Safeguard Measures on Imports of Certain Steel Products（Complainant: United States of America）；DS272 Peru—Provisional Anti-Dumping Duties on Vegetable Oils from Argentina（Complainant: Argentina）；DS314 Mexico—Provisional Countervailing Measures on Olive Oil from the European Communities（Complainant: European Communities）；DS324 United States of America—Provisional Anti-Dumping Measures on Shrimp from Thailand（Complainant: Thailand）；DS338 Canada—Provisional Anti-Dumping and Countervailing Duties on Grain Corn from the United States（Complainant: United States of America）；DS351 Chile—Provisional Safeguard Measure on Certain Milk Products（Complainant: Argentina）。此外，在 DS368 结束以后，欧盟也曾将中国的紧固件反倾销临时措施诉诸世贸组织，但截至 2011 年 2 月 18 日尚未推进，见 DS407 China—Provisional Anti-Dumping Duties on Certain Iron and Steel Fasteners from the European Union（Complainant: European Union），合计 14 起世贸争端涉及贸易救济临时措施。

也是"空洞的胜利"（hollow victory），对方可以完全不执行专家组裁决，因为终裁措施取代了初裁措施，违规的初裁措施已经终止；第二，起诉方过早暴露了诉讼策略，对方可以在终裁决定中改正、完善裁决理由，增加后续诉讼难度。

在美国软木Ⅲ案中，加拿大之所以选择起诉初裁，主要基于两点理由：一是加拿大在起诉前准备充分，打算一旦美国商务部发布初裁决定，即提出磋商请求；二是加拿大寄希望于依据《关于争端解决规则与程序的谅解》（以下简称《争端解决谅解》或DSU）第4.8条，采用快速磋商程序（expedited consultations）迅速解决争端，防止木材厂倒闭。但最终结果是，专家组报告发布日期比美国终裁日期晚了近半年❶，以致即便加拿大获得了胜诉，也没有丝毫法律效果。在执行过程中，加拿大没有提起报复授权。直至2006年，加拿大与美方达成双边协议，软木系列争端才算告一段落。❷ 基于以上考虑，我国可选择的诉讼策略是在初裁阶段提交磋商请求，表达关注，但立足于打终裁，预计美国将在与我国磋商期间发布其最终裁决报告，如果未修正其初裁中的歧视性做法，我国届时完全可以就终裁向美国再次提交补充磋商请求，将美国终裁措施纳入磋商范围，进行磋商并申请设立专家组。

三、最终结果：美国国际贸易委员会作出无损害裁决

2007年12月7日，美国国际贸易委员会6名委员以5比1的投票❸，就铜版纸双反案作出无损害裁决，认为自中国、印度尼西亚和韩国进口的低价铜版纸未对美国产业造成实质性损害。❹ 从美国国际贸易委员会公开的资料来看，损害调查期内（2004～2006年），美国国内产业产量从484万吨增至497万吨，销售量从469万吨增至497万吨，销售额从38.5亿美元增至39.9亿美元，毛利润从亏损2.4亿美元变为盈利1.7亿美元，

---

❶ 2001年8月9日，美国商务部作出初步裁定；加拿大于2001年8月21日提出磋商请求，9月17日举行磋商，10月25日设立专家组；美国商务部2002年3月21日作出最终裁定；专家组报告发布时间为2002年9月27日。

❷ See the Notification of Mutually Agreed Solution，WT/DS236/5，16 November 2006. 软木争端的其他系列案件报复授权请求参见：WT/DS257/16，WT/DS264/17 and WT/DS277/9.

❸ Commissioner Charlotte R. Lane dissenting，see，Coated Free Sheet Paper from China，Indonesia，and Korea：Investigation Nos. 701 - TA - 444 - 446（Final）and 731 - TA - 1107 - 1109（Final）（hereinafter "USITC CFS Paper Report"），Publication 3965，December 2007，p. 29.

❹ International Trade Commission，Federal Register，Coated Free Sheet Paper From China，Indonesia，and Korea，［Investigation Nos. 701 - TA - 444 - 446（Final）and 731 - TA - 1107 - 1109（Final）］/Vol. 72，No. 239/Thursday，December 13，2007/Notices，70892.

现金流从净流出 0.7 亿美元变为净流入 2.9 亿美元，铜版纸价格始终在 1300 美元/吨上下波动，国内产业的市场份额也比较稳定。❶ 这些公开的数据说明，美国国际贸易委员会在此案中没有明显滥用自由裁量权，其结论是符合案件事实的。由于此无损害裁决，美国撤销了临时措施，我国没有继续推进世贸争端程序。

四、对铜版纸案的评价

铜版纸双反案开启了美国针对非市场经济国家采取双反措施的先例，出现了一幅奇怪的图景：中国经济，"市场化"地足以用外部基准计算补贴额，但同时又"不市场化"地必须用外部基准计算倾销幅度。很无奈，这个论断从法律技术上是可能成立的，反倾销的外部基准是《中国加入WTO 议定书》（以下简称《加入议定书》）承认的❷，反补贴的外部基准是《补贴与反补贴协定》允许的。❸ 不过，美国为实现这个貌似分裂的结论做了精心准备，主要体现在 3 个方面：一是倾朝野之力，形成对华采取反补贴措施的政治共识；二是克服国内限制反补贴措施范围的法律障碍；三是全力渲染中国非市场经济地位的形象，并与政治问题挂钩，让中国难以摆脱制约。

（一）全美形成对华反补贴的意愿

早在中国加入世贸组织谈判时，美国就在相关法律文件中埋下了对华反补贴的伏笔。《加入议定书》第 15（b）条规定，美国对华反补贴可以采用外部基准，且没有时间限制。❹ 这个条款与是否承认中国的市场经济地位没有关系，即美国可以在任何时候对华发起反补贴调查，并在特定情况下适用外部基准。2000 年 10 月 10 日，根据美国国会通过的《与中国的永久正常贸易关系法》，美国商务部可以对中国实施反倾销和反补贴措施。❺ 此后，由于贸易赤字逐步扩大，美国国内多次指责我国操纵人民币、对出口产品提供补贴，

---

❶ USITC CFS Paper Report，IV – 15，table V – 3，VI – 1 and p. 14.

❷ Protocol on the Accession of the People's Republic of China，WT/L/432，23 November 2001，Article 15.

❸ 《补贴与反补贴协定》第 14 条。See Appellate Body Report，United States—Final Countervailing Duty Determination with Respect to Certain Softwood Lumber from Canada，WT/DS257/AB/R，adopted 17 February 2004，paras. 77 – 122.

❹ Article 15（b），Protocol on the Accession of the People's Republic of China，WT/L/432，23 November 2001.

❺ Section 413，"Normal Trade Relations for the People's Republic of China"，114 STAT. 880，Public Law No. 106 – 286 – OCT. 10，2000，106th Congress，（hereinafter "NTR Legislation"）.

要求对我国实施反补贴措施。2005 年前后（第 109 届国会期间），美国国会
多次尝试推动立法，先后提交过《美国贸易权利执行法案》❶《2005 年与中国
的公平贸易法案》❷ 和《2005 年中国货币法案》❸，试图将反补贴措施适用于
非市场经济国家（尤其是中国），但没有获得通过。第 110 届国会期间，美国
国会议员又先后提交 5 个法案，欲对华实施反补贴措施。❹ 在这样的政治背景
中，布什政府也有所行动。2006 年 12 月 15 日，美国商务部在《联邦纪事》
发布公告，就是否可以对中国产品实施反补贴措施征求公众意见。❺ 美国商务
部此举获得其国内产业的热烈回应，美国钢铁、农业、零售、纺织、水泥、
冶金、化工、机械制造等行业协会及各类商会、劳工组织纷纷表示支持对华
采取反补贴措施。❻ 美国共收到 47 份评论意见，其中只有中国商务部、美国
贝克豪思律所、中国金东纸业公司和金华盛纸业公司（两家公司联合提出）
等 3 份评论意见反对美国改变传统做法。❼ 2007 年 1 月 16 日和 19 日，美国国
会 9 名参议员和 32 名众议员分别致函美国时任商务部长古铁雷斯，强烈要求

---

❶ United States Trade Rights Enforcement Act, H. R. 3283, 109ᵗʰ Congress 1ˢᵗ Session, July 14, 2005；S. 1421, July 19, 2005.

❷ Fair Trade with China Act of 2005, H. R. 3306, 109ᵗʰ Congress 1ˢᵗ Session, July 14, 2005.

❸ Section 3 of Chinese Currency Act of 2005, H. R. 1498, 109ᵗʰ Congress 1ˢᵗ Session, April 6, 2005.

❹ Five bills seeking to apply countervailing duty law to NME countries have been introduced in the 110th Congress to date：S. 364 (Rockefeller, introduced January 23, 2007)；H. R. 708 (English, introduced January 29, 2007)；H. R. 782 (Ryan/Hunter, introduced January 31, 2007) and its companion bill S. 796 (Bunning/Stabenow, introduced March 7, 2007)；and H. R. 1229 (Davis/English, introduced February 28, 2007). H. R. 571 (Tancredo, introduced January 18, 2007), seeks to apply additional tariffs on all imports from designated NME countries.

❺ US Department of Commerce, International Trade Administration, Application of the Countervailing Duty Law to Imports From the People's Republic of China：Request for Comment, Federal Register/Vol. 71, No. 241/Friday, December 15, 2006/Notices, 75507.

❻ 其中比较有代表性的组织包括：American Iron and Steel Institute, Committee to support US Trade Laws, Copper & Brass, Southern Shrimp Alliance, PC Strand Coalition, American Furniture Manufactures Committee for Legal Trade, Southern Tier Cement Committee, Polyethylene Retail Carrier Bag Committee, National Council of Textile Organizations, Polyurethane Foam Association, Society of the Plastics Industry, The Association for Manufacturing Technology 等。根据可查询的美国商务部接收的评论意见，美国制造业全部支持对华采取反补贴措施，目前没有看到反对意见。

❼ Bureau of Fair Trade for Imports and Exports, "Whether the Countervailing Duty Law Should Be Applied to Imports from China：Comments of the Bureau of Fair Trade for Imports and Exports of the Ministry of Commerce, the People's Republic of China"；Baker and Hostetler LLP., Gold East Paper (Jiangsu) Co., Ltd. and Gold Hua Sheng Paper Co., Ltd., Comments on Application of Countervailing Duty Law to Imports from China, Public Documents, January 16, 2007.

对华实施反补贴措施。❶ 从这些事实来看，2006 年前后，对华发起反补贴调查不是某几个国会议员的鼓噪，也不是右翼势力的强权政治，而是全美国的主流意见，其国会、政府、产业界均希望对华发起反补贴调查，铜版纸案只是恰巧地出现在那个时间段。

（二）从自由裁量权角度克服国内法障碍

不对非市场经济国家采取反补贴措施，是美国商务部长期以来的政策。❷ 1986 年 9 月 18 日，美国上诉巡回法院在乔治城钢铁案（Georgetown Steel）中支持了美国商务部不对非市场经济国家采取反补贴措施的结论。❸ 1992 年，美国商务部先后两次拒绝针对中国的反补贴调查申请，分别为镀铬螺栓轮锁案和摇头吊式风扇案。❹ 时隔 20 年以后，美国欲对仍然作为非市场经济国家的中国发起反补贴调查，首先要克服国内法障碍，即克服乔治城钢铁案的裁决。当时此案的主要争议是：自前苏联和民主德国等非市场经济国家出口的碳酸钾所享受的经济奖励和利益，是否构成美国法项下的"奖金"（bounty）或"赠与"（grant）？❺ 为了回答这个问题，上诉巡回法院主要有 3 条理由❻：（1）回顾了美国 1897 年制定的反补贴法的立法宗旨，认为反补贴法的宗旨是补偿"不公平的竞争优势"（unfair competitive advantage），非市场经济国家的出口是为了挣取硬通货，并不构成反补贴法规范的"不公平的竞争优势"。❼（2）美国国会意图为，通过制定反倾销规则限制非市场经济的出口产品。根据《1974 年贸易法

---

❶ Letter to USDOC Secretary, "Re: Application of the Countervailing Duty Law to Imports from the People's Republic of China—Request for Comment", January 16, 2007. Letter to USDOC Secretary Gutierrez, January 19, 2007, available on Inside US Trade, visited on July 18, 2011.

❷ Written by Harry L. Clark, Kevin M. Dempsey and Joyce C. Koo, "Movement Towards a U. S. Countervailing Duty Remedy for Chinese Goods That Are Found to be Subsidized", [2007] Int. T. L. R., ISSUE 6, SWEET & MAXWELL LIMITED, pp. 136 – 143.

❸ Georgetown Steel Corp. v. United States, 801 F. 2d 1308, 8 ITRD 1161, 4 Fed. Cir. (T) 143, (hereinafter "Georgetown Steel"), Sept. 18, 1986.

❹ Rescission of Initiation of Countervailing Duty Investigation and Dismissal of Petition: Chrome – Plated Lug Nuts and Wheel Locks From the People's Republic of China (PRC), 57 FR 10459 (March 26, 1992); and Final Negative Countervailing Duty Determinations: Oscillating and Ceiling Fans From the People's Republic of China, 57 FR 24018 (June 5, 1992).

❺ Georgetown Steel, part Ⅲ.

❻ 除了以下将涉及的三点支持性理由，美国上诉巡回法院还回应了法庭之友（amici curiae）的意见（主张反补贴规则应适用于非市场经济国家，因为其经济扭曲最为严重），认为国会是通过反倾销法来制约非市场经济国家的不公平低价销售行为。

❼ Georgetown Steel, part Ⅲ A. 巡回法庭援引了 Zenith 案最高法院的裁决，见 437 U. S. at 455 – 56, 98 S. Ct. at 2448.

案》和《1979 年贸易协定法案》，国会制定了明确的法律条款，以替代国方法（surrogate country method）救济非市场经济国家倾销出口产品造成的影响。❶ 与此同时，在修订反补贴规则时，国会没有提及非市场经济问题。（3）在美国诉詹尼士广播公司案❷中，海关和专利上诉法院认为"行政机关在决定是否存在'奖金'或'赠与'时，具有充分的自由裁量权（broad discretion）"，巡回上诉法院同意此判断，认为美国行政机关的裁决并非不合理，没有滥用自由裁量权。❸ 依据以上 3 条理由，法院维持了美国商务部的做法，不对非市场经济国家适用反补贴措施。

今天重新回顾此案，发现美国上诉巡回法院的裁决有些模棱两可。其第一条和第二条理由实际上否定了美国反补贴法适用于非市场经济地位的可能性，但是第三条理由则给美国行政机关留下了操作空间。因此，如何解读乔治城钢铁案的裁决，直接影响到如何选择多边和双边诉讼策略及法律主张。中国主张，美国调查机关无权对非市场经济国家发起反补贴调查，美国商务部的做法违反了其国内法。❹ 美国认为，上诉巡回法院只是认可了调查机关的自由裁量权，美国有权对非市场经济地位国家发起或不发起反补贴调查。❺ 在如此背景下，如前所述，我国采取了多双边相互配合的诉讼思路，一方面准备将美国双反措施诉诸世贸组织争端解决机制，另一方面也推进了美国国内司法程序，将美国商务部反补贴调查起诉至美国国际贸易法庭。由于美国国际贸易法庭最终依据"自由裁量权"作出了维持美国商务部做法的裁决❻，我国在此案中的后续诉讼重心转移至世贸争端解决。

---

❶ 19 U. S. C. Sec. 164（c）（1976）and 19 U. S. C. Sec. 1677b（c）（1982）.

❷ United States v. Zenith Radio Corp. , 562 F. 2d 1209, 1219（CCPA 1977），aff 'd, 437 U. S. 443, 98 S. Ct. 2441, 57 L. Ed. 2d 337（1978）.

❸ Georgetown Steel, part Ⅲ（D）.

❹ 商务部新闻办公室，"商务部新闻发言人崇泉就美对我铜版纸反补贴立案发表谈话"，2006 年 11 月 21 日，载 http：//www. mofcom. gov. cn/aarticle/ae/ag/200611/20061103814679. html，2011 年 2 月 17 日访问。

❺ US Department of Commerce, "Countervailing Duty Investigation of Coated Free Sheet Paper from the People's Republic of China—Whether the Analytical Elements of the Georgetown Steel Opinion are Applicable to China's Present—Day Economy. " C –570 –907, Investigation, Public Document, March 29, 2007.

❻ 我国部分专家也持有与国际贸易法庭类似的观点，认为乔治城钢铁案只是认可了商务部的自由裁量权，并不意味着美国法律禁止了对非市场经济国家发起反补贴调查。参见郭策："WTO 贸易救济规则——补贴与反补贴"，2008 年 11 月 12 日，载 http：//ielaw. uibe. edu. cn/html/mingshijiangtang/jingmaofalvboshiluntan/20081112/11122. html，2011 年 2 月 18 日访问。

（三）将市场经济地位与政治问题挂钩

为了能够同时对华采取反倾销和反补贴措施，美国商务部做了系统性的技术准备。在铜版纸案前夕（2006 年 5 月 15 日和 8 月 30 日），美国商务部利用对华文具纸（Lined Paper）反倾销调查（A－570－901）的机会，分别作出两个关于中国市场经济地位的备忘录❶，全面评估了中国市场经济的转型特征。根据美国国内法，认定某国是否具备市场经济地位时，应当考察以下 6 个方面：

（1）货币兑换的程度；

（2）劳工与管理层就工资的自由议价程度；

（3）合资企业与外国投资的准入程度；

（4）政府所有权或控制生产手段的程度；

（5）政府资源分配、价格、生产决策的管制程度；

（6）其他合适的因素。❷

美国商务部逐一分析各项因素时，简单肯定了中国市场化进程发生的变化，但更多关注了中国政府对经济的管理和调控。第一，关于货币兑换，美国援引了国际货币基金组织等国际组织的报告，认为人民币汇率事实上与美元挂钩，定期干预银行间外汇交易市场（FOREX），银行不能独立决定买卖人民币。❸ 同时，我国资本账户的人民币兑换仍然受到限制，合格的境内机构投资者（QDII）和合格的境外机构投资者（QFII）才能进行海外或国内投资，这显著控制了国际资本流动。❹ 第二，关于工资的自由议价，美国认为，根据《中华人民共和国工会法》（以下简称《公会法》）❺，工人不能自由缔结工会

---

❶　US Department of Commerce, "The People's Republic of China (PRC) Status as a Non-Market Economy" (hereinafter "The May NME Memo"), May 15, 2006. "Antidumping Duty Investigation of Certain Lined Paper Products from the People's Republic of China ("China") —China's status as a non-market economy" (hereinafter "The August NME Memo"), August 30, 2006, A－570－901, Investigation, Public Document.

❷　771 (18) (B) of the Tariff Act of 1930, it requires that the Department take into account: "1. the extent to which the currency of the foreign country is convertible into the currency of other countries; 2. the extent to which wage rates in the foreign country are determined by free bargaining between labor and management; 3. the extent to which joint ventures or other investments by firms of other foreign countries are permitted in the foreign country; 4. the extent of government ownership or control of the means of production; 5. the extent of government control over the allocation of resources and over the price and output decisions of enterprises; and, 6. such other factors as the administering authority considers appropriate."

❸　See Annual Report on Exchange Arrangements and Exchange Restrictions (Washington, DC: International Monetary Fund, 2005), p. 225. Economist Intelligence Unit, Viewswire, China Economy: Rising heat on the currency to cool the economy, July 11, 2006. 转引自 The August NME Memo, p. 11.

❹　The August NME Memo, pp. 9－13.

❺　《工会法》，1992 年 4 月 3 日第七届全国人民代表大会（以下简称全国人大）第五次会议通过，主席令第 57 号公布，自公布之日起施行。

组织，没有途径批准或否决集体合同，很少有机会影响工资谈判过程，缺少正式的针对工会事项的决策或投票权，缺少罢工和示威权。同时，户籍制度影响了劳动力的自由流动。❶ 第三，关于外商投资事项，美国认为中国要求所有外商投资须符合《外商投资产业指导目录》。❷ 该目录将产业分为鼓励类、允许类、限制类和禁止类，禁止类包括文化、传媒、军事、国家安全等领域，限制类包括农业、纺织、石油、医药、部分采掘、通信和通信设备、运输、金融和银行业等领域。产业目录的区分影响了外商投资，将外商投资引导至出口导向型产业和特定地区，扭曲了市场。❸ 第四，关于政府所有权，美国认为国有企业主导了中国的能源、国防、冶金、汽车、交通和通信等核心产业，政府推进了产业整合；国有企业的高级管理人员任命权仍存在干预；国有企业的效率只有私营部门的一半左右，资产回报率低下。❹ 此外，美国还讨论了中国的土地使用权，援引了《中华人民共和国宪法》（以下简称《宪法》）说明中国禁止私人拥有土地所有权，只是区分了土地使用权❺，仍然存在土地征收、非法土地交易、土地行政划拨等现象，财产权保护不够。❻ 第五，关于生产控制和价格管制，美国全面分析了中国贸易和投资环境，认为《中华人民共和国价格法》（以下简称《价格法》）仍然维持了政府指导价、政府定价等控制价格的方式❼；《加入议定书》附件 4 所列的烟草、天然气、药品等物资由政府定价；美国还援引了大量国际组织和研究机构的报告和文献，认定国有商业银行主导了中国的金融系统，人民银行设定了存款利率的上限和贷款利率的下限，扭曲了存贷款市场❽；商业银行贷款利率差别较小，资本和债券

---

❶　The August NME Memo, pp. 18 – 20. 美国在作出以上论述时，大量援引了 OECD（经合组织）的报告、《2004 年人权国别报告》和大量有关中国的负面新闻报导。

❷　美国引用的是《外商投资产业指导目录（2004 年修订版）》，国家发展改革委、商务部令 24 号，2004 年 11 月 30 日。

❸　The August NME Memo, pp. 27 – 33.

❹　Economic Survey of China（Paris：Organization of Economic Cooperation and Development, 2005），pp. 86 – 98.

❺　《宪法》第 10 条："城市的土地属于国家所有。农村和城市郊区的土地，除由法律规定属于国家所有的以外，属于集体所有；宅基地和自留地、自留山，也属于集体所有。国家为了公共利益的需要，可以依照法律规定对土地实行征收或者征用并给予补偿。任何组织或者个人不得侵占、买卖或者以其他形式非法转让土地。土地的使用权可以依照法律的规定转让。一切使用土地的组织和个人必须合理地利用土地。"

❻　The August NME Memo, pp. 44 – 46.

❼　《价格法》，1997 年 12 月 29 日第八届全国人民代表大会常务委员会（以下简称全国人大常委会）第二十九次会议通过，中华人民共和国主席令第 92 号公布，第 22 ~ 25 条。

❽　The May NME Memo, pp. 4 – 8.

市场规模不足，发展不充分，中国政府对国有商业银行大笔注资❶；美国还主张，中国政府是国有企业是否破产的重要决策人，执行《中华人民共和国企业破产法》时过于侧重保护就业，而忽略了债权人利益；知识产权侵权行为较多；城乡经济发展差距较大，资源分配不均，东南部地区对投资更具吸引力❷；中央政府强制整合汽车产业，钢铁产业产能严重过剩，产业政策降低了生产效率。❸ 第六，有关其他因素，美国还调查了中国法治状况、腐败等因素。最后，美国根据以上证据作出结论，认为中国没有摆脱命令经济（command economy），而是在制定政府计划时引入了一些市场要素，在一些领域淡化了国家干预，而在另外一些领域保留了国家控制，仍然属于非市场经济国家。❹

这两个备忘录几乎汇总了世界上对中国经济的所有负面评价，并产生了深远影响：首先，在不改变非市场经济地位性质的前提下，建立起针对中国实施双反措施的理论框架和预设前提。美国商务部在后续贸易救济案件（例如铜版纸案）中，一旦遇到非市场经济的争议，就立即援引这两个备忘录，否定中方的市场经济地位申请。❺ 严格来说，美国商务部的论述及其所依据的证据有真有假，有来源无法核实的，有推理错误的，这些因素单独来看都不构成非市场经济地位的决定性因素，例如，各国在面临金融危机的时候均要采取经济刺激措施，给信用不良企业注资。❻ 但把中国从其他国家中分离出

---

❶ 这些国际组织的研究和报告包括：ADB TA To Help Improve Financial Services To Rural Poor In Two PRC Provinces（Manila：Asian Development Bank，March 1，2005）；Economic Survey of China（Paris：Organization for Economic Cooperation and Development，2005）；Finance and Development，Next Steps for China（Washington，DC，International Monetary Fund，September 2005）；Banking Reform in China：Catalyzing the Nation's Financial Future（Milken Institute，February 2004）；Merhan，Hassanali and Quintyn，Marc，Financial Reform in China（Washington，DC：Finance & Development，International Monetary Fund，March 1996）；The Singapore Law Society，China Business Law：A Guide for Lawyers and Entrepreneurs（Singapore，Sweet & Maxwell Asia，2003）。美国还援引了部分新闻报导，有的材料目前难以查阅，其真实性仍待检验。

❷ China：Facilitating Investment and Innovation：A Market Oriented Approach to Northeast Revitalization（Washington，DC：The World Bank，February，2006），and China：Integration of National Product and Factor Markets（Washington，DC：The World Bank，June 13，2005），pp. 44，52 – 53. See The August NME Memo pp. 70 –72.

❸ 美国所指的产业政策包括：《汽车产业发展政策》，国家发展改革委2004年第8号令，2004年5月21日；《钢铁产业发展政策》，国家发展改革委2005年第35号令，2005年7月8日。

❹ The August NME Memo，pp. 80 – 82.

❺ US Department of Commerce，Issues and Decision Memorandum for the Final Determination in the Less than Fair Value Investigation of Coated Free Sheet Paper from the People's Republic of China（PRC），A –570 –906，POI：04/01/06 –09/30/06，Public Document，AD/CVD 04：MZ/DJ，pp. 6 –9.

❻ CRS Report，"The Global Financial Crisis：Analysis and Policy Implications"，Dick K. Nanto（Coordinator Specialist in Industry and Trade），October 2，2009，RL34742，pp. 39 – 40.

来，同时汇总这些问题，则具有一定伪装性，掩饰了非市场经济地位在反倾销活动中容易导致滥用贸易救济措施的行为。其次，这两个备忘录表面上探讨的是中国经济的转型特征，最终落脚点却是中国的货币政策、金融管理体系、国有经济体制、土地所有制、户籍制度、外资管理体制、产业政策、知识产权保护、劳工标准与人权、法治环境与贪污腐败等敏感问题，每一处争议都涉及中国政治、经济、社会等根本管理体制，也是中国短期内无法改变的事实。这些论述表明，在市场经济问题上，美国已经绝不只是挑刺中国经济管理方式，而是要把政治矛盾、意识形态冲突全部隐藏于经济问题，通过经济手段实现其复杂而隐晦的政治目的。其三，美国援引的材料来自世贸组织、经合组织、国际货币基金组织和世界银行等国际机构，还援引了很多独立的研究机构学术成果和媒体报道，且这些材料的形成时间横跨近 20 年。这充分表明美国苦心经营，目前已经抢占国际舆论制高点，在国际层面形成了对我国的立体式包围，占据了全面优势。只有清醒地认识到以上三点，才能深刻理解"非市场经济地位之争"不是一个单纯的法律和经济问题，而是美国赖以制衡中国的政治手段，如此才能更加谨慎地思考我们在世贸组织中所能采取的合适策略。❶

　　尽管铜版纸案的最终结果表面上符合中方利益，但美国商务部的争议做法却没有停止，依然在后续的双反案件中反复出现，因此，中美之间的交锋远没有结束，只是刚刚拉开了序幕。

---

❶ 部分国内产业业内人士、学者和实务界人士多次主张将非市场经济问题诉诸世贸组织争端解决机制，参见"纸企联合申诉美国，要求给予产业市场化地位"，载 http://news.163.com/10/0513/13/66IMKTHD00014AED.html. 如果按其主张，在世贸组织起诉，我国将面临极多的不利证据和匮乏的法律依据。

2. 峰回路转的胜利

——诉美双反措施案❶

案件编号：DS379

  我国诉美国反倾销和反补贴世贸争端案是一场艰苦的诉讼，美国经过充分的准备，在将我国视为非市场经济国家的情况下，同时发起反倾销和反补贴（双反）调查，累积征收反倾销税和反补贴税，恶化了我国出口贸易的市场环境。为了维护中国企业的出口利益与合法权益，我国将美国4起双反措施诉诸世贸争端解决机制，制定了直击要害的诉讼策略，着重解决公共机构、双重救济等体制性关注，挑战美方错误的法律标准。整个诉讼进程曲折反复，专家组机械地解释法条，驳回了中方主要诉求，但上诉机构推翻了专家组结论，在核心问题上支持了中方，我方获得胜诉。由于此案是我国首次在世贸组织单独挑战美贸易限制措施，引起了我国国际贸易法律界的高度重视，中方团队与各部门通力合作，形成抗辩立场，还在北京和上海多次召开专家论证会，精心推敲攻防方案，聘请国际权威学者为中方完善书面陈述，甚至出庭辩护。❷ 在专家组就核心问题的裁决于我国不利的逆境中，我国诉讼团队坚定信心，坚韧不拔地赢得最终胜利，积累了宝贵的多边诉讼经验。

---

  ❶ 此文曾经发表在李成钢主编：《世贸组织规则博弈：中国参与 WTO 争端解决的十年法律实践》，商务印书馆 2011 年版，有改动。

  ❷ 此案得到众多专家的关心。中国法学会世贸组织法研究会、对外经贸大学、复旦大学、华东政法大学、清华大学、人民大学、上海对外贸易学院、上海 WTO 研究中心、厦门大学、中国政法大学等研究院所的专家多次提出具有贡献意义的评论意见，协助诉讼团队完善立场。同时，我方还聘请了剑桥大学的 James Crawford 教授、纽约大学的 Janusz Ordover 教授和马里兰大学的 Allan Drazen 教授帮助中方完善国际公法和经济学有关领域的诉讼思路。

一、争端的基本情况

（一）美国对我国连续发起反补贴调查的背景

2006 年 11 月 20 日，美国首次对华启动了铜版纸反倾销和反补贴调查❶，此举遭到中方的强烈反对，美国商务部作出肯定性初步裁定以后，中国提起了世贸组织争端解决磋商请求。❷ 在磋商过程中，美国国际贸易委员会作出无损害裁决❸，终止实施反倾销和反补贴措施。这个争端没有继续进行，但中美两国关于双反措施的争议并未停止，美国依然对华发起双反调查，同时适用反倾销和反补贴措施。2007 年，美国对华发起双反调查 7 起，2008 年 5 起，2009 年 10 起，2010 年 3 起；截至 2010 年年底，美国对华发起双反调查 26 起❹，直接影响我国对美国出口贸易额逾 70 亿美元。

美国对华反补贴调查的一个重要特征是，只要是中国独特的经济政策或经济体制，就想方设法加以利用，或直接作为补贴构成要件，或作为证明补贴的证据，最终对华征收高额反补贴税。在涉案的 4 起反补贴调查中，比较常见的做法是：其一，将所有国有企业视为公共机构，认定其通过提供原材料或贷款的方式资助企业；其二，依据中国各个层级政府部门的"五年规划"和产业政策，认定这些财政资助具有专向性；其三，由于国有经济市场份额较高，在市场中占据了主导地位，从而认定中国市场存在扭曲，在原材料和贷款利率上使用外部基准，计算高额的补贴税。在此三步走的思路下，辅之以不利推定，向中国政府和出口企业分配了沉重的举证责任，最终用反补贴税令限制中国出口产品。

---

❶ Notice of Initiation of Countervailing Duty Investigations：Coated Free Sheet Paper From the People's Republic of China, Indonesia, and the Republic of Korea, Department of Commerce, ［C – 570 – 907, C – 560 – 821, C – 580 – 857］, Federal Register/Vol. 71, No. 227/Monday, November 27, 2006/Notices, 68546. Initiation of Antidumping Duty Investigations：Coated Free Sheet Paper from Indonesia, the People's Republic of China, and the Republic of Korea, ［A – 560 – 820, A – 570 – 906, A – 580 – 856］, Federal Register/Vol. 71, No. 227/Monday, November 27, 2006/Notices, 68537.

❷ Request for Consultations by China, United States—Preliminary Anti-Dumping and Countervailing Duty Determinations on Coated Free Sheet Paper from China, WT/DS368/1, G/L/826, G/SCM/D77/1, G/ADP/D72/1, 18 September 2007.

❸ Coated Free Sheet Paper From China, Indonesia, and Korea, International Trade Commission, ［Investigation Nos. 701 – TA – 444 – 446 （Final） and 731 – TA – 1107 – 1109 （Final）］, Federal Register/Vol. 72, No. 239/Thursday, December 13, 2007/Notices, 70892.

❹ 依据美商务部网站统计，载 http：//ia. ita. doc. gov/stats/inv – initiations – 2000 – current. html, 2011 年 4 月 11 日浏览。

（二）我国将美国诉诸世贸组织的过程

为了遏制美国对我国出口产品连续发起双反调查，2008 年 9 月 19 日，我国将美国对华采取的第 2 起至第 5 起双反案件的终裁措施——分别为标准钢管案（CWP）❶、矩形钢管案（LWRP）❷、复合编织袋案（LWS）❸ 和非公路用轮胎案（OTR）❹ ——诉诸世贸组织争端解决机制，向美方提出磋商请求，主张美国违反《1994 年关贸总协定》第 1 条和第 6 条、《补贴与反补贴协定》第 1、第 2、第 10、第 12、第 13、第 14、第 19 和第 32 条，《反倾销协定》第 1、第 2、第 6、第 9 和第 18 条，《加入议定书》第 15 条。❺ 2008 年 11 月 14 日中美磋商未果，12 月 9 日中方请求设立专家组❻，2009 年 1 月 20 日争端解决机构设立专家组，应中方请求，3 月 4 日总干事帕斯卡尔·拉米（Pascal Lamy）指定了本案专家组成员，主席为 David John Walker 先生，其余两位专家组成员为 Thinus Jacobsz 先生和 Andrea Marie Brown 女士。❼ 此案引起世贸

---

❶　Notice of Final Determination of Sales at Less Than Fair Value and Affirmative Final Determination of Critical Circumstances：Circular Welded Carbon Quality Steel Pipe from the People's Republic of China，73 Federal Register 31970（5 June 2008）. Circular Welded Carbon Quality Steel Pipe from the People's Republic of China：Final Affirmative Countervailing Duty Determination and Final Affirmative Determination of Critical Circumstances，73 Federal Register 31966（5 June 2008）.

❷　Final Determination of Sales at Less Than Fair Value and Affirmative Determination of Critical Circumstances，in Part：Light-Walled Rectangular Pipe and Tube from the People's Republic of China，73 Federal Register 35652（24 June 2008）. Light-Walled Rectangular Pipe and Tube From People's Republic of China：Final Affirmative Countervailing Duty Investigation Determination，73 Federal Register 35642（24 June 2008）.

❸　Laminated Woven Sacks from the People's Republic of China：Final Determination of Sales at Less Than Fair Value and Partial Affirmative Determination of Critical Circumstances，73 Federal Register 35646（24 June 2008）. Laminated Woven Sacks from the People's Republic of China：Final Affirmative Countervailing Determination and Final Affirmative Determination，in Part，of Critical Circumstances，73 Federal Register 35639（24 June 2008）.

❹　Certain New Pneumatic Off-the-Road Tires from the People's Republic of China：Final Affirmative Determination of Sales at Less than Fair Value and Partial Affirmative Determination of Critical Circumstances，73 Federal Register 40485（15 July 2008）. Certain New Pneumatic Off-the-Road Tires from the People's Republic of China：Final Affirmative Countervailing Duty Determination and Final Negative Determination of Critical Circumstances，73 Federal Register 40480（15 July 2008）.

❺　Request for Consultations by China，United States—Definitive Anti-dumping and Countervailing Duties on Certain Products from China，WT/DS379/1，WT/DS379/1.

❻　Request for the Establishment of a Panel by China，WT/DS379/2，12 December 2008.

❼　David John Walker 是新西兰人，时任新西兰常驻世界组织代表团大使，新西兰坎特伯雷大学（University of Canterbury）经济学博士，曾任 GATT 反倾销委员会主席，新西兰外交和贸易部经济政策分析司司长和首席经济顾问，曾任 Indonesia—Auto（DS54）和 Mexico—Taxes on Soft Drinks（DS308）案的专家组成员。Thinus Jacobsz 是南非人，在若干公司担任贸易法律顾问，曾参与过 27 起美国、欧盟、南非等国发起的贸易救济案件，曾任 EC—DRAM（DS299）和 EC—Aircraft（DS316）案的专家组成员。Andrea Marie Brown 是牙买加人，美国乔治城大学法律职业博士（JD），现任牙买加反倾销和反补贴委员会执行司长，曾任牙买加财政和计划部法律顾问，曾经在律所工作 14 年，曾担任 US—Continued Zeroing（DS350）案的专家组成员。

成员的高度关注，阿根廷、澳大利亚、巴林群岛、巴西、加拿大、欧盟、印度、日本、科威特、墨西哥、挪威、沙特阿拉伯、中国台北、土耳其等14 个成员作为第三方参与了案件审理。❶ 2009 年 7 月 7 日至 8 日以及 11 月 11 日至 12 日，专家组在日内瓦先后召开听证会。2010 年 6 月 11 日，专家组向中美当事方披露了中期报告，7 月 23 日披露了最终报告。

（三）专家组裁决报告

2010 年 10 月 22 日，世贸组织公开散发了我国诉美国双反措施争端案的专家组报告，认定美国对我国标准钢管、矩形钢管、复合编织袋和非公路用轮胎产品采取的双反措施违反了世贸规则。❷ 从专家组裁决来看，中方小胜美方，主要体现在 4 处：（1）工业园土地使用权的专向性问题。专家组首先认为工业园区可以构成"指定地理区域"，其次考虑了《补贴与反补贴协定》第 2.2 条的谈判史，乌拉圭回合中邓克尔文本（Dunkel Draft）❸ 的用词是"所有企业可获得"（available to all enterprises），而最终的《补贴与反补贴协定》第 2.2 条的用词是"限定于部分企业"（limited to certain enterprises），谈判文本用词的刻意变化说明只有特定区域内的部分企业获得补贴，才能被认定为具有专向性。在建立法律标准以后，专家组认为美方没有证据证明该工业园存在一项独立的"土地使用权制度"，因此违反了第 2.2 条。❹ （2）利益传导问题。美国在反补贴调查中，将私营贸易商从国有企业采购再转售的原材料均视为财政资助，进而计算补贴利益，没有调查补贴利益通过私营贸易商的传导问题。专家组回顾了 US—Softwood Lumber IV 上诉机构裁决❺，认为美国商务部未对私营贸易商在交易中所扮演的具体角色进行调查，该计算方法导致在原材料市场价格浮动的情况下，美国商务部未确保据此计算出来的利益额度不超过实际利益额度，因此违反了《补贴与反补贴

❶ Constitution of the Panel Established at the Request of China, Note by the Secretariat, WT/DS379/3, 11 March 2009.

❷ Report of the Panel, United States—Definitive Anti-Dumping and Countervailing Duties on Certain Products from China (hereinafter "US—Anti-Dumping and Countervailing Duties"), WT/DS379/R, 22 October 2010.

❸ Agreement on Implementation of Article VI of the General Agreement on Tariffs and Trade, at F. 1 – F. 31 within Draft Final Act Embodying the Results of the Uruguay Round of Multilateral Trade Negotiations, GATT Doc. No. MTN. GNG/W/FA, Dec. 20, 1991.

❹ Panel Report, US—Anti-Dumping and Countervailing Duties, para. 9. 124 – 9. 164.

❺ Appellate Body Report, United States—Final Countervailing Duty Determination with Respect to Certain Softwood Lumber from Canada (hereinafter "US—Softwood Lumber IV"), WT/DS257/AB/R, adopted 17 February 2004, DSR 2004: Ⅱ, 571, para. 143.

协定》第 1.1 条和第 14 条的义务。❶（3）专家组认定，美国商务部在调查美元贷款利率基准时，未根据特定时间调整相应的利率，因此该利率基准不可比，违反了《补贴与反补贴协定》第 14（b）条。❷（4）美国商务部未调查应诉企业从贸易公司采购原材料的信息，直接采用了可获得事实，专家组裁定美国商务部违反了《补贴与反补贴协定》第 12.7 条。❸

然而专家组没有支持中方关于国有企业的性质（公共机构）、政策性贷款专向性、补贴利益归零、原材料价格外部基准、人民币贷款利率外部基准、土地价格外部基准、补贴额的双重救济、磋商、新补贴项目补充问卷答卷期限等问题的立场。❹ 在这些未获支持的法律点中，以公共机构、政策性贷款专向性、原材料外部基准、人民币利率外部基准和双重救济等 5 个问题较为重要，对后续贸易救济案件影响较大，也引起了国内外专家学者的广泛关注。由于专家组裁决结果未解决我国主要诉求，2010 年 12 月 1 日，中方就以上 5 个主要争议提出上诉。❺ 美方未提出交叉上诉。

（四）上诉机构裁决报告

根据上诉程序的新规则❻，我方于 2010 年 12 月 1 日提交上诉通知的同时，提交了上诉书面陈述；美国于 2010 年 12 月 20 日提交了被上诉书面陈述❼；2010 年 12 月 22 日，阿根廷❽、澳大利亚、巴西、加拿大、欧盟、日本、墨西哥、挪威、沙特阿拉伯、土耳其提交了第三方上诉书面陈述。2010 年 12 月 15 日，上诉机构收到了一封法庭之友（Amicus Curiae）意见——来自芝加哥肯特法学院、伊利诺斯科技研究中心（Illinois Institute of Technology）的 Sungjoon Cho 教授，专门就双重救济问题发表意见，支持中方，主张美国商务部违反了《关贸总协定》第 6.2 条和第 6.5 条，以及《补贴与反补贴协

---

❶ Panel Report, US—Anti-Dumping and Countervailing Duties, para. 12. 39 – 12. 58.

❷ Panel Report, US—Anti-Dumping and Countervailing Duties, para. 10. 217 – 10. 219.

❸ Panel Report, US—Anti-Dumping and Countervailing Duties, para. 16. 6 – 16. 219.

❹ Panel Report, US—Anti-Dumping and Countervailing Duties, para. 17. 1.

❺ Notification of an Appeal by China under Article 16. 4 and Article 17 of the Understanding on Rules and Procedures Governing the Settlement of Disputes (DSU), and under Rule 20 (1) of the Working Procedures for Appellate Review, WT/DS379/6, 6 December 2010.

❻ Working Procedures for Appellate Review, Communication from the Appellate Body, WT/AB/WP/W/11, Annex B, Rule 21, 27 July 2010.

❼ Appellee Submission of the United States, December 20, 2010.

❽ 阿根廷第三方上诉书面陈述的摘要于 2010 年 12 月 23 日提交，由于晚于上诉机构设定的期限，上诉机构拒绝接受其摘要。See Appellate Body Report, US—Anti-Dumping and Countervailing Duties, footnote 33.

定》第19.4条。❶中美未就此法庭之友意见发表评论。2011年1月13日和14日，上诉机构在日内瓦召开听证会，听取了中美就此案的陈述与抗辩。负责此案的上诉机构成员为 Ricardo Ramírez-Hernández（主席）、Lilia R. Bautista 和 Peter Van den Bossche。❷

2011年3月11日，上诉机构发布了裁决报告，在公共机构和双重救济两个核心问题上推翻了专家组结论，认为：（1）关于公共机构，不能仅仅依据国家所有权认定国有企业为公共机构，而应考虑企业是否具备公共职能，从而裁定美国做法违反了《补贴与反补贴协定》第1.1（a）（1）条。（2）关于双重救济，专家组错误理解了法律条文，《补贴与反补贴协定》规定各国应根据案情征收合适的反补贴税，且税额不能超过补贴额。由于采用外部基准的反倾销税已经抵消了补贴额，任何额外征收的反补贴税则超出了合适的限度，进而违反了《补贴与反补贴协定》第19.3条。❸上诉机构尽管在核心问题上支持了我方立场，但在原材料和利率的外部基准、国有商业银行的贷款专向性等技术争议上，认为我国市场受到政府干预，因此维持了美方做法。同时，上诉机构依据《中华人民共和国商业银行法》（以下简称《商业银行法》）第34条和有关证据认为，我国有商业银行"在国家产业政策指导下开展贷款业务"，被赋予了公共职能，构成公共机构。❹

二、争端的主要争议点

起诉伊始，我方制定了直击要害的诉讼策略，主攻核心术语的法律标准，避免纠缠于案件事实。此策略是根据案情专门制定的：一方面，法律标准决定了条文义务的核心内涵，以及相应的调查和应诉思路。争取合适

---

❶ Amicus Curiae Submission by Sungjoon Cho, December 14, 2010.

❷ Ricardo Ramírez 是墨西哥人，1968年出生，在墨西哥国立大学任教国际贸易法，曾任墨西哥经济部贸易谈判副总法律顾问，主要从事国际贸易和投资仲裁等工作，曾经代表墨西哥政府参加若干 WTO 和 NAFTA 争端。Lilia R. Bautista 是菲律宾人，1935年出生，现任菲律宾司法学会顾问，曾任菲律宾证券交易委员会主席、菲律宾常驻联合国日内瓦办事处代表。Peter Van den Bossche 是比利时人，1959年出生，欧洲大学学院博士，现任荷兰马斯特里赫特大学国际经济法教授，《国际经济法期刊》（Journal of International Economic Law）编委，曾任上诉机构秘书处参赞和执行司长。

❸ Report of the Appellate Body, United States—Definitive Anti-Dumping and Countervailing Duties on Certain Products from China (hereinafter "US—Anti-Dumping and Countervailing Duties"), WT/DS379/AB/R, 11 March 2011, para. 611.

❹ Report of the Appellate Body, United States—Definitive Anti-Dumping and Countervailing Duties on Certain Products from China (hereinafter "US—Anti-Dumping and Countervailing Duties"), WT/DS379/AB/R, 11 March 2011, para. 611.

的法律标准，有助于从根本上扭转今后所有反补贴案件的抗辩走向，产生体制性影响，具有纲举目张的效果。另一方面，我方可以在争端过程中灵活取舍案件事实，选择最有利的案情争取最有利的结果，而且涉案的4起双反措施是我国应对的第一批反补贴调查，应诉经验匮乏，案卷准备不够充分，部分案件甚至缺少《中华人民共和国公司法》（以下简称《公司法》）等核心法律文件的英文翻译❶，同时还有一些自相矛盾甚至不利的证言证词。基于以上考虑，我方在起诉中重点关注了公共机构、专向性、外部基准和双重救济等核心概念的法律标准，力求解释出限制调查机关的法律义务。

（一）国有企业的性质（公共机构）

根据《补贴与反补贴协定》第1.1（a）（1）条，只有政府或公共机构提供的财政资助才能构成补贴，中美的争议在于国有企业是否属于公共机构。美国在以前针对韩国、加拿大、欧洲国家的反补贴调查中采取了"五要素分析法"认定公共机构，分别为：（1）政府所有权；（2）政府官员出任董事会成员；（3）经营活动的政府控制；（4）实施政府政策和追求政府利益；（5）是否为立法设立。❷ 但美国在针对中国的反补贴调查中没有使用五要素分析法，也没有采取"委托和指示"（entrust and direct）的分析思路❸，而是仅仅依据"政府所有权"（government ownership）将所有的中国国有企业视为"公共机构"，从而所有国有企业销售的原材料均为政府提供货物形式的财政

---

❶ 只有在非公路用轮胎案中，中方提交了《公司法》译文。Attached as Exhibit GOC-SUPP3 – 11 to GOC's Response to the Third Post—Preliminary Determination Supplemental Questionnaire dated February 27, 2008.

❷ Final Affirmative Countervailing Duty Determination Dynamic Random Access Memory Semiconductors from the Republic of Korea, 68 FR 37122 (June 23, 2003), Issues and Decision Memorandum at pages 16 – 17, and Final Affirmative Countervailing Duty Determinations: Pure Magnesium and Alloy Magnesium from Canada, 57 FR 30946, 30954 (July 13, 1992), and Certain Fresh Cut Flowers From the Netherlands, 52 Fed. Reg. 3301 (Dep't of Commerce Feb. 3, 1987) (final determination). The five factors are: (i) government ownership; (ii) government presence on the board of directors; (iii) government control over activities; (iv) pursuit of governmental policies/interests; and (v) whether the entity was created by statute.

❸ CWP Issues and Decision Memorandum for the final Determination in the Countervailing Duty Investigation (hereinafter "I&D Memo"), (May 29, 2008), p. 63; LWRP I&D Memo, (June 13, 2008), p. 30; LWS I&D Memo, (June 16, 2008), p. 67; OTR I&D Memo, (July 7, 2008), p. 77.

资助，所有国有商业银行提供的商业贷款均为政府提供贷款形式的财政资助。❶美方的核心理由是"控制论"（control theory），即政府所有权意味着政府"控制"了相关企业，任何被政府控制的实体都应当被认定为公共机构。❷这种做法几乎消灭了国有企业的抗辩能力，无论国有企业提交何种事实证据，均无法改变其国资背景。而且，由于美方的惯常实践，国有企业的性质是一项影响反补贴调查的根本问题，如果不是公共机构，则无须调查国有企业销售原材料行为的专向性，也不能依据国有企业的市场份额认定市场扭曲，进而不能采取外部基准。仅就国有企业提供钢铁原材料的补贴项目为例，在标准钢管双反案中（CWP），金洲集团被认定 44.84% 补贴率（总补贴率为 44.86%），潍坊东方被认定 27.35% 补贴率（总补贴率为 29.57%）。❸ 在矩形钢管双反案（LWRP）中，张家中原被认定 15.18% 补贴率（总补贴率为 15.28%），昆山昱纬被认定 1.9% 补贴率（总补贴率为 2.17%）。❹ 这些数字表明，如果美国未将我国国有企业视为公共机构，则不会存在所谓"国有企业提供原材料"的补贴项目，至少在涉及的两个案子中，我国主要的出口应诉企业补贴利益属于微量。❺

为了挑战美方的错误做法，中方面临至少 4 个重要的法律推理障碍：第一，《补贴与反补贴协定》第 1.1（a）（1）条中只存在 3 类角色，分别为政府（government）、公共机构（public body）和私营机构（private body）。如果国有企业不是政府和公共机构，则必须证明国有企业在国际法层面应该被认定为私营机构。❻ 第二，在我国诉美国双反争端之前，专家组曾在 Korea—Commercial Vessels 案中认可了"控制论"，认为"如果某实体被政府或其他

---

❶ In the CWP and LWRP investigations, the USDOC determined that the government provision of HRS through SOE producers for less than adequate remuneration was a financial contribution which conferred a benefit to CWP and LWRP investigated producers. (See, e.g., CWP, I&D Memo, p. 9 and LWRP, I&D Memo p. 8). In the LWS investigation, the USDOC determined that the government provision of petrochemicals-BOPP—through SOE producers for less than adequate remuneration was a financial contribution which conferred a benefit to LWS investigated producers. (See, e.g., LWS I&D Memo, p. 18). In the OTR investigation, the USDOC determined that the government provision of natural and synthetic rubber through SOE producers for less than adequate remuneration was a financial contribution which conferred a benefit to OTR investigated producers. (See, e.g., OTR I&D Memo, pp. 9 – 10).

❷ United States First Written Submission, May 27, 2009, para. 130.

❸ CWP, I&D Memo, p. 12.

❹ LWRP, I&D Memo, p. 9.

❺ 根据《补贴与反补贴协定》第 11.9 条，进口产品的补贴率低于 1% 时，应终止反补贴调查。

❻ 美国充分利用此点进行了抗辩。See United States First Written Submission, May 27, 2009, para. 105 – 107. United States Second Written Submission, August 12, 2009, para. 23.

公共机构控制，则该实体可以成为公共机构"❶。在本案上诉准备过程中，EC—Large Civil Aircraft案专家组发布报告，沿用"控制论"接受法国国有企业（Crédit Lyonnais 公司）为公共机构。❷ 第三，《中国加入 WTO 工作组报告》（以下简称《加入工作组报告》）第 172 段存在对中方不利的表述。在加入世贸组织过程中，有成员担忧中国国有企业可能提供财政资助，中方代表认为这并不必然带来利益。此表态默认了国有企业可能承担政府角色。❸ 第四，上诉机构在 US—Softwood Lumber IV 案中裁定，《补贴与反补贴协定》的目的和宗旨是"同时加强和提高补贴与反补贴措施的《关贸总协定》纪律"❹。如果国有企业被推定为私营机构，可能存在规避反补贴规则的隐忧，美国多次主张，补贴国政府可能躲在国有企业的股东权益背后授权或指示补贴行为。❺ 面对这些法律障碍，理论上至少有 3 条抗辩思路可供选择：

第一条思路是沿着"控制论"框架，根据现有证据（双边调查时提交的证据），客观描述我国国有企业以商业准则参与市场竞争，证明我国国有企业不是公共机构。此思路几乎完全复制了韩国在 Korea—Commercial Vessels 案中

---

❶ Panel Report, Korea—Measures Affecting Trade in Commercial Vessels, WT/DS273/R, adopted 11 April 2005, DSR 2005：Ⅶ, 2749. It provided that "in our view, an entity will constitute a 'public body' if it is controlled by the government (or other public bodies). If an entity is controlled by the government (or other public bodies), then any action by that entity is attributable to the government, and should therefore fall within the scope of Article 1.1 (a) (1) of the SCM Agreement."

❷ Panel Report, European Communities and Certain Member States—Measures Affecting Trade in Large Civil Aircraft, WT/DS316/R, circulated to WTO Members 30 June 2010, para. 7.1359. 但是，在此案中，专家组只是作为事实接受了法国国有企业（Crédit Lyonnais 公司）作为公共机构，欧盟未就此法律点进行抗辩，专家组亦未分析公共机构的法律标准。此点也被美国利用。United States Appellee Submission, December 20, 2010, para. 48.

❸ Report of the Working Party on the Accession of China, WT/ACC/CHN/49, 1 October 2001, para. 172. It provided that "Some members of the Working Party, in view of the special characteristics of China's economy, sought to clarify that when stateowned enterprises (including banks) provided financial contributions, they were doing so as government actors within the scope of Article 1.1 (a) of the SCM Agreement. The representative of China noted, however, that such financial contributions would not necessarily give rise to a benefit within the meaning of Article 1.1 (b) of the SCM Agreement." 根据《加入工作组报告》第342 段，第172 段是中国加入世贸组织的承诺。

❹ Appellate Body Report, United States—Final Countervailing Duty Determination with Respect to Certain Softwood Lumber from Canada, WT/DS257/AB/R, adopted 17 February 2004, para. 64.

❺ United States Appellee Submission, December 20, 2010, para. 104. 在此前的 Canada—Autos 案和 Australia—Automotive Leather Ⅱ案中，上诉机构和专家组均依据《补贴与反补贴协定》的目标和宗旨，对禁止性补贴规则（Article 3.1 (a)）作出严格解释。Appellate Body Report, Canada—Certain Measures Affecting the Automotive Industry, WT/DS139/AB/R, WT/DS142/AB/R, adopted 19 June 2000, para. 142. Panel Report, Australia—Subsidies Provided to Producers and Exporters of Automotive Leather, WT/DS126/R, adopted 16 June 1999, para. 9.56.

的立场，即只要某实体的行为是商业行为，则该实体不构成公共机构。❶ 这条思路存在 3 个问题：其一，变相引入了"利益标准"（benefit test）。如果某实体的性质（是否为公共机构）取决于其行为（是否提供利益），则会使"利益授予"变为"财政资助"的前提条件。上诉机构在 Brazil—Aircraft 案中认为"财政资助和利益是两个不同法律概念"，两者不能混淆。❷ Korea—Commercial Vessels 案专家组也否定了韩国的这个思路，认为公共机构完全取决于是否存在商业行为会造成不确定性。❸ 其二，这存在逻辑推理困难，某机构的行为难以必然证明某机构的性质。公共机构可以从事公共事务，也可以从事商业行为，私营机构也可以按照授权或指示从事公共事务，也可以从事商业行为，那么如何通过商业行为必然推导出某机构的性质？其三，专家组和上诉机构只审理原始调查时案卷所列事实与证据❹，如前所述，在我国早期的双反应对案件中证据准备不够完美。基于以上考虑，中方没有采用第一条思路。

　　第二条思路是同意"控制论"，但主张所有权不等同于控制。本案的部分第三方有此倾向。沙特阿拉伯同意中方的观点，认为公共机构须具备公共职能，但同时主张，仅仅有政府多数所有权不能成为证明控制的主要证据。❺ 欧盟的立场比较微妙，表面上同意美国和专家组结论，认为"控制论"可作为认定公共机构的法律标准❻，但认为多数所有权只是考虑政府控制的"显著证据"（significant evidence），政府所有权并不是必然和唯一的相关因素。❼ 这种

---

❶　First Written Submission by the Republic of Korea, Korea—Measures Affecting Trade in Commercial Vessels（DS273）, 2 February 2004, para. 152 – 160. 就韩国进出口银行（KEXIM）是否构成公共机构，韩国在此案中主张：（1）KEXIM 无行政管理职能，借款人可以从市场上的任何金融机构借款；（2）尽管某机构可能追求公共目标，但它如果从事产业和商业活动，则不构成公共机构；（3）KEXIM 追求利润，韩国为此提交了 1997 ~ 2002 年的盈利数据。

❷　Appellate Body Report, Brazil—Export Financing Programme for Aircraft（Brazil—Aircraft）, WT/DS46/AB/R, adopted 20 August 1999 , para. 157.

❸　Panel Report, Korea—Commercial Vessels, para. 7. 44 – 7. 46.

❹　尽管在《补贴与反补贴协定》中，没有类似于《反倾销协定》第 17.5（ii）条的规定，但根据正当程序，世贸争端解决过程中，如果涉及反补贴调查与裁决，当事方不能再提交新证据。在 US—Countervailing Duty Investigation on DRAMS 案中，专家组根据 DSU 第 11 条认为："we shall determine whether an objective and impartial investigating authority, looking at the same evidentiary record as the DOC and ITC, could properly have reached the same conclusions as did those agencies." 其潜台词是依据案卷审查法律义务。Panel Report, United States—Countervailing Duty Investigation on Dynamic Random Access Memory Semiconductors（DRAMS）from Korea（US—Countervailing Duty Investigation on DRAMS）, WT/DS296/R, adopted 20 July 2005, para. 7. 3.

❺　Third Participant Submission of the Kingdom of Saudi Arabia, December 22, 2010, para. 7 – 8, 10 – 17,38 – 41.

❻　Third Participant Submission by the European Union, December 22, 2010, para. 16.

❼　Ibid, para. 17 – 19. 关于其他相关因素，欧盟在第三方陈述中列举了和美国五要素分析法相似的因素，见其陈述文件脚注 29。

表述显然与美国的立场不完全一致，美国认为，只要政府所有或被政府控制，即可被认定为公共机构❶，所谓的"五要素法"只是在金融危机、国有与私有股份相同等特殊情况下才被使用。❷ 关于第二条思路，尽管所有权在一定程度上体现了"控制"，但是否符合国际法意义上的"控制"，尚无专家组或上诉机构对此作出裁决，因此存在一定可以争论的空间。❸

第三条思路是根本上反对"控制论"，另辟法律标准，主张只有具备公共职能的实体才能成为公共机构。此立场可以获得条文通常含义的支持❹，也可以获得《补贴与反补贴协定》第 1 条、《农业协定》第 9.1 条和《服务贸易总协定》金融服务附件的上下文支持。此外，联合国国际法委员会起草的《国家责任条款草案》❺ 等国际公法也支持"政府职能"的主张。经过权衡利弊，我方选择了第三条思路。

诉讼思路选定以后，就要客观分析可能面对的法律解释争议。客观来说，法律术语的通常含义、上下文和条约目的在诉讼过程中总是充满争议，本案尤为典型：（1）"公共机构"的词典定义具有丰富的内涵，有支持公共职能的意思，也有"属于国家"的含义。❻（2）《补贴与反补贴协定》第 1 条的上下文尽管在第 1.1（a）（1）（iv）条中提及了政府职能，但基于反规避的属性将政府职能限定为第 1.1（a）（1）（i）至（iii）条中的财政资助职能。（3）《农业协定》第 9.1 条规定了"政府或其代理机构"（government or their agency），Canada—Dairy 案上诉机构认为"政府代理机构是执行政府授权的部

---

❶ Opening Statement of the United States of America at the First Substantive Meeting of the Panel，July 7，2009，para. 7. The United States alleged that："the Panel should find that the ordinary meaning of the term 'public body'，read in its context and in light of the object and purpose of the SCM Agreement，indicates that a public body is an entity that is owned or otherwise controlled by the government，but not necessarily one that is authorized to exercise，or is in fact exercising，government functions."

❷ United States First Written Submission，May 27，2009，para. 150 – 151.

❸ 美国在上诉过程中也意识到这点，在上诉过程中强调此点并非双方争议。Appellee Submission of the United States，December 20，2010，para. 46.

❹ 很多词典关于"public body"的定义都包括公共职能，See Oxford English Dictionary，Online Version，adjective definition 2. a，3. a and 7. Webster's New World College Dictionary，4th ed. （Cleveland，OH：Wiley Publishing，Inc.，2005），p. 1160，adjective definition 4. Merriam-Webster Online Dictionary，adjective definition 2. a. Black's Law Dictionary，8th ed. （West Group，2004），p. 1264，adjective definition 1.

❺ See International Law Commission's Draft Articles on Responsibility of States for Internationally Wrongful Acts，with commentaries，appears in the Yearbook of the International Law Commission，2001，vol. II，Part Two.

❻ 美国列举了"belonging to，affecting，or concerning the community or nation"的含义。See The New Shorter Oxford English Dictionary，at 2404（1993）.

门，旨在履行政府职能"❶，且上诉机构报告关于"政府代理机构"（govern-ment agency）的西班牙文和法文用词，与"公共机构"的西班牙文和法文用词相同。❷ 但美国认为，《农业协定》第9.1条具有限定词"其"（their），而《补贴与反补贴协定》没有，同时，Canada—Dairy 案上诉机构报告列举的政府职能包括"管理、限制、监督或控制私人行为"的表述。❸（4）《服务贸易总协定》中关于"公共实体"（public entity）的定义尽管包括了政府职能的要素，但没有排除"控制论"，同时采取利益标准（商业条款）来认定"公共实体"，即混淆了财政资助与利益授予两个概念❹，与上诉机构在Brazil—Aircraft案的裁定不符，潜在地说明"公共实体"与"公共机构"含义不同，而且这种方法仍然在试图通过"行为"来界定机构的"性质"，重走了 Korea—Commercial Vessels 案中韩国的抗辩路径（见前文第一条思路有关论述）。❺（5）《补贴与反补贴协定》的目的与宗旨是"同时加强和提高补贴与反补贴措施的纪律"，并且在其中寻求"精致的平衡"（delicate balance）❻。美国看重补贴纪律，中国看重反补贴纪律，而条约面面俱到式的"目的和宗旨"几乎难以客观运用于争端解决。由以上分析可见，条文的通常含义、上下文和目的宗旨总是模糊的，各种解读纠缠在一起，让人难以取舍。为了增加说服力，中方从国际公法中寻求了支持。

---

❶　Appellate Body Report, Canada—Measures Affecting the Importation of Milk and the Exportation of Dairy Products（Canada—Dairy）, WT/DS103/AB/R, WT/DS113/AB/R and Corr. 1, adopted 27 October 1999, Para. 97, it provided that "A 'government agency' is, in our view, an entity which exercises powers vested in it by a 'government' for the purpose of performing functions of a 'governmental' character, that is, to 'regulate', 'restrain', 'supervise' or 'control' the conduct of private citizens. As with any agency relationship, a 'government agency' may enjoy a degree of discretion in the exercise of its functions."

❷　Government agency 和 public body 的西班牙文和法文用词分别为 "organismo público" 和 "organisme public"。

❸　United States Appellee Submission, December 20, 2010, para. 94 –98.

❹　SCM Agreement, Annex on Financial Services, Article 5（c）, "（c）'Public entity' means：（i）a government, a central bank or a monetary authority, of a Member, or an entity owned or controlled by a Member, that is principally engaged in carrying out governmental functions or activities for governmental purposes, not including an entity principally engaged in supplying financial services on commercial terms；or（ii）a private entity, performing functions normally performed by a central bank or monetary authority, when exercising those functions."

❺　基于此分析，中方尽管在专家组阶段基于此点作了充分抗辩，但在上诉过程中将此点放入脚注，美方也在脚注中回应了中方主张，最后上诉机构未就此点作出裁决。First Written Submission of China, para. 62 –67. Appellant Submission of China, footnote 35. Appellee Submission of United States, footnote 77.

❻　Appellate Body Report, United States—Final Countervailing Duty Determination with Respect to Certain Softwood Lumber from Canada, WT/DS257/AB/R, adopted 17 February 2004, para. 64. Appellate Body Report, US—DRAMS, para. 115.

根据《争端解决谅解》（DSU）第 3.2 条和上诉机构在 US—Gasoline 案中的裁决，世贸组织协定与国际公法不是截然分离的，应当根据解释国际公法的习惯规则澄清现有条款。❶ 根据《维也纳条约法公约》第 31 （3）（c）条，解释国际条约时，应考虑适用于当事方的国际法任何有关规则。❷世贸组织《补贴与反补贴协定》清楚地反映了将特定行为（补贴）"归责"于国家的理念和要求：补贴是政府提供财政资助的行为，国家为此承担相应的义务和责任；构成禁止性补贴时，该国就要撤销此项补贴；对其他国家造成不利影响时，该国就要避免此种不利影响，或其他国家有权采取措施抵消不利影响；如果是该国政府指示或授权某私营机构从事财政资助，也不能逃脱相应的责任和义务。❸ 这种"归责"属性，正是决定一个国家的行为（补贴）是否受制于特定国际规则（《补贴和反补贴协定》）、是否须承担相应国际义务（不能对他国造成不利影响）的核心所在。《国家责任条款草案》恰恰反映了国际习惯法中的归责原则。就本案争议而言，其第 5 条直接触及了非国家实体的行为归责于国家的情形："根据第 4 条不为国家机构的，但经该国法律授权行使政府职能要素的人或实体，其行为依国际法应视为该国的行为，但以该人或实体在有关事件中系以政府资格行事者为限。"❹

引用此条款支持中方立场至少有三个显而易见的好处：其一，《国家责任条款草案》归责条款的结构设计，总体上可以与《补贴与反补贴协定》中的三个角色对应，政府、公共机构、获授权或指示的私营机构可以分别对应于《国家责任条款草案》的第 4 条、第 5 条和第 8 条❺，且上诉机构在 US—

---

❶ Appellate Body Report, United States—Standards for Reformulated and Conventional Gasoline, WT/DS2/AB/R, adopted 20 May 1996, p. 17. It provided that "General Agreement is not to be read in clinical isolation from public international law".

❷ Article 31 （3） of the Vienna Convention provides that "［t］here shall be taken into account together with the context … （c） any relevant rules of international law applicable in the relations between the parties."

❸ 在争端解决过程中，美国和第三方均不否认《补贴和反补贴协定》第 1 条是关于"归责"的条款。欧盟在第三方意见中，明确认为第 1.1 （a） （1） 条规定了关于特定机构（公共或私营）的行为是否归责于政府的根本性要素. Third Participant Submission by the European Union, para. 15.

❹ Article 5 of ILC Draft provided that "The conduct of a person or entity which is not an organ of the State under article 4 but which is empowered by the law of that State to exercise elements of the governmental authority shall be considered an act of the State under international law, provided the person or entity is acting in that capacity in the particular instance."

❺ 由于两个条约（协定）的具体用词存在不同，两者的对应关系确实也存在一定模糊之处，例如《补贴与反补贴协定》第 1.1 （a） （1） （iv） 条中的经授权（entrust）私营机构，尚不明确是对应于第 5 条抑或第 8 条。但是这种模糊之处并不影响总体上的关联性以及最终裁定，见 Appellate Body Report, US—Anti-Dumping and Countervailing Duties, para. 311，上诉机构回避分析"清晰的区分线"（fine line distinctions），而是从"核心原则的相似性"（similarities in the core principles）认可了《国家责任条款草案》第 5 条涉及的"公共职能"要素。

DRAMS 案中认可了获授权或指示的私营机构与第 8 条之间的对应关系。❶ 其二,《国家责任条款草案》第 5 条的评注中专门强调资产所有权并非认定归责国家的决定性标准,这有利于中方抗辩。❷ 其三,世贸组织争端解决机构的专家组和上诉机构在此前的众多案例中,为解释特定条款而援引过《国家责任条款草案》,明确认可此草案可以作为国际习惯法。❸ 从国际公法角度来看,中方的"政府职能"观点占据了巨大优势。

在专家组阶段,中方关于公共机构的主张未获支持。专家组考察了公共机构的通常含义、上下文、条约的目的宗旨之后,按照 Korea—Commercial Vessels 案的专家组思路接受了"控制论",认为只要某实体被政府控制,即可被认定为公共机构。按照此标准,专家组认为尽管国有资本并不是认定公共机构的唯一标准,但政府所有权是证明政府控制的高度相关证据,甚至可能是决定性证据,因此国有企业可以被认定为公共机构。❹ 专家组在考察公共

❶ Appellate Body Report, US—DRAMS, para. 112 and footnote 179.

❷ Draft articles on Responsibility of States for Internationally Wrongful Acts, with commentaries, Report of the International Law Commission on the work of its fifty-third session, 2001, United Nations, Article 5 commentary, para. (3). It provides that "The fact that an entity can be classified as public or private according to the criteria of a given legal system, the existence of a greater or lesser State participation in its capital, or, more generally, in the ownership of its assets, the fact that it is not subject to executive control—these are not decisive criteria for the purpose of attribution of the entity's conduct to the State. Instead, article 5 refers to the true common feature, namely that these entities are empowered, if only to a limited extent or in a specific context, to exercise specified elements of governmental authority."

❸ See, e. g., Appellate Body Report, U. S. —Cotton Yarn, para. 120; Appellate Body Report, U. S. —Line Pipe, para. 259; Panel Report, Australia—Salmon (21.5), para. 7.12, footnote 146; Panel Report, Brazil—Tyres, para. 7.305, footnote 1480; Panel Report, Canada—Dairy, para. 7.77, footnote 427; Panel Reports, EC—Bananas Ⅲ (Ecuador), EC—Bananas Ⅲ (Guatemala and Honduras), EC—Bananas Ⅲ (Mexico) and EC—Bananas Ⅲ (United States), para. 7.50, footnote 361; Panel Report, Korea—Procurement, para. 6.5, footnote 683; Panel Report, Mexico—Soft Drinks, para. 8.180; Panel Report, Turkey—Textiles, paras. 9.42 - 9.43; Panel Report, U. S. —Certain EC Products, para. 6.23, footnote 100; Panel Report, U. S. —Gambling, para. 6.128; Decision by the Arbitrator, Brazil—Aircraft (22.6), para. 3.44; Decision by the Arbitrator, EC—Bananas Ⅲ (U. S.) (22.6), para. 6.16, footnote 67; Decision by the Arbitrator, U. S. —FSC (22.6), para. 5.26, footnote 52, paras. 5.58 - 5.60 and footnote 68. In these decisions, the ILC Articles have been cited as "rules of general international law", and as reflective of "customary international law". For instances in which the ILC Articles have been cited as "rules of general international law", see Appellate Body Report, U. S. —Cotton Yarn, para. 120, and Panel Report, Australia—Salmon (21.5), para. 7.12, footnote 146. For instances in which the ILC Articles have been cited as reflective of "customary international law", see Appellate Body Report, U. S. —Line Pipe, para. 259; Panel Report, U. S. —Gambling, para. 6.128; and Panel Report, Canada—Dairy, para. 7.77, footnote 427. Also see Third Participant Submission of Brazil, Geneva, 22 December 2010, footnote 8.

❹ Panel Report, US—Anti-Dumping and Countervailing Duties, para. 8.134 - 8.144, it provides that "a public body is any entity controlled by a government, and in this regard we consider government ownership to be highly relevant (indeed potentially dispositive) evidence of government control." (emphasis added)

机构的通常含义时，援引了苏格兰、欧盟、西班牙和加拿大魁北克国内法，认为不能将国有企业排除出"公共机构"之外❶，同时认为《补贴与反补贴协定》第 1 条中只存在 3 个角色，分别为政府、公共机构和私营机构，国有企业不属于政府，也不属于私营机构，只能属于公共机构。❷ 专家组驳回了中方关于《国家责任条款草案》的主张，认为其只起到"概念性指导"（conceptual guidance）的作用，用于补充或确认有关条文的通常含义、上下文和目的宗旨，且根据《国家责任条款草案》第 55 条，应该优先适用特殊法。❸ 为了使世贸组织争端解决机构更易接受中方主张，我国诉讼团队在上诉时，专门聘请了《国家责任条款草案》的起草者——剑桥大学的詹姆斯·克劳福德教授（James Crawford），帮助中方完善上诉书面陈述，并作为中方律师出席了上诉听证会。

上诉机构推翻了专家组关于公共机构的结论，支持了中方立场，认为"公共机构"与"政府"有着部分相似的特质，《补贴与反补贴协定》中的公共机构必须拥有、履行或被授予政府职能。❹ 上诉机构的主要理由包括：（1）《补贴与反补贴协定》将"政府"和"公共机构"统称为"政府"，显示出这两个概念存在共通之处。从 Canada—Dairy 案的上诉机构裁决推理，履行政府职能或被授予职权是"政府"和"公共机构"的核心共通之处（core commonalities）。❺（2）《补贴与反补贴协定》第 1 条的上下文表明，如果某公共机构可以委托或指示某私营机构，则它本身须具备相应职能或发出命令的能力。❻（3）《补贴与反补贴协定》的目的宗旨不支持专家组就"公共机构"过于宽松的解释。（4）关于《国家责任条款草案》问题，上诉机构全面否定了

---

❶ Panel Report，US—Anti-Dumping and Countervailing Duties，para. 8. 61 – 8. 62. 专家组通过国内法解释国际法的做法极为罕见，但它的名义是确认法律术语的通常含义。中方在上诉过程中挑战了这一做法，上诉机构的裁决很谨慎，对专家组的行为持保留意见，认为如果要援引国内法就需要解释两个前提条件：（1）为什么援引国内法有助于（assist）解释当前的国际法问题；（2）为什么选择部分法域（jurisdictions）而非其他法域。尽管上诉机构未关闭通过国内法解释国际法的大门，但设置了两个比较高的门槛。See Appellate Body Report，US—Anti-Dumping and Countervailing Duties，para. 335.

❷ Panel Report，US—Anti-Dumping and Countervailing Duties，para. 8. 68 – 8. 69.

❸ Panel Report，US—Anti-Dumping and Countervailing Duties，para. 8. 87 – 8. 90. It provides that "the various citations to the Draft Articles have been as conceptual guidance only to supplement or confirm，but not to replace，the analyses based on the ordinary meaning，context and object and purpose of the relevant covered Agreements. "

❹ Appellate Body Report，US—Anti-Dumping and Countervailing Duties，para. 317. It provides that "［a］public body within the meaning of Article 1. 1. （a）（1）of the SCM Agreement must be an entity that possesses，exercises or is vested with governmental authority. "

❺ Appellate Body Report，US—Anti-Dumping and Countervailing Duties，para. 288 –290.

❻ Appellate Body Report，US—Anti-Dumping and Countervailing Duties，para. 291 –297.

专家组，认为草案可以构成《维也纳条约法公约》第31（3）（c）条所规定的国际法有关规则，同时否定了《国家责任条款草案》和《补贴与反补贴协定》之间的一般法和特殊法关系，认为本案不是关于适用法的争议，而是关于规则解释的争议。❶

决定法律标准以后，则是结合事实，在具体案件中运用"政府职能"的法律标准。上诉机构裁定美国商务部仅仅依据所有权，将所有国有企业（SOEs）❷视为公共机构，违反了《补贴与反补贴协定》第1.1（a）（1）条。❸但是上诉机构裁定我国国有商业银行（SOCBs）可以构成公共机构，主要依据了美国商务部在双反调查中获得的6点事实证据：（1）中国银行业几乎全部由国家所有；（2）根据中国《商业银行法》第34条，中国国有商业银行具有公共职能；（3）中国商业银行缺少足够的风险管理和分析能力；（4）中国企业在原始调查中配合有限，美国商务部缺少足够的事实证据；（5）在非公路用轮胎案中，存在我国地方政府监管银行的不利证据；（6）不利于我国的国际货币基金组织（IMF）研究文献。❹

在"公共机构"这个核心争议上，尽管上诉机构基于不利的事实证据，没有支持我国国有商业银行的立场，但中方赢在战略层面，获得了有利于我国的"政府职能"法律标准，美国在反补贴调查中，不能再仅仅依据国家所有权就认定国有企业对下游企业进行财政资助，而是需要调查该企业是否具备"政府职能"，这对维护中方出口利益将产生重要影响。

（二）政策性贷款专向性

美国商务部在非公路用轮胎双反案中，依据我国各级政府的"五年规划"、"产业结构调整目录"等政策文件，认为我国对特定产业采取了扶持措施，构成法律上的专向性（de jure specificity）。❺中方认为，由于补贴包含财政资助和利益授予两个要素，美国商务部所列举的文件只能说明财政资助具

❶　Appellate Body Report，US—Anti-Dumping and Countervailing Duties，para. 307 – 317. 上诉机构对于专家组的批评是严厉的，尤其不能同意专家组关于"概念性指导"（conceptual guidance）的说法，对专家组此举表示疑惑（puzzled）。

❷　此处的国有企业（SOEs）特指作为原材料（货物贸易）提供者的国有企业，须与后文谈到的国有商业银行（SOCBs）相区别。

❸　Appellate Body Report，US—Anti-Dumping and Countervailing Duties，para. 347.

❹　Appellate Body Report，US—Anti-Dumping and Countervailing Duties，para. 348 – 351. 在这些不利证据中，以《商业银行法》第34条最为核心，其具体规定为："商业银行根据国民经济和社会发展的需要，在国家产业政策指导下开展贷款业务。"尽管这条法律在中国的实际实施效果可能存在一定疑问，但可以预见，只要这条法律存在，中国国有商业银行作为公共机构的地位可能很难改变。

❺　OTR I&D Memo，p. 13.

有专向性，没有涉及利益要素，也没有明确排除其他企业，不能因此证明补贴存在法律上的专向性。❶ 专家组否定了中方观点，对《补贴与反补贴协定》第 2.1 条中"明确限于某些企业"的含义作出了非常宽泛的解释，认为各国政府可以通过很多明确的方式限制补贴的获取途径，补贴专向性可以包括 3 种情况：（1）财政资助和利益同时限定于特定企业；（2）财政资助限于特定企业；（3）利益限于特定企业。专家组还认为，《补贴与反补贴协定》并未要求补贴仅可由部分企业获得而不允许其他企业获得，换言之，即便其他企业也可以获得补贴，但不能因此否定补贴专向性的存在。❷ 上诉机构维持了专家组的裁决，认为"针对财政资助的明确限制必然限制了利益授予，因为只有获得财政资助的企业或产业才有资格享受相应的利益"❸。

应该说，中方的主张具有表面上的逻辑完整性。"补贴"须包括财政资助和利益授予两个必要条件，根据三段论推理，"补贴"的法律专向性自然包括财政资助和利益授予的专向性。但专家组和上诉机构均没有支持这种非常拘泥于字句的解释，一方面暗示专家组和上诉机构不愿机械地适用法条，另一方面也说明外方对于"五年规划"类的经济政策的理解与中方差异较大，值得我们反思自身的经济管理手段和制定政策的语言表述。这种经济政策上的反思可以体现在很多方面，这里仅举两例：（1）目前我国已经不再使用"五年计划"，而是使用"五年规划"❹，这体现了经济管理思维从计划到市场的转变，但我们的权威英文翻译似没有相应调整，多使用英文中计划经济色彩比较浓厚的"plan"。❺（2）我国很多产业政策经常使用"金融支持"等表述。传统上，"金融支持"通常理解为"获得贷款"的准入，而不是"优惠贷款"的准入（当然并不必然排除这种解读），且此种表述多为宣示鼓励作用，不具有强制性。但如果将这种广泛存在的政策表述置于补贴与反补贴背景中，则容易产生构成补贴

---

❶ First Written Submission of China, April 15, 2009, para. 209.

❷ Panel Report, US—Anti-Dumping and Countervailing Duties, para. 9.21 – 9.43.

❸ Appellate Body Report, US—Anti-Dumping and Countervailing Duties, para. 377. It provides that "an explicit limitation on access to a financial contribution would necessarily entail a limitation on access to the benefit conferred, since only the enterprises or industries eligible for that financial contribution would be eligible to enjoy the benefit resulting there from."

❹ 我国 2006 年将原来的"五年计划"名称变更为"五年规划"，见《中华人民共和国国民经济和社会发展第十个五年计划纲要》，2001 年 3 月 15 日第九届全国人大第四次会议批准；《中华人民共和国国民经济和社会发展第十一个五年规划纲要》，2006 年 3 月 14 日第十届全国人大第四次会议表决通过。

❺ 笔者认为，用"initiative"或"prospect"可能更贴切西方语境。

的误解，至少成为证明补贴的证据。❶

（三）原材料外部基准

此案的核心法律点是 US—Softwood Lumber IV 案上诉机构究竟建立什么样的外部基准规则。在那个案件中，专家组突破了条文限制，允许使用外部基准，但上诉机构走得更远，扩大了使用外部基准的范围。仅从条文来看，《补贴与反补贴协定》第14（d）条清楚地规定了国内基准，要求调查机关确定提供货物或服务补贴项目的利益时，"应与所涉货物或服务在提供国或购买国现行市场情况相比较"。专家组通过列举的方式认为有两种情况可以采用外部基准：第一种是政府是该国国内唯一的涉案产品供给商；第二种是政府行政管制了涉案产品的国内价格。❷ 但上诉机构修正了专家组结论，增加了第三种情况：尽管政府不是唯一的供给商，但其主导性地位导致私有价格与其趋同，调查机关仍然可以使用外部基准。上诉机构具体表述为："可能出现的情形是，无法了解到，若无财政资助时接受者是否会'更受益'。因为政府提供财政资助时的地位，其主导性足以决定私有供给者销售相同或相似产品的价格，以至于第14条所规定的比较成为循环论证。……如果调查机关证明了由于政府作为相同或相似产品的供给者的主导性地位（predominant role），那些私营价格被扭曲了，则可以采取供给国私营价格之外的基准。"❸

这里的核心问题变为如何理解上诉机构所说的第三种情况，究竟是提供了"两步走"还是"一步走"的分析思路，即究竟是首先要证明政府具有主导地位，其次才能证明私有价格被扭曲（两步走）；还是只要证明政府具有主导地位即可推

---

❶ 我国不少贸易法专家也指出，有些产业政策不具有强制力，在实践中缺少实际效果，是否必须出台值得商榷。参见郭策："WTO 贸易救济规则——补贴与反补贴"，2008 年 11 月 12 日，载 http：//ielaw. uibe. edu. cn/html/mingshijiangtang/jingmaofalvboshiluntan/20081112/11122. html，2011 年 2 月 18 日访问。

❷ Panel Report, United States—Final Countervailing Duty Determination with Respect to Certain Soft-wood Lumber from Canada, WT/DS257/R and Corr. 1, adopted 17 February 2004, para. 7. 57.

❸ Appellate Body Report, US—Softwood Lumber IV, para. 93 – 103. It provides that "there may be situations in which there is no way of telling whether the recipient is 'better off' absent the financial contribution. This is because the government's role in providing the financial contribution is so predominant that it effectively determines the price at which private suppliers sell the same or similar goods, so that the comparison contemplated by Article 14 would become circular", and "an investigating authority may use a benchmark other than private prices of the goods in question in the country of provision, when it has been established that those private prices are distorted, because of the predominant role of the government in the market as a provider of the same or similar goods."

定私有价格被扭曲（一步走）。中国主张前者❶，美国主张后者❷。

本案（DS379）中，专家组援引了上诉机构的裁决，认为政府主导地位本身就可以证明市场扭曲，不必再重复证明。❸这个解释不仅遭到中方的反对，也招致争端第三方加拿大的反对。❹但上诉机构维持了专家组裁决，对此问题阐述得更为充分，将第三种情况又进一步细分成两个具体情形，认为其在 US—Softwood Lumber IV 案中使用了两个具有不同含义的术语描述政府在市场中的地位，分别为"主导的"（predominant）和"显著的"（significant），如果政府是"显著的"供给者，则此事实本身不能证明私营价格被扭曲；但如果政府是"主导的"供给者，则私营价格可以被推定为扭曲，除非存在其他相反证据（实际建立了一个可抗辩的推定）。❺尽管上诉机构拒绝量化定义"主导"和"显著"❻，但其裁决清楚地表明，调查机关可以使用的外部基准情形演变为 4 种：（1）政府是唯一供给者；（2）政府管制了产品价格；（3）政府是主导供给者，除非有其他相反证据；（4）政府是显著供给者，且私有价格受到扭曲。尽管上诉机构在外部基准问题上未支持中方立场，但其裁决中有很多值得仔细研究且具有积极影响的要素，其中包括关于政府"主导性"的论述。上诉机构认为"主导的概念不仅意味着市场份额，还有可能意味着市场支配力"（market power）。❼"市场支配力"的概念来自反垄断法，这个论述说明上诉机构保留了外部基准的争论空间，尤其是保留了将来参考经济学理念的可能性，为多双边抗辩提供了潜在的思路。❽

（四）人民币贷款利率外部基准

根据我国法律规定，中国人民银行在执行货币政策时，制定、调整金融

---

❶ First Written Submission of China, para. 118 – 120. 事实情况是，在 CWP 和 LWRP 双反案中，中方提供的证据显示国有企业提供了 71% 的热轧钢板（原材料），美国商务部根据不利事实推定（AFA），认为中国国有企业提供了 96.1% 的热轧钢板，同时强调即便按照中方 71% 的数据，结论依然不变。

❷ First Written Submission of the United States, para. 189 – 190.

❸ Panel Report, US—Anti-Dumping and Countervailing Duties, para. 10.38 – 10.47.

❹ Third Participant Submission of Canada, December 22, 2010, para. 17 – 31.

❺ Appellate Body Report, US—Anti-Dumping and Countervailing Duties, para. 441 – 447.

❻ Appellate Body Report, US—Anti-Dumping and Countervailing Duties, para. 444.

❼ Ibid, it provides that "the concept of predominance does not refer exclusively to market shares, but may also refer to market power."

❽ 此点对中国的市场状况可能有着积极影响。尽管我国有企业在很多经济部门中占有较高的市场比例，但市场高度分散，尤其是钢铁产业，根据中国钢铁工业协会 2011 年 10 月 29 日举行的 2011 年第一次行业信息发布会，2010 年全行业粗钢最多的 10 家钢铁企业集团合计生产粗钢 30473.3 万吨，占全国粗钢生产总量的 48.43%，尽管产业集中度比 2009 年提高了 3.61 个百分点，但仍然显示了钢铁产业比较分散，呈高度竞争的局面。参见 http：//www.chinaisa.org.cn/news.php？id = 2170517，2011 年 4 月 28 日访问。

机构存贷款利率。❶ 美国商务部在反补贴调查中认为，中国政府（通过国有商业银行）是人民币商业贷款的主要提供者，同时设定存款利率的上限和贷款利率的下限，扭曲了人民币贷款利率，因而采用外部基准。❷ 在使用外部基准时，美国商务部依据 33 个中低收入国家的实际利率（经调整通货膨胀率的利率）做了一个回归模型，计算出人民币利率的外部基准。❸ 这 33 个国家的选取标准是世界银行使用的"国家治理指标"（governance indicators），例如公立学校质量、公共交通系统、税收体系的复杂性和警察公共服务质量等。❹ 根据这些情况，中美的争议集中于两点：第一，如何选取贷款利率的比较基准，其前提条件是什么？第二，美国采取 33 国利率回归模型的做法是否合适，该作如何调整？

　　关于第一点，贷款利率的基准问题。由于上诉机构在 US—Softwood Lum-

---

❶ 《人民币利率管理规定》第 5 条，见《中国人民银行关于印发〈人民币利率管理规定〉的通知》，银发〔1999〕77 号，1999 年 4 月 1 日起实施。

❷ 美国商务部援引了铜版纸案（CFS Paper）的结论，使用多国利率回归模型。Coated Free Sheet Paper I&D Memo（October 17, 2007），p. 71；CWP I&D Memo, pp. 7 – 8；LWS I&D Memo, p. 12；and OTR I&D Memo, p. 8.

❸ 根据铜版纸案，美国商务部使用 33 国利率，但是在非公路用轮胎案（OTR）中调整了备选国家名单，将 33 个国家变更为 30 个国家。See Final Loan Benchmark and Discount Rate Memorandum, July 7, 2008. 这 30 个国家的实际利率差别很大，具体如下：

Albania	10. 569	Indonesia	2. 869
Algeria	5. 469	Jamaica	9. 051
Angola	7. 836	Jordan	1. 927
Bolivia	7. 611	Lesotho	6. 113
Cameroon	10. 216	Maldives	12. 685
Cape Verde	4. 486	Namibia	6. 128
Colombia	8. 598	Nicaragua	2. 436
Republic of Congo	11. 898	Paraguay	20. 548
Dominican Republic	11. 902	Peru	21. 932
Ecuador	6. 481	Philippines	3. 538
Egypt	4. 955	Samoa	7. 943
Fiji	4. 857	Swaziland	5. 862
Guatemala	6. 308	Thailand	2. 712
Guyana	7. 962	Tonga	5. 535
Honduras	11. 859	Vanuatu	6. 318

❹ See World Bank's Aggregate and Individual Governance Indicators（1996 – 2006）（Post-Preliminary Analysis for the Provision of Land for Less than Adequate Remuneration, Attachment 4（Apr. 21, 2008）（LWRP））. 中方在书面陈述中多次质疑这些指标与利率的关联性。First Written Submission, para. 244 – 245 and footnote 201.

ber IV 案中开启了外部基准的大门，直接主张只能采用国内基准是不现实的❶，因此，问题变为选取合适的贷款利率比较基准的前提条件是什么。根据《补贴与反补贴协定》第 14（b）条，认定合适的利率比较基准需要考虑 3 个条件：可比的（comparable）；商业的（commercial）；有可能实际从市场上获得的（could actually obtain on the market）。围绕这 3 个法律点，中方主要做了两个层面的抗辩：首先，主张贷款利率基准应该考虑 5 个因素：相同时间、相同利率结构（固定或浮动利率）、相似期限、相似金额和相同币种❷。其次，主张利率是政府货币政策产生的结果，其绝对值高低不构成货物贸易中的"扭曲"（distortion）概念，美联储联邦基金利率与美国基准利率之间稳定地维持了 3 个百分点的利差，充分说明各国央行从事着相似的工作，用货币政策工具影响市场利率❸。但是，专家组没有支持中方的核心立场，而是区分了政府的两类角色：第一类是作为货币政策执行者，第二类是直接参与和干预借贷市场的贷款人。专家组将《补贴与反补贴协定》第 14（d）条的外部基准分析逻辑沿用到第 14（b）条，即如果政府有效设定了利率，扮演了第二类角色，则可以认定此借贷市场存在"扭曲"现象，调查机关可以采用外部基准计算补贴利益❹。在分析完法律标准以后，专家组检查了本案事实，认为美国商务部在各调查裁决中援引了其之前在铜版纸案中对中国银行业状况所作出的结论，而中方未在此类后续调查中提供充分证据证明在铜版纸案后中国政府在中国银行业中所发挥的作用出现了实质性变化，因此维持了美国商务部采取外部基准的做法❺。上诉机构维持了专家组的结论，接受了专家组关于"扭曲"的分析，第 14（b）条未禁止采取外部基准，调查机关不必限于同一币种之间的贷款利率比较，而应该采用渐进搜索（progressive search）的方式确定合适的比较基准。如果使用外部基准，则需要调整两笔贷款关于

❶ 需要注意的是，《补贴与反补贴协定》第 14（b）条还缺少第 14（d）条关于"in the country of provision"的表述，因此主张只能适用国内基准是缺少法律依据的。

❷ Appellant Submission of China，para. 380. 中方的此点主张获得专家组在一般意义上的认同，见 Panel Report，para. 10. 112；但专家组随后认为，如果出口国的贷款利率存在扭曲，可以参考 US—Softwood Lumber IV 案使用外部基准。

❸ First Written Submission of China，para. 255 – 262. Appellant Submission of China，para. 398 – 426. 中方在陈述材料中比较了 2006 ~ 2008 年美国联邦准备金利率（Federal Funds Rate）和美基准利率（Prime Rate），并且提供了 2000 年 1 月至 2010 年 6 月两者间的差额。数据表明，除了"9·11"事件、次贷危机、国际金融危机等特殊时段，美国基准利率随着联邦准备金率同方向、同差额浮动（3 个百分点）。

❹ Panel Report，US—Anti-Dumping and Countervailing Duties，para. 10. 126 – 10. 130.

❺ Panel Report，US—Anti-Dumping and Countervailing Duties，para. 10. 144 – 10. 148. 专家组论述过程中，大段援引了美国商务部援引的国际货币基金组织（IMF）、经合组织（OECD）等国际机构的报告，认定中国利率市场存在扭曲。

时间、规模、期限、币种、结构或借款人信用风险等因素的差异。❶

关于第二点，美国商务部采取的 33 国利率回归模型问题。专家组在这个问题上裁决得有些不可思议，仅仅用两段话就打发了中方的抗辩，认为美方基于宏观经济指标（per capita GNI）和体制性因素（institutional quality）的相似性选取 33 国的做法并非不合理（not unreasonable），认为其回归模型具有可比性❷，几乎毫无理由地维持了美方做法，甚至没有回应中方关于美国做法合理性的主张。❸ 中方在上诉过程中，主张专家组不仅错误解释了条文，同时违反了《争端解决谅解》第 11 条关于客观审查（objective assessment）的审查标准义务。❹ 上诉机构驳回了专家组的草率结论，认为专家组应该考虑可能的替代性基准（例如依据国民储蓄率或某单独替代国确定的利率基准），从事积极的和有意义的审查。专家组只是消极地接受了美国的主张与理由，没有客观审查所涉争议，因此违反了《争端解决谅解》第 11 条。❺ 由于专家组的失职，上诉机构缺少足够的、没有争议的事实（insufficient undisputed facts）来作出裁决，无法认定美国做法是否符合世贸规则。❻ 这样的结果非中方所乐见，尽管美国的做法非常不合理，中方也起诉了，但由于没有裁决，美国在执行过程中不必作任何调整。这个局面再次暴露了世贸争端解决规则缺少上诉机构发回重审权的弊端。❼

在贷款利率外部基准这个问题上，专家组和上诉机构参照 US—Softwood

---

❶ Appellate Body Report，US—Anti-Dumping and Countervailing Duties，para. 484 – 486.

❷ Panel Report，US—Anti-Dumping and Countervailing Duties，para. 10. 207 – 10. 208.

❸ Rebuttal Submission of China，August 12，2009，para. 73 – 82. China asserts that " [t] he United States has failed to provide any coherent explanation as to why per capita GNI and 'institutional quality' are factors that somehow relate to whether loans are 'comparable' within the meaning of Article 14（b）."

❹ Appellant Submission of China，para. 376 – 378.

❺ Appellate Body Report，US—Anti-Dumping and Countervailing Duties，para. 523 – 527. 值得注意的是，在审查标准问题上，《补贴与反补贴协定》没有类似于《反倾销协定》第 17. 6（ii）条关于尊重调查机关自由裁量权的规定。

❻ Appellate Body Report，US—Anti-Dumping and Countervailing Duties，para. 536.

❼ 此前比较著名的缺少发回重审权的案子是 US—Softwood Lumber VI（Article 21. 5 – Canada）案。此案原审裁定美国双反措施的"实质性损害"结论违反世贸规则，在执行过程中，美国国际贸易委员会将裁决结果变更为"实质性损害威胁"。执行专家组消极地维持了美国国际贸易委员会的做法，此举遭到上诉机构的强烈批评，依据《争端解决谅解》第 11 条客观审查标准义务推翻了专家组结论，但由于缺少无争辩事实，无法就案件本身作出最终裁决。See Panel Report，United States—Investigation of the International Trade Commission in Softwood Lumber from Canada—Recourse to Article 21. 5 of the DSU by Canada，WT/DS277/RW，adopted 9 May 2006，as modified by Appellate Body Report WT/DS277/AB/RW，and Appellate Body Report，United States—Investigation of the International Trade Commission in Softwood Lumber from Canada—Recourse to Article 21. 5 of the DSU by Canada，WT/DS277/AB/RW，adopted 9 May 2006，and Corr. 1.

Lumber IV 案作出裁决是可以理解的，但其关于"贷款利率扭曲"的结论和理由仍然值得从经济学角度推敲。货物贸易和服务贸易是不同的，银行提供的不是货物，而是服务。商业银行从存款人借钱，再贷给借款人，赚取存款利率和贷款利率之间的利差（spread）。商业银行的利润来源于利差，与利率的绝对值（5%抑或20%）无直接关系，而各国央行均通过货币政策调控市场中的货币总量，从而影响利率的绝对值。目前，各国就控制货币总量的管理手段存在差异，但目的和本质是相同的。因此，从经济学角度来看，各国政府干预利率的行为，不能简单等同于货物贸易中所谓的"扭曲"。❶

（五）补贴的双重救济

对非市场经济国家出口产品采取双反措施时，针对补贴的双重救济是一个事实难以证明、法律没有明确规定的疑难问题。中美就此激烈交锋，专家组阶段，中方赢了事实，输了法律；上诉阶段，最终推翻专家组结论，认定美方违反《补贴与反补贴协定》第19.3条，中方取得完胜。

从事实角度来看，双重救济实际上是个不确定的事实，它取决于被调查产品的销售价格❷是否反映补贴利益，如果反映了补贴利益，即由于补贴存在而出现了相应幅度的价格下降，则同时征收反倾销和反补贴税存在双重救济（见图1）。

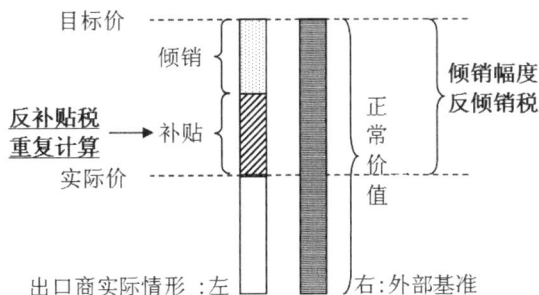

图1 补贴体现在价格上的双重计算情形

❶ 起诉过程中，中方还聘请了纽约大学的 Janusz Ordover 教授和马里兰大学的 Allan Drazen 教授提供经济学依据，完善抗辩材料。Appellant Submission of China, para. 408.
❷ 在非市场经济地位的双反调查语境中，此价格特指产品的出口价格。但从整体的反倾销和反补贴规则来看，这里的价格应该理解为同时包括国内价格和出口价格。

如果只是部分反映了补贴利益，即由于补贴存在而出现的价格下降幅度不及补贴额，则存在部分双重救济；如果产品价格没有反映补贴利益，则不存在双重救济（见图2）。❶

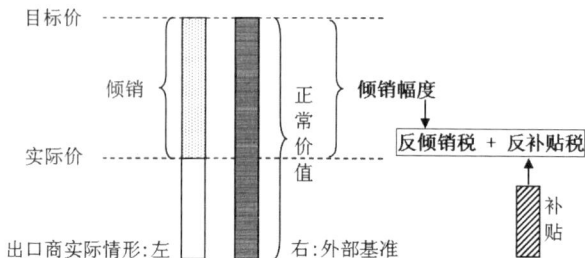

图2　补贴未体现在价格上的情形（无重复计算）

所以，通常的双反调查中（市场经济地位国家），理论上补贴同时造成国内价格和出口价格的同比例变化，公平比较倾销幅度时，无论存在何种程度的补贴价格影响，均相互抵消，所以可以同时采取反补贴措施，且理论上不会造成双重救济。但是，出口补贴则可能单方面造成出口价格的下降，而国内价格不变，因此可能出现双重救济，《1994 年关贸总协定》第6.5 条禁止了出口补贴可能面临的双重救济情形。正是由于补贴在产品价格影响上的不确定性，美国国会报告认为："如果美国商务部针对被实施反补贴税的相同产品，使用第三国信息计算反倾销税，则会对可诉国内补贴出现部分双重计算。"❷ 美国国际贸易法院（CIT）认为，美国商务部须"避免可能的双重计算税款……如果不作出某种调整，征收反倾销税很可能导

---

❶ Second Written Submission of United States, August 12, 2009, para. 192. 尽管理论上说，补贴有可能无价格影响，只存在数量影响，但实践中调查机关几乎不可能作出无价格影响的裁决，主要原因是产业损害调查可能面临的困境（几乎颠覆了产业损害的基本调查方法和分析逻辑）。在这个问题上，欧盟的立场也比较激进，强调补贴的其他影响（非价格影响），例如产能增加、鼓励分红、增强营销能力等。See the Third Participant Submission by the European Union, 22 December 2010, para. 56. 上诉机构也认可这样的不确定事实，see Appellate Body Report, US—Anti-Dumping and Countervailing Duties, para. 599.

❷ GAO, US—China Trade: Commerce Faces Practical and Legal Challenges in Applying Countervailing Duties, Report to Congressional Committees, GAO – 05 – 474, June 2005, page. 28, it provided that "it appears that some double counting of actionable domestic subsidies could occur if Commerce used third-country information to calculate antidumping duties on the same products against which it also applied CVDs."

致双重救济"❶。此案专家组也作出类似的事实认定："同时采取反补贴税和依据非市场经济方法计算的反倾销税，至少可能产生部分双重救济。"❷ 此结论得到上诉机构的维持。❸ 这些精心选择的用词，均表明双重救济存在不确定性。

从法律义务角度来看，中方面临4点不利因素：（1）举证责任。证明双重救济的实质是研究涉案产品的价格形成机制，分析补贴（某要素）对产品价格的影响。尽管在财务上可以看到补贴对产品成本的影响❹，但从由供需决定的"市场价格"角度来看，完全无争议地量化分析补贴对产品价格的影响几乎是不可能实现的。（2）法律条文无明确限制非市场经济地位国家面临的双重救济。补贴的双重救济有可能出现在3种情形：第一种是存在出口补贴的情形；第二种是使用结构正常价值计算倾销幅度的情形❺；第三种是使用非市场经济方法计算倾销幅度的情形。根据世贸组织规则，只有《1994年关贸总协定》第6.5条明确禁止了出口补贴的双重救济（即第一种情形），其他两种情形均无明确规范。❻ （3）我国《加入议定书》第15（b）条认可其他世贸成员可以对华发起反补贴调查，且没有期限限制，也没有关于非市场经济地位条款（第15（a）条）的互斥性规定，即《加入议定书》默认了其他世贸成员调查机关在认定我非市场经济国家反倾销的同时，采取反补贴措施。而且，《补贴与反补贴协定》从未将部分国家（非市场经济地位国家）排除

---

❶ United States Court of International Trade, GPX International Tire Corporation and Hebei Starbright Tire Co. , LTD. , v. United States, Consol. Court No. 08 – 00285, September 18, 2009, page. 3, it provided that "Commerce must adopt additional policies and procedures for its NME AD and CVD methodologies to account for the imposition of the CVD law to products from an NME country and avoid to the extent possible double counting of duties. ... Without some type of adjustment for this, the imposition of AD duties could very well result in a double remedy. "

❷ Panel Report, US—Anti-Dumping and Countervailing Duties, para. 14. 75. It provided that " ... at least some double remedy will likely arise from the concurrent imposition of countervailing duties and Anti-Dumping duties calculated under an NME methodology. "

❸ Appellate Body Report, US—Anti-Dumping and Countervailing Duties, para. 599.

❹ 中方在专家组阶段，就是从原材料成本角度证明双重救济的存在，认为倾销调查采用的外部基准是一个无倾销、无补贴的基准，必然纠正了生产性资源的不当分配。See First Written Submission of China, para. 374.

❺ 见《反倾销协定》第2.2.2条，此条规定了正常价值外部基准的使用情形，由于任何基准是"合理"（reasonable）和"通常贸易条件下"（ordinary course of trade），因此该基准理论上可能调整了补贴造成的影响。

❻ 从谈判史来看，此条款出现在《1947年关贸总协定》的缔约过程中，此前的《哈瓦那宪章》中没有类似规定。See, Final Act and Related Documents（the Havana Charter）, United Nations Conference on Trade and Employment, held at Havana, Cuba, from November 21, 1947, to March 24, 1948, Article 25 and 26.

在其实施范围之外。❶ （4）多边协定的谈判史不支持限制双重救济。根据
《东京回合补贴守则》第15.1条❷，调查机关可以选择反倾销或反补贴措施救
济补贴，但各国理解此条规定调查机关不能同时实施反倾销和反补贴措施，
是关于避免双重救济的义务。❸ 而此条在乌拉圭回合谈判中被没有记录地删除
了，最终的《补贴与反补贴协定》中没有此条款。❹ 根据上诉机构在US—Un-
derwear案的裁决，其"无权推定，条款的消失仅仅是由于疲倦的立法者或粗
心的起草者造成的意外或无意的疏忽"❺。

面对这些法律障碍，中方至少有两条思路可以选择：第一条思路是挖掘
现有的反补贴规则，主张美国违反《补贴与反补贴协定》。第二条思路是从反
倾销规则的角度起诉，认为美国商务部没有调整正常价值，导致反倾销税覆
盖了补贴额，征收了超过倾销幅度的税，主张美国违反《反倾销协定》。第二
条思路有可取之处，补贴不是倾销，如果已经征收了反补贴税，反倾销税是
不应该救济补贴，否则超过了真正的倾销幅度，会涉嫌违反《反倾销协定》
第9.1条。但是，第二条思路在"举证责任"问题上存在很大隐忧。我们的
诉讼目标之一就是要把双重救济的举证责任分配给美方，但是《反倾销协定》

---

❶ 有些专家主张，此案的双重救济的诉讼目标是逼着美国商务部二选一：（1）非市场经济地位
的反倾销调查，不能反补贴；或（2）给予市场经济地位，可以双反。这种努力目标是共同所愿的，
执行裁决时的最终效果也可能客观上限制了美方使用反补贴的权利。但在诉讼过程中，由于《议定
书》和《补贴与反补贴协定》的相关规定存在（或相关规定缺失），中方难以直接主张这种二选一的
观点，难以在规则层面建立令人信服的立场。美国也利用这点，在专家组和上诉机构面前反复强调中
方的实质是禁止美国对非市场经济国家实施反补贴，其在专家组阶段向中方提出的唯一问题（这种在
诉讼阶段向对方提问的做法很少见）就是要中方说明什么情况下调查机关可以针对非市场经济国家采
取双反措施，同时又避免双重救济，此问题企图诱使中方要么承认禁止双反的极端立场，要么为美国
使用双反打开绿灯。See Question from the United States to China，July 10，2009.

❷ Agreement on Interpretation and Application of Article Ⅵ，ⅩⅥ and ⅩⅩⅢ of the General Agreement
on Tariffs and Trade，12 April 1979，Geneva，Article 15.1 provides that "［i］n cases of alleged injury caused
by imports from a country described in Notes and Supplementaby Provisions to the General Agreement（Annex I，
Article VI，paragraph 1，point 2）the importing signatory may base its procedures and measures either（a）on
this Agreement，or，alternatively（b）on the Agreement on Implementation of Article VI of the General Agree-
ment on Tariffs and Trade."

❸ 但这种解读是值得怀疑的，《东京回合补贴守则》第15.1条的用词是"may"，意味着可以选
择反倾销或反补贴，但没有规定是否可以双反。所以，某种意义上可以主张，《东京回合补贴守则》
和《补贴与反补贴协定》另有条款限制了双重救济。

❹ 关于此条被删除的原因，没有找到任何的多边会议纪要或背景说明。美国认为这是缔约方刻意
删除的，允许对国内补贴实行双重救济。See First Written Submission of the United States，para. 406 – 409.

❺ Appellate Body Report，United States—Restrictions on Imports of Cotton and Manmade Fibre Under-
wear（hereinafter US—Underwear），WT/DS24/AB/R，adopted 25 February 1997，pp. 14 – 15，it provides
that "we are not entitled to assume that that disappearance was merely accidental or an inadvertent oversight on
the part of either harassed negotiators or inattentive draftsmen."

第 2.4 条明确将价格比较（确定倾销幅度）时的"调整"（due allowance）的举证责任分配给应诉企业（出口商）❶，即便我们赢了最终结果，但如果举证责任留给了中方，那也是糟糕的结局，我国出口企业须在未来的双边应诉过程中，极为困难地证明存在双重救济（如果可能的话）。基于以上考虑，中方从补贴与反补贴规则的角度提起诉讼，主张美国违反《1994 年关贸总协定》第 6 条和第 1 条，《补贴和反补贴协定》第 10、第 12.1、第 12.8、第 19.3、第 19.4 和第 32.1 条。❷

专家组经过分析以后，在事实上支持了中方，认为可能存在双重救济，但在法律上驳回了中方主张，认为中方所列举的法律条文中没有禁止双重救济。❸ 美方在后续程序中未就此提出交叉上诉，所以双方未继续纠缠复杂的事实问题。❹ 在法律问题上，上诉机构认为专家组的法律解释过于"机械化"（mechanistic），《1994 年关贸总协定》第 6.5 条的省略和《东京回合补贴守则》第 15.1 条的删除不能"反推"（contrario），不能理解为允许对国内补贴双重救济❺，应该协调和一致地解释世贸组织的不同条约。❻ 据此，上诉机构作出有利于中方的裁决，认为美方违反了《补贴与反补贴协定》第 19.3 条，同时将双重救济的举证责任分配给了调查机关："调查机关负有肯定性义务，查明补贴的准确额度，同样也负有肯定性义务，依据第 19.3 条设定合适的税

---

❶ Anti-Dumping Agreement Article 2.4 provides that "Due allowance shall be made in each case, on its merits, for differences which affect price comparability, including differences in conditions and terms of sale, taxation, levels of trade, quantities, physical characteristics, and any other differences which are also demonstrated to affect price comparability." (emphasis added) 尽管此条款省略了主语，但从拟调整信息的所有者、反倾销实践和上下文（后面一句条文专门强调调查机关不能施加不合理的举证责任）来看，出口商承担价格调整的举证责任是没有疑问的。

❷ 上诉听证会上，上诉机构曾经专门就此向中国提问（为什么不从反倾销角度起诉），中方回答是由于补贴被双重救济，因此中方认为与补贴规则的关系更为密切。

❸ Panel Report, US—Anti-Dumping and Countervailing Duties, para. 14.104 – 14.140.

❹ 这里有一个有意思的问题：如果美方提出交叉上诉，会发生什么情况？根据《争端解决谅解》第 17.6 条，上诉机构只负责审法律而不审事实，但同时上诉机构针对复杂事实问题作出裁决时，往往会将事实问题"法律描述化"（legal characterization），例如在裁决同类产品（like products）问题上的做法。所以，可以预计，如果美国提出交叉上诉，上诉机构不会轻易以事实问题为由排除此点诉求，中美将纠缠于双重救济的复杂事实认定。

❺ Appellate Body Report, US—Anti-Dumping and Countervailing Duties, para. 567. 在现有条文没有明言的争议上，是否可以反推（a contrario），上诉机构曾说"省略必有含义"，又说"不同文本中的省略可能有不同的含义，省略本身并不是决定性的"，所以采取了逐案分析的策略。See Appellate Body Report, Japan—Taxes on Alcoholic Beverages, WT/DS8/AB/R, WT/DS10/AB/R, WT/DS11/AB/R, adopted 1 November 1996, p. 18 and Appellate Body Report, Canada—Certain Measures Affecting the Automotive Industry, WT/DS139/AB/R, WT/DS142/AB/R, adopted 19 June 2000, para. 138.

❻ Appellate Body Report, US—Anti-Dumping and Countervailing Duties, para. 570. 上诉机构在脚注 548 中详细引用了众多世贸争端案，认为条约解释必须连贯一致。

额。这义务包括足够勤勉地'调查'和索取有关事实，并且依据案卷中的支持性证据作出裁定。"❶

　　在双重救济问题上，中方有很多理由，美方也有很多理由，但上诉机构推翻了专家组机械的法条分析并不奇怪，因为其违反了法律人的一个基本信念：一件明显不公平的事情摆在眼前，能说法律对此无动于衷？值得注意的是，尽管双重救济是明显的不公平做法，但由于此案仅仅涉及非市场经济国家面临的双重救济问题，某种程度上是中国面临的特殊问题，未直接涉及其他国家，欧盟、日本、加拿大、澳大利亚、巴西、印度、阿根廷、墨西哥等第三方的意见呈一边倒，均反对中方主张，认为条文没有明确限制性义务，只有挪威支持我国，这个局面反映了世贸争端解决的冷峻现实。❷

三、此案的后续影响与启示

　　此案是我国在 WTO 挑战美国贸易救济调查做法并历经完整诉讼过程（磋商、专家组程序、上诉程序）的第一案。中方由于在此案中精心设计了诉讼策略，主攻关键术语的法律标准，避免纠缠于双反个案的事实细节问题，最后取得了前所未有的胜利。上诉机构和专家组的裁决标志着中方在中美最为看重的两个核心问题（公共机构和双重救济）上取得胜诉，美方应当遵守经过澄清后的法律义务。路透社、华尔街日报和彭博资讯等媒体对裁决结果均作了广泛报道。❸ 中国商务部对此评价："该裁决是中方在世贸争端中取得的

---

❶　Appellate Body Report, US—Anti-Dumping and Countervailing Duties, para. 602. It provides that "an investigating authority is subject to an affirmative obligation to ascertain the precise amount of the subsidy, so too is it subject to an affirmative obligation to establish the appropriate amount of the duty under Article 19. 3. This obligation encompasses a requirement to conduct a sufficiently diligent 'investigation' into, and solicitation of, relevant facts, and to base its determination on positive evidence in the record."举证责任的问题值得多说几句，中美在诉讼过程中并没有直接将举证责任作为"主张"（claim）来对待，而是将此点夹藏在明确的法律义务之中（例如第 19. 3 条的合理税额、第 19. 4 条的查明存在的补贴等）。平心而论，调查机关承担避免双重救济的举证责任并不委屈。这主要有两点理由：其一，调查机关占据了最多的信息，包括政府和出口商提供的所有数据；其二，调查机关发明了针对非市场经济国家的双反调查方法，有义务合理化其调查方法。

❷　Third Party Submissions, Argentina, Australia, Brazil, Canada, European Union, India, Japan, Mexico, Norway, Geneva, 5 June 2009.

❸　See Reuters, "WTO top court backs China in U. S. duties dispute", March 12, 2011; The Wall Street Journal, "Trade Body Rules in Beijing's Favor—WTO Judges Say U. S. Illegally Imposed Double Duties on Chinese Exports Limits Trading Partners' Room to Maneuver", March 12, 2011; Bloomberg, "WTO Reverses Ruling on U. S. Steel Duties, Backing China", March 12, 2011.

重大胜利。"❶ 与此相对照,美国贸易代表柯克表示"对此报告深感不安",并批评上诉机构越权(overreaching)。❷

2011 年 3 月 25 日,世贸争端解决机构通过了此案的上诉机构报告和经上诉机构修改后的专家组报告。4 月 21 日,美方在世贸组织争端解决机构例会上表示将执行上诉机构和专家组裁决。❸ 5 月 13 日,中美联合致函争端解决机构,延长了合理执行期谈判,中方保留了就合理执行期的确定问题诉诸仲裁的权利。❹ 7 月 8 日,中美经多轮谈判,就本案裁决的合理执行期达成一致。执行期为 11 个月,美方应于 2012 年 2 月 25 日之前执行完毕。

(一) 动摇了对非市场经济国家采取双反措施的基础

此案的双重救济裁决直接触及了美方是否能够对非市场经济国家实施双反措施的根本性问题。上诉机构和专家组报告不仅从事实上裁定双重救济有可能发生,而且明确了调查机关有义务避免双重救济,负有相应的举证责任。如前所述,双重救济的核心是分析补贴对出口价格的影响,如果出口价格出现下降,通过外部基准计算倾销幅度、征收反倾销税时,则可能抵消造成此价格影响的补贴,再征收反补贴税时,则会构成双重救济。理论上,美方可以通过 3 个途径执行上诉机构的裁决:一是彻底放弃对非市场经济国家采取反补贴调查,通过在反倾销过程中使用外部基准来救济补贴影响。二是从反倾销税中扣除反补贴税(或在倾销幅度计算中扣除

---

❶ 中华人民共和国商务部:"商务部条约法律司负责人就我国诉美国反倾销反补贴措施世贸争端案胜诉发表谈话",2011 年 3 月 11 日,载 http://www. mofcom. gov. cn/aarticle/ae/ai/201103/20110307442946. html. 2011 年 3 月 25 日,世贸争端解决机构通过了上诉机构报告和经上诉机构修改后的专家组报告,我国商务部再次表示欢迎,并称"会极大增强世贸成员对多边规则的信心",见"商务部条约法律司负责人就世贸组织通过中国诉美国双反争端案报告发表谈话",2011 年 3 月 28 日,载 http://www. mofcom. gov. cn/aarticle/ae/ai/201103/20110307468502. html. 两个网页均于 2011 年 5 月 9 日访问。

❷ Office of United States Trade Representative, "USTR Statement Regarding WTO Appellate Body Report in Countervailing Duty Dispute with China", March 11, 2011, http://www. ustr. gov/about-us/press-office/press-releases/2011/march/ustr-statement-regarding-wto-appellate-body-report-c, visited on May 9, 2011. It provides that "'I am deeply troubled by this report,' said United States Trade Representative Ron Kirk. 'It appears to be a clear case of overreaching by the Appellate Body. We are reviewing the findings closely in order to understand fully their implications.'"

❸ See http://geneva. usmission. gov/2011/04/21/US—statements-april-21-2011-dsb/, visited on May 11, 2011, "United States wishes to state that it intends to comply in this dispute with its WTO obligations and will be considering carefully how to do so."

❹ Communication from China and the United States concerning Article 21.3 (c) of the DSU, WT/DS379/10, 13 May 2011.

补贴额），同时征收反补贴税，此举实质上只征收了反倾销税，使得反补贴调查变成了徒耗行政资源的行为。❶ 三是对应诉方施加大量举证责任，得出价格影响程度的结论，或者证明补贴未影响出口价格。为了研究补贴的价格影响，美方需要研究涉案产品的价格形成机制，此点在技术操作上极为困难，同时，一旦得出"无价格影响"的结论，则又与其双反裁决的损害结论发生矛盾。尽管不能排除美方利用不利推定等方式继续维持其原有双反措施的可能性，但可以初步判断，美方在双重救济问题上，没有太多容易规避上诉机构裁决的选项，且如果美方未善意履行上诉机构的裁决，一旦在执行程序中再次被裁违反世贸规则，则可能遭到中方的报复。可以说，这个裁决使得中方将道义上的优势逐步转化为法律上的优势，逐渐影响了中美之间在贸易救济问题上的游戏规则，改善了中国出口商在双反调查中所面临的非常不公平的处境。

（二）压缩了调查机关的自由裁量权

此案关于公共机构的裁决，恢复了国有企业在双反调查中的抗辩权，改变了以后反补贴调查中关于国有企业的抗辩策略，有助于改善中国企业在应诉美国反补贴调查中的处境。尽管上诉机构基于不利的事实证据未支持我国关于国有商业银行不属公共机构的立场，但中方赢在了战略层面，获得了有利于我国的"政府职能"这一法律标准。依据该标准，美方在反补贴调查中，将不能再仅仅依据国家所有权就认定国有企业对下游企业进行财政资助，而是需要调查涉案企业是否具备"政府职能"。在公共机构问题上，由于上诉机构解释的是《补贴与反补贴协定》中的条文，不是《加入议定书》中的条文，所以，此案裁决的影响不只局限于中美两国，还将对其他世贸成员的反补贴实践产生深远的影响。

（三）有力遏制了滥用双反措施的蔓延

此案的另外一个作用是遏制了滥用双反措施的蔓延。欧盟2010年4月17日对华首次发起双反调查（铜版纸案）❷，并于2011年5月14日公布了双反裁决。欧盟在反倾销调查中采取了低税原则，以损害幅度为

---

❶ 在GPX案（美国国内诉讼）中，美国商务部在执行国际贸易法院的第二次裁决时，在反倾销税中扣除了反补贴税。See Final Results of Redetermination Pursuant to Remand 2（Dep't Commerce Apr. 26, 2010）.

❷ European Commission, Notice of initiation of an anti-subsidy proceeding concerning imports of coated fine paper originating in the People's Republic of China, Official Journal of the European Union, 17. 4. 2010, C 99/30.

基础扣除了与补贴税率相等的额度，作为最终实施的反倾销税，同时实施反补贴措施。❶ 尽管欧盟在表面上维持了双反措施，但实质上只依据损害幅度征收了反倾销税，此举徒耗行政资源，使得反补贴调查缺少经济合理性。

（四）原始调查的案卷和证据是多边诉讼的重要基础

我方在双边阶段应对美国双反原始调查时提交的证据材料，是多边诉讼的重要基础。在反倾销争端中，专家组和上诉机构只能基于原始调查阶段的案件记录来审查调查机关的裁决是否符合世贸规则，其主要法律依据是《反倾销协定》第17.5（ii）条。❷ 尽管《补贴与反补贴协定》中没有类似规定，但在涉及反补贴的以往世贸争端中，专家组和上诉机构也是遵循了同样的原则，即只基于原始调查阶段的案件记录审查相关争议，争端当事方均不能再提交在原始调查阶段未曾提交的新证据。❸ 因此，在本案中，我方亦是依据美

---

❶ Council Implementing Regulation （EU） No 451/2011 of 6 May 2011, imposing a definitive Anti-Dumping duty and collecting definitively the provisional duty imposed on imports of coated fine paper originating in the People's Republic of China, Official Journal of the European Union, L 128/1, 14.5.2011. 两家强制应诉企业中，金东纸业倾销幅度43.5%，损害幅度20%，倾销税率20%，补贴税率12%，最终实施的反倾销税率8%；晨鸣纸业倾销幅度63%，损害幅度39.1%，倾销税率39.1%，补贴税率4%，最终实施的反倾销税率35.1%。

❷ 根据世贸《反倾销协定》第17.5（ii）条，争端解决机构根据进口国的调查机关可获得的事实审查所涉争端。See Panel Report, European Communities—Anti-Dumping Measure on Farmed Salmon from Norway, WT/DS337/R, adopted 15 January 2008, and Corr. 1, para. 7.835 – 7.860; Panel Report, Egypt—Definitive Anti-Dumping Measures on Steel Rebar from Turkey, WT/DS211/R, adopted 1 October 2002, para. 7.15 – 7.21; Panel Report, Guatemala—Definitive Anti-Dumping Measures on Grey Portland Cement from Mexico, WT/DS156/R, adopted 17 November 2000, para. 8.19.

❸ 在 US—Countervailing Duty Investigation on DRAMS 案中，专家组根据 DSU 第11条认为："we shall determine whether an objective and impartial investigating authority, looking at the same evidentiary record as the DOC and ITC, could properly have reached the same conclusions as did those agencies." 潜台词是依据案卷审查法律义务，上诉机构维持了此裁决。Panel Report, United States—Countervailing Duty Investigation on Dynamic Random Access Memory Semiconductors （DRAMS） from Korea （US—Countervailing Duty Investigation on DRAMS）, WT/DS296/R, adopted 20 July 2005, para. 7.3; Appellate Body Report, Japan—Countervailing Duties on Dynamic Random Access Memories from Korea, WT/DS336/AB/R and Corr. 1, adopted 17 December 2007, para. 132 – 134. Also see Panel Report, Mexico—Definitive Countervailing Measures on Olive Oil from the European Communities, WT/DS341/R, adopted 21 October 2008, para. 7.5. 尽管在美国铅和铋案（US—Lead and Bismuth）中，专家组和上诉机构认为《反倾销协定》的审查标准（第17条）不适用于《补贴与反补贴协定》，但当时的争议主要是围绕《反倾销协定》第17.6（ii）条中关于"permissible interpretation"审查标准的适用问题，与此处讨论的问题不同。See Panel Report, United States—Imposition of Countervailing Duties on Certain Hot-Rolled Lead and Bismuth Carbon Steel Products Originating in the United Kingdom, WT/DS138/R and Corr. 2, adopted 7 June 2000, para. 6.8 – 6.19; Appellate Body Report, United States—Imposition of Countervailing Duties on Certain Hot-Rolled Lead and Bismuth Carbon Steel Products Originating in the United Kingdom, WT/DS138/AB/R, adopted 7 June 2000, para. 44 – 51.

国调查机关在原始调查中掌握的证据挑战美国双反措施，将 4 个双反调查个案打包在一个世贸争端案件中，有利于在争端过程中灵活取舍个案事实和质量较高的证据材料，以支持我方立场和主张，争取最有利的裁决结果。但我方在诉讼过程中还是发现了一些证据不够完备的情况。❶ 本案涉及的 4 起双反措施是我企业和政府应对的第一批反补贴调查，每一调查所涉事实千差万别，且我方仍处于摸索、积累应诉经验的过程中，每一起调查的答卷和抗辩质量并非整齐划一。尽管这是可以理解的困难，但我国有必要在今后的双反调查应对工作中加以改进，以期更好地支持可能的多边诉讼。

（五）中美贸易救济争端还将面临"持久战"

美国败诉以后，根据其国内《乌拉圭回合协定法案》（URAA）第 129 节（又称 129 程序），美国贸易代表应会同调查机关及国会委员会立即就此事宜展开磋商，美国调查机关应重新调查涉案措施并作出裁决，修改其被世贸组织裁定违反了相关协定义务的做法。❷ 对于美方执行本案裁决的情况，我方仍须冷静观察，不宜高估美方的执行意愿和执行效果，不能排除美国商务部拖延或不全面执行裁决的可能性。这主要有 4 点原因：

其一，美国面临较大的国内压力。其部分国内势力要求美国政府拒不执行裁决，认为上诉机构裁决超越了世贸规则，损害了美国制造业和工人的利益。❸ 2011 年 4 月 14 日，美国参议院 22 名参议员联名致函美国贸易代表柯克，对此案裁决表示极大担忧（great concern），认为如果执行此裁决，将对执行贸易法以维护美国制造业和就业的形势产生不利影响。❹ 美国众议院桑德·莱文（Sander Levin）、杰米·麦克德莫特（Jim McDermott）、麦克·米肖（Mike Michaud）等议员也对此案的裁决结果深表失望。❺

---

❶ 只有在非公路用轮胎案中，中方提交了《公司法》译文。Attached as Exhibit GOC-SUPP3-11 to GOC's Response to the Third Post—Preliminary Determination Supplemental Questionnaire dated February 27, 2008. 同时，还存在一些不利证言（关于国有商业银行问题）。Appellate Body Report, US—Anti-Dumping and Countervailing Duties, para. 348 – 351.

❷ Uruguay Round Agreements Act (Public Law 103 – 465), Section 129, Decemrer 8, 1994. 根据第 129 节规定，美国调查机关应在收到贸易代表的书面通知后 180 天之内，对涉案调查重新作出裁决。但法律未规定美国贸易代表发出书面通知的期限，因此在实践中，美方的执行措施大多远远超过 180 天。

❸ Committee to Support U. S. Trade Laws, "The Committee to Support U. S. Trade Laws Calls on the U-nited States Government to Decline to Implement the Recent Findings of the WTO Appellate Body Regarding the Application of the United States Countervailing Duty Law to China", March 24, 2011.

❹ Letter to Ambassador Ron Kirk, "Re: WTO Appellate Body Ruling on Trade Remedies Dumping on Trade Remedies for Dumping and Subsidization", April 14, 2011.

❺ "Levin, McDermott React to WTO Decision on Countervailing Duty Dispute", and "WTO Ruling Un-dercuts US Trade Enforcement", March 11, 2011.

其二，就贸易救济措施而言，即便不涉及立法，美国也有着不光彩的执行历史，尤其是加拿大起诉美国的一系列软木世贸争端案。在美国—软木 IV 案（US—Softwood Lumber IV）中，原审裁决美国商务部在原始调查中推定补贴利益传导至非关联下游企业的做法违反世贸规则，美国在执行过程中对加拿大政府和出口商施加了沉重的举证责任，同时在执行程序和年度复审程序中依然保持了原始调查中的违规做法。在美国—软木 V 案（US—Softwood Lumber V）中，原审禁止了美国加权平均正常价值对加权平均出口价格（W－W）时使用的归零，美国在执行阶段采取了逐笔交易正常价值对逐笔交易出口价格的（T－T）归零，加拿大出口商的反倾销税率非但没有降低，反而升高了。❶ 在美国—软木 VI 案（US—Softwood Lumber VI）中，美国国际贸易委员会的实质性损害威胁裁决被裁违反世贸规则，美国随后在执行过程中增加新证据并调整表述，维持了实质性损害威胁结论，依然作出肯定性裁决。❷ 这导致加拿大尽管多次赢得世贸争端解决，但仍然长期无法解决美国滥用贸易救济措施的问题。

其三，美国可能会利用本案比较模糊的裁定，设法维持原先做法。尤其是关于公共机构的裁决，上诉机构尽管支持了政府职能的法律标准，但同时强调，如果证据表明出口国政府对某实体从事了"有意义的控制"（meaningful control），则该实体有可能拥有政府职权、履行政府职能。❸ 对此，不能排除美方利用此点，以不利于中方利益的方式执行上诉机构裁决的可能性，例如，对出口商和出口国政府施加沉重的举证责任，通过不利推定（AFA）等技术手段，实际上维持其"控制论"（股权分析方法）。

其四，中国原始调查的出口企业可能已经失去美国市场，缺乏继续应诉美国执行程序的动力。缺乏应诉动力的原因有很多：首先，从本案涉及的 4 起双反调查来看，中方共有 14 个被美方选定作为原始调查的出口应诉企业，

---

❶ Panel Report, United States—Final Dumping Determination on Softwood Lumber from Canada—Recourse to Article 21. 5 of the DSU by Canada, WT/DS264/RW, 3 April 2006, Annex A, paras. 4 and 9, and footnote 4. 具体来说，美国商务部对加拿大出口商的倾销幅度重新裁定如下：Abitibi from 12. 44% to 13. 22%；Canfor from 5. 96% to 9. 27%；Slocan from 7. 71% to 12. 91%；Tembec from 10. 21% to 12. 96%；West Fraser from 2. 18% to 3. 92%；and Weyerhaeuser from 12. 39% to 16. 35%. The "all others" rate increased from 8. 43% to 11. 54%，a relative increase of 37%.

❷ Panel Report, United States—Investigation of the International Trade Commission in Softwood Lumber from Canada—Recourse to Article 21. 5 of the DSU by Canada, WT/DS277/RW, adopted 9 May 2006, as modified by Appellate Body Report WT/DS277/AB/RW, and Appellate Body Report, United States—Investigation of the International Trade Commission in Softwood Lumber from Canada—Recourse to Article 21. 5 of the DSU by Canada, WT/DS277/AB/RW, adopted 9 May 2006, and Corr. 1.

❸ Appellate Body Report, US—Anti-Dumping and Countervailing Duties, para. 318. 上诉机构在裁决第 346 段还探讨了"五要素分析法"，尽管没有明确阐述此方法与政府职能之间的关系，但是否暗示美国可以回归到"五要素分析法"值得观察。

其中至少6家企业在原始调查阶段即放弃配合，此后，在争端解决期间，还有部分企业由于并购等原因退出了相关市场❶；其次，标准钢管案、矩形钢管案、复合编织袋案的反倾销税率极高，基本上禁止了我国出口产品，即便降低了部分反补贴税，也没有什么实际经济价值❷；再次，由于美国独特的年度复审制度，前一年的补贴税率和后一年的保证金比率依年度复审结果而定，即便原始调查的补贴税率有所下降，企业也几乎不享受任何实际利益。

说明以上困难并不是为了传递悲观的情绪，相反，而是有必要在充分借鉴他国历史经验的基础上，做好打持久仗的准备，争取有利于我国的最终结果，更何况美国在执行双重救济问题上将可能同时面临国内法院和世贸组织的败诉，处于非常复杂也非常困难的执行局面❸，我们还是有一些理由保持谨慎的乐观。

诉美双反措施世贸争端案获胜，正逢中国加入世贸组织10周年，这也是中国在世贸组织赢得的很有实质意义的胜利，它意味着在中美反补贴摩擦中，中方逐步摆脱了完全被动挨打、任凭美方滥用贸易救济措施的局面，开创了通过多边诉讼争取权利、制约美方的局面。美方在铜版纸案（DS368）和此争端所涉及的4起双反措施之外，截至2011年4月30日，还对华发起了23起双反调查，除了轮毂和镀锌钢丝等近期发起的双反案件❹，其余的多数双反调查和措施在"公共机构"和"双重救济"问题上均不同程度地出现违规做法。由于此案的获胜，中方在与美方的后续交涉中占据了一定的主动权，有望在后续的争端中采取更加灵活的手段，逐步解决更多的体制性问题，更好

❶　4起双反案件反补贴调查强制应诉企业有：天津双街、潍坊东方、金洲管道、张家中原、青岛祥兴、昆山昱纬、汉兴化学、宁波永丰、齐鲁塑料、寿光健元春、淄博爱富迪、河北兴茂、贵州轮胎、天津联合等。

❷　标准钢管案反倾销税率为69.20%～85.55%；矩形钢管案反倾销税率为249.12%～264.64%；复合编织袋案反倾销税率为64.28%～91.73%。

❸　关于双重救济问题，美国国际贸易法院（CIT）2009年9月18日裁定美国商务部违反其国内法（GPX International Tire Corporation and Hebei Starbright Tire Co., LTD v. United States, SLIP OP. 09－103, Consol. Court No. 08－00285），经过两次复审，2010年8月4日最终裁定，由于美国商务部无法改进调查方法以避免双重救济，因而须放弃对非市场经济体征收反补贴税（SLIP OP. 10－84, Consol. Court No. 08－00285）。美国商务部就此裁决结果提出上诉，目前此案正处于联邦巡回上诉法院诉讼阶段。

❹　截至2011年4月30日，美国共对华发起双反调查28起，前5起被诉至世贸组织，另有20起作出肯定性终裁或初裁，1起作出无损害裁决。我国诉美国双反世贸争端案上诉机构作出裁决以后，美国商务部分别于2011年4月19日和20日发起轮毂和镀锌钢丝双反案。Certain Steel Wheels From the People's Republic of China: Initiation of Countervailing Duty Investigation, 76 FR 23302, April 26, 2011; Certain Steel Wheels From the People's Republic of China: Initiation of Antidumping Duty Investigation, 76 FR 23294, April 26, 2011; Galvanized Steel Wire From the People's Republic of China: Initiation of Countervailing Duty Investigation, 76 FR 23564, April 27, 2011.

地维护我国出口企业的合法权益。

案件报告索引：

Panel Report, United States—Definitive Anti-Dumping and Countervailing Duties on Certain Products from China, WT/DS379/R, adopted 25 March 2011, as modified by Appellate Body Report WT/DS379/AB/R.

Appellate Body Report, United States—Definitive Anti-Dumping and Countervailing Duties on Certain Products from China, WT/DS379/AB/R, adopted 25 March 2011.

3. 未完待续的战斗

——诉美《关税法修订案》案

案件编号：DS449

阅读这份裁决是令人痛心的，专家组的错误和失职让中国功败垂成。这篇评论无意让任何人难过，而且中国几乎在所有的法律解释问题上取胜，但此案的阅读感受让人备感遗憾。中方投入了巨大的人力物力，却只是和美方玩了一把模拟法庭，这就好比中美在世界杯决赛中（还不是 4 年一届，而是 8 年一届），中国队占尽优势，却由于裁判的错误判罚，被美国队意外拖平了。这里没有点球决战，但有可选择的加时赛，时间不是 30 分钟，而是未来的 2 年。即便最终胜诉，美国执行完毕，中国企业再诉诸美国国内法院撤销反补贴措施，至少得等到 2019 年，这还是比较乐观的估计。如果美方拒不执行（事关立法，美方有拖延先例）❶，再打个执行之诉和报复仲裁，则可能拖到 2020 年以后，这对 2006～2012 年受损的中国出口企业还有多少实际商业意义？

但我支持中方再战，不为利益，而为公正，让充满偏见和歧视的美国国会向中国低头认错。

一、八年的反补贴应对之路

此案具有非同寻常的历史背景。2006 年，美国改变了其在 1986 年乔治城钢铁案（Georgetown Steel）❷ 中的传统做法，开始对非市场经济国家（NME）

---

❶ 美国拖延执行世贸裁决的案件很多，涉及立法的，比较著名的有"伯德修正案"世贸争端案（US—Offset Act，DS234），专家组和上诉机构报告于 2003 年 1 月 27 日通过，但截至 2014 年 6 月，美国仍未执行。Minutes of Meeting, Dispute Settlement Body, meeting held on 18 June 2014, WT/DSB/M/346, p. 10.

❷ Georgetown Steel Corp. v. United States, 801 F. 2d 1308, 8 ITRD 1161, 4 Fed. Cir. （T）143, Sept. 18, 1986.

采取反补贴措施。❶ 从此以后，中美贸易法战线上狼烟四起，恶战无数。

双边领域，中美在美国国内法院不断起诉上诉，铜版纸案（CFS Paper）❷，第一次 GPX 轮胎案❸，第二次 GPX 轮胎案❹，第三次 GPX 轮胎案❺，第四次 GPX 轮胎案❻，一路打来，历经坎坷，美国巡回法院（CAFC）终于在 2011 年圣诞前夕给中方送了个大礼包，裁定美国反补贴法对非市场经济国家不适用（第五次 GPX 轮胎案）❼，但美国商务部立即申请巡回法院再审（rehearing），拖延裁决生效，同时美国国会罕见地在随后 3 个月内（2012 年 3 月 13 日）通过了修正案（即涉案的 PL. 112 – 99 修订案，本文称 GPX 立法）。❽ 法律争议主要集中在修正案的第一章（专家组和上诉机构报告有时称之为 Section 1），其授权美国商务部对非市场经济国家反补贴，并追溯至 2006 年 11 月 20 日生效。美国巡回法院和国际贸易法院（CIT）在随后的审理（即第六次 GPX 轮胎案❾和第七次 GPX 轮胎案❿）中，认定该修正案未违宪，发回美国商务部重新计算反补贴税，调整双重救济。至此，双边法律诉讼陷入了与美方逐案争夺的泥潭之中。

在多边领域，中美在世贸争端解决中的斗争也是艰苦异常：2007 年将铜版纸（CFS Paper）双反案的初裁诉诸世贸争端解决（DS368）⓫，遭遇国际贸易委员会（ITC）的无损害终裁而暂告段落。随后就是著名的诉美双反措施案（DS379），中方在专家组阶段遭遇了意外的惨败，但随后在上诉阶段扭转乾

❶ US Department of Commerce, Notice of Initiation of CountervailingDuty Investigations: Coated Free SheetPaper From the People's Republic of China, Indonesia, and the Republic of Korea, [C – 570 – 907, C – 560 – 821, C – 580 – 857], Federal Register/Vol. 71, No. 227/Monday, November 27, 2006/Notices, 68546. Initiation of Antidumping DutyInvestigations: Coated Free SheetPaper from Indonesia, the People's Republic of China, and the Republic of Korea, [A – 560 – 820, A – 570 – 906, A – 580 – 856], Federal Register/Vol. 71, No. 227/Monday, November 27, 2006/Notices, 68537.

❷ Government of the People's Republic of China v. United States, 483 F. Supp. 2d 1274, 1276, Court of International Trade, March 29, 2007.

❸ GPX Int'l Tire Corp. v. United States, 587 F. Supp. 2d 1278 (CIT 2008).

❹ GPX Int'l Tire Corp. v. United States, 645 F. Supp. 2d 1231 (CIT Sept. 18, 2009).

❺ GPX Int'l Tire Corp. v. United States, 715 F. Supp. 2d 1337 (CIT Aug. 4, 2010).

❻ GPX Int'l Tire Corp. v. United States, slip op. 2010 – 112 (CIT Oct. 1, 2010).

❼ GPX Int'l Tire Corp. v. United States, 666 F. 3d 732 (Fed. Cir. 2011).

❽ An act to apply the countervailing duty provisions of the Tariff Act of 1930 to nonmarket economy countries, and for other purposes, Pub. L. no. 112 – 99, 126 Stat 265 (2012).

❾ GPX Int'l Tire Corp. v. United States, 678 F. 3d 1308 (Fed. Cir. 2012).

❿ GPX Int'l Tire Corp. v. United States, slip op. 13 – 2, p. 12 (CIT Jan. 7, 2013).

⓫ Request for Consultations by China, United States—Preliminary Anti-Dumping and Countervailing Duty Determination on Coated Free Sheet Paper from China, WT/DS368/1, 18 September 2007.

坤，于公共机构（国有企业性质）和双重救济两个核心关注上取得胜利。❶
此案虽然让中国摆脱了完全被动挨打的局面，但也陷入了胶着的诉讼状态。
美国恶意执行了上诉机构的裁决让中国进退维谷，加之为了更有效率地推翻
美国采取的另外 20 多起双反措施，中国将公共机构和双重救济两个法律事项
分案处理，打包诉讼：公共机构案是诉美反补贴措施案（DS437），专家组阶
段中方取得胜诉❷，目前正处于上诉阶段；双重救济被纳入本案（DS449）❸，
是 GPX 立法之外的重要内容。❹

美国国会的仓促立法虽然挽救了其国内诉讼的败局，却被中国的世贸争
端诉讼团队发觉涉嫌违反《关贸总协定》中的透明度义务（《关贸总协定》
第 10.2 条），即任何普遍适用的贸易措施都必须先公布再生效。换言之，《关
贸总协定》为保护商业预期，禁止了"先生效实施（2006 年对华反补贴）、
再公开立法（2012 年 GPX 立法追溯）"的行为。这里的蹊跷之处在于如何执
行可能的裁决。美国人即便再牛，也无法让时光倒流，回到 2006 年公布 GPX
立法，所以，除了撤销修正案中的追溯性条款以外，无法想象其他执行方式。
但撤销了追溯性条款，就意味着美国商务部 2006～2012 年的反补贴措施缺乏
国内授权，违反其国内法。于是，DS449 就变成了事关中美近 8 年反补贴斗
争成败的一场决战：中国胜，美国将极有可能不得不取消 2006 至 2012 年 3 月
13 日采取的所有反补贴措施（只要中国涉案企业诉诸美国国内法院）；美国
胜，中国将从此彻底陷入逐案诉讼的阵地战，不得不在未来从长计议。

二、国内法的追溯适用

美国刻意避免使用追溯性的概念（retroactivity）。❺ 《关贸总协定》第
10.2 条也确实没使用这个词，只提及了"税费的增加"和"负担要求的新设
或增加"。所有人都同意，既然是"新设"或"增加"，就必然涉及新措施与
某个"原来的基准"（baseline）进行比较，否则无法得出"新"或"增"的
结论。但各方的分歧就在于如何依据条文中的"established and uniform prac-
tice"选择合适的基准。中方主张采用原先国内法（municipal law）所形成的

---

❶ Appellate Body Report, United States—Definitive Anti-Dumping and Countervailing Duties on Certain Products from China, WT/DS379/AB/R, adopted 25 March 2011.

❷ Panel Report, United State—Countervailing Duty Measures on Certain Products from China, WT/DS437/R, 14 July 2014.

❸ Request for the Establishment of a Panel by China, WT/DS449/2, 20 November 2012.

❹ 专家组沿着诉美双反措施案的法律解释，裁定美国的 25 起双反措施（包括复审）违反《补贴与反补贴协定》第 19.3 条，中方胜诉。Panel Report, paras. 7.352 and 7.366.

❺ Panel Report, footnote 85.

商业预期，即 GPX 立法之前，依据美国国内法，美国商务部对非市场经济国家不适用反补贴措施的情形❶；美方和专家组多数派主张采用行政机关原先的实践（prior practice）所形成的商业预期，即 GPX 立法生效前，美国商务部对华适用反补贴的情形❷；专家组异议（dissenting opinion）主张采用"反事实分析"（but for test）的思路，即分析"不存在 GPX 立法"时的商业预期情形。❸ 上诉机构推翻了专家组多数派的裁决，支持了中方立场，认为透明度义务（GATT 第 10.2 条）最重要的功能是保护商业预期，"建立"（established）意味着实践（practice）必须有可靠的基础（a secure basis），也应当合法地设置（legally instituted），所以应当依据原先的国内法寻找比较基准。❹

上诉机构完全推翻专家组的裁决并不意外。美国和专家组多数派的立场实际上是循环论证，中方挑战的就是"先实践，后公告"，其还要用"先实践"作为比较基准，合理化"后公告"，这显然不符合逻辑。同时，专家组多数派的裁决会导致两个糟糕的后果：（1）可能以"行政机关的非法实践"作为比较基准判断商业预期，结论比较荒唐。❺（2）违背了《关贸总协定》第 10.2 条的宗旨，事后公开贸易限制措施，正是第 10.2 条禁止的行为，专家组多数派裁决给了一条将其合法化的捷径，即只要事后公开时追溯适用即可合规（专家组异议提及）。❻ 这两个潜在的后果，动摇了专家组多数派裁决的可信度。关于专家组异议所主张的法律标准，笔者觉得，本质上与中方的国内法思路是一致的。如果没有新法，"反事实"（counterfactual）的商业预期并不是存在于真空之中，仍然需要在当时的国内法框架下，以合法的制度环境为依据分析商业预期。这样的分析模式正是中方所主张的。

三、未完成的法律适用性分析

沿着上诉机构的法律解释，下一步应该分析美国国内法在 GPX 立法之前究竟是如何规定的。这是一个事实问题，牵涉一定程度的法律描述（legal characterization）。尽管美国巡回法院第五次轮胎案（GPX V）未发出执行令，

---

❶ Panel Report, paras. 7.141 – 7.143.
❷ Panel Report, paras. 7.144 – 7.147, and 7.154 – 7.191.
❸ Panel Report, paras. 7.212 – 7.241.
❹ Appellate Body Report, paras. 4.63 – 4.120.
❺ Appellate Body Report, para. 4.103.
❻ Panel Report, para. 7.238.

裁决没有生效❶，但此案事实是清楚的，GPX 立法"修改"（change）了美国内法，美方关于"澄清"（clarify）国内法的主张纯属借口，而且 2014 年年初的家具用品案（Wireking）❷ 的裁决足以让上诉机构吃颗定心丸（Wireking 是美国巡回法院在 GPX 系列案件之后的最新裁决，裁定 GPX 立法修改了美国之前的反补贴立法。可惜上诉过程不能提交新事实，不在案卷之中❸）。但上诉机构竟然未能完成法律适用的分析，难免让人怀疑他们在玩政治平衡，不过阅读完近 20 页的论述，则不得不承认上诉机构的谨慎是可以理解的，至少是不应该被批评的，让其在 3 个月内搞清楚中美 8 年来的是非恩怨，本身就是件非常困难的事情，更何况专家组在很多问题上是失职的，没有尽到"具有批判性的和不断搜索的"（critical and searching）责任。❹ 所以，当前汇总一下上诉机构认为专家组做得不足之处，或许有助于梳理未来诉讼可能的路线图：

（1）专家组对 2006 年以前的美国法律实践/解释的分析尤为匮乏。关于美国巡回法院乔治城钢铁案，专家组未回应当事方在解读上的分歧。❺

（2）专家组未分析美国商务部于 1984 年对原产于波兰和捷克钢丝线材（steel wire rod）的否定性反补贴裁定❻，以帮助理解美国商务部的实践和乔治城钢铁案的裁决。

（3）专家组未分析美国商务部于 2002 年作出的 Sulfanilic Acid 案❼裁定。

（4）第五次 GPX 轮胎案中，美国巡回法院裁决对美国国内法的解读存在

---

❶　Panel Report, para. 7. 180, the Panel found that, under US law, "［t］he mandatedocuments the finality of a court's determination and remands the case to a lower court for furtherproceedings." Also see United States appellee's submission, para. 200.

❷　United States Court of Appeals for the FederalCircuit, Guangdong Wireking Housewares & Hardware Co. Ltd. v. United States, 2013 – 1404（Fed. Cir. 2014）.

❸　根据《争端解决谅解》第 17. 6 条，上诉机构只能审理法律问题，不能审理事实问题，所以也不能在上诉过程中接受新的事实证据。

❹　Appellate Body Report, United States—Investigation of the International Trade Commission in Softwood Lumber from Canada—Recourse to Article 21. 5 of the DSU by Canada, WT/DS277/AB/RW, adopted 9 May 2006, and Corr. 1, paras. 89 – 140.

❺　Appellate Body Report, paras. 4. 155 – 4. 159.

❻　USDOC, Carbon Steel Wire Rod From Poland: Final Negative Countervailing Duty Determination, United States Federal Register, Vol. 49, No. 89（7 May 1984）, p. 19374（Panel Exhibit USA – 10）. USDOC, Carbon Steel Wire Rod From Czechoslovakia: Final Negative Countervailing Duty Determination, United States Federal Register, Vol. 49, No. 89（7 May 1984）, pp. 19370 – 19374（Panel Exhibit USA – 7）.

❼　Memorandum dated 18 September 2002 from Richard W. Moreland, Deputy Assistant Secretary, Group I Import Administration, to Faryar Shirzad, Assistant Secretary for Import Administration, "Issues and Decision Memorandum for the Final Determination in the Countervailing Duty Investigation of Sulfanilic Acidfrom Hungary".

争议，中美各自提供的专家意见也存在矛盾，专家组应当予以回应，但其明确拒绝对此作出认定。❶

（5）此外，不能完全算作专家组的失职（专家组报告有所涉及）——上诉机构还专门提及了美国商务部颁布的《1998年反补贴条例》，并给予了很高关注。❷

（6）2014年年初的家具用品案（Wireking）不在案卷之中（这也不能算专家组失职）。❸

四、值得关注的其他几处裁决

第一，《争端解决谅解》第6.2条的胜利是正常的。尽管中方在专家组请求里关于双重救济的法律主张只列举了《补贴与反补贴协定》第19条，未更进一步列明第19.3条，但中方清楚描述了涉案措施是双重救济，在脚注里援引了诉美双反案（DS379），并在专家组阶段放弃了部分诉讼主张，对此，美国很难继续装傻。而且，此案涉案措施只有1个（双重救济），第19条只有4个条款，即便不参考辅助信息，也最多不过4种可能的诉讼主张，这与原材料案（DS394/395/398）里起诉方列举了37个涉案措施和13个世贸条款的情形不可同日而语❹，后者理论上的排列组合可以超过数千种。但上诉机构明显留意到支持中方立场为诉讼技巧带来的隐患，尤其是放弃部分诉讼主张的做法（极端的情形如列举100个条款，随后放弃99个），于是警告涵盖面过宽的法律主张存在第6.2条的败诉风险。❺

第二，专家组报告在分析《关贸总协定》第10.3（b）条时，触及了三权分立的宪法性问题。专家组认为该条款只规范了司法（包括行政裁决）和行政之间的关系，未规定司法与立法之间的关系，所谓裁决机关的独立，主要是为了保护正当程序和透明度，不是为了阻止立法机关制定和修改法律。❻笔者觉得专家组裁得没错，美国国会推翻法院裁决固然可恨，但将司法独立性解释成超越立法机构的终极权力，可能激进了一些。

第三，由于对此案"决战"性质的清醒认识，美国在诉讼中可谓机

---

❶ Appellate Body Report，paras. 4. 171 – 4. 175.

❷ Appellate Body Report，para. 4. 156. USDOC，Countervailing Duties：Final Rule，United States Federal Register，Vol. 63，No. 227（25 November 1998）.

❸ Appellate Body Report，para. 4. 181.

❹ WT/DS394/7，WT/DS395/7，WT/DS398/6. Also see the summary provided in the Appellate Body Report，paras. 223 – 225.

❺ Appellate Body Report，para. 4. 46.

❻ Panel Report，paras. 7. 260 – 7. 292.

关算尽，阴谋百端：在专家组组成问题上使用了不正常的影响力，在上诉中将稀土案完全变成了一张程序牌，在毫无知会的情况下，打造了极品的上诉通知❶，破坏外交默契，也逼得上诉机构不得不采用抽签的办法决定两案上诉排序，被称为"史无前例"。不过更令笔者震惊的是上诉机构，其在决定两案排序时，向当事方提供了以往的同日上诉案件的排序表，竟然能精确到15年前的案件几点几分提交上诉通知，其严谨性可见一斑。

此案无疑是令人非常遗憾的，庙算有余，良图不果，25个涉案措施的双重救济执行是可以预期的❷，美国商务部定然会沿着诉美双反措施案（DS379）的执行轨迹，制造出更为复杂的局面，让中方在事实的迷宫中进退两难；而是否再花血本，另立新案解决GPX立法，则是中国不得不面对的痛苦抉择。这种沮丧感可能和美国在电子支付案（DS413）中的体会比较接近，但双方本质是不同的，那个案件是由于他们自己的失误，得胜而不得利❸；而这个案件中，中国的法律团队没有任何明显失误，相反，在瞬息变化的多双边诉讼和错综复杂的规则丛林中敏锐地抓住战机，果断出击，以貌似微小的透明度争议挑战了美国2006年以来反补贴的根本，显示出极为高明的诉讼策略。鉴于反补贴和GPX立法是奥巴马政府任期内加强贸易执法的标志性成绩，差点就被中方连根扫除，相信部分美国官员也会为此次侥幸逃脱而心有余悸，美国时任贸易代表佛罗曼和商务部长普里茨克的声明一如既往的高调，但拐弯抹角地回避了GPX立法的WTO合规性问题❹，这个细微的沉默在某种程度上流露出美方内部对该修正案后续诉讼的悲观预期。我也相信，只要中国的这个法律团队还在，每次挫折无非是为下次更锋利的出击厉兵秣马。

---

❶ Notification of an Appeal by the United States under Article 16. 4 and Article 17 of the Understanding on Rules and Procedures Governing the Settlement of Disputes（DSU）and Under Rule 20（1）of the Working Procedures for Appellate Review，WT/DS431/9，11 April 2014.

❷ 专家组在"双重救济"问题上裁定美方违反《补贴与反补贴协定》第19. 3条。Panel Report，para. 7. 396.

❸ 在电子支付案中，美国试图通过证明中国银联公司"垄断"了中国境内的跨银行间人民币电子支付服务，进而证明中国违反加入世贸组织的服务承诺，但美国对中国体制了解不足，混淆了很多基本事实，未能证明"垄断"。Panel Report，China—Measures Affecting Electronic Payment Services，WT/DS413/R，adopted 31 August 2012.

❹ Office of the United States Trade Representative，"China Fails A Second Time in its Challenge to U. S. Countervailing Duty Law"，7 July 2014.

案件报告索引：

Report of the Panel，United States—Countervailing and Anti-dumping Measures on Certain Products from China，WT/DS449/R，adopted 22 July 2014，as modified by the Appellate Body Report. WT/DS449/AB/R.

Report of the Appellate Body，United States—Countervailing and Anti-dumping Measures on Certain Products from China，WT/DS449/AB/R，adopted 22 July 2014.

4. 当之无愧的胜诉和忧虑
——诉美反补贴措施案❶

案件编号：DS437

看着这篇只有 106 页的裁决报告，实在令人很无奈。2012 年 11 月 14 日设立专家组，2014 年 5 月 9 日才向当事方披露最终裁决报告，18 个月的时间，即便包括所有低技术含量的叙述性文字，专家组平均每个月只写了 6 页不到，远不如国经法圈儿志愿者的效率。吐槽归吐槽，还是要看裁决。此案的核心关注是公共机构（国有企业性质）问题，具体看点有三：第一，专家组是否翻案？第二，在诉美双反措施案（DS379）之上，有无附加值？第三，中国将如何对待美国的执行？第三个问题几近天问，所以本文不再揣测，而是留待观察。而前两个问题，则需要结合专家组的裁决慢慢思索。

纵观报告，中国的策略是沿用 DS379 的法律标准（政府职能）围剿美国反补贴中的"公共机构"做法，从财政资助、作为法律之诉（as such）的可反驳的推定、专向性、补贴利益（外部基准）、反补贴立案、可获得事实等方面系统性地挑战了美国反补贴中对国有企业的做法。❷ 目前阶段，中方赢了财政资助和法律之诉，但输了专向性、补贴利益、立案和可获得事实。财政资助和法律之诉胜诉的含金量较高，维护了 DS379 的法律解释，影响了美国反补贴的未来实践，且涉及国有企业性质认定的根基，在效果上已经等同于欧

---

❶ 撰写此文时，中美各自就此案的若干裁决提出上诉，但上诉机构尚未发布裁决报告。Notification of an Appeal by China under Article 16. 4 and Article 17 of the Understanding on Rules and Procedures governing the Settlement of Disputes（DSU）and under Rule 20（1）of the Working Procedures for Appellate Review，WT/DS437/7，28 August 2014. Notification of an Other Appeal by the United States under Article 16. 4 and Article 17 of the Understanding on Rules and Procedures governing the Settlement of Disputes（DSU）and under Rule 20（1）of the Working Procedures for Appellate Review，WT/DS437/8，28 August 2014.

❷ Request for the Establishment of a Panel by China，WT/DS437/2，21 August 2012.

日在归零案中的诉讼成果（DS322 和 DS350）。❶ 所以，只要上诉机构自己不翻案，仅凭专家组裁决，此案胜诉当之无愧。

一、公共机构（国有企业性质）

专家组基本沿用了 DS379 的法律标准，认为只有依据政府职能才能认定国有企业是否构成公共机构，不能仅考虑政府所有权；同时，依据日诉美不锈钢日落复审案（DS244）的上诉机构裁决，重申政府的作为与不作为均可构成涉案措施❷；再依据充分的事实，尤其是厨房烧烤架案（Kitchen Shelving）❸，认定美方在反补贴过程中，仅仅依据所有权就推定国有企业为公共机构的行为是"可反驳的推定"（rebuttable presumption），构成了世贸争端解决中可供挑战的"as such"措施（measure）❹，进而分别裁定美方的这两个做法（公共机构认定和可反驳的推定）违反了世贸规则。❺

关于公共机构和"可反驳的推定"的解释，没有太多新奇之处，证据充分，先例明确，但有 3 点值得留意：其一，专家组未正面回应美方的"有意义的控制"（meaningful control）主张，也未解释该术语。❻ 其二，关于政府职能，中方主张其内涵为"管理、控制、监督或限制其他主体的行为"（regulate, control, supervise or restrain the conduct of others），但专家组仅仅援引一个词典就否定了中方主张❼，认为政府职能的范围应当更宽，还可以包括"提供货物或服务"的职能，同时列举了国有银行、医院、博物馆、乐团、体育团体等机构。❽ 此外，专家组又几乎毫无依据地裁定，政府行为不一定构成政府职能，例如为避免企业破产或罢工而采取的临时性股权收购行为，或为保证连续供给特定服务而采取的航空管制行为。❾ 暂且不谈专家组裁决有多粗糙

❶ Appellate Body Report, United States—Measures Relating to Zeroing and Sunset Reviews, WT/DS322/AB/R, adopted 23 January 2007. Appellate Body Report, United States—Continued Existence and Application of Zeroing Methodology, WT/DS350/AB/R, adopted 19 February 2009.

❷ Appellate Body Report, United States—Sunset Review of Anti-Dumping Duties on Corrosion-Resistant Carbon Steel Flat Products from Japan, WT/DS244/AB/R, adopted 9 January 2004, para. 81.

❸ Issues and Decision Memorandum for the Final Determination inthe Countervailing Duty Investigation of Certain Kitchen Appliance Shelving and Racks from the People's Republic of China, C – 570 – 942, Investiga-tionPOI: 1/1/07 – 12/31/07, July 20, 2009, p. 43, USDOC stated that "[i]n most instances, majority government ownership alone indicates that a firm is an authority."

❹ Panel Report, para. 7. 119.

❺ Panel Report, para. 7. 128.

❻ Panel Report, para. 7. 74.

❼ Panel Report, footnote 96.

❽ Panel Report, para. 7. 69.

❾ Panel Report, para. 7. 71.

或自相矛盾，但其中的部分例证似乎说明政府职能确有可能更宽，尤其参照 DS379 关于国有商业银行的裁定。❶ 其三，专家组重申，调查机关在特定案件中某些做法的简单重复（simple repetition），不能必然认定为"法律本身"（as such），需要考察该措施是否具备"独立实施的地位"（independent operational status）。❷

二、专向性的简陋裁定

美国在反补贴调查中是非常富有创新精神的，喜欢将他国独特的经贸现象高度抽象和概括之后变为补贴项目。比如，针对中国的反补贴调查，抓住大面积的国有经济成分，将国有企业销售原材料变为"原材料（input subsidy）补贴项目"，将国有银行的贷款变为"政策贷款（policy lending）补贴项目"，专向性就不言而喻了，根据产品用途，下游企业就自然而然地变为"特定的使用者"，中方将此类做法称为"最终用途范式"（end use approach）。美国此类的通过一般性表述（generic descriptions）制造出补贴项目的做法存在很多问题，涉及的"补贴项目"是中国政府明文规定的吗？是中国真正存在的"项目"吗？谁是授予补贴的政府部门？产品用途就天然决定了专向性？围绕这几个问题，中方在"事实上的专向性"诉点上全面挑战了美方，但遭到了专家组的全面驳回。❸

美国的"补贴项目"做法并非单独针对中国，在对付欧盟成员国飞机补贴时，就将欧盟成员国所有的财政支持统统描述为"开发援助（launch aid）补贴项目"。❹ 与本案不同的是，空客飞机案（DS316）是补贴的多边救济，欧盟从《争端解决谅解》第 6.2 条挑战了美国对补贴项目的不当界定，但起诉双边反补贴措施时，《补贴与反补贴协定》中似乎难以找到可以着手的法律依据（记得多年前，和某个法律团队谈到补贴项目（subsidy programme）的不当界定问题，当时他们一句法律依据的问题就把此路封死）。专家组就持类似观点，整个《补贴与反补贴协定》大多使用的是补贴（subsidy），仅有少量关于"补贴项目"（subsidy programme）的表述未提供任何明确定义，所

---

❶ Appellate Body Report, United States—Definitive Anti-Dumping and Countervailing Duties on Certain Products from China（hereinafter referred as US—Anti-Dumping and Countervailing Duties）, WT/DS379/AB/R, adopted 25 March 2011, para. 348 - 351.

❷ Panel Report, paras. 7.96 and 7.117.

❸ Panel Report, paras. 7.220 - 7.259.

❹ Request for the Establishment of a Panel by the United States, European Communities and Certain Member States—Measures Affecting Trade in Large Civil Aircraft, WT/DS316/2, 3 June 2005.

以，对第 2 条专向性中的概念应当作广义解释，应当包含各类形式和各种机制的补贴，有的可以相对明确，有的可以相对含糊，所以中方败诉。❶ 随后，专家组以授予部门既可以是中央政府又可以是分支机构为由，不可思议地仅以 7 行字，就将中方关于"授予部门"（granting authority）的诉点打发回去。❷ 所以，中国整个专向性的诉讼，只赢了美国商务部未考虑专向性义务（第 2.1（c）条）中两个无关痛痒的因素，即未考虑经济多样性和补贴存续时长。❸

专家组的裁决是有些问题的，其大量援引了空客飞机案（DS316）和诉美反补贴案（DS379）的专家组报告，而那正是被上诉机构大面积驳回的两个报告，两案专家组的专业性和公信度受到质疑。❹ 反观美国商务部的做法，其大幅降低了反补贴申请人和调查机关在认定"事实上专向性"（de facto specificity）时的举证责任，将原本应该非常复杂的第 2.1（c）条变成了比第 2.1（a）条（法律专向性）更简单易行的捷径，违反了人们的通常认知。而中国立场，其精神实质与空客飞机案（DS316）上诉机构的裁决是一脉相承的，无论是争端解决的起诉方还是贸易救济调查机关，在挑战"未明文规定的措施"（unwritten measure）时，都不应当仅仅依据现存的经济现象就凭空捏造出一个"补贴项目"，利用不言自明的原材料用途推定专向性，然后将所有的疑难杂症留给抽象的财政资助认定和具体的外部基准选择。❺ 当然，美国做法也不一定完全一无是处，持续稳定的某些补贴行为（比如美国国家航空航天局和国防部重复、可预见的溢价科研合作项目）确实有可能构成补贴项目（尽管未明文规定），不过举证责任应该很高。

三、外部基准的忧虑

专家组作出了一个对中国很有杀伤力的裁决。其切断了国有企业、公共机构和外部基准之间的逻辑线条，认为上诉机构在 DS379 案中仅仅依据国有企业的市场参与度就认定了政府的市场主导地位，进而决定了外部基准。❻ 这确实是 DS379 案上诉机构遗留的一个未决事项。围绕着国有企

---

❶ Panel Report, para. 7. 240.
❷ Panel Report, para. 7. 247.
❸ Panel Report, paras. 7. 250 – 7. 256.
❹ Appellate Body Report, US—Anti-Dumping and Countervailing Duties. Appellate Body Report, European Communities and Certain Member States—Measures Affecting Trade in Large Civil Aircraft (hereinafter referred as EC and certain member States—Large Civil Aircraft), WT/DS316/AB/R, adopted 1 June 2011.
❺ Appellate Body Report, EC and certain member States—Large Civil Aircraft, paras. 784 – 796.
❻ Panel Report, para. 7. 194.

业，美国在反补贴实践中的做法是"一菜两吃"，认定补贴时，将国有企业定性为公共机构，从而方便满足财政资助条件；计算补贴额时，以国有企业扭曲经济为由，拒绝采信本应设为比较基准的国内价格，而使用外部基准。中方在 DS379 案中，制定了直击要害的策略，直接挑战了国有企业的性质问题。在外部基准问题上，按照逻辑（也是中方立场），国有企业是否构成公共机构是使用外部基准的前提性步骤，如果构成公共机构，则继续调查该国有企业（作为公共机构）对经济的扭曲程度，进而决定是否以及如何使用外部基准。然而上诉机构当年裁决 DS379 案第 14（d）条时，丝毫未提及国有企业、公共机构和外部基准之间的关系，从而为专家组和美国留下了今日的解释空间。

专家组跳跃性的结论若能够成立，则对 DS379 案的成果具有相当的破坏性：国有企业如果可以直接作为政府参与市场的证据，成为使用外部基准的前提条件，则是否构成公共机构就变成了无所谓的事情，反正只要落脚点为外部基准，具体是国有企业，还是公共机构造成的，有什么实质性区别？中美在公共机构问题上的鏖战简直就是白打了。

当年，中方在 DS379 案外部基准问题上的立场，实际上是个"假设之诉"（arguendo）的立场，即在政府作为"主导供给者"（predominant supplier）的情形下，假设国有企业都为公共机构，调查机关仍须进一步调查是否存在市场扭曲。❶ 但这个"两步走"的思路遭到了上诉机构的驳回，上诉机构当时裁决的实质是支持了"一步走"的立场，即政府（公共机构）在市场中的主导地位本身即为扭曲，可以采取外部基准，其关注的焦点是"两步走"还是"一步走"的法律标准，而不是国有企业本身是否导致扭曲。❷ 当然，这里有可能只是我单方面揣测了 DS379 的裁决，但即便不问上诉机构的真实想法，单看专家组的论断，也不符合外部基准的基本原理。所谓外部基准，关键是回归市场基准，如果国有企业能够像私营企业一样在国内市场中充分竞争，为什么要舍国内而选外部基准呢？所以，此项裁决需要引起高度警惕，公共机构的胜诉成果有可能功亏一篑。中方也意识到潜在的风险，于 2014 年 8 月 22 日提起了上诉。❸

---

❶ Appellate Body Report，US—Anti-Dumping and Countervailing Duties，paras. 61 – 77.
❷ Appellate Body Report，US—Anti-Dumping and Countervailing Duties，para. 441.
❸ China's Notice of Appeal，WT/DS437/7，28 August 2014.

四、其他法律事项

（1）反补贴立案。中国认为公共机构的错误法律标准必然导致申请人的错误举证，进而导致调查机关的错误立案（未满足证据的充分性要求）。❶ 此项主张不出意外地遭到专家组驳回，理由是立案和裁决所依据的证据充分程度不同，政府所有权可以作为检查公共机构的证据，有助于立案。❷ 在这个问题上，中方是有道理的，而且还有些不公平的感觉。美国诉我国硅钢案（DS414）中，专家组就"充分证据"（sufficient evidence）建立了严格的法律解释，中方在这个问题上遭遇了败诉。❸ 此案专家组完全同意硅钢案的法律解释，却在适用过程中裁决中方败诉。❹ 不过，如果暂时抛开两案适用尺度的不公平感，我一直觉得应该保障诉权。如果严格的立案审查立场得到支持，反补贴申请人的举证责任将更为艰辛，不仅需要提供"有可能证明或显示"（tending to prove or indicating）的证据，还需要通晓 WTO 法，了解每个诉讼主张合适的法律标准。这是不是难了点？

（2）可获得的事实。中国挑战了美国 42 起不利事实裁定，焦点在法律适用。专家组认为中方举证不够，美方如此众多的不利事实裁定之间具有显著差异，中方未能逐案分析，所以败诉。❺ 该诉点可能不是中方的主要诉讼主张（中方对此败诉点提出了上诉），但美钻孔管案（Drill Pipe）❻ 中明确流露出美方关于"可获得的不利事实"（adverse facts available）和"可获得事实"（facts available）的区别❼，结合其"可获得的不利事实"立法和长期滥用"可获得的不利事实"的行为，应该是个值得挖掘的诉点。

（3）出口限制。专家组沿着美国出口限制案（DS194）❽ 的逻辑，彻底将出口限制扫除出反补贴范围之外，连立案都不能考虑。这是挺有意思的裁定，出口限制能否构成价格扶持？为何连调查都不可以？

阅读完报告，回归开头提出的问题则不难发现，一方面，中方几乎所有

---

❶ Panel Report, paras. 7. 264 – 7. 267.

❷ Panel Report, paras. 7. 275 – 7. 283.

❸ Panel Report, China—Countervailing and Anti-Dumping Duties on Grain Oriented Flat-Rolled Electrical Steel from the United States, WT/DS414/R, adopted 16 November 2012, para. 7. 50.

❹ Panel Report, paras. 7. 146, 7. 276 and 7. 283.

❺ Panel Report, para. 7. 323.

❻ Issues and Decision Memorandum for the Final Determination in the Countervailing Duty Investigation of Drill Pipe from the People's Republic of China, C – 570 – 966, p. 10.

❼ Panel Report, footnote 398.

❽ Panel Report, United States—Measures Treating Exports Restraints as Subsidies, WT/DS194/R and Corr. 2, adopted 23 August 2001.

具有附加值的法律主张均遭到了专家组的驳回，专向性和外部基准等法律事项裁得尤为粗糙，其法律解释甚至具有相当的破坏性；另一方面，在上诉机构已有定论的裁决中，专家组虽未翻案，但加入了一些很难说错误，却或明或暗对华不太友好的法律意见（obiter dicta）。这或许就是中国无可奈何而又必须面对的常态。不过，这两天阅读的同时，我不断冒出一丝隐忧。中国试图利用法律标准一招打遍天下，这固然是效率最大化的选择，也可能是法律人喜欢的工作任务，毕竟人人都喜欢讨论法律问题，而不是从堆积如山的案卷中梳理枯燥的事实。但随着反补贴争端日趋胶着，"事实密集型"（facts intensive）的诉讼方式可能已经难以回避。本案外部基准和可获得事实在举证方面的败诉已经敲响了警钟，今后可能需要留意。

案件报告索引：

Report of the Panel，United States—Countervailing Duty Measures on Certain Products from China，WT/DS437/R，14 July 2014.

5. 寸土必争的防守战

——中美出版物案

案件编号：DS363

这个争端实在是千头万绪，卷帙浩繁。自磋商至上诉机构裁决，历时 2 年 8 个月，专家组裁决正文长 469 页（未包括附件），上诉机构报告 170 页；列明的中国法律、法规、部门规章等规范性文件多达 51 部；直接涉及文化部、新闻出版总署、广电总局、海关总署、发展改革委、商务部等 6 个国家部委，挑战了中国文化宣传领域的外资准入体制；打了 76 个法律点，中国输了 30 个，其中包括 26 个"法律本身"（as such）项目❶和 1 个公共道德例外的防守主张（《关贸总协定》第 20（a）条）。对于这样的结果，美国贸易代表柯克（Kirk）评价"美国获得大胜"，"是创造性产业的一次重要胜利"。❷

一、艰苦的防守策略

此案的基本逻辑并不复杂。我国的《加入议定书》和《加入工作组报告》承诺中国境内的所有公司（包括外资公司）有权进口、分销书籍、杂志、音像制品，且这种授权必须是非歧视（non-discriminatory）和非恣意（non-discretionary）的，但我国以内容审查为由，没有完全放开这块市场。为打开

---

❶ "法律本身"（as such）和"实施措施"（as applied）是世贸争端解决实践中对诉讼目标的区分。"法律本身"（as such）通常指规范性文件，例如法律、法规、条例等，包括具有预期和普遍适用的行政部门的"手册"。"实施措施"（as applied）则指的是具体实施、运行的措施（但有别于行政法中的具体行政行为）。例如，起诉目标是反倾销立法，则是"法律本身"（as such）之诉；起诉目标是某个具体的反倾销措施，则是"实施措施"（as applied）之诉。

❷ Office of the United States Trade Representative, "World Trade Organization Report Upholds U. S. Trade Claims Against China", 12 August 2009. "WTO Appellate Body Confirms Finding Against China's Treatment of Certain Copyright—Intensive Products—Finding is a Victory for America's Creative Industries", Please see: http: //www. ustr. gov/about-us/press-office/press-releases august/world-trade-organization-report-upholds-US-trade-cl, http: //www. ustr. gov/about-us/press-office/press-releases december/wto-appellate-body-confirms-finding-against-china, visited on 24 August 2014.

市场准入，美国提起了 WTO 争端解决，法律主张主要分布在 3 个方面：（1）违反了中国对音像制品的贸易权承诺（《加入议定书》第 1.2、第 5.1 和第 5.2 条，《加入工作组报告》第 83（d）、第 84（a）和第 84（b）段）；（2）违反了服务贸易市场准入和国民待遇义务（《服务贸易总协定》第 16 条和第 17 条，并涉及相关服务贸易承诺表）；（3）违反了货物贸易的国民待遇义务（《关贸总协定》第 3.4 条）。

我国的律师团队打了一场艰苦的防守战。2007 年 4 月 10 日，美国提起磋商；当年 6 月和 7 月两轮磋商未果，2008 年 3 月 27 日成立专家组；首先打法律文本的翻译，从 2008 年 10 月一直拖到 2009 年 2 月 10 日，联合国奈洛比办事处才作为"独立翻译机构"翻译了中方法律法规；再打专家组的审理权限（terms of reference），没有清楚描述措施，磋商中没有充分告知，胜了 5 个法律点，缩小了涉诉范围；逐条抗辩贸易权义务，再以"保护公共道德"的例外条款作最后抵抗；对于《服务贸易总协定》的国民待遇也作了类似的努力，争论核心术语的翻译，争论货物抑或服务贸易，争论承诺是否限于物质载体，争论举证责任分配、证据不足、推理不当；专家组裁决之后，中方提出上诉，经过 3 个月的审理，上诉机构发布最终裁决报告。数百页的纸张写满了寸土必争的顽强战术。在白纸黑字的违规面前，技术层面已经尽到最大努力。但个别策略还值得再思考，例如翻译。

翻译并不是新问题，美国和日本也争过。❶ 但它不过是一个事实认定过程，不断地举证、提问与答复迟早能发现真相。比如，这次争论最多的"总发行"，美国主张翻译成"master distribution"，中国认为该词没有英文对照而不可翻译。随后的审理中，专家组关注的是措施的性质，并不是其名称，只要"总发行"具备了批发和零售的性质，再对照承诺表，事实自然明白。专家组决定，必要时直接采用"zong fa xing"作为语音学上的符号来指代中国的独特营销体制。❷ 从这层意义上说，此类纠缠除了拖延时限没有什么意义，就算把"总发行"翻译成熊猫抑或是外星人，只要当事人清楚地知道称呼背后的内涵，都不影响断案。同样的争议也出现在"分销""发行""总批发"等翻译上，但翻译上的障碍丝毫没有影响专家组的推理。还有一处，《中外合作音像制品分销企业管理办法》第 8.4 条规定"中国合作者在合作企业中所

---

❶ Report of the Panel, Japan—Measures Affecting Consumer Photographic Film and Paper, WT/DS44/R, 31 March 1998, para. 1. 8 – 1. 11. 专家组专门制定了"翻译异议解决程序"（Procedure for the Resolution of Possible Translation Issues），指定了来自日本（被诉方）和美国（起诉方）各 1 名翻译专家处理此事。

❷ Panel Report, para. 7. 930.

拥有的权益不得低于 51% "，美国把此处的"权益"译成"equity"，中国主张"right and interest"。先不论孰对孰错，专家组随即向中国提问，为何在不规定股本比例的同时，规定合作企业的分红比例？❶ 这么尖锐的问题几乎让人无法回答。笔者觉得文字游戏的作用有限，即使 51% 不是针对股权，随后的问题也可能演变成国民待遇的争议，似不必如此计较。

二、录音分销服务

这个法律点的背后是争夺中国录音产品通过互联网、电信等方式的分销市场。在《加入议定书》服务贸易承诺中，视听服务部门中包括了"录音分销服务"（sound recording distribution service）在外国投资（模式 3）下的市场准入与国民待遇义务。❷ 中美法律争议为："录音"的含义仅限于录音的物质载体，还是指无形的录音内容？若按前者解释，录音分销属于传统意义上的磁带、CD 等有形产品分销服务；而按照后者解释，则其不仅包括有形的录音制品分销，还包括互联网、无线通信等电子传输的录音分销服务。中国主张物质载体的有形分销❸，美国主张包括录音内容的无形分销。❹

专家组和上诉机构从通常意思、上下文（甚至包括其他成员的服务承诺表）、《服务贸易总协定》目的与宗旨、补充文本（包括谈判史中的《服务部门分类列表》❺ 和《1993 年承诺表指导意见》）❻ 证明"录音"并不限于物质载体，还包括无形的服务内容。❼ 从法律条文的解释来看，专家组和上诉机构的推理并没有明显错误。但有些事情让人耿耿于怀。中方加入承诺中的用词是"sound recording distribution service"，中文译为"录音制品分销服务"❽，两者差异很大，英文看不出来是否限于物质载体，译文则明确需为"制品"；马来西亚和新加坡在承诺表中使用了类似于中国的表述，但"recording"被

---

❶ Panel Report, paras. 7. 1371 – 7. 1373.

❷ Report of the Working Party on the Accession of China, Addendum, Schedule CLII—The People's Republic of China, Part Ⅱ—Schedule of Specific Commitments on Services, List of Article II MFN Exemptions, Sector 2. D, WT/ACC/CHN/49/Add. 2, 1 October 2001, p. 21. 但此项开放须满足中方关于内容审查的条件。

❸ Panel Report, paras. 4. 147 – 4. 162.

❹ Panel Report, para. 4. 68.

❺ Services Sectorial Classification List, Note by the Secretariat, MTN. GNS/W/120, 10 July 1991.

❻ Scheduling of Initial Commitments in Trade in Services, Explanatory, Note, MTN. GNS/W/164, 3 September 1993.

❼ Panel Report, para. 7. 1208. Appellate Body Report, para. 372.

❽ 《中国加入世界贸易组织法律文件》，对外贸易经济合作部世界贸易组织司译，法律出版社 2001 年版，第 720 页。

认为主要涉及服务内容，不限于物质载体；加拿大明确排除了"sound record-ing"的批发；早于中国入世的阿尔巴尼亚、克罗地亚、爱沙尼亚、拉脱维亚、立陶宛、摩尔多瓦和秘鲁，都明确说明其承诺限于音像物质载体的分销；晚于中国入世的柬埔寨、马其顿、尼泊尔、乌克兰和越南，也都明确说明其承诺限于物质载体。❶放胆揣测一下，当年的谈判者应该是按照中文理解为"制品"，即必须为音像的物质载体，但英文表述出了问题，有可能是疏忽大意，也有可能是能力所限而不了解英文的内涵差异，甚至不排除根本就没有认真研究其他国家的承诺表。但无论如何，谈判史的遗留问题成为今天的争议，也变成没有预料到的"入世"代价。

另外，这个争议引出了一个很有意思的话题。如果在谈判过程中某类服务尚不为人知晓，或尚未投入商业运营，条约缔结之后才出现，那么如何根据各国的承诺开放此类服务？中国在此案中作了类似抗辩❷，但可惜证据不足，没有成功。不过，专家组认为，如果证据表明在作出服务承诺时，某些服务项目缺少技术可行性，或尚未投入商用，则此类证据需要谨慎评估，而且可以作为界定承诺范围的补充性解释工具（supplementary means of interpretation）。❸如此谨慎的态度值得赞许。

三、事实的迷宫

我不知道本案的案卷究竟有多厚，估计应该用公斤或公尺来统计。美国法律团队、专家组和上诉机构表现出来的职业精神让人感慨。有些事情在中国宛如一个巨大的事实迷宫，部门权责的区分与重叠，法律规范的完备与衔接，前后实践的一致与冲突，多少潜规则只能意会而不能明言，即便内部人也时常迷惑，外人想弄出个水清河晏实在是个勇敢却几乎徒劳的尝试。美国主张，只有中影和华夏有权分销用于影院播映的进口电影，这种双头垄断（duopoly）构成国民待遇的歧视。中国的解释是，《电影管理条例》建立了影院电影分销的审批体系，但从未规定两个企业垄断，也没有限制分销影院电影的企业数量，只不过从来没有人申请从事进口电影的影院分销业务罢了。❹这个解释可以否定法律上（de jure）歧视，也搪塞了事实上（de facto）歧视，都没人申请过，谈什么歧视？面对这么和谐的国内影院电影分销市场，美国

---

❶ Panel Report, paras. 7. 1214 – 7. 1216.

❷ Panel Report, paras. 5. 50, 7. 1235.

❸ Panel Report, para. 7. 1237.

❹ Panel Report, para. 7. 1664.

人不依不饶，继续问中国：为什么不对国内电影的每个分销商直接授权？为什么国内电影的分销许可不能自动授予进口电影？中国回答，因为人们认识到目前只有中影和华夏是进口电影的分销商。❶专家组面对这样的答复相当无奈，在我国严格的电影管理体制面前，世界和中国的良民们显得如此善良和单纯。专家组只能一边认为中国电影管理体制可能看起来不太符合逻辑，缺乏效率，一边认为美国没有证明歧视的存在。❷这个法律点竟然就这么稀里糊涂地赢了……

多说几句，我国的有些规定过于直白，《外商投资图书、报纸、期刊分销企业管理办法》第7条第（4）项规定，外商投资出版物批发企业"注册资金不少于3000万元人民币"；而《出版物市场管理规定》第8条第1款第（4）项规定，国内企业"注册资本不少于500万元"，两者相差6倍。在这样惊艳的数字面前，非歧视的任何抗辩都极其苍白。不过，这个法律点引申的争议更有意思，中国主张资金门槛的差异不能必然推断歧视的存在，还要看利益是否"平衡"❸，比如出资时限、首次出资额等，这实际隐含了国民待遇中的利益权衡问题。谁权衡？权重？基准？定性？定量？遗憾的是，专家组没有回应这点，因为中国的《公司法》和其他部门规章否定了中国的主张。

四、《关贸总协定》例外条款的适用

我国加入世贸组织时承诺，除了列明的国营贸易产品（未包括后面列举的产品）❹，其他产品进出口必须放开贸易权，但仍然禁止企业和个人进口影院放映的电影、出版物、家庭视听娱乐产品、录音制品等，所以，贸易权的败诉很正常。既然承诺必须信守，唯一的抗辩思路就是引用《关贸总协定》的一般例外条款（第20条）。但引用例外条款存在一门槛，即首先要回答《关贸总协定》第20条能否适用于《加入议定书》的义务，这就是著名的"《关贸总协定》例外条款适用性问题"。

这个问题具有系统性影响，如果第20条可以适用于《加入议定书》，那么它可以适用于《技术性贸易壁垒协定》（以下简称《技术壁垒协定》）、《反倾销协定》等其他协定吗？《加入议定书》除了有货物贸易承诺，还有服务贸

---

❶ Panel Report，para. 7. 1691.

❷ Panel Report，paras. 7. 1692 - 7. 1693.

❸ Panel Report，para. 7. 1109.

❹ Article 5. 1，5. 2，Annex 2A，Accession of the People's Republic of China，WT/L/432，23 November 2001. Paragraphs 83（d），84（a）and（b），Report of the Working Party on the Accession of China，WT/ACC/CHN/49，1 October 2001.

易承诺，那么《服务贸易总协定》的例外条款可以适用吗？知识产权领域呢？如果"例外条款"可以适用，《关贸总协定》的其他条款（例如最惠国待遇、透明度等条款）可以适用于《加入议定书》吗？《关贸总协定》的其他条款可以适用于其他协定（例如《反倾销协定》《技术壁垒协定》等）吗？

正是出于对系统性影响的担忧，上诉机构在以往的案件（US—Customs Bond Directive，DS345）中采取了"假设"（arguendo）的分析思路，回避了第20条适用性的问题，即暂且假设第20条可以适用，那么涉案措施能否通过第20条中包括的各种苛刻条件。❶ 美国在过去的案件中是被诉方，而在本案中又是起诉方，这种自相矛盾的争端方角色，使得美国建议专家组借鉴上诉机构此前的"假设"分析思路，避免就此作出决定。❷ 而中方作为本案的被诉方，尽管认为自己有权援引第20条，但也不反对"假设"的分析思路。❸ 正是鉴于中美的"默契"，专家组沿用 DS345 上诉机构的"假设"分析思路，裁定中国涉案措施未满足《关贸总协定》的例外条件，从而回避了第20条适用的问题。❹

对于专家组回避第20条适用的做法，中美均未提出上诉，但上诉机构对这种做法表达了不同意见，认为就法律技巧而言，"假设"的分析思路有利于决策的简便性，能提高效率，但没有清楚解释条约，且会影响未来的执行，产生不确定性。❺ 上诉机构遂决定直面难题，独自完成该法律争议的分析。幸运的是，上诉机构赞同了中方的观点，认为《关贸总协定》第20条可以适用于《加入议定书》第5.1条的贸易权义务，主要理由是，第5.1条的第一句话"在不损害中国以符合《WTO协定》的方式管理贸易的权利的情况下"❻

---

❶ Appellate Body Report, United States—Customs Bond Directive for Merchandise Subject to Anti-Dumping/Countervailing Duties, WT/DS345/AB/R, adopted 1 August 2008, para. 310–319. 在该案中，美国试图援引《关贸总协定》第20条抗辩《反倾销协定》中的义务。上诉机构均采取了"假设"的分析思路，认为即便援引了第20条，美国亦无法成功抗辩，从而回避了"第20条适用性"的门槛问题。

❷ Second Submission of the United States, China—Measures Affecting Trading Rights and Distribution Services for Certain Publications and Audiovisual Entertainment Products（DS363），August 29, 2008, para. 44.

❸ 专家组采用了"假设"的分析思路之后，中方未对此上诉。Notification of an Appeal by China under Article 16.4 and Article 17 of the Understanding on Rules and Procedures Governing the Settlement of Disputes（DSU），and under Rule 20（1）of the Working Procedures for Appellate Review，WT/DS363/10，23 September 2009.

❹ Panel Report, para. 7.745.

❺ Appellate Body Report, paras. 213–214.

❻ 英文原文为："Without prejudice to China's right to regulate trade in a manner consistent with the WTO Agreement …"

说明中方只要符合世贸组织的所有协定（包括符合例外情形），就可以管理货物贸易。这即意味着中方有权援引例外条款抗辩《加入议定书》第5.1条的贸易权义务。❶

上诉机构在本案中的结论是符合中方利益的，但遗留了两个明显的问题：其一，过度依赖《加入议定书》第5.1条的第一句话，有这句话固然可以证明《关贸总协定》例外条款的适用，但如果没有这句话呢？其二，上诉机构没有从体系上解决《关贸总协定》与《加入议定书》的直接关系，而是就事论事，就条款论条款。那么将来如果例外条款适用性争议涉及《加入议定书》中的其他条款呢？正是在这两个重要问题上的沉默，为日后的争议埋下了伏笔。

案件报告索引：

Panel Report，China—Measures Affecting Trading Rights and Distribution Services for Certain Publications and Audiovisual Entertainment Products，WT/DS363/R and Corr. 1，adopted 19 January 2010，as modified by Appellate Body Report WT/DS363/AB/R.

Appellate Body Report，China—Measures Affecting Trading Rights and Distribution Services for Certain Publications and Audiovisual Entertainment Products，WT/DS363/AB/R，adopted 19 January 2010.

---

❶ Appellate Body Report，paras. 216 – 230.

6. 没有掌声的战术胜利

——原材料出口限制案

案件编号： DS394/395/398

专家组和上诉机构的裁决是令人痛心的，相较于例外条款适用性争议的失败，专家组案件审理权限的胜利在我看来一文不值，那只不过是美欧偶然得在一个案件中愚蠢地低估了中国人的智商。《关贸总协定》第 20 条呢？那是战略上的惨败。上诉机构的裁决只说明了一个问题：外国人的贸易利益高于中国的人类健康、环境保护利益，这简直是一个匪夷所思的价值判断，无论《加入议定书》中有多少瑕疵，无论法律技术上有多少理由，这几乎都是不可原谅的错误立场。中国甚至没有写上安全例外，难道打仗了，还得执行贸易承诺?! 这个案件中，中国派出了全世界最精良的律师团队，提交了 500 多份证据❶，数万页诉讼材料，组织了迄今最大规模的法律抗辩，遭遇如此结局，相当无奈。估计美国在海外销售公司案（FSC）、归零案（Zeroing）、网络赌博案（Gambling）中可能也有相似的体会，欧盟在香蕉案（Banana）、牛肉荷尔蒙案（Hormone）、空客飞机案（Airbus）中也是满腹心酸。打官司或许就是这样的，输赢之间刺激感十足。

一、《关贸总协定》例外条款的适用

简言之，专家组和上诉机构审查了中国《加入议定书》第 11.3 条（出口税义务）之后认为，该条款与《加入议定书》第 5.1 条不同，缺少与其他世贸组织协定的关联性语句，所以，《关贸总协定》的例外条款不能适用于中国《加入议定书》第 11.3 条出口税的义务，中国无权以保护自然环境、人类健

---

❶ Panel Report, para. 7. 779 and footnote 1129，专家组讨论了中方提交的 CHN－530 证据，即意味着中方在专家组阶段至少提交了 530 份附件。

康等理由抗辩表面违反承诺的出口税措施。❶

这个裁决具有严格的"文牍主义"（Textualism）特征❷，其不合理之处至少有以下几点：第一，与 WTO 目标和宗旨完全背离，这也是上诉机构此案裁决中最大的纯法律技术瑕疵。根据《马拉喀什协定》（Marrakesh Agreement）的前言，WTO 的宗旨包括："提高生活标准……依照可持续发展的目标……寻求既保护和维护环境……"❸ 这种表述至少说明，贸易利益绝不是凌驾于其他利益之上的（例如保护自然环境、人类健康、安全等）。当然，相信《关贸总协定》也持有类似观点，否则不会出现"一般例外"和"安全例外"条款。第二，《加入议定书》与一般的国际协定不同，或许它根本就不是按照国际协定来起草的。任何人都难以明确承认，其他 WTO 规则就需要考虑环境利益，而《加入议定书》就不需要考虑，更何况《加入议定书》是 WTO 规则的一部分。❹ 第三，出口税的贸易扭曲效果最小，反而被禁止，出口配额和许可证贸易扭曲效果最大，反而得到允许，这种裁决得不到任何经济论据的支持。如果按照法律技术推理，得出了一个完全不符合世界发展潮流的价值立场，这种推理就会令人产生比较强烈的怀疑。我之前参加了一个案件讨论会，会上专家提出的观点——"文本，文本，文本，是为了更好，还是更坏"（Text, text, text for better or worse）或许值得长久地思考。

二、出口限制，保护环境？

如果撇开我们的愤怒抑或沮丧，单纯地评估一下这个案件的真正影响，或许在现阶段更有价值。首先，出口限制措施限制了国外消费，某种程度上可以减少一定资源开采量，但这个推理有个前提条件：下游或上游产品也必须限制出口，否则只不过是改变了贸易环节、贸易渠道和生产线分布，即原本用于出口的原材料改由中国人生产为最终产品，再销售给外国人（上游产品若不限制，则连这点功效也实现不了）。由于绝大多数原

❶ Panel Report, paras. 7. 116 - 160. Appellate Body Report, paras. 279 - 307.
❷ Panel Report, paras. 7. 160，专家组明确阐述道："依据面前的文本，专家组只能推定此结论（不适用例外条款）是中国和 WTO 成员谈判《议定书》的意图。"（based on the text before us, the Panel can only assume that this was the intention of China and the WTO Members when negotiating China's Accession Protocol.）不适用例外条款的结论和论述被上诉机构全面维持。Appellate Body Report, para. 362（c）.
❸ 全称为"Marrakesh Agreement Establishing the World Trade Organization"，通常又称"WTO Agreement"，即狭义上的《WTO 协定》。Preamble, Recital 2.
❹ Protocol on the Accession of China, Article 1. 2.

材料的最终用途比较广泛，全面限制下游产业出口是不符合利益的，也是不现实的。所以，当这个前提条件不存在的时候，出口限制措施只能起到扭曲资源配置、保护国内加工企业的作用，其保护自然资源的目的不过是说说而已。❶

其次，按照《关贸总协定》第 20 (g) 条，保护自然资源，同时还应该限制国内生产或消费。出口限制是限制国外消费，与之直接配套的政策应该是限制国内消费，以出口税为例，如果普遍征收国内消费税，国内消费税适用出口吗？如果适用，则出口环节征两次税构成歧视。如果不适用，消费税与出口税累积起来，与资源税有什么实质区别？如果必须保留出口税，难道要在国内消费环节采取计划经济时代的购买指标？两者之间比例上的等效性如何测算？假设国内限制不在消费环节做文章，而在生产环节做文章（正如现在部分原材料所采取的开采和生产总量配额），则问题更多，如何确保生产限制与消费限制（出口配额或出口税）之间的等效性？如何避免出口面临的双重限制（国内生产限制和出口限制）？最重要的思考是，有了开采和生产限制，已经解决了资源和环境保护问题，为什么还要有出口限制？

从这些问题来看，利用出口限制来保护环境和自然资源的主张本质上是存疑的，而且这些疑惑不随着中方拥有第 20 条抗辩权而消失，反而可能进一步凸显。笔者明白，是否具有"一般例外"的权利和出口税是否能保护自然资源是两个截然不同的问题，但即便给了中方第 20 条的权利，能过得了这些技术性障碍吗？或许尽管我们感情上难以接受上诉机构的裁决，但这对我们的实际影响微乎其微，"一般例外"的权利对出口税而言，无非是水中花，镜中月，可望而不可即。套用某位专家的话，中国这回死在沙滩上，我们的抗辩主张、寄予希望的结果也无非是争取淹死在大海里。

三、专家组审理权限的胜利

美欧墨在其专家组请求中将中国的涉案措施打包，将违反的义务打包，第一个包囊括 37 个规范性文件，第二个包含有 13 个法律条款，但两个包之间只画了一个总体的等号，而未列举具体规范性文件和具体法律条款之间的联系。❷ 按照排列组合测算，这些涉案措施与法律主张之间的组合方式超过上

---

❶ Panel Report，para. 7. 533.

❷ WT/DS394/7，WT/DS395/7，WT/DS398/6. Also see the summary provided in the Appellate Body Report，paras. 223 – 225.

千种，美国、欧盟和墨西哥同为起诉方，但组合方式就存在差异。❶ 更可恨的是，美国在抗辩专家组先期裁决（preliminary ruling）时，提供了一个涉案措施和法律主张的对照表，专家组据此作出了先期裁决，维持了起诉方的诉讼范围，但随后美国在第二次专家组听证会的口头陈述中，再次提交了一个不同的对照表。❷

美欧墨的做法实质上是偷懒，图省事。笔者理解，中国的措施结构复杂，规则多变，透明度较差，但这不能构成起诉方免除举证责任的借口，挑战其他国家的"法律本身"（as such）需要慎重行事。尽管当事方和专家组对争议心知肚明，但中方绝不会愿意和美欧墨来个心有灵犀一点通，而且这样做毕竟有很大的隐忧，让被诉方觉得程序不公平。鉴于起诉方的失误，上诉机构推翻了专家组先期裁决的结论，裁决起诉方这种"打包"的诉讼方法没有将法律依据和法律争议说清楚，进而违反了《争端解决谅解》第 6.2 条，"打包"的法律主张不在专家组的审理权限之内。❸ 这个裁决挽救了中方出口限制管理层面的制度，问题在于，出口配额死了，即便有着或许完美无缺的管理，又有什么意义？皮之不存，毛将焉附？

四、意外之喜的破灭

值得多说两句的是，专家组阶段的意外惊喜被上诉机构彻底消灭了。

其一，过期措施的未来影响。在专家组阶段，美欧把 2010 年的措施彻底排除在专家组审理范围之外，只要求专家组裁决 2009 年的措施，还说 2010 年改变了 2009 年措施的实质内容（changed the essence）❹，专家组因而只审查了 2009 年的措施。❺ 此裁定的直接后果是，被诉方似乎不必执行任何裁决，原因是涉案措施过期，且新措施改变了旧措施的实质内容。上诉机构火眼金睛，专门裁美欧起诉的一系列措施（series of measures），同时区分了专家组的审理权限与法律建议的未来影响，认为即便是针对过期措施的裁决和建议，也有着"未来的影响"（prospective effect）。❻ 这个结论延续了欧盟诉美国持

---

❶ Appellate Body Report, paras. 18.

❷ United States' opening statement at the second Panel meeting, para. 128. Revised Chart B in response to Panel Question 2 submitted by the United States following the second Panel meeting (Panel Exhibit US—1).

❸ Appellate Body Report, para. 235.

❹ United States' second written submission, paras. 335 – 340; United States' opening oral statement at the first substantive meeting, paras. 38 – 52; Mexico's second written submission, paras. 340 – 345. Also see Panel Report, para. 7.21.

❺ Panel Report, para. 7.24.

❻ Appellate Body Report, paras. 260 – 262.

续归零案（DS350）中"持续性行为"（ongoing conduct）的裁决理由❶，其潜台词是即便 2009 年措施过期了，只要出口税和出口配额仍然存在，就仍然是"系列措施"的一部分，仍然需要符合 WTO 裁决和建议。

其二，附件 6 之外的产品与出口税。专家组在论述"磋商"和"附件 6"的关系时造成了一个错觉，即中方是因为没有磋商就针对附件 6 以外的产品征收出口税，从而违反了《加入议定书》。❷ 这是欧盟的诉讼主张，似乎开启了中国使用出口税的大门，只要磋商了，即可对附件 6 以外的产品征收出口税。这种解读几乎得不到《加入议定书》的通常含义、上下文的任何支持，估计所有人读完专家组报告都会有抑制不住的惊喜感。更欢乐的是，美国和墨西哥相当郁闷，这是欧盟的诉讼主张❸，并且得到支持，他们无权就此提出上诉，吃了个哑巴亏（只能背后骂欧盟猪头）。❹ 然而上诉机构切断了磋商和附件 6 之间的关系❺，弥补了此处漏洞……站在中方的立场上骂一句，殊为可恨……

此外，还有其他一些问题值得记录。第一，根据《关贸总协定》第 11.2（a）条，上诉机构维持了专家组的结论，认为临时限制措施必然有特定实施期限，不可能是无限期的，但也不必事前就规划截止日期。第 11.2（a）条管的是物资的紧急短缺，第 20 条管的是可耗尽自然资源的保护，两者有可能同时实施。❻ 第二，根据《关贸总协定》第 20（g）条，每个单独措施不必兼顾限制出口和国内限产限消的政策目标，换言之，允许表面上分开规范但总体上配套生效的系列措施。❼ 第三，如果没数错的话，起诉方挑战了 81 个中方措施。

题目只写了一半，主要不想让任何人难过。其他也没什么好说的了，这个案件结束以后，傻瓜都看出来下一个就轮到稀土。欧盟贸易委员德古赫特已经赤裸裸地发出警告了❽，似乎号角已经吹响。

---

❶　Appellate Body Report, United States—Continued Existence and Application of Zeroing Methodology, WT/DS350/AB/R, adopted 19 February 2009, para. 171.

❷　Panel Report, para. 7.104.

❸　European Union's first written submission, paras. 254, 258, 262, 266, 270, 274, 278, 286, 290, 294, 298, 302, 306 and 310.

❹　欧盟对此亦未上诉（Appellate Body Report, footnote 562）。值得注意的是，这是上诉机构针对当事方均未上诉的某个专家组结论作出了补充性的裁定。

❺　Appellate Body Report, paras. 286 – 287.

❻　Appellate Body Report, paras. 318 – 328.

❼　Appellate Body Report, paras. 353 – 361.

❽　European Commission, "WTO rules in favour of EU against China's export restraints on raw materials", 30 January 2012.

案件报告索引:

Panel Reports, China—Measures Related to the Exportation of Various Raw Materials, WT/DS394/R/WT/DS395/R/WT/DS398/R/and Corr. 1, adopted 22 February 2012, as modified by Appellate Body Reports WT/DS394/AB/R/WT/DS395/AB/R/WT/DS398/AB/R.

Appellate Body Reports, China—Measures Related to the Exportation of Various Materials, WT/DS394/AB/R/WT/DS395/AB/R/WT/DS398/AB/R, adopted 22 February 2012.

7. 撞墙的艺术

——稀土案

案件编号： DS431/432/433

这个案子是最难评论的案子。太多人写了关于第20条的适用问题，任何立场和视角都难逃专业的审视。关于专家组和上诉机构的争议裁决，这既不是第一个，也不会是最后一个，更算不上破坏力最强的一个，但我确实是第一次见到国人对某个WTO问题研究得如此透彻，当然，其中有很多精品。国际上对此案的关注度在下降，专家组报告出来之时，我曾经参加了一个研讨会，竟然稀稀拉拉没来几个人，且案件事实如此之烂，法律争议实在没什么抗辩余地。上诉机构遵循先例，死不回头，这也不是什么新鲜事，多裁一个，无非为此结论增加个脚注。所以，此案最值得反思的应该是中国千疮百孔的稀土管理体制，但阅读完上诉机构报告，我又发现另一个值得反思的地方：撞墙的策略。

一、翻案

我曾经打过一个比方，一堵厚墙挡在我们面前，怎么办？有人建议以雷霆万钧之力撞碎它；有人说此墙太厚，历史上很多人撞墙都没有好果子，更何况还有人在添砖加瓦，等几年，风吹日晒残破了，再找机会撞。两拨人谁也说服不了谁，最后妥协的结果是从地下挖个洞，争取钻过去。这堵墙就是上诉机构的先例❶，添砖的人是美国、欧盟、日本，挖的洞就是中国的上诉主张（入世承诺和世贸协定之间的内在关联）❷，可惜最后的结果是没有钻过

---

❶ 这里所说的先例包括：US—Shrimp（Thailand）/US—Customs Bond Directive（DS343/345），China—Publications and Audiovisual Products（DS363），China—Raw Materials（DS394/395/398），US—Clove Cigarettes（DS406），US—Tuna II（DS381），US—COOL Measures（DS384/386），EC—Seal Products（DS400/401）.

❷ 中方立场参见：Appellate Body Report，paras. 2. 10 – 2. 27.

去，反而又被当头敲了几闷棍。面对这样的结局，两拨人又有不同的解读。一拨人说，连挖洞都没成功，幸好没去撞墙；另一拨人说，谁让你不听我的，加大力气直接撞，就成了。撞墙派的永不服输或许与上诉机构的不愿悔改本质是接近的。萨特说他人即是地狱❶，所以，我们难以理解撞墙派的坚持，就像撞墙派难以理解上诉机构的固执。

争端解决历史上，寻求翻案的人很多，但从未成功过。最著名的是美国的"归零"系列世贸争端案，每次带着新的理由，却一次又一次输得更惨。❷既然概率是零，为什么要去翻案呢？上诉机构的很多裁决确实发生过变迁，非歧视待遇、例外条款、授权性立法、私有化、条文的沉默、词典的解释规则等都发生过变化，但这些演变取决于两个条件：一是时间，二是不同的事实。所以，面对上诉机构存在争议的裁定，最合适的办法是先等待时间流逝，再以维护先例之名，在啰唆和模糊的裁决理由中，细细梳理或区分每一环逻辑和每一丝事实，寻找突破口，逐渐修正其以往裁决。这有点类似于"扛着红旗反红旗"的做法，但面对体制的惯性，这难道不是最务实的实践智慧吗？

二、世贸体系的总体结构

回到法律争议，关于第 20 条的适用性问题，如前所述，上诉机构不出意外地驳回了中国的法律主张，否定了中国关于《加入议定书》不是"自我完整的协定"（self-contained agreement）的主张，从体系上切断了《加入议定书》义务和传统世贸规则的关系，维持了逐案分析、逐条款分析的先例框架。❸所以，从根本的法律主张和最终结果来看，中国的完败是没有疑问的。

---

❶ ［法］萨特：《他人就是地狱——萨特自由选择论集》，关群德等译，天津人民出版社 2007 年版。

❷ "归零"（zeroing）是反倾销调查中被主张为一种不公平的计算方法，大致原理是通过忽略"负"倾销幅度（即出口价格高于正常价值的部分），只依据"正"倾销幅度（即出口价格低于正常价值的部分）计算出最终倾销幅度。但在美国的追溯性征税体系中，尤其是年度复审中，"归零"表现得类似于价格承诺，具有一定的商业预期性，加之"归零"是美国反倾销调查的传统做法，在《1947 年关贸总协定》的争端中获胜过，长期以来被认为是一种符合规则的做法，也是美国在《反倾销协定》谈判史中从未放弃过的权利，所以美国对上诉机构禁止"归零"的裁决不服而多次上诉，但先后在简单归零、型号归零、原始调查、年度复审、日落复审、"加权平均对加权平均"（W－W）、"加权平均对逐笔交易"（W－T）、"逐笔交易对逐笔交易"（T－T）等方面（除目标倾销）遭到全面的败诉。涉及"归零"系列争端的主要案件可参见 DS141、DS179、DS219、DS264、DS294、DS322、DS344、DS350、DS382 等。

❸ Appellate Body Report, para. 5. 71 – 5. 73. 此前，中方在专家组阶段对出口税第 20 条适用性的全面抗辩也遭到了专家组（多数派）的全面驳回（Panel Report, para. 7. 115）。专家组中有一位专家就第 20 条的适用性问题提出了"异议"，赞同中方意见，认为从世贸协定的总体结构来看，《关贸总协定》的例外条款可以适用于《议定书》第 11. 3 条（参见 paras. 7. 118 – 7. 138）。

但我阅读裁决之后的感受却比绝对的悲观主义者更乐观一些。上诉机构认为，分析条款之间的关系需要看条文、上下文、立法宗旨，并考虑世贸体系作为"一揽子权利和义务的总体结构"（overall architecture of the WTO system as a single package of rights and obligations）❶，并且再三强调，这符合出版物案（DS363）和原材料案（DS394/395/398）的思路，是那两个案件的潜台词（尽管我在那两个案件中从未读出过立法宗旨、世贸体系总体结构的任何感觉）。❷ 这段论述如此重要，以致上诉机构进一步强调其适用，必须考虑涉案措施和争议的性质（nature）❸，进而在最终的结论中又把它单拎出来，作为第6.1段的(d)项。且不论上诉机构究竟是遵循了先例，还是或真或假地背离了先例，但至少可以明确，这段话有些告别了纯粹的文牍主义，而纯粹的文牍主义正是我们多数人在原材料案中深恶痛绝的罪魁祸首。

这段论述的积极意义不妨从另外两个角度再追问一下。其一，假设上诉机构支持了中方立场（即《加入议定书》和世贸协定之间内在关联的立场），那么我们会希望他们写出什么样的具体文字？即便照抄中方的"内在关联"（intrinsic relationship），它和上诉机构现在的用词——"总体结构"（overall architecture）、"争议性质"（nature）又有多远的距离？其二，假设讨论《关贸总协定》第21条的适用❹，若某个《加入议定书》义务与第21条没有任何的文字关联，被诉方基于"国家安全"援引第21条，按照上诉机构此案设计的分析框架，"nature"是什么？"overall architecture"会发挥什么作用？据此，成功援引是大概率还是小概率的事件？如果这两个角度的系列问题都有倾向性比较明确的答案，那么上诉机构在此案中绝对是煞费苦心，留下了足以为日后重启辩论的模糊性。这可能是稀土案最重要的遗产，上诉机构既没有顺从中方的指路，又没有完全照抄原材料案裁决，而是独辟蹊径，为今后《加入议定书》其他条款的解释预留了更广阔的空间。欧盟说中方上诉的一切目的是"从No变为Maybe"，或许我们在表面的败诉中离"Maybe"反而更进了一步。

---

❶ Appellate Body Report，para. 5. 55.
❷ Appellate Body Report，paras. 5. 58 – 5. 65.
❸ Appellate Body Report，para. 5. 62.
❹ 在"第20条适用性"争议的诉讼过程中，中方出于各种原因始终未援引"安全例外条款"（《关贸总协定》第21条）作为上下文/体系性关联进行抗辩。但作为抽象层面的法律问题，这个疑问始终是各方不得不思索的。这里举例也只是抽象地讨论法律问题。

三、经不起推敲的经贸政策

这个案件最值得记录的，可能是反思那些经不起推敲的经贸政策。我国的稀土政策分布在开采、冶炼/生产、贸易 3 个环节，政出多门，互不衔接，很多措施自相矛盾。说目标是环保，但各类措施处处残留着发展稀土下游产业的政策目标表述❶；2012 年的稀土矿石开采总量配额为 93800 吨，甚至还高于 2011 年的实际开采量 84943 吨❷；2012 年的生产总量配额本应与开采总量配额相同，却又变成 90400 吨❸，好在低于 2011 年的实际生产量 96934 吨（这可能是笔者看到的唯一有利数据）❹；一方面限产，另一方面又对稀土下游产品返还增值税❺；目标是通过出口限制保护稀土矿，但 2012 年又将未出口的配额转给国内消费❻；开采配额、生产配额和出口配额的发布时间也不衔接，2012 年各个环节的配额前前后后发布了 7 次❼；同时，不同环节的配额，覆盖范围还存在差异，开采配额只覆盖稀土富集物，生产配额增加覆盖氧化物，出口配额增加覆盖稀土金属和含量大于等于 10% 的稀土铁合金❽，这些不同生产环节的稀土产品之间如何换算，如何等同，谁都不知道。

看到这些事实，我非常同情稀土行业的从业者，真是一摊浑水！所以，关于这个案件，首先要反思中国的经贸、环保管理制度的科学性和透明度，我们能否制定出一个合理而有效率的政策？政策能否实现我们的目标？会产生什么贸易影响？这可能是所有发展中成员共同面临的困境，科学的背后是专业和成本，就算现在有点钱，但有专家吗？决策过程中，能公开辩论吗？然而在 WTO 框架下，这些理由都不构成违反义务的借口。

更为重要的是，专家组基本清楚地告诉了中国人，出口限制是无法实现环保目标的，这是死胡同。出口限制是贸易措施，它只能管理已经开采的稀土产品，不能保护未开采的稀土矿，它的实际效果是影响稀土产品的贸易渠道和贸易分布，但实现不了保护资源环境的目的。❾ 配合国内消费许可，出口

❶ Panel Report，para. 7. 398.
❷ Panel Report，para. 7. 509.
❸ Panel Report，para. 7. 521.
❹ Panel Report，para. 7. 524.
❺ Panel Report，para. 7. 543.
❻ Panel Report，para. 7. 579.
❼ Panel Report，para. 7. 576.
❽ Panel Report，para. 7. 582.
❾ Panel Report，para. 7. 462. 专家组意识到，出口限制可能向国外市场传递了中国供应收紧的信号，但出口限制对国内消费者存在相反的效果，为国内消费者留下了价格低廉的供给。（参见 para. 7. 444 and footnote 723）。

限制措施也许可以保护资源，但今天的中国人愿意回到"粮票"和"油票"的消费许可证年代吗？政策成本更高？经济影响更加扭曲？腐败风险更高？所以，使用出口限制措施保护环境的做法，在原材料和稀土两个案件之后，已经基本在国际经济法层面被判处了死刑。

四、其他值得记述的结论

（1）《关贸总协定》第20(g)条的"公平标准"（even-handness test）。上诉机构认为(g)项中不含有国际、国内平均分摊政策成本的要求。❶ 这是没有什么实际意义的胜诉。"公平标准"究竟是在(g)项还是在第20条的帽段（chapeau）是个学理问题，对被诉方而言，总是必须满足的义务。歧视是世贸规则中的大忌，只要你犯了，横竖都是死。

（2）中美的程序战。我国诉美国《关税法修订案》案（DS449）❷ 和稀土案（DS431）的上诉机构报告都公布了，事实已经比较明朗。美国在稀土案中的极品上诉❸，就是为了胁迫中方推迟 DS449 上诉。美国人充分认识到，稀土案，无论中方是否上诉，上诉什么，败诉结局都不可改变，真正的主力决战在 DS449，所以，媒体上热闹的稀土案就是张牌，随时可以丢弃，也随时可以交换。这是诉讼技巧的赤裸裸滥用，但符合规则，上诉机构肯定了"附条件上诉"（conditional appeal）的合法，同时给予被上诉方更长的书面陈述时间❹，算是某种平衡吧。

（3）上诉机构说，丁香烟案（DS406）中就裁定了《关贸总协定》第20条不适用于《技术壁垒协定》（TBT 协定）。❺ 可怜的 TBT 协定，被中国的原材料案带到沟里去了。不过，笔者一直在想，TBT 协定的第2.1条和第2.2条暂且可以被视为自给自足、自我平衡的条款，那么其他条款呢？

---

❶ Appellate Body Report，paras. 5. 119 – 5. 136.

❷ Report of the Appellate Body，United States—Countervailing and Anti-Dumping Measures on Certain Products from China，WT/DS449/AB/R，7 July 2014.

❸ Notification of an Appeal by the United States under Article 16. 4 and Article 17 of the Understanding on Rules and Procedures Governing the Settlement of Disputes（DSU）and Under Rule 20（1）of the Working Procedures for Appellate Review，WT/DS431/9，11 April 2014.

❹ Procedural Ruling，Appellate Body Report，Annex 4，p. 167.

❺ Appellate Body Report，footnote 479. 上诉机构列举了丁香烟案上诉机构报告的第96段和第101段，但严格从那两段文字来看，似乎并没有说明《关贸总协定》例外条款不适用于《TBT 协定》。

附：稀土案上诉机构报告发布后的常见问题答复

所有观点只是一家之言，所有事实取自世贸组织和美国公开的材料，只求分享有价值的信息，仅供参考。

1. 中国究竟哪些措施被裁违反世贸规则？什么原因？

答复：中国违反世贸规则的措施主要为3类，具体是关于稀土、钨和钼产品：（1）出口税；（2）出口配额；（3）出口配额的管理和分配方式（例如关于出口企业的出口实绩、最低注册资本金等要求）。这些措施违反了《关贸总协定》、《加入议定书》和《加入工作组报告》中的有关义务和承诺。

在法律诉讼过程中，中国援引了《关贸总协定》中的一般例外条款，试图证明上述措施是为了保护人类健康、环境和可耗竭的自然资源，进而符合"例外"的条件而得以豁免违反的义务，但中国未获得成功。

中国败诉的原因很多，仅仅看裁决报告，可能主要有4点原因：一是违反的国际规则比较明确，世贸规则明确禁止配额，我国加入世贸组织时的承诺也禁止了涉案产品的出口税，法律义务上没什么可以探讨的余地。二是证据不足，我国通过出口限制措施保护人类健康、环境和资源的实际成果少之又少，还在采掘、生产和贸易等环节制定了诸多不协调（甚至有些自相矛盾）的政策，弱化了中方立场（详见专家组报告）。三是在出口税的承诺上，我《加入议定书》未写明可以援引例外条款，上诉机构和专家组认为《关贸总协定》的一般例外条款不适用于"出口税"义务。四是美国、欧盟和日本做了充分准备，此前曾经起诉过中国的9种原材料（涉及矾土、焦炭、氟石、镁、锰、金属硅、碳化硅、黄磷和锌）出口限制措施（2009年的争端，DS394/395/398），起到投石问路、摸清规则的作用。

2. 此次败诉是终审裁决吗？后面还有什么程序？

答复：上诉机构的裁决是终审裁决。根据世贸争端解决程序和实践，争端解决机构将于1个月内举行例会（应当就是8月下旬的例会），通过此案的上诉机构和专家组报告。当事方随后谈判（或经仲裁）确定此案的合理执行期，中方应于合理执行期内执行此案的裁决。合理执行期的时间，取决于涉案措施的复杂程度和当事方的谈判结果，通常只有几个月，根据规则，通常不会超过15个月（能够在1年以上的已经比较少见），目前所有世贸争端案中经谈判达成的合理执行期平均为9.47个月。

3. 中方可以不执行裁决吗？美欧也不执行世贸裁决，为什么中国需要执行？

答复：很难回答这个问题，因为在我看来，遵纪守法、信守承诺是不言而喻的基本操守。所以，关于执行裁决，通常是不应该有商量余地的。此外，按照世贸规则，如果被诉方拒不执行世贸裁决，起诉方可以获得合法的贸易报复授权。

关于美欧执行世贸裁决的情况：尽管世贸争端中，关于执行措施的争议比较多，但真正最后被认定未执行世贸裁决而遭到报复的案件极为罕见，世贸组织成立以来近20年的历史（截至2014年8月7日）中，美国和欧盟正好被诉200个案件，只有7个争议事项被认定未执行世贸裁决，起诉方获得了贸易报复授权，有的起诉方采取了贸易报复措施，美欧均陷入了非常被动的局面，并招致国际社会长久的批评。

4. 中国损失多大？是否必须向外国出口稀土资源？

答复：世贸争端很多时候争议的是"体制性问题"，比如某些产品的市场准入是否被允许，某些国内管理措施是否存在歧视，这些争议不同于民商领域的合同违约，不涉及具体的交易。例如本案，争议的对象是中国的"出口税"和"出口配额"体制，美、欧、日胜诉，对他们而言，最重要的是获得了购买稀土的市场机会，与中国国内消费者同台竞争，不代表在实际经济利益上占了多少便宜。对中国而言，此案可视的直接损失可能是少收了点税，但这不是主要得失，中国当前必须考虑的是：是否保留及如何保留"出口税"和"出口配额"体制。由于此项特点，世贸争端通常难以量化经济利益，难以用金额来表示当事方的得失。

按照世贸规则和中国的承诺，中国政府确实应该允许出口稀土资源，即外国用户有权在中国市场上购买原产自中国的稀土产品，具体价格是否公道、稀土生产者是否愿意卖给外国用户纯属市场行为，政府不应该过多干涉。

5. 稀土是军用产品，如何保护中国的安全利益？

答复：对于这个问题，我可能不适合回答。但可以确认，出口税（外方多缴税）和出口配额（每年2万多吨）不可能起到限制军事用途的作用。根据美国国会2013年年底的研究报告，美国国防部从未将稀土定性为"美国国防使用的战略性和关键性材料"，2012年美国用于军事用途的稀土只占美国国内使用量的不到5%（据估算，美国每年使用1.5万～2万吨稀土，这意味着其军事用途的稀土可能只有1000吨不到）。当然，这话也不能完全听信美国人的，说不准他们静悄悄地囤积了很多。但无论如何，美国本土、马来西亚和澳大利亚预计的2013年稀土产能将达到6万吨，似乎足以满足千吨级别的军事用途。

6. 稀土开采造成污染，中国可以采取环保措施吗？可以保护不可再生资源吗？

答复：完全可以。此案没有限制中国保护国民健康、自然环境、不可再生资源的权利。相反，专家组强调中方完全有权保护环境，可以设置严格的环保标准，可以严格保护可耗竭自然资源。当然，前提是不能借环保之名行歧视之实。

关于出口限制措施是否能保护可耗竭自然资源，是存疑的。专家组的一项主要理由是，如果缺乏限制国内消费的配套措施（例如消费许可证，类似计划经济时代的粮票、油票），出口限制只能管理已经开采的稀土产品，不能保护未开采的稀土矿，它的实际效果是影响稀土产品的贸易渠道和贸易分布（本质就是针对不同消费者的歧视），实现不了保护资源环境的目的。如果国内已经有了限制生产的措施（例如开采配额、生产配额），对于国内消费者而言，只有一层限制（限制生产），而对于国外消费者而言，则有两层限制（限制生产＋限制出口），仍然是歧视。专家组的这个结论是比较能说服人的。

7. 世贸规则中的"一般例外条款"能适用于中国的《加入议定书》吗？能适用于出口税义务吗？

答复：这正是中方上诉的核心所在。很遗憾，上诉机构驳回了中方主张，仍然维持了其以往结论，"一般例外条款"不能适用于"出口税义务"（《加入议定书》第11.3条）。但是，上诉机构在裁决过程中发表了一些关于"世贸权利和义务总体框架"的论述，这些论述有益于中方未来援引"一般例外条款"适用于《加入议定书》的其他条款，具体可参见关于此案的评论。

案件报告索引：

Reports of the Panel, China—Measures related to the Exportation of Rare Earths, Tungsten, and Molybdenum, WT/DS431/R, WT/DS432/R, WT/DS433/R, adopted 29 August 2014, as modified by the Appellate Body Report, WT/DS431/AB/R; WT/DS432/AB/R; WT/DS433/AB/R.

Reports of the Appellate Body, China—Measures Related to the Exportation of Rare Earths, Tungsten and Molybdenum, WT/DS431/AB/R; WT/DS432/AB/R; WT/DS433/AB/R, adopted 29 August 2014.

8. 必须开门，但没有门怎么办？

——电子支付案

案件编号：DS413

这个案件争议的核心是中国境内人民币交易跨银行间清算和结算服务的市场准入和国民待遇问题。这是个貌似比较复杂的描述，为了形象地理解，实际就是中国银联公司的业务是否向 VISA、MASTER 等外国公司开放，中国政府是否给予 VISA、MASTER 等公司国民待遇。估计拿到电子支付这个案件的专家组报告，所有专业人士的最大疑问是：中国究竟胜了还是败了？美国贸易代表柯克（Kirk）说全面获胜，为美国创造了 6000 个就业岗位。❶ 笔者个人觉得这纯属瞎掰，估计 VISA 和 MASTER 有苦难言。那么如何看待裁决结果呢？笔者觉得应该摒弃任何涉嫌阿 Q 的想法，打官司就要客观评估裁决和诉讼本身，不能持有"本来就想改革"抑或"你胜了也没占着什么便宜"的精神胜利想法。从这个角度看，此案还是败了，因为我们的核心法律主张输了。

一、这里银联公司的垄断地位

这里先谈胜诉点。中国赢了银联垄断、市场准入的事实问题。美国人错在低估了中国措施和市场结构的复杂性，在一团乱麻的电子支付服务（EPS）历史中，无法说出一个连贯的故事。根据早期的金卡工程，"银联"是一个显示联网刷卡性能的技术标识，2001 年"银联"标识开始使用，2002 年 3 月才成立银联公司。❷ 美国将银联标识混同于银联公司，可谓重要失误。而且，除

---

❶ Office of the United States Trade Representative, "United States Wins Electronic Payment Services Dispute with China", July 16, 2012. See http：//www. ustr. gov/about-us/press-office/press-releases july/US-wins-services-dispute-with-china, visited on 27 August 2014.

❷ Panel Report, para. 7. 245.

了银联公司，中国还有一家叫作"农信银资金支付清算中心"的公司提供农村金融的支付清算服务，这个公司成立于 2006 年 5 月 29 日，其发出的银行卡均载有"银联"标识。❶ 这条证据很要命，某种程度上打破了银联公司垄断的主张。尽管专家组最后以中方提供的证据存在瑕疵（未提供相关网站的来源、时间、内容和翻译）为由未予考虑❷，但笔者相信专家组一定对此颇为忌惮。（试想，如果其想支持美国，怎能随意忽视如此重要的证据？）

体现在中国的具体条文规定上，除了港澳地区的人民币交易，其他领域的法规和部门规章大多只是规定"应使用银联标识"。这种描述有两个层面的争议：一是在技术标准层面，强制使用银联标识是以示"银行间通用"，还是授予银联公司垄断权？第二个层面，这究竟意味着"只能使用银联标识，禁止其他标识"，还是"必须使用银联标识，同时可以使用别的标识"？美国希望通过建立银联公司垄断的事实来证明中国没有遵守市场准入义务❸，但在两个层面都输了，既没建立起银联公司的垄断地位，又没证明中国存在市场准入的限制，只不过证明了银联公司垄断了中国内地与香港、澳门地之间的人民币支付服务，违反了模式 3（商业存在）的市场准入义务❹，以及在模式 1（跨境交付）和模式 3（商业存在）项下显而易见的三个方面违反了国民待遇，即发卡银行（issuer）、终端设备（terminal equipment）和收单银行（acquirer）必须标有"银联"标识而不必标其他银行卡组织的标识（例如 VISA 和 MASTER 标识）的歧视性待遇。❺

二、电子支付服务的归类

接下来，再谈败诉点。核心败诉的是电子支付服务的分类，即究竟是清算结算服务（中国主张）还是支付服务（美国主张）。专家组支持了美方的几个重要立场：第一，事实认定。电子支付尽管具有若干要素，但构成了一体化服务（integrated services）。不同要素由不同供应商提供，与某服务业定义无关，所以，电子支付服务（EPS）既包括四方模式，也包括三方模式。❻

---

❶ Panel Report，para. 7. 488.

❷ Panel Report，para. 7. 489.

❸ First Written Submission of the United States of America，China—Certain Measures Affecting Electronic Payment Services（DS413），September 13，2011，paras. 46 – 57.

❹ Panel Report，para. 7. 624.

❺ Panel Report，paras. 7. 743 – 7. 745.

❻ Panel Report，paras. 7. 55 – 7. 62，7. 97.

第二，通常意思、上下文一如既往的模糊，专家组读出了支持美方的依据。❶专家组认为产业观点能够确认帮助理解通常意思，但此案中，中美从产业观点中得出了不同结论，所以，产业观点对此案裁决影响甚微。❷ 第三，根据《服务贸易总协定》的结构，认定某项服务究竟归入哪个部门，最重要的是看某项服务的"必要或必需"特征，如果货币没有从消费者转移到商户（即清算和结算过程），则"支付"和"货币转移服务"就无法完成，因此，只要某项争议的服务（EPS）符合承诺表中某个服务部门（all payment）的核心特征，就应当归入该服务部门，且这种归类的过程仍然与服务要素的提供主体无关。❸

专家组的裁定是有理由的，但存在争议。首先，上下文确实更有利于美方，中国服务贸易承诺中的"credit cards, including import and export settlement"❹ 以及《服务贸易总协定》的金融服务附件（Annex on Financial Services）中的可转让票据（negotiable instruments）等描述❺确实比较不利于中方主张，这说明电子支付可能更类似于信用卡，应当划入"支付服务"，而不是类似于证券等可转让票据的"清算和结算服务"。但专家组在银行服务业（banking service）问题上排除了营业主体的要求（金融机构），认为服务分类不能只依据服务供应商的所有权结构或法律形式变化而发生变更。❻ 这种推理逻辑忽略了一个事实：各国政府对银行业均有严格的监管，当企业自己、市场参与者、监管者都不认为某类企业是"银行"的时候，突然有一天，法官宣判这些企业从事的就是"银行服务"，会不会有些令人惊讶？中方承诺表上有两处显示主体要求的描述：一处是"银行服务"（banking service），另一处是"金融机构"（financial institution）。如果按照专家组的理由和例证（邮局吸收存款），那么这些显示"主体资格"内涵的要求在法律上还有什么意义？

---

❶ Panel Report, paras. 7.75 - 7.85. 关于电子支付的"四方模式"和"三方模式"，请参见 Panel Report, paras. 7.18 - 7.19. "四方"和"三方"的最重要区别是，在三方模式下，发卡者和收单者合为一个机构（通常为支付卡提供者），而在四方模式下这是分开的（例如发卡银行和收单银行的区分）。

❷ Panel Report, paras. 7.89 - 7.91.

❸ Panel Report, para. 7.180. 这也是美国的观点。United States' first written submission, para. 22.

❹ Schedule of Specific Commitments, the People's Republic of China, Subsector (d), it provided that "All payment and money transmission services, including credit, charge and debit cards, travelers cheques and bankers drafts (including import and export settlement)" GATS/SC/135, 14 February 2002.

❺ GATS, Annex on Financial Services Article 5 (a) (xiv) provided that "settlement and clearing services for financial assets, including securities, derivative products, and other negotiable instruments." 这说明结算和清算服务应该解释为证券等可转让票据。

❻ Panel Report, para. 7.133.

是废话吗？从事的服务性质决定了企业性质吗？笔者也请教了一些金融业的朋友，他们认为银联业务极有可能划归为银行服务，传统的银行主要有三大业务——存、贷、汇，银联从事的就是汇。笔者理解，存贷汇业务的存在可能早于"银行业"的出现，而且，按照这种分析，淘宝也应该是金融企业，因为其支付宝极有可能属于三方模式下的电子支付。更耐人寻味的是，专家组似乎仅仅依据中国承诺表的上下文就裁定了具体文字的含义，即便其他国家的承诺表具有更狭义的内涵。❶ 此思路的潜台词似乎是放弃了在不同成员减让表之间寻求连贯性解释的目标。

其次，专家组在划分服务类别时的"必要或必需"理论可能争议更大。服务业是高度创新、不断细化分工的产业，如果 A 服务（货币清算结算）是实现 B 服务（支付）的前提条件（必要且必需），那么 A 服务就是 B 服务吗？如果某个产业中，"数据库服务"是"数据处理"的前提条件，两者不可分割，那么此数据库服务就变成了数据处理服务吗？在诉讼过程中，中方主张电子支付实际上由若干个服务构成，至少包括电信、交易授权、数据处理、清算和结算服务。例如在法国，不同的企业提供不同的服务，Groupement des Cartes Bancaires 公司提供交易授权服务，而 Compensation Retail 公司提供清算和结算业务。❷ 专家组的这种解释和上诉机构裁定的服务部门互斥性结论❸，也可能存在一些矛盾：理论上，某个多项服务构成的服务混合体，只要其中某项要素服务是业务核心，那么整个混合体（包括若干明确的其他服务）都可以归入那个核心业务的服务部门。另一个更实际的隐忧是，专家组的解释在某种程度上似乎降低了在现有服务部门基础上继续分化而出现新服务部门的可能性，原因是，只要在现有服务部门基础上，就必然和该现存服务存在"必要或必需"的关系。这种解读似乎是危险的。

这里还有一个小问题。专家组认为，服务划分的过程需要考虑市场和监管现实（market and regulatory realities）。❹ 这段论述颇令人费解。当时中美争论的是何为"金融资产"（financial assets），这似乎是标准的法律解释问题，而专家组根据"市场和监管现实"区分了"证券清算结算"和"货币交易支付清算结算"。后者是事实认定还是法律认定？是法律解释还是法律适用？如

---

❶ Panel Report, paras. 7. 564 – 7. 565.

❷ Panel Report, para. 7. 60.

❸ Report of the Appellate Body, United States—Measures Affecting the Cross-Border Supply of Gambling and Betting Services, WT/DS285/AB/R, adopted 20 April 2005, para. 180.

❹ Panel Report, para. 7. 162. Panel provided that "in our view, classification of services is not an abstract exercise; due regard should be had to market and regulatory realities."

果不是法律解释，那么回应了中方的诉求吗？如果是法律解释，那么考虑"市场和监管现实"，是《维也纳条约法公约》第 31 条和第 32 条中的哪条解释方法？

三、市场准入和国民待遇的关系

简而言之，专家组裁定《服务贸易总协定》的第 17 条是准入后国民待遇（主要理由是第 20.2 条），如果某成员承诺了国民待遇义务，且限制措施不属于第 16 条(a)到(f)的限制形式，则仍然需要满足国民待遇义务（仍然给予了"none"一定内涵）。❶

这个问题已经讨论了很多年，此案终于给了专家组一个机会来全面阐释这个问题。中国的电子支付（EPS）措施是一个典型的模式 1（跨境交付）项下的"歧视性限制"（discriminatory limitation），中国银联公司行政垄断了中国香港和澳门地区的人民币交易跨境清算和结算服务❷，从市场准入角度，禁止了外国公司提供类似服务；从国民待遇角度，中国公司享受了超过国外公司的利益。而在中国的服务承诺表里，"所有支付"模式 1 项下的市场准入是"unbound"，但国民待遇是"none"，于是出现了一个很有意思的法律问题：中国的歧视性限制措施，由于市场准入无承诺，所以也豁免了国民待遇义务？还是即便没有违反市场准入义务，但仍然违反了国民待遇义务？如果是前者，几乎所有的市场准入限制措施都带有若干程度或某种角度的歧视，那么国民待遇的"none"义务岂不是一纸空文？如果是后者，谈判出来的市场准入限制条件（limitation）以及成员方保留的政策自主权（unbound）还有什么意义？我们无法追究当年谈判者为什么会缔结这样的承诺，但目前的问题是为实践带来一个艰难的二选一。尽管专家组拒绝承认国民待遇义务从属于市场准入义务❸，但最终裁决结果的实质是同意市场准入的限制条件，可以存在歧视性因素，换言之，市场准入的开放（第 16 条(a)到(f)的限制形式）是国民待遇的前提。

让我们反思《服务贸易总协定》理事会 2004 年的报告，当时有 5 条建议，一是市场准入优先（即第 16 条优先），二是国民待遇优先（即第 17 条优

---

❶　Panel Report，paras. 7. 649 – 7. 665.

❷　《中国人民银行关于为在香港办理个人人民币存款、兑换、银行卡和汇款业务的有关银行提供清算安排的公告》（中国人民银行公告〔2003〕第 16 号），《中国人民银行关于为在澳门办理个人人民币存款、兑换、银行卡和汇款业务的有关银行提供清算安排的公告》（中国人民银行公告〔2004〕第 8 号）。

❸　Panel Report，para. 7. 664.

先），三是"unbound"优先（即无义务优先），四是"承诺"（commitment）优先（即义务优先），五是重新谈判和澄清。❶电子支付案专家组有条件地选择了第一条建议的思路（所谓条件，就是须为第 16 条内的限制形式），其可能带来的隐患是最小的，但仍然没有解决第 3 条建议所涉及的问题。假设某国市场准入承诺是"none"，国民待遇承诺为"unbound"，而该国采取了外国资本要求（即第 16（2）（f）条的措施），那么其是否违反市场准入承诺?❷ 对此，当前无解。

四、其他争议

除了这几个比较重大的争议问题，此案还有两处令人困惑。第一，专家组多次强调，中国没有挑战美国关于电子支付（EPS）本身的描述。❸这究竟有什么潜台词? 某种程度上，中国实际上挑战了电子支付的定义，即银联/VISA 服务是整体型的、一体化的电子支付服务，还是由若干服务构成的服务集合。而且，从案件争议看，银联/VISA 服务的归类才是最重要的法律问题，具体是把银联/VISA 服务称为熊猫抑或北极熊，从归类角度考虑并不是十分重要。不能否认，美国此命名是很聪明的法律技巧，很容易和"all payment"挂上钩。那么专家组强调此点究竟意味着什么呢? 是《争端解决注解》第 6.2 条的争议吗? 以我裁案的有限经验而论，一旦刻意强调某项事实，或无争议事实，就意味可能有些值得挖掘的抗辩空间，只是由于当事方自己不注意而拱手相让了（当角色转变后，这正是最令人担心的错过）。

第二，美国在磋商和专家组请求中，除了挑战中国银行业务服务承诺中的（d）项，还挑战了（k）和（l）项（金融信息处理和其他金融附属服务）❹，但没有实质意义上的推进。美国究竟在担忧什么? 可能是服务部门之间相互排斥的顾虑，但作为诉讼策略，增加两个可作为替代方案的抗辩点，似乎也是可以接受的。

这个案件结束以后，中国尽管输了核心法律主张（EPS 归类和营业主体

---

❶ Consideration of Issues relating to Article XX: 2 of the GATS, Report by the Chairman of the Committee on Specific Commitments, S/C/W/237, 24 March 2004.

❷ Ibid., p. 6.

❸ Panel Report, paras. 7. 32, 7. 41. 专家组花了很长篇幅关注涉案措施，尤其是其定义。See paras. 7. 25 – 7. 37. 美国对于电子支付和银行卡的定义参见：Request for the Establishment of a Panel by the United States, China—Certain Measures Affecting Electronic Payment Services, WT/DS413/2, 14 February 2011, footnote 1 and 2.

❹ Request for Consultations by the United States, WT/DS413/1, S/L/375, 20 September 2010, p. 2. Request for the Establishment of a Panel by the United States, WT/DS413/2, 14 February 2011, p. 2.

要求），但赢了垄断的事实问题，又得到专家组在模式 1 项下无市场准入承诺的确认（尽管有国民待遇承诺），所以在最终的商业实践中，美国公司可能难以根据此案裁决结果享受到实际利益：由于中国在模式 1 项下无开放承诺，只能走模式 3 的道路，在中国新建一个类似于银联公司的人民币交易数据处理中心和覆盖全国的网络？这似乎是个艰难的商业投资决策，目前VISA公司在全球有 4 个数据处理中心❶，难道还要改变其全球布局来建设第 5 个？如果不采取通过投资数据处理中心的方式进入中国市场，而直接与银行谈判人民币发卡业务，在商户建设终端 POS 机承接人民币收单业务，然后数据跨境由境外数据处理中心完成清算结算业务，具有经济可行性吗？这算模式 3 还是模式 1？无论走哪条路，都是漫漫无期的辛苦之路，还具有极高的法律不确定性。

　　取了这样一个标题，是笔者读完报告之后的真实感受，中国的体制从根子上就和国外不同，难为老美了。最后还要插一句，此案没有上诉，法律问题如此有趣，估计上诉机构的律师会憋成内伤。

案件报告索引：

Panel Report, China—Measures Affecting Electronic Payment Services, WT/DS413/R, adopted 31 August 2012.

---

❶　VISA website, http://usa.visa.com/about-visa/our-business/global-presence.jsp, visited on August 27, 2014.

9. 瞻前顾后的起诉与被诉

——硅钢双反措施案

案件编号：DS414

取向硅钢案是中国发起的首例反倾销和反补贴（简称双反）调查❶，对俄罗斯反倾销，对美国反倾销和反补贴，做了合并的产业损害调查，发布了合并的双反裁决报告。❷ 可以说，中国的调查是相当聪明的，补贴调查的核心项目是"购买美国货"，涉嫌构成进口替代补贴，交叉累积评估（产业损害合并调查的关键性问题）又是学自美国国际贸易委员会，美国人投鼠忌器。俄罗斯当时尚未加入世贸组织，❸ 又有苦没地诉。美国最终决定诉诸世贸组织，无非想展示一个姿态：此风断不可长，尤其是将贸易救济措施作为反制手段。

但是，贸易救济案的传统攻守方互换，让中美彼此都很纠结。美国一方面不愿触及实体问题，怕引火烧身，法律标准上也不能攻得太狠，得给自己留有余地；另一方面，如果只打程序，将来执行措施可能难以解决其实际利益关注。中方的防守也是矛盾，传统的贸易救济受害者当然不愿主张宽松的贸易救济纪律，而且打输了，虽然面子上难看，但可以幻想着严格的法律解释将来适用在美国身上。于是，这个案件，起诉方攻得瞻前顾后，被诉方又防得不那么全心全意。你很难说这是打假球，双方都按照各自的利益最大化原则出牌，而且最终的结果有着明确的胜负，很遗憾，中方输了，没有打出严格的法律标准，倒是打出了严格的法律适用，在透明度、证据规则等方面

---

❶ 商务部公告 2009 年第 40 号，2009 年 6 月 1 日。商务部公告 2009 年第 41 号，2009 年 6 月 1 日。对美国的反补贴调查也是我国发起的首例反补贴调查。

❷ 《中华人民共和国商务部关于原产于美国和俄罗斯的进口取向性硅电钢反倾销调查及原产于美国的进口取向性硅电钢反补贴调查的最终裁定》，商务部公告 2010 年第 21 号，附件，2010 年 4 月 10 日。

❸ 俄罗斯于 2012 年 8 月 22 日起正式成为 WTO 成员（递交国书）。世贸组织是于 2011 年部长级会议上决定同意俄罗斯加入世贸组织的。Accession of the Russian Federation，Decision of 16 December 2011，WT/MIN（11）/24 WT/L/839，17 December 2011.

遭遇了大面积败诉。

一、产业损害的价格影响

中方上诉最重要的问题是,《反倾销协定》第3.2条中的价格影响是否包含因果关系认定。❶ 传统上,产业损害分析有两种模式:一种是欧盟模式,即分两步走的思路,先认定损害的各个指标变化情况,再认定因果关系,分析其他因素是否打破因果关系链。另一种是美国模式,即不机械地分离损害和因果关系认定,而是全面分析市场竞争条件,甚至根据产品规格分析细分市场的竞争状况,以及国内产业各个指标之间的变化及其关联,通过举证和听证会验证各项裁定。❷

单纯从法律技术上看,美国模式更好,更加透明,更尊重市场实际情况,损害、因果关系、竞争关系是不可分的。欧盟模式要差一些,通过粗枝大叶的市场描述和数据罗列,在某种程度上回避了因果关系调查中的疑难问题,未真正触及倾销产品在进口国市场中究竟如何损害国内产业的问题,而是在调查完事实以后,以指标之间的总体关联为由,推定了因果关系成立,直至某个决定性的其他因素足以否定该推定的因果关系(当然,这种情况极为罕见)。❸ 所以通常来说,美国的损害裁决更翔实,无损害裁决更多一些,产业损害调查机关声誉也更好一些。上诉机构对于美国体系的倾向性毋庸置疑,在高地棉花案(DS267)、空客飞机案(DS316)、波音飞机案(DS353)中多次表达了对于美国这种"整体化"(unitary)分析模式的认可。❹ 阅读此案的上诉机构报告时,不免让人思考,上诉机构究竟期待什么样的损害裁决? 估

---

❶ Notification of an Appeal by Chinaunder Article 16.4 and Article 17 of the Understanding on Rulesand Procedures Governing the Settlement of Disputes (DSU), and under Rule 20 (1) of the Working Procedures for Appellate Review, WT/DS414/5, 23 July 2012.

❷ 关于美国和欧盟的产业损害调查与裁决模式,可以参见各自的裁决报告。裁决报告可从欧盟贸易委员会和美国国际贸易委员会网站下载。

❸ 在欧盟和中国的产业损害因果关系裁决中,尤其是在其他因素分析中,经常出现"未打破倾销与产业损害之间的因果关系链"或类似表述。这说明在因果关系(其他因素)分析之前,倾销和产业损害之间的因果关系认定是一种可反驳(基于其他证据)的推定。

❹ Appellate Body Report, United States—Subsidies on Upland Cotton, WT/DS267/AB/R, adopted 21 March 2005, para. 431; Appellate Body Report, United States—Subsidies on Upland Cotton—Recourse to Article 21.5 of the DSU by Brazil, WT/DS267/AB/RW, adopted 20 June 2008, para. 354 and footnote 521; Appellate Body Report, European Communities and Certain Member States—Measures Affecting Trade in Large Civil Aircraft, WT/DS316/AB/R, adopted 1 June 2011, para. 1109; Appellate Body Report, United States—Measures Affecting Trade in Large Civil Aircraft (Second Complaint), WT/DS353/AB/R, adopted 23 March 2012, footnote 1855.

计就是像波音飞机案（DS353）专家组的裁决。❶ 然而这对调查机关的能力提出了严峻挑战。

从法律技术上看，尽管中方有些理由，例如第 3.2 条和第 3.5 条的重复问题、第 3.5 条作为第 3.2 条的上下文，但是很难否认：（1）价格压低和价格抑制需要比较进口产品价格和国内价格。（2）所谓"影响"（effect），其中就含有"原因和结果"要素之间的关联。更何况，专家组和上诉机构还要考虑补贴的多边救济中对于"影响"（effect）的统一性解释。❷ 所以，败诉是正常的。根据上诉机构的解释，尽管其刻意使用了"解释力"（explanatory force）❸，但价格分析和因果关系分析之间必然存在部分重叠。不过，从实践来说，这也不是非常令人担忧的后果。调查机关如果愿意采用美国模式固然最好，如果还想保留原来的欧盟模式，在裁决中啰唆重复一点，或者干脆模糊化损害分析的论证和裁决框架，可能就可以在表面上符合上诉机构的裁定。

上诉过程中，有两点教训值得记住。其一，"低价进口产品"（low-priced imports）起始于翻译错误，终结于诉讼投机。❹ 其二，"专家组未尽责主张"（Article 11 claim）的摇摆不定和败诉❺只能证明法律功底的薄弱，以及对上诉程序认知的混乱。记得听证会中，上诉机构问及评估贸易救济裁决是事实问题还是法律问题。有人回答，这不是重要的问题，既有可能是事实，又有可能是法律。令人瞬间石化。

二、价格扶持（Price Support）

此案的专家组报告比上诉机构报告有意思很多。关于价格扶持，此前有些学术文献做过试探性的分析，但具体到适用则留下很多疑问，比如，政府采购喜欢奔驰车，由此推高奔驰车销售价格？又如，原材料出口限制对国内价格产生的抑制效果和出口价格的推高效果，是否能作为对国内下游企业和出口企业的价格扶持？再如，汇率低估能否作为对出口企业的价格扶持？笔者理解汇率的价格扶持影响可能比较复杂，还涉及"扶持"（support）是否可以理解为同时包括价格上升至某个程度和价格下降至某个程度。但无论如何，

---

❶ Panel Report, United States—Measures Affecting Trade in Large Civil Aircraft (Second Complaint), WT/DS353/R, adopted 23 March 2012.

❷ Panel Report, United States—Subsidies on Upland Cotton, WT/DS267/R, Corr. 1, and Add. 1 to Add. 3, adopted 21 March 2005, para. 7.1343 – 7.1344.

❸ Appellate Body Report, paras. 136 – 153.

❹ Appellate Body Report, paras. 188 – 196.

❺ Appellate Body Report, paras. 183.

大家形成的历史共识是，这是一个潘多拉魔盒，无论中国、美国、欧盟还是加拿大都不愿贸然触碰。

此案专家组从立案证据的角度，参考《农业协定》附件3，正面论述了价格扶持认定的基本思路:（1）选择狭义内涵，援引美国原材料案（DS194），继续遵循"财政资助"和"影响"的严格区分。❶（2）价格扶持包括政府对商品价格锁定（fix）在某个特定价位上的直接干预，例如低于某个预设的均衡点之后，购买剩余产品。（3）政府直接或间接地设定（set）或维持（maintain）某个锁定价（fixed price），而不是看政府措施的副作用对价格产生的随机影响（random change）。（4）政府即便在价格扶持过程中没有亏损，也可能构成价格扶持。❷ 这些解释尽管未必完美无缺（尤其是在很大程度上和"政府购买货物"（purchase of goods）发生重叠），但必然具有长久的影响。

三、专家组其他结论

还有其他一些专家组的裁定值得记录：（1）进行立案审查时，"of the subsidy in question"要求申请人提供声称的补贴项目的性质。政府政策的一般信息如果与补贴项目没有直接关联，则不能构成认定专向性的"足够证据"（sufficient evidence）。❸（2）进行补贴专向性分析时，专家组强调"补贴项目"（subsidy programme）必须总体考虑，此补贴项目必须定义专向性的宽度（breadth），而不是其所依据的立法。❹（3）可获得事实，暗示着已经具备的事实必须使用。可获得事实并非用于惩罚不合作的利害关系方，而是不阻碍调查程序。案卷中的事实不完美，并不意味着调查机关有权忽略这些事实。❺尽管我们赢了可获得事实，但竟然有人主张可获得事实意味着调查机关可以不利推定。❻（4）《补贴与反补贴协定》的透明度只是审查调查机关实际作出的裁定或结论，而不是审查这些裁定或结论的合理性。❼（5）再次重申，调查机关未指明具体需要什么信息时，不能使用最佳可获得信息。❽（6）"其他

---

❶　Panel Report, United States—Measures Treating Exports Restraints as Subsidies, WT/DS194/R and Corr. 2, adopted 23 August 2001, paras. 8. 15 – 8. 76.

❷　Panel Report, paras. 7. 83 – 7. 93.

❸　Panel Report, para. 7. 66.

❹　Panel Report, para. 7. 109.

❺　Panel Report, para. 7. 296, 7. 302 and 7. 307.

❻　Panel Report, para. 7. 301. 专家组转引自：China's First Written Submission, para. 163.

❼　Panel Report, para. 7. 365.

❽　Panel Report, para. 7. 388.

出口商税率"（all other rate）问题输在门槛上，未通知其他出口商。该法律事项被美国人包圆了打，同时输在通知义务、关键事实披露义务和公告中的足够细节义务。❶（7）调查期最后一季度的价格压低，可以支持肯定性裁决。❷（8）进行价格影响分析时，使用平均单位价值（AUV）时，若存在贸易环节不同、产品规格不同等问题，调查机关有义务对此作出类似于倾销调查公平比较的"调整"，以保证结论的客观性。❸（9）专家组裁定，进行价格抑制分析时，成本的增加可能导致产品价格的上涨，但不是无限度增长，如果超过了商业合理（commercially reasonable）的价位，价格则不会再发生上涨。❹

　　最后，还有一个小问题，上诉机构裁决完毕，似乎没有像以往一样，用一段话说明他们的"建议"（recommendation），这是因为全面维持了专家组裁决，还是不小心忘了？

案件报告索引：

Panel Report, China—Countervailing and Anti-Dumping Duties on Grain Oriented Flat-Rolled Electrical Steel from the United States, WT/DS414/R, adopted 16 November 2012.

Appellate Body Report, China—Countervailing and Anti-Dumping Duties on Grain Oriented Flat-Rolled Electrical Steel from the United States, WT/DS414/AB/R, adopted 16 November 2012.

---

❶　Panel Report, paras. 7.393, 7.412 and 7.426.
❷　Panel Report, para. 7.517.
❸　Panel Report, paras. 7.528 – 7.530.
❹　Panel Report, para. 7.550.

10. 产业损害调查的质量测评

——X 射线设备反倾销措施案

案件编号： DS425

在专家组报告中，高能和低能 X 射线设备通过彩图表现出来，很扎眼，一个放在港口检测卡车和集装箱，另一个放在机场检测旅行小包包。❶ 午餐会时，有人举着报告彩页问这是否为同类产品，让人感到很尴尬，同类产品内部规格之间比较、产品型号和功能连续性等技术性解释显得很苍白。律师的工作领域是灰色问题，即探讨灰色究竟应该归类为白色还是黑色，但试图把黑色辩为白色则是不可能的，也是不应该的。

一、价格影响分析的价格可比性

本案产业损害输得比较多，同类产品内部规格有问题❷，16 个指标有 9 个不支持损害❸，让人一看就疑虑丛生。论及具体裁决，专家组重申了很多已决事项，比如争端解决过程中可以出现原始调查中未涉及的新主张、"考虑"（consider）实质上无特殊意义、同类产品涉及 "宽泛的产品类别"（broad basket of goods）须细分规格等❹，这些问题没有什么新意，重复适用而已。

不过，欧盟起诉价格影响的价格可比性很有意思，欧盟犯了和美国在硅钢案（DS414）中一样的翻译错误，把中国损害价格影响裁决理解为价格削减（undercutting），而实际上的裁决是价格抑制（price suppression），这回中

---

❶ Panel Report，p. 32 and 33.

❷ Panel Report，para. 7. 68.《中华人民共和国商务部关于原产于欧盟的进口 X 射线安全检查设备反倾销调查的最终裁定》，商务部公告 2011 年第 1 号，2011 年 1 月 23 日。商务部裁决中就意识到存在 "低能" 和 "高能" 两类 X 射线设备。

❸ Panel Report，para. 7. 214. 详情参见商务部裁决。

❹ Panel Report，paras. 7. 39，7. 45 and 7. 65.

国吸取了硅钢案的教训，不再模棱两可地试图钻空子，而是始终强调价格抑制。❶ 不过，欧盟认为究竟如何归类裁决中的价格影响不重要，他们起诉的是调查机关的中间步骤，即价格可比性。❷ 欧盟认为，在价格抑制分析过程中，关于前一年与后一年的国内价格比较，需要作价格调整。专家组同意了欧盟的主张，顺着往下裁，最终认定价格抑制（price suppression）中对比分析逐年的国内价格需要保证价格可比性（例如不同规格产品的组成比例变化），而中国违反了此义务。❸ 传统上，有人认为价格抑制主要分析的是成本和价格走势之间的关联，因此不需要保证价格可比性。但从 DS414 和此案的专家组裁决来看，3 种价格影响都需要保证价格可比性，只不过分子和分母可能不同。

二、混淆倾销和损害案卷的忧虑

专家组裁决中有一点让人比较担忧，即专家组对于倾销和损害案卷的混淆，用倾销案卷反驳产业损害结论。专家组报告明确援引了倾销调查机关向欧委会的倾销裁决披露，以此证明产业损害调查机关关于高能和低能 X 射线设备的裁定存在错误。❹ 不能否认，产业损害调查机关在此案中应当通过阅读倾销初裁知悉市场上关于高能和低能产品的细分（前提是初裁中含有这些信息）；也不否认，如果不考虑市场细分，损害裁决违反世贸规则，但直接将倾销案卷中的证据拿来挑战损害裁决，可能对"双结构"（bifurcated）调查机关❺产生系统性隐忧，例如很难设想美国商务部和国际贸易委员会共享案卷。通常来说，即便同一个调查机关里，根据倾销、补贴、损害而成立不同的调查组，案卷也是分离的，通常不可以互相查询，有时还会通过立法限定保密信息/案卷的接触范围。这种信息不对称的局面一直要持续到终裁。某些国家可能内部具有比较明确的分工程序或沟通机制，可以解决被调查产品范围变

---

❶ Panel Report，para. 7. 231.

❷ Panel Report，para. 7. 53. European Union's response to Panel question 64，para. 23.

❸ Panel Report，para. 7. 57.

❹ Panel Report，paras. 7. 86 – 7. 87.

❺ 所谓"双结构"调查机关，主要指倾销和产业损害调查与裁决部门相分离的制度设计，例如美国和加拿大。美国商务部（DOC）负责倾销调查与裁定，美国国际贸易美国委员会（ITC）负责产业损害和因果关系调查与裁定；加拿大边境服务署（CBSA）负责倾销调查与裁定，加拿大国际贸易法庭负责产业损害和因果关系调查（CITT）。所谓"单结构"调查机关，主要指倾销和产业损害调查与裁决由同一个部门负责的制度设计，例如欧盟，均有欧委会贸易委员会负责。在此案发生时（2011～2013 年），中国贸易救济调查机构是介于"双结构"与"单结构"之间的制度设计，商务部负责倾销和产业损害调查与裁决，但部内的公平贸易局负责倾销调查与裁决，产业损害调查局负责产业损害和因果关系的调查与裁决。2014 年，两局关于贸易救济措施的职能合并，新成立了"贸易救济调查局"。

更、非同类产品排除、无倾销幅度/无损害等敏感问题，但除此以外，专家组以事后聪明人的角色混淆案卷、臧否裁决，调查机关则可能在未来案件中处于非常为难的局面。

三、值得记录的专家组裁定

此案涉及国内产业损害调查与裁决的争议点较多，我国除了在价格影响、实质性损害和因果关系等实体问题上遭遇败诉外，还在不少程序性问题上遇到挑战，胜负各有一些，专家组在裁决过程中作出了不少有借鉴意义的论述，值得记录：

（1）肯定性证据只涉及证据实体完备性（substantive adequacy），不增加程序性的裁决理由和方法披露义务。❶

（2）专家组沿用了泰国工型钢案（DS122）的裁定，认为产业数据呈良好特征时，调查机关为客观评估国内产业遭受的实质性损害，需要"极具说服力的理由解释为什么以及如何"（compelling explanation of why and how）❷，并总结了"极具说服力的理由"在具体指标中的体现，有的需要进行反事实分析，有的需要分析正面指标和负面指标之间的关联。❸ 总体来看，这比较严格，对损害调查机关增加了很重的分析和论证义务。

（3）裁决撰写得不清楚，不能认定为违反了客观审查义务，而是违反了"合理性与充分性"（reasoned and adequate）义务。❹

（4）倾销进口量确实可能造成损害，但需要解释为什么进口价格高于国内价格时，倾销进口量是造成损害的唯一原因（only cause，中国商务部裁决用语），也需要解释为什么国内产业不能提价。❺ 专家组此项裁决为从倾销进口量的角度认定因果关系留下了可能性，但增加了很重的举证责任。

（5）因果关系和指标钩稽关系是两个不同概念，笼统地发现指标同期变化不能解决因果关系争议，而是需要更细致的分析。❻

（6）关于其他因素造成的损害，如果利害关系方未提供证据，调查机关不必作出认定，也不必作非归因分析。❼

---

❶ Panel Report，para. 7. 146.

❷ Panel Report，Thailand—Anti-Dumping Duties on Angles, Shapes and Sections of Iron or Non-Alloy Steel and H-Beams from Poland，WT/DS122/R，adopted 5 April 2001，para. 7. 249.

❸ Panel Report，para. 7. 215.

❹ Panel Report，para. 7. 513.

❺ Panel Report，para. 7. 244.

❻ Panel Report，para. 7. 247.

❼ Panel Report，para. 7. 267.

（7）调查机关不必回应利害关系方的每个主张，但证据证明力决定主张分量。所以，调查机关需要分析 Smiths 公司关于质量差异、中国国内产业激进的价格策略造成损害的主张。❶

（8）欧盟输了中国产业处于"起步"（start up）阶段的主张，中国国内产业在立案前 3 年即开始生产涉案产品。❷

（9）将特定型号代称为型号 1 或型号 2 不能满足非保密概要的义务，因为缺少保密信息的实质内容（insight into the substance）。❸

（10）关于民航总局公共安全局提供的保密信息，只提及"这些信息的性质"不足以解释为什么此类信息不能提供非保密概要。与公共交通相关的信息，不能排除可以提供摘要的可能性。❹

（11）裁决依据的关键事实有两个特征：一是裁决依据，二是保证利害关系方抗辩其利益。所以，出口商有权获得具体交易价格和调整数据，包括裁决依据的数据，以及裁决未采用的数据。❺

最后多说一句，产业损害裁决的 16 个指标包括倾销幅度的程度，产业损害调查机关需要分析其与产业损害认定的关联度。❻ 中国产业损害调查机关为之奋斗了 16 年的结果，终于由世贸组织帮助确认了……

案件报告索引:

DS425 China—Definitive Anti-Dumping Duties on X-Ray Security Inspection Equipment from the European Union，WT/DS425/R，adopted 24 April 2013.

---

❶ Panel Report，para. 7.279.
❷ Panel Report，paras. 7.295 – 7.296.
❸ Panel Report，para. 7.332.
❹ Panel Report，paras. 7.367 – 7.368.
❺ Panel Report，paras. 7.399 – 7.403.
❻ Panel Report，para. 7.183.

11. 不应忘却的反思

——汽车双反措施案

案件编号： DS440

汽车双反案（DS440）的专家组裁决绝对是高手所为，若无能力，不可能在举证责任问题上把黑的说成白的；若无自信，不敢断然否定以往专家组的裁决，或在脚注里揶揄上诉机构的论述，当然，这也说明了他的桀骜不驯。

对中国而言，汽车争端案是一棵奇葩上最后凋零的花朵。想当年，美国轮胎特保措施❶似乎是件人神共讨、天塌地陷的事情，于是怒而兴讼❷，愤而双反。❸ 时隔 5 年，轮胎特保案（DS399）作为起诉案件遭遇败诉，已经成为中国的争端解决中无法抹平的伤疤，也是迄今人类历史上唯一被上诉机构支持的保障措施。❹ 白羽肉鸡案（DS427）❺ 真可谓一地鸡毛，打得不明不白，且看如何执行吧。汽车双反案（DS440）中，恐怕全世界都见识了中国的办

---

❶ U. S. International Trade Commission, Certain Passenger Vehicle and Light TruckTires From China, Investigation No. TA – 421 – 7，Publication 4085，July 2009.

❷ Request for Consultations by China, United States—Measures Affecting Imports of Certain Passenger Vehicle and Light Truck Tyres from China, WT/DS399/1，G/L/893，G/SG/D36/1，16 September 2009.

❸ 中国商务部对白羽肉鸡和汽车发起了双反调查，外界广泛认为这两起双反调查是针对轮胎特保措施的报复措施，但商务部从未予以确认。见商务部公告 2009 年第 74 号（白羽肉鸡反倾销立案），商务部公告 2009 年第 75 号（白羽肉鸡反补贴立案），2009 年 9 月 27 日；商务部公告 2009 年第 83 号（汽车反倾销立案），商务部公告 2009 年第 84 号（汽车反补贴立案），2009 年 11 月 6 日。

❹ Appellate Body Report, United States—Measures Affecting Imports of Certain Passenger Vehicle and Light Truck Tyres from China, WT/DS399/AB/R，adopted 5 October 2011.

❺ Panel Report, China—Anti-Dumping and Countervailing Duty Measures on Broiler Products from the United States，WT/DS427/R，2 August 2013.

事效率，从调整被调查产品范围到终裁，只有 2 个月不到。❶ 尘归尘，土归土，不想去翻旧账，但忍不住反思，法律工作的效果滞后性导致错误决策当时不能立显，但可能变为教科书中永不磨灭的败笔。

一、美国"逢案必告"的诉讼策略

我觉得美国的诉讼策略是难以持续的。这主要有以下几点原因：（1）美国起诉的是典型的移动靶（moving target）。主要目标是贸易救济措施，硅钢、白羽肉鸡和汽车还没完全解决，多晶硅、浆粕已经于 2014 年年初生效，合金钢无缝钢管、四氯乙烯和光纤预制棒也已立案。❷（2）经济利益乏善可陈。汽车双反措施已于 2013 年年底到期终止❸，硅钢和白羽肉鸡等专家组和执行程序打完，估计也已过期。而且，从硅钢案的执行措施来看，无非就降低了点税率，双反合计税率仍有 11% ~ 23% 。❹ 有限的实际效果，可能就是防止了日落不落的情形。（3）美国自身诉讼资源约束。从美国网上公布的材料来看，硅钢案（DS414）第一次书面陈述为 91 页，33 个附件❺；白羽肉鸡案（DS427）为 148 页，52 个附件❻；而汽车双反案（DS440）急剧减少至 62 页，12 个附件❼，甚至未获得其汽车产业使用保密信息的授权。❽ 这表明美国国内推进案件的动力呈下降趋势。（4）美国起诉贸易救济措施投鼠忌器。其想打有限战争，集中于正当程序和透明度，但目前的走向越来越实质

---

❶ 《中华人民共和国商务部关于原产于美国的部分进口汽车产品反倾销调查和反补贴调查的最终裁定》，商务部公告 2011 年第 20 号附件，2011 年 5 月 5 日。商务部 2011 年 3 月 21 日收到中国汽车工业协会代表相关国内生产者提交的《排气量在 2.0 升及 2.0 升以上的小轿车和越野车反倾销和反补贴案国内产业补充材料》，内容为排气量在 2.5 升以上小轿车和越野车的相关数据和材料。随后，其调整被调查产品，于 2011 年 4 月 2 日发布反倾销和反补贴的肯定性初裁报告，于 2011 年 5 月 5 日发布肯定性终裁报告，从调整被调查产品范围至终裁报告间隔 45 天。

❷ 我国商务部的具体立案和裁决时间参见：http：//www. cacs. gov. cn/cacs/newcs/diaochajiguan. aspx，visited on 8 August 2014.

❸ 汽车双反措施的实施期限为 2 年，自 2011 年 12 月 15 日起至 2013 年 12 月 14 日止。见《中华人民共和国商务部关于终止对美部分进口汽车产品双反措施的公告》，商务部公告 2013 年第 85 号，2013 年 12 月 13 日。

❹ 《中华人民共和国商务部关于原产于美国的进口取向性硅电钢反倾销及反补贴再调查的裁定》，商务部公告 2013 年第 51 号，2013 年 7 月 31 日。

❺ First Written Submission of the United States of America, China—Countervailing and Anti-Dumping Duties on Grain Oriented Flat-rolled Electrical Steel from the United States (DS414), June 8, 2011.

❻ First Written Submission of the United States of America, China—Anti-Dumping and Countervailing Duty Measures on Broiler Products from the United States (DS427), June 27, 2012.

❼ First Written Submission of the United States of America, China—Anti-Dumping and Countervailing Duties on Certain Automobiles from the United States (DS440), March 12, 2013.

❽ Panel Report, para. 7. 60.

化，尤其损害义务更为苛刻。随着欧盟和日本的参战，美国已经在反思其策略，根据其公布的第三方书面陈述，日欧诉中国的无缝钢管案（DS454/460）中，美国已经公然采取了不同于起诉方的立场，倾向于中国立场。❶（5）诉讼成本不对等。国内贸易救济措施的调查成本可以低得没有底线（例如中国在本案中的 2 个月双反裁决），但起诉至世贸组织，磋商、专家组、执行、执行争议一圈走下来，没有个三四年是不可能的；而且还面临前后不衔接的裁决，越打，自相矛盾的案例越多。

从这个意义上讲，我国将贸易救济措施抛出去任美国人打，反而起到奇兵效果，大幅减少了美国在其他领域对我国的诉讼压力，倘若天天都是出版物、电子支付或稀土这样的案件，咱们早就累趴下来了。不过，美国的诉讼策略确实伤害了中国调查机关的声誉，反复败诉，要么让别人怀疑你依法行政、遵守国际规则的诚意，要么让人怀疑你的专业素养。美国已经起诉了 3 起，欧盟起诉了 2 起，日本起诉了 1 起，加上硅钢的执行案❷，基本保证了从 2011 年起每隔半年，中国就要遭遇一起败诉，可以预见，此局面将持续至 2015 年上半年。

二、中国调查机关的出路

本案的一大看点是，专家组在若干问题的论述中，或明或暗地给调查机关指了几条出路。

其一，关于非保密概要，指标的变化比例是可以接受的（实际上认可了欧盟的裁决模式），即将指标统一调整为基数 100 的指数。❸ 不过，专家组也裁定，未标记 Y 轴的趋势线和未附加额外内涵的文字说明没有什么意义。❹

其二，关于其他未知出口商税率（all other rate），尽管专家组裁定应诉登记里列明的法律后果未满足 "sufficiently specific request" 的义务，但如果公开了倾销调查问卷，在调查问卷中索取具体信息，并告知不合作后果，则可以通过可获得事实的门槛，即《反倾销协定》第 6.8 条和附件 2 第 1 款。❺ 不过，专家组似乎始终没有回应中方关于通过美国政府通知美国出口商的主张，

---

❶ Third Party Submission of the United States，WT/DS454，WT/DS460，November 22，2013，paras. 57 – 61.

❷ Request for the Establishment of a Panel，China—Countervailing and Anti-Dumping Duties on Grain Oriented Flat-rolled Electrical Steel from the United States—Recourse to Article 21.5 of the DSU by the United States，WT/DS414/16，14 February 2014.

❸ Panel Report，para. 7.34.

❹ Panel Report，para. 7.36.

❺ Panel Report，para. 7.139.

笔者认为，这是柄双刃剑，中国政府绝无能力通知所有中国出口企业。

其三，关于价格影响和数量影响。产业损害的价格可比性和影响以及裁决论述的充分性是老问题，不必多说。倒是顺带有几句话讨论了"数量影响本身是否可以建立因果关系"，专家组用了个短语为"区分相对的贡献度"（disentangle the relative contributions），这点如何理解，是否暗示着某种分析思路，还有待琢磨。❶

其四，在产业损害的价格调整问题上建立起一个推定，只要被调查产品和国内产品存在差异，就需要考虑价格调整问题。但调整不是必需的，有两种情形无须调整：一是被调查产品和国内产品是相同的，二是调查机关认为两类产品的差异不足以证明需要调整。❷ 第二种情形是很模糊的，是意味着存在可忽略不计的产品差异？抑或某种定价策略使得产品差异不重要？

三、避免自证其罪？有罪推定？

专家组关于《反倾销协定》第6.9条的裁决（未披露关键事实）引发了一个很有意思的问题：在世贸争端解决中，可以强迫一个国家自证其罪吗？（参考《争端解决谅解》（DSU）第13条）

美国政府起诉中国调查机关未披露关键事实，但未能获得其国内出口商的保密信息授权，无法提供中国调查机关向出口商作出的"终裁前披露"作为证据。❸ 专家组认为，美国政府没有此项文件，而中国政府有此项文件，所以举证责任在中国。❹ 当然，这个立场是很有问题的，因为是美国在专家组面前作出一个肯定性主张（即中国调查机关未披露关键事实），中国只是否认美国的这个主张，但未作出任何肯定性主张或辩护，所以若无其他正当缘由，理应由美国政府确保其企业配合争端解决程序，提交有关证据，否则就没建立起"表面成立的案件"（prima facie case）。❺ 然而专家组竟然将此举证责任推给中国，裁定中方败诉。也许可以说中国人拒绝提交不够厚道，也可以说

---

❶ Panel Report, para. 7.266.

❷ Panel Report, para. 7.281 and footnote 448.

❸ Panel Report, paras. 7.58 – 7.61.

❹ Panel Report, paras. 7.77 – 7.85.

❺ Appellate Body Report, United States—Measure Affecting Imports of Woven Wool Shirts and Blouses from India, WT/DS33/AB/R, adopted 23 May 1997, and Corr. 1, p. 14, it provided that "it is a generally accepted canon of evidence in civil law, common law and, in fact, most jurisdictions, that the burden of proof rests upon the party, whether complaining or defending, who asserts the affirmative of a particular claim or defence." 上诉机构在无数的案件中强调过举证责任的分配问题（包括中方在此案中列举的Japan—Alcoholic Beverages II（DS10）上诉机构的裁决），只要当事方作出一个"肯定性"的主张或辩护，都应当承担举证责任。

专家组追求实质正义，不算冤枉中国，但这能免除起诉方的举证责任吗？从裁决报告来看，专家组裁定中方违反第 6.9 条所依赖的"证据"只有两条：

（1）美国根据其掌握的材料（包括向美国政府披露的文件）对中国违反披露义务的"理解"（understanding）（我很难想象这是 facts）。❶

（2）梅赛德斯奔驰公司在"终裁前披露"之后、终裁之前致调查机关的一封信，主张调查机关未披露关键事实。❷ 而调查机关在终裁中明确回应了这封信，表明披露了关键事实❸，况且这封信是美国在第二次听证会上提交的，在是否符合工作程序（working procedure）问题上仍存争议（但专家组裁定，美国提交此信是作为反驳证据，符合工作程序）。❹

除此以外，再没看到其他"证据"。一直到最后，我们都不明白，专家组究竟认为中国调查机关未披露"什么关键事实"？还是未披露奔驰公司"主张的关键事实"？如果参照非保密概要的要求，这至少要明确告知败诉方。更何况，中美提交此披露文件时，均应当获得美国公司的保密授权，相比较而言，美国政府更容易获得该授权。为了支持其裁决，专家组在脚注里还塞了一堆垃圾，援引了阿根廷纺织品案（DS56）中的当事方"合作"（collaboration）义务❺，但他们完全忽略了两案的事实差异：美国出口商拥有此份披露文件，是美国政府未尽充分努力，没有获得其出口企业拥有的证据；而阿根廷纺织品案中，只有阿根廷单方面拥有证据（sole possession）。所以，专家组的裁决尽管没有明确使用"可获得不利事实"（adverse facts available）的表述，却是一个不折不扣的不利推定。

如果再放宽点眼界，看看以往的争端——美国波音飞机案（DS353）、美国硅钢案（DS414）、美国归零案（DS350），当事方不愿提供证据时（包括专家组行使了第 13 条，但当事方仍然未提供证据），专家组均未裁得如此激进。可能唯一的压力来自波音飞机案（DS353）上诉机构裁决，即对专家组"主导方式"（predominance approach）的要求，但别忘了，上诉机构还要求专家组在获取信息的时候需要考虑是否"公平"（fair）、是否"保证了正当程序和

---

❶　Panel Report, paras. 7.56 – 7.57.

❷　Comments of Mercedes—Benz on the U.S. Portion of the Final Disclosure in Imported Auto AD and CVD Investigations, Exhibit USA – 21, p.3. Also see Panel Report, footnote 175.

❸　Panel Report, para. 7.84.

❹　Panel Report, para. 7.79 – 7.83.

❺　Panel Report, footnote 166. Also see Panel Report, Argentina—Measures Affecting Imports of Footwear, Textiles, Apparel and Other Items, WT/DS56/R, adopted 22 April 1998, as modified by Appellate Body Report WT/DS56/AB/R.

合适的庭审"（ensure due process and a proper adjudication）。❶ 所以，最终的问题回归开头：被诉方有没有权利避免自证其罪？这种权利是合理、公平的吗？在争端解决中，被诉方是无罪推定吗？

四、其他一些有意思的裁定

此外，还有一些裁定或论述值得记录：（1）反倾销调查中，计算倾销幅度的公式（formula）是法律事实（facts），但公式的运用（application）则是法律推理（reasoning）❷，这是个有些令人费解的裁定。笔者一直认为公式就是事实，那么事实（facts）是可以适用（apply）的吗（这可能是一个伪问题，只是为了说明，由于英文相同，专家组可能混同公式的运用和法律的适用）？假设可以适用，这是达到最终倾销幅度过程中的一个步骤吗？举一个极端的例子，美国归零的 SAS 程序，如果归零的那一行代码算作公式，那么前后的那些 "if" "delete" "void" 等语句算作法律推理吗？这暂且存疑。（2）在关于可获得事实的分析中，此案专家组直接否定了白羽肉鸡案（DS427）的裁决，表示同意硅钢案（DS414）的专家组裁决，认为在使用可获得事实之前，必须明确告知利害关系方所需事实。❸（3）在产业损害价格可比性问题上，专家组比硅钢案（DS414）的上诉机构更进一步，认为价格调整不只是适用于削价情形（price undercutting），而是总体适用于所有的价格影响分析。❹（4）专家组再次重申损害分析必须为贯穿于调查期内的所有变化，而不能只是首尾相比。❺（5）专家组维持了调查机关应诉登记的做法，进而维持了国内产业认定。❻（6）关于非归因义务，如果总需求下降，还需要分析可能的销售下降、库存增长和价格下跌。❼（7）关于反补贴的可获得事实问题，专家组沿用了墨西哥大米案（DS295）❽、美国硅钢案（DS414）和白羽肉鸡案（DS427）中的裁决思路，认为尽管《补贴与反补贴协定》中没有类似于《反倾销协定》附件 2 的规则，但反补贴领域的可获得事实规则

---

❶ Appellate Body Report, United States—Measures Affecting Trade in Large Civil Aircraft (Second Complaint), WT/DS353/AB/R, adopted 23 March 2012, para. 1140.

❷ Panel Report, para. 7.73.

❸ Panel Report, footnote 235.

❹ Panel Report, para. 7.277 and footnote 438.

❺ Panel Report, para. 7.288.

❻ Panel Report, para. 7.212.

❼ Panel Report, para. 7.349.

❽ Appellate Body Report, Mexico—Definitive Anti-Dumping Measures on Beef and Rice, Complaint with Respect to Rice, WT/DS295/AB/R, adopted 20 December 2005, para. 292 and 295.

应当与反倾销领域一致。❶

汽车双反措施已经于 2013 年 12 月 15 日过期终止❷，估计也没什么后续了。这里的记录仅供参考。

案件报告索引：

Panel Report，China—Anti-Dumping and Countervailing Duties on Certain Automobiles from the United States，WT/DS440/R，adopted 18 June 2014.

---

❶ Panel Report, paras. 7. 172 – 7. 173.

❷ 见《商务部关于终止对美部分进口汽车产品双反措施的公告》，商务部 2013 年第 85 号，2013 年 12 月 13 日。

二、贸易救济

12. 看"神仙"打架

——空客飞机补贴案的近忧与远虑

案件编号：DS316

似乎只能用叹为观止来评价欧美之间的大飞机争端。自 2004 年 10 月 6 日磋商请求至 2011 年 5 月 18 日上诉机构裁决，历时近 7 年，专家组报告正文 1050 页，脚注 6083 个；上诉机构报告正文 613 页，脚注 3068 个；欧盟提交的证据材料至少 993 份，美国提交的证据材料至少 689 份，对方书面回答了 3 轮合计 292 个问题，涉及法语、德语、西班牙语的翻译。与此同时，欧盟反诉美国波音公司的补贴案（DS353）同样旷日持久。我比较同情欧美的案件承办人，如此规模的争端几乎是场灾难，需要无休止地阅读、抗辩、沟通、开会、调研、报告、出差，还需要一个强大、稳定的专业团队。

一、争端的背景和美国的狡猾

大飞机主要指自重 15 吨以上的螺旋翅片飞机，它是个独特的产业，在研发上具有高昂的沉没成本，每架飞机从设计、制造、销售、交付到客户付款通常要持续 3 ~ 5 年。❶ 规模效应和累积的研发成本是大飞机企业成功的重要因素，并导致消费者陡峭的学习成本曲线和昂贵的转移成本，进而形成极为困难的行业准入壁垒，给现存的大飞机制造商带来明显的在位优势（incumbents' advantage）。据估算，每个型号的飞机须销售 600 架以上才能收回成本。❷ 而全球的大飞机市场容积较小，尽管美欧之间的数据略有差异，但可以肯定，即便如欧盟般的大市场，2001 ~ 2006 年平均每年交付的大飞机也不过 160 ~ 170 架，销售最好的 2001 年和 2004 年也没有超过 200 架。很多经济学家认为大飞机市场只能允许两家企业存活，1981 年和 1997 年洛克希德

---

❶ Panel Report，paras. 2. 1 – 2. 2.
❷ Panel Report，para. 7. 1717.

（Lockheed）和麦道（McDonnell Douglas）飞机制造公司退出市场❶，因此空客和波音是自然垄断的结果。这种双头垄断的局面造成竞争上的零和博弈，波音丢失的市场份额必然被空客占据，同时由于投资的长周期和不确定性，私有资本不愿进入，大飞机制造商只能不断地依靠政府投资和补贴。❷ 补贴额的具体数字充满争议，并被欧盟列为保密信息，但美国主张欧盟成员国向空客公司提供了至少 180 亿美元的补贴。❸ 其中，专家组认定德国政府曾把 94 亿马克债务"清算"为 17 亿马克。❹ 上诉机构认定法国和德国政府通过资本注入，一次性提供资金 16 亿美元❺；欧盟成员国提供基础设施建设型补贴超 12 亿美元❻，大飞机项目的天价补贴可窥一斑。

欧盟和美国的大飞机补贴争议由来已久，美国之所以在 2004 年挑起争端，主要原因是 2001 年"9·11"事件之后，其国内航空业衰退，波音公司陷入困境。❼ 相反，欧盟的空客 A350 和 A380 型飞机取得巨大成功，市场份额不断提高，于是，美国人在自己最困难的时候发起进攻，要求欧盟限制补贴。平心而论，仅仅是利益争斗也就罢了，但美国人做得有些过分了。美欧先后于 1979 年和 1992 年就大飞机贸易（包括补贴）达成协议❽，欧盟认为其补贴政策符合该双边安排，《1992 年协议》第 2 条实际上起到类似于祖父条款（grandfather clause）和维持现状条款（standstill clause）的作用，因此，欧盟认为这个协议应当理解为"禁止反言"（estoppel），美国无权起诉欧盟的补贴项目，至少 1992 年之前的补贴不应纳入争端。❾ 然而《东京回合补贴守则》❿ 以及《关贸总协定》没有任何地方提及《1992 年协议》的法律地位⓫，

---

❶　Panel Report, para. 7. 1620.

❷　Panel Report, paras. 7. 1717 – 7. 1718.

❸　Oral Statement of the United States at the First Oral Hearing, (AB – 2010 – 1 / DS316), November 11, 2010, para. 2.

❹　Panel Report, para. 6. 248.

❺　Appellate Body Report, paras. 984 – 993.

❻　Appellate Body Report, paras. 995 and 998 – 1012.

❼　Panel Report, para. 7. 1987.

❽　Panel Report, paras. 4. 3 – 4. 5. Agreement on Trade in Civil Aircraft, done at Geneva on 12 April1979 (BISD 26S/162), as subsequently modified, rectified, or amended (attached as Annex 4 (a) to the WTO Agreement). Agreement between the European Economic Community and the Government of the United States of America concerning the application of the GATT Agreement on Trade in Civil Aircraft on trade in large civil aircraft, done at Brussels on 17 July 1992, Official Journal of the European Union, L Series, No. 301. (17 October 1992).

❾　Panel Report, para. 4. 7.

❿　Agreement on Interpretation and Application of Articles Ⅵ, ⅩⅥ, and ⅩⅩⅢ of the General Agreement on Tariffs and Trade (the "Tokyo Round Subsidies Code").

⓫　Panel Report, para. 7. 97.

美国乘机钻了空子，于12年之后（2004年），依据WTO《补贴与反补贴协定》起诉欧盟补贴项目，翻旧账，诉了1968年以来所有的补贴项目。

　　美国的做法实际上是撕毁合约，试想，如果当时欧美均同意可以依据《关贸总协定》时代的补贴规则寻求多边救济，那么辛苦谈出来的《1992年协议》岂不变成一纸空文，没有任何意义？所以，从常识和逻辑上判断，欧盟的说法更为可信。但法律不支持朴素的道德感情和两国曾经心照不宣的默契，而是冷冰冰地允许了美国的反悔。欧盟异常愤怒，在抗辩中指责美国违反了根本的公平和诚信原则。❶ WTO争端解决的透明使我们有机会看到美欧之间错综复杂的角力和争斗，以及残酷的国际政治和经济关系：利益面前，没有国家是温良恭俭让的。

　　愤怒的欧盟在争端中采取了有些不顾一切的诉讼策略，不在乎之前是否有先例，不在乎自己的立场是否后患无穷，不在乎自己的多边主张和国内实践是否矛盾，反正寸步不让，所有可能涉及的法律细节全部争议一遍：程序性问题有保密信息、第三方权利、审理权限、被诉方资格、不利推定、中期审议的新证据与新事实等；实体性问题有私有化、事实上的出口补贴、公用设施、政府资产注入、外部基准、研发补贴（专向性）、严重侵害（因果关系）、无损害裁决等。坦率地说，尽管认真研究这篇裁决是一次极好的学习，但笔者不推荐新手阅读，这些纷繁复杂的问题会让人感觉陷入了事实和法律推理的丛林，如果没有很好的补贴规则整体概念，相信不少人读下来会一头雾水，不知所云。而作为实务人员和专业研究者，仔细阅读这篇裁决能激起无穷的研究思路。

二、补贴的"寿命"

　　简而言之，上诉机构认为补贴是有"寿命"的，具体寿命多长，需要从时间维度看补贴是如何实现的，特别是补贴在设计之初的折旧考虑，以及补贴给予之后，某些"干预性事件"（intervening events）可能对补贴存续造成的影响，这类干预性事件包括补贴的"消失"（extinction）和"抽回"（extraction）。❷ 上诉机构同时裁定，补贴造成的不利影响也有寿命，而且在分析不利影响时，不必证明利益必须持续存在（continuing benefit），即意味着，补贴存续与不利影响之间可能存在时间差（time lag）。❸ 此裁决的本质是从利益

---

❶　Panel Report，para. 4. 471. 在世贸争端中，公然指责对方缺乏诚信是很少见的情形。

❷　Appellate Body Report，paras 709 – 710.

❸　Appellate Body Report，paras 712 – 714.

视角有条件地认同了补贴的存续时间：利益存在，补贴存在；利益终止，补贴终止。

理论上，分析补贴寿命至少可以从3个视角入手：（1）政府财政资助行为的发生时间；（2）企业获得的利益的存续时间；（3）补贴造成的不利影响的存续时间。但财政资助和不利影响的立场过于极端，前者没有办法回应政府对企业的一次性巨额补贴的存续时间争议（这笔巨额补贴极有可能用于购买固定资产，从而在某种程度上长期存在），而后者混淆了补贴与影响之间的区分。所以，上诉机构的裁决没有问题，同时带来两个重要启示：其一，补贴"寿命"将不可避免地依赖于补贴利益的分摊，亦受制于"干预性事件"（例如私有化），而补贴利益的分摊方法仍然存在很多未决事项❶，且在本案中未成为显著争议，而是留待了未来。其二，尽管上诉机构认可了"时间差"的存在，从救济方式来看，多边与双边并无显著不同，均可就过期的补贴项目是否造成不利影响（包括产业损害）作出肯定性或否定性裁决，但即便作出肯定性裁决，在双边层面，进口国也不能征收反补贴税（因为无利益）；在多边层面，提供补贴国也不必采取任何执行措施，因为补贴行为已经过期，无法再"撤销补贴"（withdraw the subsidy）。❷ 所以，多双边针对补贴的救济实现了等量齐观的效果。

三、《1992 年协议》的法律地位

欧美的核心争议是，《1992 协议》第 4 条能否用于解释《补贴与反补贴协定》的利益授予条款即第 1.1(b)条。❸ 欧盟在专家组阶段认为《1992 年协议》是适用法❹，但这个立场肯定是站不住脚的，谁都不能否认《1992 年协议》不属于"涵盖协议"（covered agreements）范畴，只要《补贴与反补贴协定》或《东京回合补贴守则》未明确提及《1992 年协议》的优先效力，《1992 年协议》对世贸规则而言就完全是无关的，双边协议肯定不能修改多边协议。❺ 在上诉阶段，欧盟的主张则变为《1992 年协议》构成了《维也纳条约法公约》第 31(3)(c)条项下的"适用于当事方间关系的任何有关国际法

---

❶ Report by the Informal Group of Experts to the Committee on Subsidies and Countervailing Measures（hereafter referred as IGE Report），Note from the Informal Group of Experts，Revision. G/SCM/W/415/Rev. 2，15 May 1998.

❷ SCM Agreement，Article 7. 8.

❸ Appellate Body Report，para. 846.

❹ Panel Report，para. 4. 5. First Written Submission by the European Communities，DS316，5 April 2007，para. 94.

❺ Panel Report，footnote 1906.

规则"（any relevant rules of international law applicable in the relations between the parties），是针对《补贴与反补贴协定》第1.1(b)条的解释工具。❶

上诉机构未正面回应"当事方"的争议❷,而是从"相关性"下手,裁定《1992年协议》第4条不构成针对《补贴与反补贴协定》第1.1(b)条的解释工具。其认为第4条只是规定了政府贷款的条件及利率的上下限,没有区分中立的政府扶持和带来优势地位的政府扶持(与市场条件比较),所以与金融市场中寻找确定利益的基准缺乏关联,而且《1992年协议》提及不影响当事方在《关贸总协定》中的权利和义务。❸

诉美双反措施案（DS379）中,上诉机构就《维也纳条约法公约》第31(3)(c)条的阐述更加完整,且与本案形成了正反两面可供对比的裁定。DS379从3个方面检查了《国家责任条款草案》❹是否构成《补贴与反补贴协定》关于"公共机构"定义的解释工具,分别为：国际法规则；相关性；适用于当事方之间。❺就"相关性"问题,上诉机构认为,补贴与授予机关之间的纽带正类似于传统国际公法上的"归责"（attribution）理念,所以,《补贴与反补贴协定》授予机关的确定应当反映这种归责理念。❻而本案中,恰恰缺乏可供类比的法律关系存在,《1992年协议》只是规定了允许存在的补贴范围、补贴形式,但对如何认定补贴、如何衡量补贴利益（与某个基准的比较）毫无涉及,所以对"利益"（benefit）的法律解释毫无帮助。从这两个具有反差色彩的案件来看,法律关系的类比是最终得出是否具备"相关性"结论的关键所在。

四、私有化（Privatization）与股权变更

私有化不是个新问题,却又是本案最有看点的法律争议。在以往的案件

---

❶ Appellant Submission of the European Union, (AB – 2010 – 1 / DS316), 16 August 2010, paras. 701 – 718.

❷ 关于当事方究竟指的是《1992年协议》的美欧还是《WTO协定》的所有世贸成员,目前国际公法领域仍存争议。See Fragmentation of international law: Difficulties arising from the diversification and expansion of international law, International Law Commission, A/CN. 4/L. 682, 13 April 2006, paras. 410 – 480.

❸ Appellate Body Report, paras. 851 – 854.

❹ See International Law Commission's Draft Articles on Responsibility of States for Internationally Wrongful Acts, with commentaries, appears in the Yearbook of the International Law Commission, 2001, vol. Ⅱ, Part Two.

❺ Appellate Body Report, United States—Definitive Anti-Dumping and Countervailing Duties on Certain Products from China (hereinafter referred as US—Anti-Dumping and Countervailing Duties (China)) WT/DS379/AB/R, adopted 25 March 2011, para. 379.

❻ Appellate Body Report, US—Anti-Dumping and Countervailing Duties (China), paras. 308 – 311.

中，第二次美国铅铋案（US—Lead and Bismuth Ⅱ，DS138）和欧诉美反补贴案（US—Countervailing Measures on Certain EC Products，DS212）上诉机构作出裁决，认为如果政府以臂长价格（arm's-length）和公平的市场价格出售了国有资产，则被推定为消除了私有化之前的补贴利益。❶ 这个裁决背后的原理是，政府在退出市场的时候，以市价出售了其资产，这个价格理所应当包括补贴利益，因此，政府在交易后收回了原来授予的补贴，即便原来的补贴已经形成生产力也没有关系，新股东无非是自己花钱投资。空客飞机案中，欧盟认为先后存在 7 次的部分股权交易（包括私有化和私人之间的股权交易），其空客制造商目前没有享受补贴带来的持续性利益（continuing benefit），因此在计算补贴利益的时候应该扣除相应比例的补贴额（最多的一个补贴项目应扣除 50%）。❷ 这似乎是个并不极端的立场，从道理上也符合之前的上诉机构裁决。然而专家组驳回了欧盟的主张，还更进一步推翻了先例裁决❸；上诉机构则在是否翻案的问题上彻底分裂了，发生了直接、明确的冲突。❹

这里先谈专家组裁决。专家组先后采取了两个分析思路。

第一个思路是不认可欧盟的"持续性利益"概念，认为其混淆了"利益"（benefit）的概念，持续性利益实际上是原始补贴带来的影响，应该放在不利影响和因果关系的法律义务项下分析。专家组强调在寻求补贴的多边救济时，没有义务对补贴额作量化分析，同时补贴造成的不利影响可能有滞后效应，即便是私有化之前的补贴，其影响也可能延续至私有化之后，因此驳回了欧盟主张。❺ 专家组的这个裁决不能说毫无道理，既然不是征收反补贴税，就没必要算出具体利益，多一点少一点有什么关系？但这个解读相当危险，专家组做法的实质是把所有疑难全部推给不利影响和因果关系，即意味着 1970 年的补贴至 1980 年终止或减半，仍然可能给 2000 年存在的产业带来不利影响。这个结论本来应该是个未定事项，只有起诉方满足苛刻的举证责任，专家组才能作出裁决，但如果起诉方从总体上考虑补贴（即私有化的补贴项目与其他补贴项目混合在一起）和不利影响的因果关系，那么私有化后的补贴项目即使从单一项目的角度考察未必有不利影响，也依然可能实际上

---

❶ Appellate Body Report, United States—Imposition of Countervailing Duties on Certain HotRolled Lead and Bismuth Carbon Steel Products Originating in the United Kingdom, WT/DS138/AB/R, adopted 7 June 2000, paras. 154 – 160. Appellate Body Report, United States—Countervailing Measures Concerning Certain Products from the European Communities, WT/DS212/AB/R, adopted 8 January 2003, paras. 52 – 74.

❷ Panel Report, para. 7. 204.

❸ Panel Report, para. 7. 255.

❹ Appellate Body Report, paras. 718 – 736.

❺ Panel Report, paras. 7. 214 – 7. 223.

被认定带来不利影响。专家组的裁决，再加上不利影响和因果关系的整体型分析思路，实质上简化了起诉方的举证责任，逃避了复杂的事实认定问题。更麻烦的是，如果在这种情况下认定很早以前就消失的补贴项目和其他补贴项目一起造成了不利影响，补贴国在执行过程中将面临较为复杂的局面，一方面已经因为私有化消失的补贴，其不利影响即便存在，也无须采取执行措施；但另一方面，这些补贴消失之前所造成的不利影响被并入其他补贴造成的影响，从而可能影响执行争议、报复仲裁的结果，补贴国将陷入一团分不清因果关系、贸易影响的事实之中，也缺乏是否以及如何执行败诉裁决的预期。

如果说第一个思路将问题推延至执行，是隐忧（其实对欧盟而言，已经是正在发生的事情❶），那么专家组的第二个思路带来的问题可能更多。第二个思路是替代性裁定（alternative finding），专家组认为之前的第一个思路足以解决争议，但万一上诉机构推翻了第一个思路，则希望其替代性裁定仍然能挽回最终结论。❷在第二个分析思路中，专家组认为 US—Countervailing Measures on Certain EC Products 案（DS212）的上诉机构仅仅针对特定的一类所有权转移建立了一个可抗辩的推定，这个推定需要满足 4 个条件：（1）非重复发生的财政资助带来的补贴利益；（2）授予国有企业；（3）以公平的市场价进行私有化；（4）将所有的国有股份（或几乎所有的国有股份）转移给私人生产者，从而失去对原国有企业的"控制性权益"（controlling interests）。❸专家组认为，此案事实与先例不同，未满足以上 4 个条件，而且认为所有权的转移和补贴利益是否存续之间缺少关联，不能因为出现了新的所有者，就导致此前的补贴消失。❹所以，就部分私有化的企业而言，补贴利益并未消失，专家组裁定欧盟败诉。❺

上诉机构在"私有化"这个问题上出现了严重分歧，经过长时间讨论，3 位上诉机构成员出现了 3 个不同意见。第一位上诉机构成员几乎毫无理由地认为，此前的先例均只讨论了完全私有化，其法律解释不适用于当前的部分私有化或私人之间的股权交易。❻第二位上诉机构成员遵循了先例（DS212），

---

❶　美国已于 2012 年 3 月 30 日就欧盟空客案的执行措施提出设立专家组请求，进入执行争议诉讼程序。Request for the Establishment of a Panel, Recourse to Article 21.5 of the DSU by the United States, WT/DS316/23, 3 April 2012.

❷　Panel Report, para. 7.224.

❸　Panel Report, para. 7.248.

❹　Panel Report, para. 7.243.

❺　Panel Report, para. 7.255.

❻　Appellate Body Report, para. 726（a）.

认为资产的（财政资助带来的）效用值（utility value）与补贴利益的存续是
两个不相关的事项，如果以公平的市场价格支付了公司资产，不论效用值，
其市场价值已经得到兑现。新进入的投资人是利益最大化的市场参与者，目
标是通过私有化的公司获得所有投资的市场回报，从而不再享有任何私有化
之前的补贴利益。同样的理由也适用于私人之间的股权交易。他认为这个原
则不是绝对的，而是取决于事实，核心问题是部分私有化和私人股权交易过
程中，在何种程度上向新股东转移了控制权（前提是新股东支付了公平的市
场对价）。❶ 第三位上诉机构成员区分了股东权利和公司资产，认为股权交易
只是向新的所有者转移了股份的权利，对公司资产没有任何影响。以上市公
司为例，其股票价格只反映了买卖双方对于公司的不同估值，不会从资产
（包括补贴利益）中抽离任何有价物（value），所以即便股权每天都在交易，
补贴利益仍然存在于接受补贴的公司之内。❷ 最后，上诉机构以公平交易价
（arm's-length）、控制权转移（transfer of control）等事实不清为由，推翻了专
家组裁决，并无法完成法律分析。❸

　　第一位上诉机构成员的法律意见可以忽略，只有观点而没有理由的结论
是经不起时间考验的。而第二位和第三位上诉机构成员的观点则值得推敲。
他们的观点正好触及"私有化"的核心争议，即如何看待股东作为所有者和
公司作为独立法人之间的关系。DS212 的上诉机构尽管否认对股东与公司进
行区分，但强调对"公司或自然人"与"生产运营"之间的区分，认为股东
和公司之间有着共同的利益关系，股东和公司同时享有补贴利益，当股东把
公司以市场价格售出以后，补贴利益也就被股东带走，新股东支付了对价，
理论上没有享受到补贴利益。但"私有化导致补贴消失"不是必然的结论，
因为政府在私有化过程中可能对市场设置一些条件，进而影响所谓的"公平
市场价"，如果出现此类情况，则补贴利益仍有可能存续。所以，在以往的世
贸争端案中，私有化裁决的实质是建立一个可反驳的推定（rebuttable pre-
sumption）：若无反面证据，则推定以公平市场价进行的私有化导致补贴利益
消失。❹ 但是，"股东与公司相统一的可反驳推定"理论面临一个极端情形的
挑战，就是第三位上诉机构成员提及的上市公司的所有权转移。股权不断变
化，难道补贴利益就在股票的交易过程中消失了？如果实际上打开了补贴纪

❶ Appellate Body Report，para. 726（b）.
❷ Appellate Body Report，para. 726（c）.
❸ Appellate Body Report，paras. 727 – 736.
❹ Appellate Body Report，US—Countervailing Measures on Certain EC Products，paras. 106 – 127.

律的一个黑洞，上市公司的股票交易几乎成为补贴利益的"白手套"，只要经过足够数量的股权交易，就不可能被认定存在补贴利益。❶ 不过，第三位专家的"股东与公司相分离"理论也面临一个极端情形的挑战，就是政府直接将补贴授予股东，而不授予公司，从而规避补贴与反补贴纪律。❷ 而且，新股东在支付完整对价之后，实际上在没有享受补贴利益的同时，又要承担补贴带来的后果（例如多双边针对补贴的救济），这显得不公平。所以，"私有化"是个两难问题，过于绝对的理论必然导致另一方面的不合理。

由于上诉机构3位成员立场相左，很难说此案有什么成熟的法律意见可供未来参考，但至少还有一个没有异议的方向性提示，即"控制权转移"（transfer of control）❸。毫无疑问，上诉机构对此项事实赋予了特殊的权重，暂且不论控制权意味着绝对控股或相对控股，但至少说明"控制权"与一般性的股权不同，或者说它的变化比一般的股权交易更重要，对补贴利益是否消失、补贴利益的消失比例等问题，起着与一般的股权交易不同的影响。"控制权转移"如何衡量？其具体会产生什么影响？这可能就是私有化争议未来的战场。

五、事实上的出口补贴

根据条文，事实上的出口补贴（de facto export subsidy）主要有3个构成要件：（1）补贴授予；（2）"挂钩"（tied to），即关联性；（3）预期的出口或出口收益。其中，最重要的是如何断定"挂钩"。根据加拿大航空器案（Canada—Aircraft，DS70）上诉机构的裁决，补贴与出口预期之间的关联性应该是"必要条件或依存关系"（conditional or dependent），在判定事实上的关联性时，要依据补贴构成、围绕补贴授予的所有事实加以认定，其中的任何事实都不构成决定性要素。❹ 上诉机构的这个裁定把"事实上出口补贴"的法律认定完全变成了一项证据密集型的分析过程，当事方可能完全陷入关于事实的争论，同时专家组和上诉机构也享有了较高的自由裁量权。

本案中，专家组也沿着这个思路，分析了德国、西班牙和英国政府与空

---

❶ 尤其假设某个股东将股票以市价出售，隔日再以市价买回，在这一卖一买之间，补贴就消失了？荒谬结果一望而知。

❷ Appellate Body Report，US—Countervailing Measures on Certain EC Products，para. 115.

❸ Appellate Body Report，paras. 731 – 732. "控制权转移"（transfer of control）不是唯一的表述，上诉机构有时还使用 change of control，controlling interest 等表述。

❹ Appellate Body Report，Canada—Measures Affecting the Export of Civilian Aircraft，WT/DS70/AB/R，adopted 20 August 1999，paras. 162 – 180.

客签订的合同条款、政府官员的言论等，认为欧盟成员国政府在给予补贴时，预见到最后的飞机必然存在一定数量的出口，所以可以算作与出口预期相挂钩，进而认定了7笔针对空客A380的扶持措施是事实上的出口补贴。❶ 他们认为，只要补贴授予机关意识到给予补贴之后存在"预期的出口"，即可证明出口关联性，而不必考虑经济体的规模、相关产品的全球化特征等要素。❷ 专家组的分析过程让人担忧。首先，经济体规模和产业特征难道不是应当考察的"所有事实"吗？其次，从某种意义上说，大飞机正是这样一个必须依赖规模经济的特殊产业，仅仅一个国家或地区的市场，无论欧盟或美国，均无法养活一个大型飞机制造商，它的制造、销售、运营离不开全球化的市场，它是一个服务地球居民的产业，说不定将来还是服务太空居民的产业。因此，专家组的分析对东亚、东南亚等外向型小国可能不利，对高度集中的特殊产业也可能不利。

上诉机构认识到专家组解释的局限性，推翻了专家组的结论，认为出口补贴的实质在于政府通过补贴，为接受者出口行为提供了激励（provide an incentive to the recipient to export），这种行为违背了完全由供需决定的国内和出口市场。❸ 在认定"事实上出口补贴"时，除了分析所有的证据，更重要的是比较有补贴和无补贴时的出口与国内销售比例。❹ 上诉机构的这个裁决实质上滑向了"反事实"（counterfactual）的分析思路，比较有补贴和无补贴的情形，以实际效果来论证事实上的关联性。问题在于，他们所需要虚拟出的"反事实"恰恰是极端复杂的情形，可能牵扯补贴国各个角度的宏观、微观制度设计，其构建难度绝不亚于传统的事实密集型出口补贴认定模式。❺ 所以，暂且等待未来更复杂的事实来挑战这一法律标准。

六、公用基础设施

不知道其他国家的调查官和谈判官是如何看待这个问题的，至少笔者一

---

❶ Panel Report, paras. 7.628 – 7.690.
❷ Panel Report, paras. 7.641 and 7.690.
❸ Appellate Body Report, para. 1045.
❹ Appellate Body Report, paras. 1047 – 1048. It provided that "the assessment could be based on a comparison between, on the one hand, the ratio of anticipated export and domestic sales of the subsidized product that would come about in consequence of the granting of the subsidy, and, on the other hand, the situation in the absence of the subsidy."
❺ 例如：固定汇率制下的人民币币值低估是否构成事实上的出口补贴？其中一个争议焦点就是"专向性/挂钩/关联性"。尽管中国的固定汇率制在进行制度设计时从未以出口为目的，也未将该汇率制限定于国际贸易，但"反事实"地分析，出口与国内销售比例有可能是不一致的。

直觉得"公用基础设施"（general infrastructure）是《补贴与反补贴协定》的政府自留地。如果连"铁公鸡"（铁路公路机场）都算补贴，那政府还能做什么？所以，笔者几乎没有见到过哪个调查机关把其他国家的基建认定为补贴项目，征收反补贴税。然而空客飞机案的专家组却作出了肯定性裁决，认为欧盟成员国向空客公司提供的若干基础设施不能算作公用基础设施。❶ 上诉机构彻底否定了专家组对事实的描绘（characterization），认为当事方争议的"公用基础设施"只不过是土地和某些设施的租赁合同、专属使用权和土地出售，应当通过比较市场价格或市场回报率来确认最终的补贴利益❷，从而回避了"公共基础设施"的争议。但同时，上诉机构表示只是修改了专家组的认定，无意推翻其关于"公共基础设施"的论述❸，于是，专家组就此问题的裁定变成了一个既没失效，但又对本案无约束力的存在，可能唯一的用处就是对未来的争端具有参考价值。

　　这个案件争论了两个基础设施，汉堡工业园区项目和不来梅跑道项目（这里主要以前者为例来探讨法律标准问题）。工业园区项目的事实不复杂，2000 年，德国汉堡市将米尔勃格湖（Mühlenberger Loch）的 20% 湿地变为工业用地，成立运营公司将土地出租给空客公司，据欧委会解释，这项工程主要出于公共利益考虑，为了增加当地就业。为了平息环保组织的压力，德国政府将另寻土地建设湿地，以作交换。为开发这片土地，汉堡市增高了空客工厂周边的原有堤坝，并在工业用地上新建了堤坝，包括码头、水闸、泵房、排水管道、滚装卸货设施（roll-on roll-off facility）、舾护材等，这些基础和防洪设施合计 6.94 亿欧元，目前主要由空客公司使用。❹ 欧盟认为这些建筑是公用基础设施，不符合补贴定义❺；而美国认为市场是不会为空客公司提供这些土地和设施的，因此汉堡市的投资构成了专向性补贴。❻

　　专家组的分析重点在"公用"（general），首先认为必须基于逐案分析，拒绝抽象定义"公用基础设施"，也拒绝将某些特定类型的设施直接推定为"公用基础设施"❼。其次，专家组认为确定是否为"公用"的关键在于是否限制了此类设施的准入权和使用权，如果只有特定单位或若干单位才能使用

---

❶ Panel Report, paras. 7. 1097 and 7. 1134.

❷ Appellate Body Report, paras. 761 – 993.

❸ Appellate Body Report, para. 968.

❹ Panel Report, paras. 7. 1049 – 7. 1053, 7. 1080.

❺ Panel Report, paras. 7. 1061 – 7. 1071.

❻ Panel Report, paras. 7. 1054 – 7. 1060.

❼ Panel Report, para. 7. 1036.

此设施，并非所有单位均可使用，则此类设施不能被视为"公用基础设施"。[1] 简而言之，专家组的结论完全依赖于一个条件：基础设施的准入权和使用权是否受到限制。如果受限，则不是公用；如果无限，则是公用。它实际上将基础设施性质的争议（是否为公用）转变为政府管理模式的争议（是否完全向公众开放）。依据此唯一和极端的视角，专家组不必考虑公共利益，不必考虑公共政策目标，不必考虑实际的公共效果，也不必考虑潜在的其他用途，即可裁定是否构成补贴。事实上，欧盟在诉讼过程中还提交了照片，证明附近的村民也可以使用公路，并受益于防洪设备，[2] 但专家组不为所动。除了空客的工业用地项目，不来梅（Bremen）机场为适应大飞机需求，修建了延长跑道，也被专家组认定为专向性补贴，理由是延长的跑道是为大飞机独身定做的，其他的潜在用途不能影响补贴结论。[3]

这些分析思路具有明显缺陷，按此推论，北京限制大车进入五环以内的市区，所有市区道路不再是公用基础设施，而是构成了对小汽车的补贴；伦敦塔桥将拱桥改为可拉升的吊桥，则构成了对远洋巨轮的补贴；甚至高速公路是汽车的补贴，铁路是火车的补贴，机场都是航空业的补贴。这让我们惊奇地发现，这个世界上几乎没有完全"无限制"的"公共基础设施"。专家组的逻辑一旦被推而广之，将产生难以预测的影响。这里绝不是说设施的准入权和使用权不重要，而是觉得不能把它确定为唯一的考察因素，既然讨论"公共基础设施"，可能就不得不考虑其公共目的、公共利益、公共决策和公共管理机制。

七、被调查产品（受补贴产品）

在反补贴、反倾销中，被调查产品（product under consideration）、倾销进口产品（dumped imports）、受补贴产品（subsidized product）本质上是一回事，都指的是遭遇贸易救济调查（包括多边救济）的那些进口产品。这些产品的范围在协定上是没有明确界定的，通常由起诉方（申请人）和调查机关决定。正是由于缺乏定义，理论上可能极端不合理，例如，"货物"（goods）都可能作为被调查对象。US—Upland Cotton 案（DS267）上诉机构认为在分析价格影响时指出应当辨别（identify）受补贴产品[4]，但未说明该"辨别"

---

[1] Panel Report, para. 7. 1039.

[2] Panel Report, para. 7. 1082.

[3] Panel Report, paras. 7. 1113 – 7. 1134.

[4] Appellate Body Report, United States—Subsidies on Upland Cotton, WT/DS267/AB/R, adopted 21 March 2005, para. 472.

意味着界定受补贴产品的范围，还是保持补贴范围、受补贴产品范围及产业损害调查范围的一致性，从当年裁决的上下文来看，似乎更倾向于后者。EC—Salmon 案（DS337）的专家组裁定，尽管被调查产品缺乏定义，且未要求细分其产品规格，但调查机关对被调查产品定义得越宽，则后续调查事项越复杂，满足义务越困难。❶ 某种程度上，EC—Salmon 案的理解构成了贸易救济领域的专业共识。

本案争议的产品是大型民用飞机，按照欧盟的主张，具体应当细分为 4 类，即 100 ~ 200 座飞机、200 ~ 300 座飞机、300 ~ 400 座飞机、400 座以上飞机，空客和波音的飞机根据此细分规格，在各自的市场上竞争，所以"受补贴产品"不是美国所主张的一类大型民用飞机，而至少是 4 类大型民用飞机。❷ 欧盟的主张是有道理的，100 座和 400 座的大飞机之间根本不可比：后者主飞洲际航线；而前者飞不过太平洋，半途得掉下来。不过，基于前文所谈及的法律解释背景，专家组驳回了欧盟的主张，认为《补贴与反补贴协定》缺少"受补贴产品"（subsidized product）的定义，"受补贴产品"应当依据起诉方的主张加以界定，专家组无须在起诉方的主张之外，单独对"受补贴产品"重新作出定义，也不宜将"同类产品"（like product）的法律标准引入"受补贴产品"，只有当起诉方主张的进口产品未受到补贴时，才应该审查此类产品与"受补贴产品"的相关性（但最后这种情形非本案争议）。❸

上诉机构推翻了专家组的裁决，认为"市场"（market）和"同类产品"（like product）作为上下文，意味着同一个市场中的产品应当相同，或具有极为相似的特征（close resemblance of characteristics），只有评估了市场中产品的竞争关系，才能决定哪一类产品之间发生了替代。所以，从市场竞争的角度来看，应当界定产品市场（product market），专家组有义务对所有型号的大飞机是否在同一个市场中竞争作出评估，以及对相应的问题，即究竟是一个受补贴产品还是若干个受补贴产品进行评估。❹ 据此，上诉机构认为，对于大飞机内部之间不同规格（受补贴产品之内部规格）的竞争性分析是不同产品市场竞争关系分析（为认定不利影响而作的分析）的前提条件。❺

上诉机构从市场、产品市场、同类产品出发，绕了很大一圈，终于将竞

---

❶ Panel Report, European Communities—Anti-Dumping Measure on Farmed Salmon from Norway, WT/DS337/R, adopted 15 January 2008, and Corr. 1, paras. 7.54 and 7.58.

❷ Panel Report, para. 7.1638.

❸ Panel Report, paras. 7.1650 – 7.1670.

❹ Appellate Body Report, paras. 1113 –1128.

❺ Appellate Body Report, para. 1129.

争关系引入了"受补贴产品"的概念，并对专家组施加了积极的法律义务，审查起诉方对于涉案产品范围是否存在不当界定。这个裁定也为久拖不决的多哈回合规则谈判中的"被调查产品"议题带来了解决思路，2007 年规则谈判的第一次主席案文中提供了一个参考定义，其中的关键要素就是对被调查产品内部进行细分规格，引入竞争条件❶，但各国未能就该定义达成共识，2008 年的主席案文又删除了该条款。❷此案裁决，使得"受补贴产品／被调查产品"的定义成为既成事实，尽管这是上诉机构针对多边补贴救济作出的法律解释，但从原理上来说，该裁定应该同时适用于双边的反倾销和反补贴调查，调查机关应当予以借鉴，认真界定被调查产品的范围。

值得一提的是，"受补贴产品"范围的合理界定是不利影响调查的门槛问题，因为产品范围直接决定了竞争市场的范围、涉案产业的范围，进而影响为认定不利影响而需要分析的各个指标的基数确定。所以，上诉机构在这样的门槛问题上推翻了专家组裁决，直接后果就是不利影响的整个裁定建立在错误的产品分类、产业定性、数据采集的基础上。理论上讲，此案专家组阶段关于不利影响的裁决应该如同垃圾一样被彻底丢弃而另起炉灶，重新开展调查和法律分析。但令人诧异的是，上诉机构的多数成员认为应当继续完成不利影响（市场替代）的法律分析❸，另一位上诉机构成员表达了异议，认为上诉机构应该就此停住，不能完成法律分析（不过，他同意对"市场替代"作出的法律解释）。❹上诉机构多数派的决定是很蹊跷的，错误产品范围只能导致错误的数据，错误的数据必然导致错误的结论。换个角度，参照贸易救济措施世贸争端案的执行争议来看，如果某个反倾销案的被调查产品范围出现错误，则无法想象调查机关可以在不重启调查、未依据正确的产品范围获得正确的损害数据的情况下，在原有数据的基础上，作出一个"符合"原始世贸争端案裁决的执行措施。两相对比，上诉机构多数派的意见是违反基本逻辑的。我们无法猜测其原因，只能感慨美国的侥幸获胜。

八、严重侵害及其因果关系

上诉机构对"反事实"（counterfactual）的分析框架表现出强烈的倾向性，

---

❶ Draft Consolidated Chair Texts of the AD and SCM Agreements, TN/RL/W/213, 30 November 2007, Article 2.6（a）.

❷ New Draft Consolidated Chair Texts of the AD and SCM Agreements, TN/RL/W/236, 19 December 2008.

❸ Appellate Body Report, para. 1148.

❹ Appellate Body Report, para. 1149.

认为"反事实"方法有助于分离和辨别补贴造成的影响。❶ 但囿于专家组"两步走"（two steps）的既定思路，上诉机构只能先分析市场替代和销售损失，再分析因果关系。❷ 上诉机构维持了专家组的大部分结论，根据不同的市场分别作出是否存在市场替代和销售损失的认定，分别维持了存在因果关系的结论。❸ 同时，上诉机构认为，专家组在建立了补贴与市场现象之间的真正联系之后，有权分析那些剩余的其他补贴项目是否起到补充性影响（complemented and supplemented），❹ 进而维持了"资产注入""公共基础设施"项目的补充性影响，但由于缺少证据，裁定研发补贴不具有补充性影响。❺

上诉机构在严重侵害方面的分析和认定，多为事实密集型的法律适用，尽管从法律解释视角来看亮点不多，但仍然存在一些有意思的抗辩和分析。

其一，上诉机构和专家组分析严重侵害数量影响的时候（专家组还做了价格抑制认定），主要依赖两类数据：一是飞机交付量，二是市场份额。由于是双头垄断，市场份额呈现标准此消彼长的情形，欧盟、澳大利亚、韩国、新加坡的大飞机市场数据显示，波音飞机的市场份额总体上确实呈下降趋势。❻ 这种分析思路非常粗糙，仅仅具备二流的产业损害调查水平，未充分考虑订单指标，没有细分市场，更不用说市场特征或用户的调查。这可能也有专家组的难处，美欧以外的国家在案件里大多抱着坐山观虎斗的心态，极少愿意真正配合专家组的问题单，更何况这些问题单可能涉及各国不愿提供的价格等敏感信息。

其二，欧盟在此案中提出了一个很有意思的问题："clean hands doctrine"，中文翻译为"手脚干净原则"。这个原则源于英美的衡平法，意思是如果你要去法庭寻求救济，必须首先自己是无过错的，即拥有一双干净的手。根据《补贴与反补贴协定》第6.4条，第6.3（b）条中的市场替代情形（displacement）应包括"未受补贴的同类产品"的市场份额减少。这个条款是否应该理解为"手脚干净原则"，即意味着受到补贴的同类产品，即使市场份额减少，也不能寻求基于严重侵害的多边救济？欧盟认为这个条款是"手脚干净原则"，而美国认为不是。❼ 现实情况是，波音也享受了美国政府的巨额补贴，

---

❶　Appellate Body Report, paras. 1107 – 1110.

❷　Appellate Body Report, para. 1111.

❸　Appellate Body Report, paras. 1159 – 1356.

❹　Appellate Body Report, paras. 1365 – 1380.

❺　Appellate Body Report, paras. 1407 – 1409.

❻　Appellate Body Report, paras. 1180 – 1201. Panel Report, paras. 7.1738 – 7.1789. 上诉机构最终裁定，巴西、墨西哥、新加坡、中国台北不存在市场替代，印度不存在市场替代威胁。

❼　Panel Report, para. 7.1762 and 7.1771.

但手脚相当不干净，因此，潜在的核心问题就变为：WTO 法中，违法的世贸成员是否还拥有获得救济的合法权利？专家组否定了欧盟的主张，而支持了美国，主要有两点理由：一是根据上下文语义分析，认为"应包括"（shall include）意味着严重侵害还有其他情形，市场替代情形只是其中的一种。二是担忧按照欧盟的解释会产生荒谬的结果。❶ 专家组裁得没有错误。尽管"手脚干净原则"根植于民商法中的诚信原则，但 WTO 法是国际公法，专家组和上诉机构远远不能像国内法庭那么激进，他们为了体制上的平稳，只能小心翼翼，一事一断，不能纵容黑吃黑的局面，不能只留下私力救济一条路给违法的成员。这或许也是国际法的一项特征，放任国际政治角力可能对规则体系带来破坏性的结果，任何裁决机构都会谨慎掂量。

其三，因果关系的问题值得警惕，但实在没什么好谈的。美国采用了两个分析思路：一是产品理论，二是价格理论。第一个思路的关键是建立经济学模型（dorman simulation）❷；第二个思路的本意是想模仿国内的损害调查，沿着补贴、现金流、价格，建立指标间的钩稽关系。❸ 第一个思路成功了，尽管备受争议；第二个思路失败了，原因是证据不足。从欧美抗辩来看，补贴多边救济和单边救济的因果关系分析存在较大差异，主要原因是单边的反补贴产业损害调查可以获得大量准确信息，足以供调查机关判断；而多边救济缺乏可依赖的数据，只能依靠经济学模型的测算，反而简化了因果关系的分析。尤其可怕的是，配合着"整体型"（不区分产品细分规格）分析逻辑，多边救济的因果关系完全回避了细节的推敲，至少在本案中产生了难以置信的结果：近 40 年断断续续的补贴数据，近 6 年的严重侵害数据（实际上只有销售量的数据），欧美产业在此期间起起伏伏地经历了全球性的大飞机产业整合和"9·11"恐怖袭击，最后仍然得出了补贴与侵害之间具有一定程度的因果关系。这样横空出世的结论让人相当无奈，或许只能再次证明因果关系裁定是艺术，抑或魔术。

九、其他值得记录的裁定

（1）关于《补贴与反补贴协定》在时间维度上的适用性问题（即追溯性问题），上诉机构结合《维也纳条约法公约》第 28 条，认为《补贴与反补贴协定》第 5 条适用的对象是一种"情形"（situation），即"补贴持续造成不

---

❶ Panel Report, paras. 7. 1765 – 7. 1771.

❷ Panel Report, paras. 7. 1882 – 7. 1912.

❸ Panel Report, paras. 7. 1997 – 7. 2024.

利影响的情形",这种情形由于不利影响的持续存在而尚未终止,也不是政府给予补贴的某个具体动作或事实(act of fact),所以第 5 条可以适用于 1995 年 WTO 成立以前提供的、仍然造成不利影响的补贴。❶

(2)关于欧盟的"成员国扶持"(LA/MSF)补贴项目,上诉机构认为美国实质上起诉了一个"不成文措施"(unwritten measure),依据《争端解决谅解》第 6.2 条,裁定美国在专家组请求中说明得不清楚,所以未落入专家组的审理范围(terms of reference)。❷ 但上诉机构的裁决存在两个问题:其一,欧盟只抱怨并不存在"成员国扶持"(LA/MSF)补贴项目,但在专家组阶段未依据《争端解决谅解》第 6.2 条提起程序性抗辩,上诉机构认为此问题是影响整个案件走向的"根本性争议"(fundamental),其有必要对此作出裁决。❸ 尽管笔者同意此问题的重要性以及最终结论,但上诉机构在这个问题上的主观能动性如此生猛,还是让人有些担忧的。其二,在多边补贴救济层面,上诉机构在某种程度上解决了起诉方(调查机关)捏造补贴项目的恶劣做法,但对于双边反补贴调查,同样的原理能否移植过去?以什么法律依据?

(3)欧盟抗辩研发补贴专向性时,专家组区分了补贴的结构设计与专向性,分支结构并不必然推定专向性。❹ 上诉机构没有推翻专家组的此项论述,强调专向性的核心是某个补贴项目的准入是否受到限制,专向性认定与补贴项目的资金如何分配没有关系。❺

(4)专家组计算法国政府投资的补贴利益时采用了外部基准,根据"peer companies"的数据进行了有关测算。❻ 专家组计算英国航空公司 EIB 贷款项目利益时,虽然采用了逐笔比较的方式(类似于 T－T 比较),但强调从整体上认定是否存在利益可能起到避免"归零"的效果。❼

(5)专家组多次拒绝对欧盟采取不利推定,但就 PROFIT 项目,终于忍无可忍地采取了不利推定。❽ 这不能完全怪欧盟,既然多边救济拒绝量化分析

❶ Appellate Body Report, paras. 655－690.
❷ Appellate Body Report, paras. 784－795.
❸ Appellate Body Report, para. 791. It provided that "〔a〕lthough the European Union did not raise procedural objections, under Article 6.2 of the DSU, against the United States' challenge to an unwritten LA/MSF Programme before the Panel or inits appellee's submission, 'certain issues going to the jurisdiction of a panel are so fundamental that they may be considered at any stage in a proceeding.' 1803 In this case, we have deemed it necessary toconsider these issues on our own motion."
❹ Panel Report, paras. 7.1566 and 7.1576.
❺ Appellate Body Report, para. 949.
❻ Panel Report, para. 7.1360.
❼ Panel Report, para. 7.843.
❽ Panel Report, para. 7.1580.

财政资助或利益授予，补贴额多点还是少点对结果又有什么影响？凭什么提供保密信息呢？此外，专家组发明了极为复杂的保密程序和信息收集程序。❶

（6）专家组在理解《补贴与反补贴协定》第6.7条时，认为此处的不可抗力（force majeure）仅影响起诉方的国内供给，并不包括需求方面的变化。❷ 这个理解有问题吗？第6.7条所列举的情形是完备性清单（exhaustive list）吗？

（7）尽管专家组以证据不足为由拒绝认定价格削低（undercutting），但流露出需要满足价格可比性的要求，须在细分规格之间进行比较，还需要相应的价格调整。❸ 同时，认定价格抑制影响时，需要现实情形与相反事实情形（counterfactual situation）的比较，其重点在于分析成本变化（PPI）对价格的影响。❹

（8）专家组的严重侵害调查期截至2006年年底，自2005年7月20日设立专家组推后1年零5个月，比2004年10月6日美国提出磋商请求推迟2年零3个月。专家组依据Japan—DRAMs案（DS336）的上诉机构裁决❺，认为调查机关应该直接分析受补贴产品（subsidized products）与产业损害之间的因果关系，而不是"通过补贴影响"（through the effects of subsidies），再额外分析补贴与产业损害之间的因果关系。❻ 在不利影响的最末，专家组还对V型产业损害指标走势作了一个无损害裁决。❼

"受补贴产品"问题上的蹊跷结局，标志着美国在此案中的"险胜"。2011年6月1日，争端解决机构通过了上诉机构和经修改后的专家组报告。❽ 美欧没有达成此案的合理执行期，欧盟按照《补贴与反补贴协定》中的6个月期限执行此案。❾ 2011年12月1日，欧盟向争端解决机构通报，宣布已在6个月内执行完毕有关裁决。❿ 12月9日，美国认为欧盟未执行原审专家组和

---

❶ Panel Report, Annex E.

❷ Panel Report, para. 7. 1599.

❸ Panel Report, paras. 7. 1833 – 7. 1837.

❹ Panel Report, paras. 7. 1859 – 7. 1860.

❺ Appellate Body Report, Japan—Countervailing Duties on Dynamic Random Access Memories from Korea, WT/DS336/AB/R and Corr. 1, adopted 17 December 2007, paras. paras. 257 – 277.

❻ Panel Report, paras. 7. 2059 – 7. 2068.

❼ Panel Report, paras. 7. 2082 – 7. 2196.

❽ Action by the Dispute Settlement Body, Appellate Body Report and Panel Report, WT/DS316/16, 6 June 2011.

❾ SCM Agreement, Article 7. 9.

❿ Communication from the European Union, WT/DS316/17, 5 December 2011.

上诉机构的裁决和建议，向欧盟提出磋商请求❶，同时向争端解决机构提出报复请求授权，美国估算的每年报复金额为 70 亿～100 亿美元。❷ 2012 年 3 月 30 日，美国就欧盟的执行措施提起设立执行专家组请求，再次进入争端解决程序。❸ 由于此案涉及难以计数的法律和事实争议，相信执行之诉必然旷日持久，原始诉讼中遗留的悬案大多会再次触及，美欧也定然会利用程序再次恶战一场，且看美欧、执行专家组和上诉机构如何续写精彩大戏。

案件报告索引：

Panel Report, European Communities and Certain Member States—Measures Affecting Trade in Large Civil Aircraft, WT/DS316/R, adopted 1 June 2011, as modified by Appellate Body Report, WT/DS316/AB/R.

Appellate Body Report, European Communities and Certain Member States—Measures Affecting Trade in Large Civil Aircraft, WT/DS316/AB/R, adopted 1 June 2011.

---

❶ Request for Consultations, Recourse to Article 21.5 of the DSU by the United States, WT/DS316/19, 14 December 2011.

❷ Recourse to Article 7.9 of the SCM Agreement and Article 22.2 of the DSU by the United States, WT/DS316/18, 12 December 2011.

❸ Request for the Establishment of a Panel, Recourse to Article 21.5 of the DSU by the United States, WT/DS316/23, 3 April 2012.

13. 左右互搏的防守反击

——波音飞机补贴案

案件编号： DS353

　　回顾波音飞机案的专家组和上诉机构裁决，实在有些感慨。作为一名曾经的调查官，看到上诉机构对不利影响的审查苛刻到无以复加的地步，令人咋舌，这还让不让人活了？作为一名谈判官，看到上诉机构把牌全留在手上，甚至变相否定立法机构，令人有种大权旁落却束手无策的恼火。作为一名律师，看到上诉机构处处强调波音和空客特殊的双头垄断市场结构，令人疑惑究竟是此案裁得没自信，还是准备将来翻案？翻手为雨，合手为云，江湖叵测啊！作为一名专业研究者，看到人类历史上最大的两个贸易争端案既为补贴与反补贴领域树立起难以逾越的专业壁垒，令人望而生畏，也形成了一个无以比拟的研究金矿，令人喜忧参半。❶

　　就两个大飞机案而言，总体感觉是空客案粗糙，波音案细腻，两案几乎采取了相反的分析路径：空客案重定性分析，波音案重定量分析；空客案不论补贴是否存续，波音案计算具体补贴额；空客案界定笼统的受补贴产品，波音案细分涉案产品的内部规格；空客案采取两步走的因果关系分析思路，波音案采取"反事实"（counterfactual）的整体分析思路。如果说空客案的专家组报告将传统思路演绎到漏洞百出的极端，那么波音案的专家组报告则大幅创新了补贴与反补贴的实践做法及规则解释，提供了一个华丽的崭新视角。出现这种局面，主要原因是欧盟选择了一条艰苦的道路，一边防守，一边进攻，既要改写以前的案例法，又担心上诉机构维持以往的专家组结论，以致自己作出无谓的双面牺牲。诉讼策略与诉讼立场的纠结，让每个研究者与其说看热闹，不如说反思自己的实践：美欧究竟有何经验教训？我们该如何补

---

❶ 经初步统计，波音案中，欧盟至少提交了 1450 份证据，美国至少提交了 1258 份证据；专家组报告正文 783 页，4268 个脚注；上诉机构报告正文 599 页，2716 个脚注。

贴？此等攻防兼备的复杂争端该如何组织？

一、欧盟在诉讼程序上的失误

欧盟的第一次磋商请求是在 2004 年 10 月 6 日，案号为 DS317❶，2005 年 5 月 31 日提出设立专家组请求。❷ 由于专家组请求的诉讼范围超过磋商请求范围（专家组请求的 28 个补贴项目中有 13 个未列于磋商请求），遭到美国的反对，欧盟不得不于 2005 年 6 月 27 日提出磋商请求❸，2005 年 8 月 3 日举行了再次磋商；2006 年 1 月 20 日在 DS317 案号下第二次提出设立专家组请求❹，但仍然遭到美国的程序性反对。不得已，欧盟将 2005 年 6 月 27 日提出的磋商请求（此份文件散发时间为 2005 年 7 月 1 日）单独拿出来，另立案号（DS353），作为新案号项下的磋商请求。❺

经过这番折腾，欧盟修复了专家组请求范围上的瑕疵，但大飞机案的复杂程度远超预期，欧盟没料到此举严重影响了后续证据收集程序。2005 年 9 月，争端解决机构（DSB）同时发起 DS316 和 DS317 的《补贴与反补贴协定》附件 5（Annex V）程序，并指定了收集证据信息的协调员（facilitator）。❻ 由于欧盟另发起 DS353，没有继续推进 DS317，美国首先不承认两者为同一案件，其次在 2006 年 3 月 14 日、3 月 17 日、4 月 21 日、5 月 17 日的 DSB 会议上均投票反对就 DS353 发起附件 5 程序，以致 DSB 会议主席只是"记录"（take a note）了各成员立场。❼ 根据《补贴与反补贴协定》第 7.4 条，应成员申请，DSB"应当发起"（shall initiate）附件 5 程序，专家组认为"记录"（take a note）不等于"发起"（initiate），所以 DSB 未发起 DS353 的附件 5 程

---

❶ Request for Consultations by the European Communities，WT/DS317/1，G/L/698，G/SCM/D63/1，12 October 2004.

❷ Request for the Establishment of a Panel by the European Communities，WT/DS317/2，3 June 2005.

❸ Request for Consultations by the European Communities，Addendum，WT/DS317/1/Add. 1 on 1 July 2005.

❹ Request for the Establishment of a Panel by the European Communities，WT/DS317/5，23 January 2006.

❺ Request for Consultations by the European Communities，WT/DS353/1，WT/DS317/1/Add. 2，G/L/698/Add. 2，G/SCM/D63/1/Add. 2，4 December 2006. 为了说明新案件（DS353）与老案件（DDS317）一脉相承，欧盟专门在磋商请求中要求在 2005 年 6 月 2 磋商请求文件的标题下增加表述"第二次起诉"（Second Complaint）。

❻ In September 2005, the DSB initiated an Annex Vprocedure in the DS317 dispute and designated Mr. Mateo Diego—Fernández as the DSB representative for that procedure；WT/DSB/M/197，paras. 6 – 10.

❼ WT/DSB/M/205，paras. 69 and 72；WT/DSB/M/206，paras. 11 – 13 and 19 – 20；WT/DSB/M/207，paras. 92 and 93；WT/DSB/M/210，para. 99 – 101；WT/DSB/M/212，paras. 64 – 67.

序，DS317 的附件 5 程序协调员也退回了欧盟关于收集美国信息的申请。❶ 至此，欧盟陷入极为尴尬的境地：在作为被诉方的空客案（DS316）中，欧盟不得不按照附件 5 程序向专家组提交不利于自己的信息，美国还可以获得第三国市场信息；而在作为起诉方的波音案（DS353）中，欧盟则缺少可以牵制美国的砝码，也难以获得美国和第三国手中有利于自己的证据。

二、针对争端解决机构不作为的司法审查

《补贴与反补贴协定》附件 5 程序的窘境，说白了就是，由于欧盟谋事不周，被美国算计了。欧盟当然非常愤怒，也不满专家组的决定，就此提出上诉。此项争议貌似只涉及信息收集等程序性事项，但实际上具有惊人的系统性影响，至少在以下几个方面存在一系列问题：

第一，单纯就法律技术而言，评估"记录"能不能具备"发起"的同等含义？程序"发起"究竟意味着争端解决机构需要采取什么样的行为？

第二，附件 5 程序的发起，是争端解决机构的某类"决定"，还是像欧盟所主张的那样，是争端解决机构可以自动实施的"行为"？❷ 如果是"决定"，究竟是"正向一致"（positive consensus）还是"反向一致"（negative consensus）？❸ 反向一致必须是条文明确规定的吗？如何理解《争端解决谅解》的第 2.4 条？❹ 如果涉及争端解决机构的某些行为（不一定属于"决定"（decision）范畴），是否要系统性检查《争端解决谅解》和世贸规则中关于争端解决机构每项"行为"的规定和表述（例如本案的《补贴与反补贴协定》附件 5 中所列的行为）？如果是"正向一致"，那么世贸成员对附件 5 程序实质上拥有了一票否决权？附件 5 这类为了帮助解决争议的制度设计，岂不是几乎成为一纸空文？

第三，即便解释清楚了条文，在适用的时候也可能产生更加敏感的问题。某种意义上，"记录"的做法可以被理解为争端解决机构的不作为，本来应当（shall）发起的程序，结果没有发起。从这个角度来看，作为一个抽象的命题，专家组和上诉机构能否审查争端解决机构的不作为？正如美国所主张的，

---

❶ Panel Report，paras. 1. 8 – 1. 9.

❷ Request for Preliminary Rulings by the European Communities，dated 24 November 2006（European Communities' Preliminary Ruling Request），para. 14.

❸ 世贸规则中的"反向一致"是一种决策方式，指的是除非遭到全体成员一致反对，某项决议则生效。"正向一致"则指只有全体成员一致同意，某项决议才生效。此表决方式实质上防止了单个成员具有否决权的情形，也是乌拉圭回合世贸争端解决规则的重要进步之一。See Understanding on Rules and Procedures governing the Settlement of Disputes，Article 6. 1，16. 4，17. 14，22. 6 and 22. 7.

❹ 根据 DSU 第 2. 4 条，争端解决机构通常的决策机制应当为"正向一致"。

专家组和上诉机构可能根本就没有管辖权。❶

专家组否定了欧盟"附件5程序自动发起是一种行为"的观点，认为此项解释不符合"发起"的一般含义，是争端解决机构的积极性义务（positive duty），欧盟的解释使得争端解决机构在附件5程序中缺乏角色定位，违反了多边贸易体系的"稳定和可预期性"（security and predictability）宗旨。❷ 但专家组没有指出究竟存在哪些影响稳定、破坏预期的后果，于是，上诉机构很自然地批评专家组对此缺乏考虑，未列名"体系性后果"。❸

上诉过程中，专家组总是缺席的被告，我们已经无法看到他们的回应，但如果越俎代庖，可能至少有3点体系性后果较为重要：（1）专家组（上诉机构）和争端解决机构的分权问题。争端解决机构某种程度上具有立法部门的功能，而专家组和上诉机构是个纯粹的司法部门。司法部门通过条文解释，变相审查立法部门的不作为，起到了前所未有的"行政诉讼"或"司法审查"功能。（2）争端解决机构（DSB）的自身权力结构问题。根据欧盟的诉讼主张，争端解决机构如果不只是单纯的立法部门，则还可能具有行政部门的特征，其行为可能属于行政行为。争端解决机构则变成了"立法部门"和"行政部门"的混合体。（3）纵观世贸组织的所有协定，需要争端解决机构（甚至世贸组织的其他分支机构或各个理事会、委员会）有所作为的规定，只要没有明确提及"决定"（decision）或某种特定的投票表决机制，那么都将存在"决定"（立法功能）和"行为"（行政功能）之争。所以，欧盟的诉求触碰了一个带有广泛的政治影响力的体制性问题，上诉机构的任何解读都相当危险，形象地说就是个烫手的山芋。

上诉机构作出了一个精致的裁决，他们认为专家组和上诉机构均不应审查争端解决机构在特定争端案中的具体行为，但《争端解决谅解》没有将某些条款或义务排除在专家组或上诉机构的解释之外，换言之，他们有权解释涵盖协议（covered agreements）的所有条款。❹ 以此为据，上诉机构解释，《补贴与反补贴协定》附件5第2段要求争端解决机构采取"特定的行政行为"（specific administrative action），此项职责与争端解决机构通常的"讨论并作出选择"的职责存在不同，而且这种行动是自动发起的（occurs automatical-

---

❶　Appellate Body Report，paras. 484. For details，please refer to Appellee Submission of the United States，June 15，2011，paras. 91 – 98.

❷　Panel Report，para. 7. 21.

❸　Appellate Body Report，para. 498.

❹　Appellate Body Report，para. 502. It provided that "［w］e are also mindful that it is not for panels，or the Appellate Body，to review DSB actions in a particular dispute or to direct that specific actions be taken."

ly)。❶ 如此裁决，表面上是条文解释，实质上审查了争端解决机构的行为。但上诉机构没有全面评估此裁决的体系性影响，没有根据世贸协定的所有规则系统性检查所有谈判机构的"作为或不作为"义务及其决策方式。为了缓解不确定性带来的焦虑，简单检索了一下《争端解决谅解》，其中的脚注6、第12.10条、脚注8、第17.2条、脚注9、脚注12、第21.6条、第22.8条都有一些可能涉及争端解决机构不得不作为的义务。❷ 如果这些条款都理解为自动实施，会有什么后果？某些特殊会议的召集应该没有什么问题，其至还可能免除"是否有人反对通过会议议程"的一些不必要担忧❸，但是涉及发展中成员特殊权利的条款可能就会引起不小的争议。不过，上诉机构将附件5程序的"发起"定性为"行政行为"，可能就是为以后的逐案分析留有余地。这里还有个有意思的观点，一名上诉机构成员认为附件5程序只有随着起诉方的专家组请求同时提出，才能自动发起。❹ 不过，这算是"异议"吗？这具有什么法律意义？

三、政府采购服务

美国国家航空航天局（NASA）和国防部（DOD）与波音公司合作了大量研究项目，并通过各种成果共享方式，向波音公司输入了利益，例如波音公司有权接触数据、有权在一定期限内免费使用专利、有权将军民两用技术用于商用等，在合作过程中，航天局和国防部向波音公司支付了巨额科研费用，波音公司自身也作出很大投入。❺ 问题在于，这是补贴吗？补贴了多少？

《补贴与反补贴协定》第1.1（a）（1）条中的（iii）是个很有意思的条款，有政府提供货物、政府提供服务、政府购买货物，唯独没有政府购买服务。欧盟主张美国政府的行为是"资金转移"（transfer of fund），因此被包括在第1.1（a）（1）条中的（i），❻ 而美国认为其行为是服务采购，由于《补贴与反补贴协定》第1.1（a）（1）条的三个财政资助形式是完备性清单（exhaustive

---

❶ Appellate Body Report, paras. 511 – 524.

❷ 此处检索，主要以"DSB shall"为依据，不能排除某些"should"的义务也可能被解释为必须遵守的义务。

❸ 在争端解决机构的例会/特会中，每次开会之前会通过本次会议的议程，而会议议程的通过方式缺乏明确的规则，有些实务者担心会议议程不通过而无法召开会议的情形，也可能变相造成某些本应该反向一致的决议，由于会议议程的原因，实质上变为正向一致的决议。

❹ Appellate Body Report, footnote 1118.

❺ Panel Report, paras. 7.940 – 7.946.

❻ Panel Report, para. 4.72.

list），因此其行为被排除在财政资助之外。❶ 专家组在法律解释上认可了美国的观点，认为财政资助的形式排除了服务采购❷，但为了防止各国利用服务采购的形式变相输送利益，专家组在法律适用时严格界定了什么是"服务采购"，建立了"主要受益者和使用者"（principally for one's benefit and use）的法律标准❸，认为美国科研合作项目的主要受益方是波音公司，因此不属于可以豁免的服务采购，最终将美国行为归类于"资金转移"。❹ 此举三面不讨好，欧盟不满法律解释，美国不满法律适用，第三方关注"主要受益者"（principle benefit test）是否合适。

　　欧盟最有杀伤力的理由是通常含义，资金转移（transfer of fund）貌似具有广阔的内涵。但坦率地说，在法律解释问题上，美国占据优势，除了条文省略、《补贴与反补贴协定》和《服务贸易总协定》上下文以外，谈判史也是排除服务采购的重要支持因素。乌拉圭回合时，第1次和第2次卡特兰文本（Cartland Ⅰ and Ⅱ）❺ 均没有出现服务采购的字样，第3次卡特兰文本（Cartland Ⅲ）❻ 出现了"货物和服务采购"，此后的第4次卡特兰文本（Cartland Ⅳ）❼ 和第1次综合案文即第1次邓克尔文本（Dunkel Draft Ⅰ）❽ 均保持了此表述，直至第2次综合案文，❾ 服务采购被没有原因地删除了。不过，这样的谈判史至少意味着服务采购肯定不在《补贴与反补贴协定》第1.1（a）（1）条中的（iii）项，同时也应该意味着不应该将服务采购归入"资金转移"，如果可以归入，又何必再有货物采购的表述？同时，第（ii）项中的退税和债务减免也没有归入。所以，说"资金转移"有着狭义的内涵，也应该是有些理由的。巴西反对专家组的裁决，提供了一种很有意思的解读，认为乌拉圭回合只是排除了极为纯粹的服务采购，而不是那些能够影响货物贸

---

　　❶ Panel Report，paras. 4. 172. Executive Summary of the United States' non-confidential oral statement at the first meeting with the Panel，para. 1.

　　❷ Panel Report，paras. 7. 953 – 7. 970.

　　❸ Panel Report，para. 7. 978.

　　❹ Panel Report，para. 7. 1027.

　　❺ Draft Text by the Chairman，MTN. GNG/NG10/W/38，18 July 1990（Cartland Ⅰ）. Draft Text by the Chairman，MTN/GNG/NG10/W/38/Rev. 1，4 September 1990（Cartland Ⅱ）.

　　❻ Draft Text by the Chairman，MTN/GNG/NG10/W/38/Rev. 2，27 November 1990（Cartland Ⅲ）.

　　❼ Draft Text by the Chairman，MTN/GNG/NG10/23，7 November 1990（Cartland Ⅳ），originally distributed in meeting room as document MTN. GNG/NG10/W/38/Rev. 3.

　　❽ Draft Final Act Embodying the Results of the Uruguay Round of Multilateral Trade Negotiations，Trade Negotiations Committee，MTN. TNC/W/35/Rev. 1，3 December 1990.

　　❾ Draft Final Act Embodying the Results of the Uruguay Round of Multilateral Trade Negotiations，Trade Negotiations Committee，MTN. TNC/W/FA，20 December 1991.

易的服务采购，否则《补贴与反补贴协定》会出现巨大的漏洞。❶ 巴西的思路或许有些道理，但难处在于如何区分纯粹的服务采购和影响货物贸易的服务采购。

如果说在第（iii）项法律解释问题上的争议还算明了，那么法律适用上的问题则更加诡异。不知道为什么，尽管欧盟主张美国的研发措施应当归入资金转移，但欧盟和美国均不反对将"主要受益者"（principle benefit test）作为认定服务采购的法律标准。❷ 这里涉及一连串问题。首先，"principal benefit test"究竟从哪来的？似乎只有《牛津简明字典》中的"服务"定义能提供一点佐证，即"An act of helping or benefiting another"❸，但上诉机构对字典意思的批判已经持续多年，字典意思不过是单词历史意思的合集，只能作为确定通常含义的出发点，而不足以解释条约。❹ 第二，服务采购不是条约中的用词，专家组自行发明法律标准来解释条约中不存在的术语，这是否合适？第三，假设可以使用"主要受益者"法律标准，如何比较确认"主要"（principal）？上诉听证会上举了个例子，如果政府和企业联合开发了某个药品，政府的利益在于制药技术的传播和疾病的攻克，而企业的利益在于固定期限的专利权，那么这两种利益如何比较？也许就本案而言，利益比较并没有例子中那么困难，但从规则解释和体制性影响的层面而言，这是不得不思考的问题。

这些问题都很难，某种意义上也揭示了专家组的考虑不周。其应该解释的是"资金转移"，讨论的问题应该为：是否包括易货贸易？是否必须有现金要素？是否应当为有价物或金钱的单向流动/双向流动？《补贴与反补贴协定》第1条所列举的3个财政资助形式是否可以重叠？如此等等，而不是解释条约中不存在的术语——"服务采购"（purchase service）。在欧盟荷尔蒙案（DS26）中，《动植物卫生检疫协定》（SPS Agreement）的用词是"风险评

---

❶ Appellate Body Report, para. 379.

❷ 美欧在其上诉通知中均无涉及此事项。Notification of an Appeal by the European Unionunder Article 16. 4 and Article 17 of the Understanding on Rulesand Procedures Governing the Settlement of Disputes（DSU）, and under Rule 20（1）of the Working Procedures for Appellate Review, WT/DS353/8, 4 April 2011. Notification of an Other Appeal by the United Statesunder Article 16. 4 and Article 17 of the Understanding on Rulesand Procedures Governing the Settlement of Disputes（DSU）, and under Rule 23（1）of the Working Procedures for Appellate Review, WT/DS353/10, 29 April 2011.

❸ Shorter Oxford English Dictionary, 5th ed. , W. R. Trumble, A. Stevenson（eds）（Oxford University Press, 2002）, Vol. 2, p. 2768.

❹ Appellate Body Report, China—Measures Affecting Trading Rights and Distribution Services for Certain Publications and Audiovisual Entertainment Products, WT/DS363/AB/R, adopted 19 January 2010, paras. 348 – 357.

估"（risk assessment），专家组裁的以及美欧加争的是"风险管理"（risk management），最后上诉机构区分了两个术语，以条约单词为准。❶ 不过，在上诉听证会上，美国回应得很巧妙，分析补贴多边救济的因果关系时，尽管条约上没有"非归因"一词，但专家组和上诉机构依然对因果关系作出裁决，要求补贴与不利影响之间必须是"真正和实质的关系"（genuine and substantial relationship）。❷ 这是很有意思的类比，但比较容易被打发，在以往案件中，专家组和上诉机构认为条约中有"影响"（effect）一词，只有原因和结果之间有真正的关系，才能称为影响。❸ "是否应该解释非条约中的术语"这个问题值得追问一句，如果不应该解释，该思路是否会影响《服务贸易总协定》承诺表的解读？现实情况是，很多成员在承诺表上刻意删除了一些服务部门，以示没有开放。❹

最终，上诉机构彻底否定了专家组的分析思路，具体而言就是否定了：（1）专家组的总体分析路径，即分析美国的措施是否构成服务采购，而不是直接分析涉案措施的核心特征是否符合第1.1（a）（1）条项下的某类财政资助形式；（2）专家组发明的"主要受益者"法律标准。

关于美国政府与波音公司的合作形式，事实比较清楚：政府出资并授予设备使用权，波音公司负责研究，收集的信息数据共享，发明成果的所有权归波音公司，但美国政府可以无偿使用这些成果。按照上诉机构的理解，这种模式有些类似于合作企业（joint venture）。❺ 上诉机构据此完成法律分析，作出了若干重要裁决：第一，某笔交易有可能同时落入若干种财政资助形式，换言之，《补贴与反补贴协定》第1条所列举的3类财政资助形式（甚至有可能还包括价格扶持）之间不是互斥的。❻ 尽管上诉机构似乎是在脚注中"附带"论述的，但这个立场在后来的加拿大清洁能源案（DS412/426）中变得

---

❶ Appellate Body Report, EC—Measures Concerning Meat and Meat Products（Hormones）, WT/DS26/AB/R, WT/DS48/AB/R, adopted 13 February 1998, para. 181.

❷ 根据历史上的争端案，美国应该意指高地棉花案。See Appellate Body Report, United States—Subsidies on Upland Cotton, WT/DS267/AB/R, adopted 21 March 2005, para. 431; Appellate Body Report, United States—Subsidies on Upland Cotton-Recourse to Article 21.5 of the DSU by Brazil, WT/DS267/AB/RW, adopted 20 June 2008, para. 354 and footnote 521.

❸ SCM Agreement, Article 5.

❹ 请参考美国诉我国电子支付案（DS413）的争议。美方主张电子支付服务应当归入服务承诺表中的"支付"服务项下，而中方主张应当归入"结算和清算"服务项下。后者被中方在加入世贸组织谈判时删除，未作开放承诺。

❺ Appellate Body Report, para. 597.

❻ Appellate Body Report, footnote 1287.

非常明确。❶ 第二，第1.1(a)(1)(i)条中的资金转移（transfer of fund）可以是赠款，也可以是具有互惠性的权利和义务，例如贷款和资本注入。❷ 第三，第1.1(a)(1)(iii)条提供货物和服务，可以是无须受让人支付的交易，也可以包括需要受让人支付货物或服务的交易，它与(i)的区别在于政府转移的东西不同。❸ 第四，此案中，航天局和国防部向波音公司转移资金，获得了科学数据和技术信息的回报，风险则限定于出资额和相应的机会成本，本质上，资本投资和合作公司符合资金转移的特征。❹ 此外，航天局和国防部还向波音公司提供了使用其设施、设备和雇员的许可，属于政府提供货物或服务形式的财政资助。❺ 据此最终裁定，美国政府的行为构成了第(i)和(iii)项两类财政资助形式。

上诉机构认定了财政资助以后，开始分析利益授予。这一段也很有意思。专家组认为，市场上的商业角色中，没有私营者会像美国政府那样投资给某个对象做科学研究，最后的成果又主要由那个被投资的对象受益，据此认为市场中不存在可供比较利益的基准。❻ 上诉机构否定了这种基于"常识"或"其所谓经济合理性"的立场，转而强调，市场中完全有可能存在"不对等回报"（unequally distributed return）的情形，其中原因可能有谈判力量、不能达成交易的替代性方案等。❼ 上诉机构的此项裁决秉持其以往传统，几乎否定了所有的预设前提，尽最大限度地尊重未知的事实，尤其尊重存在各种可能性的市场。上诉机构最后依据保密信息（我们无从知晓）认定波音与美国政府之间的知识产权分配不均衡，美国政府实际获得的知识产权比应得的少，所以存在利益授予。❽ 多说一句，在军民两用研究项目上，1991～2005年间，美国国防部在RDT&E项目上给波音的钱就达到了450亿美元❾，尽管欧盟无法举证说明波音在其中收受多少利益，但数字惊人，还是很让人有遐想空间。

---

❶ Appellate Body Report, Canada—Certain Measures Affecting the Renewable Energy Generation Sector, WT/DS412/AB/R, WT/DS426/AB/R, 6 May 2013paras. 5. 116 – 5. 121.

❷ Appellate Body Report, para. 617.

❸ Appellate Body Report, para. 619.

❹ Appellate Body Report, paras. 622 – 624.

❺ Appellate Body Report, para. 624.

❻ Panel Report, para. 7. 1039.

❼ Appellate Body Report, paras. 642 – 647.

❽ Appellate Body Report, para. 662.

❾ Appellate Body Report, para. 704. Also see Panel Report, para. 7. 1202（referring to European Communities' Second Written Submission to thePanel, para. 471；and Top Contractors' Share of DOD RDT&E, FY 1991 – FY 2005（Panel Exhibit EC – 29）, p. 1）.

四、财政收入免除

各方均同意为了确定是否存在财政收入的免除，应当与一个"被定义的标准基准"（defined normative benchmark）相比较❶，按照美国海外销售公司案（又被称为 FSC 案，DS108）的裁决，上诉机构在原审案中，出于反规避的考虑，有保留地同意了专家组"反事实分析"（but for test）❷的方法，认可只要找到一个普遍适用的税率，再找到"例外税率"，即可认定例外情形为税收减免。❸ 但在执行之诉阶段，上诉机构采用了"合法可比收入之财政待遇相比较"（compare the fiscal treatment of legitimately comparable income）的思路。❹ 在本案中，为认定美华盛顿州的 B&O 税收减免补贴项目，专家组采取了"反事实分析"（but for test）方法，普遍适用的税率为制造业税率，但飞机制造业享受了优惠税率（特殊税率），从而认定飞机制造业享受了补贴。❺ 然而美国认为华盛顿州采取了多重税率制（multiple rates system），仅仅从不同产业的税率上看，不能确定何为比较基准，而应该采取第二个思路，即"合法可比收入之财政待遇相比较"的思路。❻

美国所提及的是海外销售公司案遗留的问题，即各国的税收体制或税则设计，在补贴认定中究竟占据什么样的地位。从理论上说，各国均有权对任何收入或经济活动征税，也可以结合国情制定合适的税收体制。如果像某些增值税那样，有统一税率，那么任何减免即可认定为补贴；但如果在设计时只是简单区分了产业，分别规定税率，那么享受低税率的产业就不存在税收减免了吗？即便国内法上有明确的"普适性"规则，并且指出了其他情形，

---

❶ Appellate Body Report, paras. 806.

❷ "反事实分析"（but for test）另有一英文表述为"counterfactual"，主要指借用假设情形的分析手段，即假设不具备某个条件是何种情形，再与具备该条件时的情形相对比，分析该条件的性质和作用，常见于因果关系分析。例如，某法律第 1 条规定增值税率通常为 10%，第 2 条规定汽车零部件的增值税率为 5%，以"反事实分析"方法论之，假设不存在第 2 条规定，则汽车零部件增值税税率也应当为 10%，由此判断第 2 条可能是对第 1 条的例外，也可以初步判断第 2 条是汽车零部件增值税率 5%（不同于一般的增值税税率）的原因。

❸ Appellate Body Report, United States—Tax Treatment for "Foreign Sales Corporations", WT/DS108/AB/R, adopted 20 March 2000, para. 90. 上诉机构对于"规避"的担忧，主要是由于各国的税收体系非常复杂，难以判断普遍适用税率和特殊税率。

❹ Appellate Body Report, United States—Tax Treatment for "Foreign Sales Corporations" —Recourse to Article 21.5 of the DSU by the European Communities, WT/DS108/AB/RW, adopted 29 January 2002, para. 92.

❺ Panel Report, paras. 7.125 and 7.126.

❻ Other Appellant Submission of the United States, （AB – 2011 – 3/DS353）, April 28, 2011, paras. 144 – 162.

但这究竟应当理解为普遍和例外的关系，还是仅仅显示了不同的征税领域和税收分类？美国坚定地认为这是其国内特殊的税收体制设计。❶ 但这可能正是听起来很不合理的地方，各国只要躲在分别规范的税率背后，随时调整某个产业的税负，即可有效规避世贸补贴规则，似乎税收规则的设计成为是否为补贴的决定性要素。但是多重税率制也是正常的（比如消费税），正如韩国在听证会所说，税率很大程度上是政治博弈决策的，每个产业征多少税，怎么征，是国会经过辩论和讨价还价确定的。所以，无论通过什么方式确定比较基准，都需要谨慎地评估涉案成员的税收体系。

上诉机构在听证会上提出了一个好问题：如何区分政府税收的自主权（government tax sovereignty）和其他情况下的应征收情形（otherwise due）？欧盟的回答是有些参考价值的：要检查这个成员税收体制的合理性和一致性。随后，问题就演变成美国的华盛顿州税收体制有什么样的组织原则和内在关系，尤其是 B&O 项目针对 36 个产业有不同的税率。❷ 美国很僵硬地回答：没有。上诉机构成员显然对这个答案相当不满意，在听证会上不由地冒出一句——美国华盛顿州税收体系似乎是一团混乱，引得全场哄笑。美国在听证会上的笨拙表现不能因此否定对多重税率制的担忧。如何选择"标准基准"（normative benchmark）？如何选择"可比较的收入"（comparable income）？这两个问题可能触及"收入减免"（revenue forgone）的天生困境，即可能根本就不存在一个可供比较的"市场收入"（market revenue）的概念，传统的依市场基础确定补贴利益的基本原则在这里是不成立的，并不存在一个市场设定的税收体制，给予补贴和设定比较基准的都是政府。乌拉圭回合谈判的时候，各个成员或许并没有像争端解决这样全方位地推敲条文，所以，海外销售公司案给我们的遗产就是上诉机构不得不陪着起诉方在钢丝绳上继续走下去，在政府主权和国际义务之间小心地玩着平衡。

上诉机构最终选择的基准为：适格纳税者之可比收入的纳税待遇❸（tax treatment of comparable income of comparably situated taxpayers）。很拗口，但实际上就是纳税者要合适可比，其应缴税的收入也应可比。所以，为了正确比较，首先要找税收政策的目的和原因，其次要检查国内税收体系的结构和组织原则。❹ 上诉机构认可有的时候在税收体系中找到连贯的准则并不容易，也

---

❶ Opening Statement of the United States at the First Oral Hearing，（AB – 2011 – 3/DS353），August 16，2011，para. 76.

❷ Other Appellant Submission of the United States，para. 147.

❸ Appellate Body Report，para. 812.

❹ Appellate Body Report，paras. 812 – 813.

认可"反事实分析"（but for test）可能存在问题，例如，进行税收体系设计时，根本不再考虑普遍规则，这就可能发生规避行为。[1] 据此，上诉机构重新审视了 B&O 的征税体系和专家组裁决，认为专家组实际上分析了制造业和飞机制造业是否存在可比收入，以及飞机制造商是否属于适格纳税者，进而维持了专家组的结论，认为华盛顿 B&O 中制造业的税率应当为 0.484%，但是飞机制造业的税率为 0.2904%，存在利益。[2]

五、事实上的专向性（不成比例的大量）

美国堪萨斯州的 Wichita IRB 项目是一个设计精致的政府债券补贴：由市政代表私营机构向公众发放债券，此私营机构利用筹款购买或建设商业项目。在债券存续期间，此商业项目所有权归市政，私营机构租用，支付包括本金和利息的租金，在债券存续期终止时，所用权转移至私营机构。此私营机构可以享受 3 方面的利益：（1）低于市场利率的融资（因为可以免税）；（2）免除最多 10 年的财产税；（3）免除项目的销售税。比较受争议的是，本案中，Wichita 市政以波音公司的名义发出债券，波音公司又购买了自己的这些债券，并向自己支付年金和利息。如此折腾的实质是通过 IRB 项目避税。[3]

应该讲，这个项目认定为补贴相对容易，财政资助是 Wichita 市政由于 IRB 项目的财政收入减免（税收减免），利益是波音公司享受的好处。但由于从美国 IRB 立法中看不出任何限制准入的规定，似乎没有法律上的专向性，于是欧盟选择在此案中打事实上的专向性，主攻 Wichita 市政通过 IRB 项目给予波音公司不成比例的大量补贴（disproportionately large amounts of subsidy）。[4] 欧盟首先算出波音等大飞机制造公司享受了当地的 61% 的债券和 69% 的税收减免[5]，但这不能说明问题，所谓"不成比例"，就需要和某个基准进行比较，但这个基准成了最大争议。以公式形式或许能更清楚地说明如何判断"不成比例"：

（波音补贴额/总补贴额）vs（波音的某经济指标/X）

对于第一个相对数，没有争议。对于第二个相对数中的"某经济指标"，

---

[1] Appellate Body Report，para. 815.

[2] Appellate Body Report，paras. 820 – 831.

[3] Panel Report，paras. 7.648 – 7.664. 专家组报告第 356 页对 IRB 债券项目体系有一张图示，具有较好的帮助说明作用。Also See Appellate Body Report，paras. 472 – 475.

[4] First Written Submissionby the European Communities（Non-confidential version），DS353，11 July 2007，paras. 334 – 340.

[5] First Written Submissionby the European Communities（Non-confidential version），para. 336 and 337.

大家表现出一定灵活性，认为可以是就业，也可以是产值、销售额等各种经济指标。尽管在个案中可能争议很多，例如是否可以形成混合指标，以及如何运用等（此案中争的是举证责任），但各方争议最有价值的部分在于分母（X），它与分子属于相同经济指标。不过，该指标的来源范围多大？欧盟认为是当地的"整个经济"，美国认为是"获得补贴的实体"❶，澳大利亚提供了一个折中方案——"可能获得补贴的实体"❷。以就业为例，欧盟认为应当比较 Wichita 地区的所有就业人数（至少是制造业的就业人数），美国认为只比较获得补贴的公司的就业人数，澳大利亚认为应比较所有可能获得补贴的公司的就业人数（即有资格获补贴的公司的就业人数）。

这 3 个思路各有弊端。欧盟的思路的问题是几乎永远都能找到"不成比例"，因为只要不是全民补贴，第一个分母范围就会小于第二个分母范围，前者相对数就会大于后者相对数，更糟糕的后果是，所有具备客观条件的补贴将构成具有事实上专向性的补贴，第 2.1(b) 条成为废话。❸ 美国思路的问题是，如果补贴授予机关从源头上有效定向发放补贴，只要在发放过程中没有歧视任何实体，就可能规避规则，欧盟和专家组举的极端例子是，补贴仅发给 1 家企业，此家企业的两个相对数均为 100%。❹ 澳大利亚思路的问题是，真实获得补贴的人数只要少于可能获得补贴的人数，就可能出现"不成比例"，现实中，出于各种原因，总是不可能出现应该享受补贴的人均享受到补贴。❺ 尽管专家组认为澳大利亚的思路比欧盟的思路要进步一些，但最终采取了欧盟的思路，同时加入了"显著差异"（significant disparity）"标准来克服欧盟思路的弊端，以避免因微小的"不成比例"而出现误判。❻ 结合本案事实，专家组从就业人数指标上考量，认为波音公司补贴额占总补贴额的 69%，而就业人数只占 Wichita 总就业人数的 3.5%，占制造业就业人数的 16%，因此存在"不成比例"。❼

在这个问题上，欧盟的立场让人同情，明知自己的思路有问题，但这是其所能接触的证据，其认为自己满足了初步的（prime facie）举证责任，任何调整经济指标（就业人数）和分母（X）的信息都掌握在美国手中。而美国

---

❶ Panel Report, para. 7.759.
❷ Panel Report, para. 7.767. Also see Australia's response to Panel question 11.
❸ Panel Report, paras. 7.760 – 7.763.
❹ Panel Report, paras. 7.764 – 7.766.
❺ Panel Report, para. 7.767.
❻ Panel Report, para. 7.768.
❼ Panel Report, paras. 7.769 – 7.770.

的攻击也有些道理，其举证责任仅在于反驳欧盟的思路有问题、不可取，举证说明就业人数指标不合适，其他自证其罪的信息没必要提供。专家组可供裁决的选项也相当无奈：裁欧盟没满足举证责任，似乎不太公平；裁一个新的思路（澳大利亚思路），没证据；不作出裁决，对已经提交 1000 多份证据的欧盟来说还是不公平。不过，专家组的最终做法不太合适，在明知法律解释和分析思路有问题的情况下依然作出裁决，而且可能陷入"显著差异"等纠正方法的不必要讨论之中。

上诉机构推翻了专家组的裁决理由，实质上选择了澳大利亚的思路，认为应该比较"补贴利益的实际分布"和"补贴利益的预期分布"，后者的基础是所有"适格投资"（qualifying investments）。❶ 尽管上诉机构修改了专家组的裁决理由，但最终仍然依据貌似完全开放的 IRB 项目与波音等公司实际获得补贴利益的悬殊数据（69%），维持了专家组的结论。❷ 值得一提的是，在分析过程中，上诉机构认为，案卷中美国没有提供证据反驳"不成比例的大量"的结论❸，这意味着举证责任在被诉方，还意味着上诉机构维持专家组的结论，实质上是一种基于优势证据的推定。

六、专利权分配的专向性

20 世纪 80 年代以前，美国对联邦财政支持的科研成果拥有所有的专利权，对使用专利的申请人发放非专属授权（nonexclusive licenses）；但在 1980 年，美国政府改变了其传统的专利权政策，决定放弃专利所有权，只拥有无偿的政府使用权。❹ 欧盟认为美国航天局和国防部实施专利权政策时，只局限于这些机构的权限领域，从而构成专向性。❺ 美国当然不能同意欧盟的主张，认为其专利权分配方式适用于所有联邦政府部门。❻

这里首先需要解决的一个前提性重要问题是，表面上是多个补贴项目，但实际上是否可以构成一个补贴？如何认定？上诉机构认为，有些相同的补贴可能通过不同的法律文件分给不同的接受者，也有可能某些成员通过多个授予机关来管理补贴的分配问题，在这种情况下需要分析该国的法律框架

❶ Appellate Body Report, para. 886.
❷ Appellate Body Report, paras. 887 – 889.
❸ Appellate Body Report, para. 887 and 888.
❹ Panel Report, para. 7. 1277. Appellate Body Report, para. 732.
❺ European Communities' First Written Submission, paras. 852 – 853.
❻ United States' Second Written Submission, para. 108.

（legal framework）❶；某些限定于特定企业的补贴，不能仅仅因为同一个立法中规定其他补贴授予其他接受者，就认定这些补贴不具有专向性。❷ 上诉机构说，从事此类分析，要重点考虑这些补贴背后的"顶层目标"（overarching purpose），当然，这种"顶层目标"不能是模糊的、促进经济增长之类的政策目标，而是需要更加具体的。❸ 上诉机构还谈到，分析专向性的目的不是用于确认是一个授予机构（grantor），抑或若干个授予机构，而是补贴限定于某个适格接受者的群体。❹ 林林总总，写了很多。从这些论述来看，上诉机构试图打碎所有可能存在的"推定"（presumption），将法律标准模糊化，将专向性变成更依赖于事实的探索。基于以上分析，上诉机构裁定，美国 1980 年以来实施的"放弃专利所有权，保留政府使用权"的方式不具有专向性。❺

七、利益传导

非关联贸易商的利益传导不是个新问题，美国先后两次输了未作合适的利益传导分析，第一次是加拿大诉美国软木 IV 案（DS257）❻，第二次是我国诉美国双反措施案（DS379）。❼ 但这两个案子只涉及是否应该计算利益传导，未涉及具体计算方式。利益传导问题类似于双重救济，触及了价格形成机制，无论调查机关抑或当事方，均难以准确量化地计算补贴在非关联交易方之间的利益传递。某些非关联的中间商甚至可以声明，其制定销售价格时根本未考虑上游补贴，只不过服从了市场价格。所以，利益传导的计算方法一直是个悬而未决的问题。

本案中，专家组认为，尽管《补贴与反补贴协定》第 5 条和第 6 条并不必然要求单独的利益传导计算，但计算利益是证明不利影响因果关系的一个要素，因此分析了上游补贴的利益传导。❽ 欧盟完全照抄美国国内法的规则，采用双途径计算利益传导：一条途径是将市场上的被补贴产品（包括实际上未受补贴的国内同类产品）的价格下降均视为补贴利益，无论其是否来源于

---

❶ Appellate Body Report, para. 750.

❷ Appellate Body Report, para. 751.

❸ Appellate Body Report, para. 752.

❹ Appellate Body Report, para. 756.

❺ Appellate Body Report, para. 760.

❻ Appellate Body Report, United States—Final Countervailing Duty Determination with Respect to Certain Softwood Lumber from Canada, WT/DS257/AB/R, adopted 17 February 2004, paras. 123 – 166.

❼ Panel Report, United States—Definitive Anti-Dumping and Countervailing Duties on Certain Products from China, WT/DS379/R, adopted 25 March 2011, para. 12. 39 – 12. 58.

❽ Panel Report, paras. 7. 284 and 7. 287.

被补贴的上游企业，所有交易均可能对下游提供补贴。❶ 另一条途径是计算上游补贴额。两条途径算下来，会出现两个结果，然后加以比较，选其低者作为最终的利益传导结果，据此，欧盟认为波音公司获得的上游补贴至少为100%。❷ 这个结论明显违背了人们的常识，难道补贴可以在若干上下游交易过程中被放大？

欧盟和美国的这种做法的实质是将补贴的价格影响算作了补贴利益。专家组不能同意这种做法，认为价格影响是补贴的影响，而非补贴利益，两者有明显的区分。❸ 因此，专家组未采纳欧盟的利益传导计算方法，而是以波音公司大飞机部门接受的补贴额作为最终的补贴利益。❹ 此裁决不仅说明欧盟采取了一个错误的方法而最后什么都没得到，还包含了可能更深的影响，即美国关于利益传导的做法（甚至其国内立法）违反世贸规则。美欧均未就此裁决提出上诉。我们不知道原因，也不知道欧盟是否有类似的立法或实践做法，但作为诉讼结果，只能说欧盟输得活该，美国胜得有苦难言。这个裁决结论很清楚，补贴的影响不能等同于补贴利益，所以，中国采取的白羽肉鸡双反措施也是值得反思的。❺ 同时，我斗胆预测，美国的"利益传导"立法是颗定时炸弹，谁起诉，谁将可能获得个"立法本身"（as such）的胜利。

八、值得借鉴的专家组裁决（严重侵害和因果关系）

之所以将专家组的严重侵害和因果关系裁决单拎出来，是因为它写得非常有创造性，为补贴的多边救济和双边救济带来了丰富的启示，值得慢慢梳理。

在分析框架方面，按照欧盟与空客案（DS316）切割的起诉策略（美国也不反对），专家组采用了反事实的"整体型"（unitary）分析思路，即价格、销售、市场份额等指标不是单独评估，而是作为整体来分析因果关系。❻ 其中的关键问题是：如果没有涉案补贴，市场是什么样的？为此，专家组首先考虑补贴对波音商业行为（commercial behavior）的影响，其次再考虑波音公司的商业行

❶ Panel Report，paras. 7. 224 – 7. 228.
❷ Panel Report，para. 7. 225.
❸ Panel Report，paras. 7. 292 – 7. 293. .
❹ Panel Report，para. 7. 300.
❺ 《中华人民共和国商务部关于原产于美国的进口白羽肉鸡产品反补贴调查的最终裁定》，商务部公告 2010 年第 52 号，2010 年 8 月 29 日。中国调查机关在此案中计算了上游补贴对白羽肉鸡的利益传导，采用的方法与美国方法、波音案中欧盟主张的方法本质上相同。
❻ Panel Report，paras. 7. 1658 – 7. 1659.

为变化如何影响了空客飞机在特定市场的销售和价格。❶ 按照这种反事实的整体型分析思路，专家组实际上采取了两个不同的具体论证方式：第一个方式是200～300座的大飞机市场（787vA350），分析了研发补贴（R&D）的结构和设计、补贴的运作、竞争条件，最后检查了市场份额和价格（包括经济学模型），认定存在严重侵害或威胁。❷ 第二个方式是100～200座（737vA320）和300～400座（777vA350XWB）的大飞机市场，分析了海外销售公司（FSC）、B&O 等税费减免措施对大飞机价格的影响，以及部分竞价案例，裁定对空客飞机产生了价格抑制、销售损失、市场替代或阻碍等不利影响。❸

这个裁决思路和空客案（DS316）很不一样。DS316 粗枝大叶，采取传统的"两步走"（two steps）分析方法，先分析数量影响和价格影响，再分析因果关系。❹ 而波音案如前文所述，采取"整体型"（unitary）思路，更像是美国国际贸易委员会的产业损害裁决，区分产品规格，通过巨量证据分析补贴性质，以及相应地分析某类补贴对具体规格产品的价格的影响及市场份额的影响。❺ 这是波音案和空客案的显著区别，也是很有趣味性的一幕：欧盟输的空客案，主要裁决思路是模仿欧盟贸易委员会的"两步走"产业损害裁决；而美国输的波音案，又像是模仿美国。"以子之矛，攻子之盾"的诉讼策略既给对手制造了两难，又导致最终裁决结果上存在巨大反差，耐人寻味。

其一，细分产品市场。欧盟提出 3 组波音飞机对空客飞机造成了不利影响，分别为：波音 737NG 对空客 A320、波音 787 对空客 A350 和 A350XWB－800、波音 777 对空客 A340 和 A350XWB－900/100。❻ 每个人都会以为欧盟区分了被调查产品、同类产品和产品市场，以免和空客案立场发生冲突。❼ 但欧盟的解释是，实际上只有 1 个不利影响（严重侵害）的诉讼主张，3 个产品市场的不利影响仅仅作为证明该主张（claim）的抗辩点（arguments）。❽ 欧盟的诉讼思路和意图难以捉摸，难道是通过 3 个细分产品市场的不利影响来证明整个大飞机产业的不利影响？还是仅仅为了举证或分析思路上的讨巧？抑

---

❶ Panel Report, para. 7. 1659.

❷ Panel Report, paras. 7. 1701 – 7. 1797.

❸ Panel Report, paras. 7. 1833.

❹ Panel Report, European Communities and Certain Member States—Measures Affecting Trade in Large Civil Aircraft, WT/DS316/R, adopted 1 June 2011, para. 7. 1731.

❺ 参见美国国际贸易委员会在贸易救济案件中的裁决，案件裁决公告网址：http://www.usitc.gov/trade_ remedy/publications/，2014 年 9 月 3 日浏览。

❻ European Communities' first written submission, para. 1151.

❼ 美国人也认为欧盟作出了 3 类不同的严重侵害主张。United States' first written submission, para. 802.

❽ Panel Report, para. 7. 1665.

或防止顾此失彼，即"整体型"分析思路败诉，同时又丧失"两步走"诉讼机会？不论欧盟的真实顾虑为何，这种主张的问题在于，如果以细分市场受损证明整个产业存在不利影响的观点得以成立，其对贸易救济产业损害调查将产生极为负面的影响：被调查产品的部分规格产品及相应的部分产业受损，即可作为整体产业遭受损害的证据，进而支持肯定性裁决，则调查机关几乎可以恣意妄为。值得注意的是，这种解读违反了上诉机构在热轧钢板案（DS184）中的裁决，即应从整体上评估产业损害的裁决，不能忽略其中的某个细分产业。❶ 专家组的裁决防止了欧盟诉讼策略可能产生的负面影响，一方面认为欧盟有权自主决定其抗辩点并附加证据，但另一方面决定根据事实作出 3 个裁决，从 3 类细分产品市场来分析是否存在严重侵害。❷

其二，科研补贴的性质。专家组几乎分析了每一个涉案的科研补贴项目，在冗长的描述中重点刻画了这些要素：高风险，高回报；提高效率，降低成本；为美国大飞机产业带来竞争性优势，或至少是军民两用。❸ 尽管这些证据表面上证明了波音公司的技术和成本优势，但此类描述的实际作用是值得怀疑的，产业损害裁决往往面临大量貌似矛盾的信息，一旦定性分析，上升到理论的高度，抽象地讨论某两个要素（补贴和损害）之间的关系，任何其他证据和主张就显得苍白和软弱，难道这些其他证据能否定两者之间的关系吗？这里忽略了补贴的实际效果，1 美元和 10 亿美元的影响是完全不同的，在安全问题上，百分之一、万分之一、十万分之一的失事概率在购买决定上也是完全不同的。这或许牵涉因果关系的定量分析，但又是遭到摒弃的。美国提出，尽管研发补贴额合计 26 亿美元，但对于大飞机产业而言实在不算太多的投入，波音公司在 20 年间仅回购股票就花费了 160 亿美元，并据此主张补贴不影响波音公司的科技研发。❹ 专家组一眼识破这是"数字化比较"（numerical comparison），并强调其前提是研发补贴的影响可以等同于其现金价值，而这个前提是无法接受的。❺ 当然，在此案中，欧盟还举证了空客 A350 和波音 787 的市场份额变化趋势，以及价格抑制的证据。❻ 但这不妨碍我的一个直观感觉：损害裁决机关对于证据证明力的判断往往决定了案件的主要结论，剩

---

❶ Appellate Body Report, United States—Anti-Dumping Measures on Certain Hot-Rolled Steel Products from Japan, WT/DS184/AB/R, adopted 23 August 2001, paras. 181 – 215.

❷ Panel Report, paras. 7. 1667 – 7. 1668.

❸ Panel Report, paras. 7. 1701 – 7. 1773.

❹ Panel Report, para. 4. 293.

❺ Panel Report, para. 7. 1760.

❻ Panel Report, paras. 4. 314 and 4. 344.

下的工作是法律技巧。

其三，禁止性与可诉补贴影响的"区分"与"合并"分析。❶ 由于补贴与不利影响因果关系机制的区别，专家组区分了研发补贴（NASA 和 DOD 项目）和减税补贴（FSC/ETI 和 B&O 项目），分别作出严重侵害认定❷；同时，又合并了禁止性补贴（FSC/ETI 项目）和可诉补贴（B&O 项目），根据边际单位成本（marginal unit cost）的影响，裁定价格抑制影响。❸ 欧盟之所以将FSC/ETI 和 B&O 项目合并，估计还有一个原因是前者补贴额多，后者补贴额少，一旦前者不计入不利影响分析，则后者的因果关系有可能存疑，在执行时可能得不到救济。❹ 但这里出现一个法律争议，即禁止性补贴与可诉补贴造成的不利影响是否可以"合并"分析。关于"区分"应该没人反对，裁决机关或起诉方作茧自缚，被诉方一切安好。问题在于"合并"，《补贴与反补贴协定》中没有明确规定，但区分了禁止性补贴和可诉补贴的补贴纪律。这种纪律上的分类规范，是否就意味着禁止"合并"分析两者的不利影响？"合并"分析究竟是法律义务的问题，还是方法论的问题？假设允许"合并"分析，可以合并"影响相似"的补贴项目（例如产生类似的价格影响），那么可以合并"影响不同"的补贴项目吗？如何判断"相似的补贴影响"，是根据补贴性质分类，还是预设了补贴的数量或价格影响？禁止性补贴的不利影响是被推定的，可诉补贴的不利影响是需要证明的，如果两者合并分析，采取什么样的法律标准来分析不利影响？或许可以换个表述，证据上存在什么样的异同？假设禁止"合并"出口补贴与可诉补贴，那么进口替代补贴和可诉补贴可以"合并"吗？如果禁止"合并"，是否限制了 WTO 成员选择救济补贴影响的方式（尤其在双边救济中）？如果禁止"合并"，那么采取贸易报复时（根据 DSU 第 22.6 条），禁止性补贴与可诉补贴的不利影响是否可以累积？如果禁止"合并"，进行因果关系分析时是否应当非归因"出口补贴"的影响？

这些问题至少触及 4 个层面的分析：（1）第一个层面是"区分"与"合并"是不是方法论的问题。从条文来看，它们似乎均是没有明文规定的"方法"（methodology）。根据以往的争端案，上诉机构似乎从未排除过某种分析

---

❶ 有人把"合并分析"称为累积评估。两者原理具有相似性，但专家组用词是"aggregated analysis"，为了避免混淆于"cumulative analysis"，这里的中文翻译暂用"合并分析"。

❷ Panel Report，para. 7.1824.

❸ Panel Report，paras. 7.1801 – 7.1823.

❹ FSC/ETI 项目 22 亿美元补贴利益，B&O 项目 7770 万美元补贴利益。Panel Report, para. 7.1433.

或调查方法。（2）第二个层面是不利影响的原理性分析。应当承认，无论禁止性补贴抑或可诉补贴，都会产生不利影响，如数量影响或价格影响，这无关紧要。既然有不利影响，裁决机关分析补贴的影响并根据影响采取相应救济措施，就是一个不能说不合理的做法。如果有相似的不利影响，凭什么不可以"合并"补贴项目分析呢？（3）第三个层面是双边救济（反补贴调查和措施）对多边救济的类比或参考。美国实践最多，但其做法似乎有些矛盾：一方面在反补贴措施（反补贴税）中排除出口补贴，目的是防止双重救济❶，实际上没有"合并"出口补贴和可诉补贴（不过，这里可能存在一个反驳，扣除出口补贴只是防止双重救济的一种方法，调查机关完全可以包括出口补贴，通过别的方法防止双重救济）；另一方面，在产业损害调查时，对不同性质的可诉补贴均"累积评估"（无论其价格影响或数量影响的性质），甚至还和倾销影响交叉累积评估，这主要出于操作上的困难，被调查产品的出口价格是唯一的，国内同类产品的销售价格也是唯一的，"区分"两者的价格影响在实践中几乎不可操作。所以，尽管双边反补贴措施大多不触及出口补贴，但实践证据和条约上下文支持不同性质补贴项目的"合并"分析。（4）第四个层面则是适用。本案专家组面临出口补贴的影响，极具创造性地来了句"基于常识理由"（based on commonsense reasoning），以成本、利润和价格关系，裁出了价格影响。❷ 但专家组依靠"常识"的裁决是不应该的，事实上，在本案中，可诉补贴 B&O 项目也随着出口补贴一起被"常识"了（我还担心将来反补贴调查也依靠"常识"了）。"常识"和法律解释之间存在一定的紧张关系，它可能以公共利益、公共道德、文化等各种形式表现出来，且不说每个人对"常识"理解的差异，至少法官很少明确将"常识"作为裁决的一部分，所以专家组此处裁决出现了明显的瑕疵。当然，专家组也有苦衷，即便是出口补贴的影响，也不必然地反映在出口价格上，因此从"常识"的基础上，根据双重救济建立一个单位边际价格下降的推定，可能是不得已的无奈之举。

九、上诉机构对不利影响的裁决

上诉机构几乎全面维持了专家组关于 200～300 座大飞机（787vA350）市

---

❶ 美国的此项做法也是为了满足《关贸总协定》第 6.5 条的要求，避免对出口补贴实施双重救济。

❷ Panel Report，7.1820.

场的分析（除了对"威胁"分析和结论略有修改）❶，但也几乎全面否定了关于 100~200 座大飞机（737vA320）和 300~400 座大飞机（777vA350XWB）市场的分析和结论（最终结论见列表）。❷ 这里记录一些重要的启示：

第一，上诉机构在补贴的多边救济问题上有着强烈的定量分析倾向，喜欢使用"反事实分析方法"（counterfactual analysis）。所谓"反事实"又分两个步骤：首先分析"假设没有补贴"的虚拟情形，其次在虚拟和现实之间进行比较。❸ 在论述补贴数量级（magnitude）在不利影响分析中的作用时，上诉机构认为需要放置在市场背景（市场结构）中考察，可以是绝对值，也可以是相对值。❹ 在分析价格影响时，上诉机构沿用了高地棉花案（US—Upland Cotton（Article 21.5 – Brazil））中的逻辑，强调要分析补贴程度和价格趋势之间的钩稽关系。❺ 这些都显示了强烈的定量分析趋向。

第二，上诉机构完全肯定了专家组关于 200~300 座大飞机市场不利影响的裁决，具体而言，专家组在分析"科技影响"（technology effects）时集中于 4 个要素：科研补贴的目标；科研补贴的结构和设计；科研补贴的运行；大飞机产业的竞争条件。❻ 这 4 个要素的核心是围绕竞争关系。影响生产成本、影响运营成本、影响交付时间、影响技术进步的进程、影响现金流都可以支持肯定性结论，只要万变不离其宗：带来"竞争性收益"（competitive advantage）。❼ 从这个角度来说，波音案专家组（对比空客案专家组）在不利影响问题上，为反补贴的损害裁决探索了一条可供参考和操作的路线图。

第三，上诉机构对"竞标/竞价"（sales campaign）非常重视，根据欧盟提供的竞价证据❽，裁定空客公司在 100~200 座大飞机市场遭受了"销售损失"（lost sales）。❾ 这个裁决显示了上诉机构对"关键证据"（smoking gun）裁决模式的依赖，当然，实践中可能存在不能忽略的道德风险。

第四，上诉机构对其他因素的审查标准再上一个台阶，不仅要回应所有

❶ Appellate Body Report, para. 1126. 上诉机构只是推翻了专家组关于第三国市场替代威胁/阻碍威胁的结论，认为在肯尼亚、爱尔兰和埃塞俄比亚的市场缺少清楚的趋势证明"威胁"。
❷ Appellate Body Report, para. 1349.
❸ Appellate Body Report, paras. 1019 – 1022.
❹ Appellate Body Report, para. 1193.
❺ Appellate Body Report, para. 1209 and footnote 2475.
❻ Appellate Body Report, para. 934.
❼ Appellate Body Report, paras. 934 – 1293.
❽ European Communities' First Written Submission, Annexes E and F. 这主要涉及波音 737NG 和 777 的竞价例证。
❾ Appellate Body Report, paras. 1228 – 1236.

可能削弱因果关系的其他因素抗辩意见，分析其他因素影响与补贴影响之间的关联，还要考虑它们之间的"相对贡献度"（relative contribution）。❶ 此裁决比传统的贸易救济非归因义务（non-attribution）可能更加严格，传统的非归因分析只需要"区分和辨别"（separate and distinguish）其他因素造成的损害影响。❷ 上诉机构的这个裁决将来是否会蔓延至双边的反倾销/反补贴调查与裁决，还有待观察。

第五，专家组的"常识理由"（commonsense reasoning）欠妥，强调任何法律推论都要说清楚：基于什么结论推理、事实和法律依据、合理性和必要性以及如何支持最终裁决结论。❸

第六，就不同类型补贴项目的"合并分析"（aggregated analysis）/"累积评估"（cumulation）分析方法而言，上诉机构开了绿灯，但认为主要取决于事实，不愿为"合并分析"设置严格的标准❹；还认为不同种类的补贴造成的影响，即使是通过不同的因果关系机制（causal pathway），只要它们实质性地对某种市场现象产生相似的作用，就可以累积评估；那些起到"补充和辅助"（complement and supplement）作用的补贴，可以和起"真正和实质"（genuine and substantial）作用的补贴放在一起评估其不利影响。❺

此外，上诉机构还裁定，市场替代（displacement）、市场阻碍（impedance）、销售损失（lost sales）具有不同的含义，内涵有可能重叠，其中市场替代和市场阻碍有着明确的地域特征。❻ 上诉机构还对《争端解决谅解》第 13 条的运用首次作了比较明确的论述。专家组行使第 13 条时，要考虑谁占有信息、有无其他合理手段、信息为何未能被提交、要求当事方提供此类信息是否公平、是否为保证正当程序的必要、是否为裁决必要等。❼

---

❶ Appellate Body Report，para. 1206.

❷ Appellate Body Report，United States—Anti-Dumping Measures on Certain Hot-Rolled Steel Products from Japan，WT/DS184/AB/R，adopted 23 August 2001，paras. 216 – 236.

❸ Appellate Body Report，paras. 1220 – 1221.

❹ Appellate Body Report，para. 1319.

❺ Appellate Body Report，para. 1320.

❻ Appellate Body Report，para. 1241.

❼ Appellate Body Report，paras. 1138 – 1145.

表1　专家组和上诉机构关于不利影响的主要裁决结论

细分市场	补贴项目	不利影响	上诉机构裁决
200~300座市场	NASA、DOD 的科研补贴	价格抑制、销售损失、出口替代和阻碍威胁	维持（包括修改），但推翻了出口替代和阻碍威胁结论
100~200座市场	FSC/ETI、B&O 等	价格抑制、销售损失、出口替代和阻碍	推翻，但依据无争议事实完成分析，存在销售损失（肯定性结论）
300~400座市场	FSC/ETI、B&O 等	价格抑制、销售损失、出口替代和阻碍	推翻

十、此案值得记录的其他裁定

专家组报告中还有很多裁决很有意思，这里不再细细讨论，只记录一些结论以供留意：（1）专家组拒绝对美国使用不利推定（adverse inferences），而是依据举证责任的一般原则接受了欧盟的估计数，这某种程度上反映了采用可获得事实（facts available）的做法。❶（2）欧盟主张"未来的"（future）政府收入减免也构成财政资助，构成"潜在的直接资金转移"（potential direct transfer of funds）❷；而专家组认为仅仅是政府转移资金的"可能性"，不足以构成财政资助，而且即便假设可以构成财政资助，欧盟也没有证明存在利益，因为政府转移资金的承诺不足以证明波音公司确实获得了利益。❸（3）专家组在分析价格抑制（price suppression）和销售损失（lost sales）时，根据大飞机产业的特性，认为"订单"（order）反映了未来的市场替代，因此遭遇严重侵害的情形始于获得订单，直至飞机"交付"（delivery）。❹但耐人寻味的是，专家组未提及严重侵害作为不利影响什么时候收尾，即严重侵害的"寿命"。（4）专家组确认，即便研究项目失败了，仍然对后续飞机科技发展有贡献。❺（5）为了支持严重侵害的诉讼主张，欧盟向专家组提交了"卡布莱尔模型"（Cabral Model），用于研究补贴在所有者收益和再投资之间分配的比例。❻除了卡布莱尔模型，专家组在分析严重侵害和因果关系时没有使用或讨论其他经济学模型。卡布莱尔模型很有创意，分析每一元补贴究竟多少用于

---

❶　Panel Report, para. 7.817. 专家组在另外一处也拒绝了不利推定，认为尽管美国拒绝提交有关数据，但由于空客公司也在同一个市场上采购，欧盟应当具备有关的市场信息。See para. 299.

❷　Panel Report, para. 7.159.

❸　Panel Report, paras. 7.164 – 7.180.

❹　Panel Report, paras. 7.1685 – 7.1686.

❺　Panel Report, para. 7.1748.

❻　Panel Report, Appendix Ⅶ. F. 2 The Cabral Model.

继续研发，多少用于价格竞争。其初衷很好，但可惜缺少实证数据。

表2　空客案（DS316）和波音案（DS353）的诉讼策略对比

	DS316 被诉方欧盟	Panel/AB 立场	DS353 被诉方美国	Panel/AB 立场
磋商请求	6 October 2004		27 June 2005	
Panel Report	30 June 2010		31 March 2011	
AB Report	18 May 2011		12 March 2012	
Annex 5	发起	无争议	未发起	Panel：裁定未发起 AB：裁定发起
补贴项目	1. 私有化 2. LA/MSF（成员方扶持） 3. 政府贷款 4. 基础设施 5. 股权交易 6. 债务减免 7. 注资 8. 科研资助		1. 各州税收减免 2. 基础设施 3. 政府债券 4. NASA 科研补贴 5. DOD 科研补贴 6. 知识产权放弃 7. FSC/ETI 税收优惠	
补贴存续时间	事由：美国起诉了20世纪60年代的补贴	Panel：看影响 AB：看利益	无争议（实质上：看利益）	无裁决
补贴额	定性	Panel：支持 AB：定量	定量	Panel：支持 AB：支持
产品分类	不分类 （欧盟贸易救济通常做法）	Panel：支持 AB：反对	三类大飞机产品（按座位数量分）：100～200；200～300；＞300 （美国贸易救济通常做法）	Panel：支持 AB：支持
产业分类 市场细分	LCA 整体 （欧盟贸易救济通常做法）	Panel：支持 AB：反对	根据产品分类细分产业 （美国贸易救济通常做法）	Panel：支持 AB：支持
不利影响 分析模式	two steps approach effects→causation （欧盟贸易救济通常做法）	Panel：支持 AB：同意，但支持总体化分析思路	unitary approach counterfactual （美国贸易救济通常做法）	Panel：支持 AB：支持

补贴性质（产生不利影响的机制）	未分析/区分不同性质补贴造成的不利影响 贸易救济传统思路：数量影响＋价格影响（欧美贸易救济通常做法）	Panel：传统 AB：同意	区分了不同性质补贴造成的不利影响（不同机制） technology effects→ sales & prices 传统思路上的创新： marginal unit costs cash flow	Panel： 创新 AB： 1. 支持 2. 不够
结果	1. 美国侥幸获胜 2. AB 否定了被调查产品，影响未知 3. 未定量裁决欧盟补贴额；美国指责欧盟存在 $20 billion 补贴	1. 查证美国补贴额，$5.3 billion 1989～2006 2. 欧盟赢了 100～200 座和 200～300 座两个市场，输了 300 座以上市场		
诉讼策略 综合评价	攻击对方特有制度；给对方制造两难；传统模式；诉讼成本较低；起诉方易败诉	攻击对方特有制度；给对方制造两难；创新模式；诉讼成本高昂；胜负难料		

案件报告索引：

Panel Report, United States—Measures Affecting Trade in Large Civil Aircraft (Second Complaint), WT/DS353/R, adopted 23 March 2012, as modified by Appellate Body Report WT/DS353/AB/R.

Appellate Body Report, United States—Measures Affecting Trade in Large Civil Aircraft (Second Complaint), WT/DS353/AB/R, adopted 23 March 2012.

14. 破坏性的理想主义

——加拿大再生能源案

案件编号：DS412/426

世贸争端只要涉及"再生能源""环保"等关键词，立即就让国际上的智库和公知们牵肠挂肚。加拿大的这个案件就是如此局面，而且当事方同意举行公开听证会，尽最大可能性实现透明度，吸引了无数人品头论足，还收到几份法庭之友（Amicus Curiae）意见。主流民意似乎是环保政策符合人类的终极发展目标，应该予以特殊纪律优待。这里绝不怀疑看客们的善良愿望，但担心捉摸不定的舆论会影响法庭裁决，又影响法律预期，进而从法治角度破坏贸易的生存状态，不料，糟糕的结果最后似乎应验了。该案有两个主要争议：一个涉及国民待遇中的政府采购排除问题，另一个涉及补贴利益的比较基准问题。后者争议较大，因此这里调换个顺序，先讨论补贴利益。

一、补贴利益的比较基准（政府创造市场）

上诉机构作出了一个匪夷所思的裁决，简而言之：补贴利益的比较基准，可以使用"政府创造的市场"（markets created by the government）。❶ 此案事实确有特殊性，再生能源发电成本高企，市场不愿买单，再生能源企业无力与传统电力企业竞争，结局就是无人投资。在没有政府干预的情况下，整个再生能源市场出现了"缺钱"（missing money）的情形。❷ 为了"保证可靠的电力供给"（secure a reliable system of electricity supply），政府设定电网中的电力来源比例，再由政府向不同生产方式的电力企业购买电力，平摊成本后向最终用户销售，如此保留一部分再生能源企业的生存空间。❸ 所以，现实中，可

---

❶ Appellate Body Report，paras. 5. 167 – 5. 191.

❷ Panel Report，para. 7. 279.

❸ Panel Report，para. 7. 280.

能真正有意义的市场只有批发市场，就是政府从各个不同能源企业购买电力的市场；而这个市场的电力因为来源不同，采购方式不同，价格也不相同。❶专家组裁定，统一的电力市场（混合了各种来源电力的市场）可以作为利益比较的基准，但起诉方没有充分举证找到合适的混合电力市场。❷专家组还试图通过比较投资回报率来分析利益，但也缺乏足够的证据。❸

上诉机构则否定了专家组的结论，认为本案的再生能源电力市场可以作为一个单独的市场来作为比较基础，这种市场是基于政府对电力来源比例的设置而建立起来的。❹为了防止误解，上诉机构区分了"政府创造市场"（interventions that create markets）和"政府支持部分市场参与者"（interventions in support of certain players）的概念，认为尽管两者都涉及政府干预，但"政府创造市场"意味着若缺少政府干预，该市场就不会出现，这种干预不能称之为扭曲市场；而"政府支持部分市场参与者"则意味着政府对既存市场中的部分角色提供了补贴，扭曲了市场。❺所以，上诉机构同意专家组的一个判断："如果政府干预只是定义了市场的宏观规范，将社会成本和收益内部化，则为私营参与者保留了显著空间，他们可以在那些规范中以商业考虑运营。"❻

上诉机构的裁决可能很有问题：（1）创造市场和干预市场本身不是条约术语，参照《维也纳条约法公约》的任何解释规则，看不到它们的法律依据。（2）创造市场和干预市场是难以区分的概念，探讨它们之间的关系和种类可能就更为困难。如果创造市场过程中的制度设计就具有倾向性和扶持性，那么创造市场，还是干预市场？（3）创造市场，是否能够不断细分？如何细分？扩散一点思维，新能源汽车？新技术手机、电视？只要某个新技术产品价格高昂，现实经济中无法自然出现，政府为了所谓的宏大目标，就"创造"一个新的市场，用招投标方式确认价格，再经政府转手，就洗白了所有的财政资助方式？（4）如果再扩散一点，贷款、资本注入如何创造市场？中国对于

❶ Panel Report, paras. 7. 280 – 7. 284.

❷ Panel Report, para. 7. 322.

❸ Panel Report, para. 7. 326.

❹ Appellate Body Report, para. 5. 178.

❺ Appellate Body Report, paras. 5. 188 – 5. 189.

❻ Appellate Body Report, para. 189. Panel Report, footnote 633. It provided that "we agree with the Panel's statement that, where government intervention thatinternalizes social costs and benefits is limited to defining the broad parameters of the market, 'significant scope will remain for private actors to operate within those parameters on the basis ofcommercial considerations'".

存贷利率的管控算不算创造市场的一部分？❶

　　回到本案，根据专家组和上诉机构对电力市场的描述，电力市场体系实际上主要存在两个环节的市场：第一个环节是政府从电力生产者手中购买电力，注入电网，即所谓的"批发市场"，政府垄断了电力的消费；第二个环节是政府将电网中的电力销售给终端用户（全国人民），即所谓的"零售市场"，政府垄断了电力的供给。❷ 如果参照软木 IV 案（DS257）❸ 和诉美双反措施案（DS379）❹ 的裁决，政府垄断供给的情形（第二种情形）是典型的市场扭曲，应当采用外部基准。而本案的上诉机构又认为，政府垄断消费的情形（第一种情形）下，新能源电力市场是补贴全民，而不是补贴电力制造商，所以可以将再生能源电力市场作为比较基准。❺ 这就是上诉机构在本案裁决中的最大自我矛盾，垄断供给是市场扭曲，而垄断消费则不是市场扭曲。原本专家组裁决出来以后，所有人长舒一口气，以为这就是一篇普普通通的补贴分析与裁决（否定性裁决）❻，没有因为涉及清洁能源就网开一面，破坏法律解释。然而上诉机构的裁决，至少是不折不扣地改变了法律预期。

　　我也试图去理解上诉机构的裁决，可能涉及 3 个方面的考虑。第一个方面是上诉机构首次真正回应了政府和市场的关系。世界上没有一个纯粹的市场，所有市场都有某种程度上的政府参与。什么样的参与仍然可以算作一个有效的市场，什么样的参与就不能称为有效的市场？在以往的争端案中，当事方和上诉机构都没有真正触及这个问题，而是直接通过国有经济比例，在一定程度上推定了市场的失效。而这个案件中，上诉机构首次直面问题核心，试图通过区分"创造"和"扶持"两类行为来区分政府的角色。换言之，如果政府只是在制度层面进行设计和管控市场，创造出一个纯自由经济无法产生的市场，而不是直接扶持经济体系中的若干企业，则这种干预是允许的。❼

　　❶　参见诉美双反措施案（DS379）上诉机构就中国商业银行贷款外部基准所作的裁决。Appellate Body Report, United States—Definitive Anti-Dumping and Countervailing Duties on Certain Products from China, WT/DS379/AB/R, adopted 25 March 2011, para. 484-486.

　　❷　文中列举的是两类主要交易（市场），实际经济运行中不排除某些企业自行发电或者不同层次的分包商或政府自用电等情形。

　　❸　Appellate Body Report, United States—Final Countervailing Duty Determination with Respect to Certain Softwood Lumber from Canada, WT/DS257/AB/R, adopted 17 February 2004, paras. 93-103.

　　❹　Appellate Body Report, United States—Definitive Anti-Dumping and Countervailing Duties on Certain Products from China, WT/DS379/AB/R, adopted 25 March 2011, para. 441-447.

　　❺　即上诉机构对于"创造市场"和"支持部分市场参与者"的区分。Appellate Body Report, paras. 5.178, 5.188.

　　❻　Panel Report, para. 7.313.

　　❼　Appellate Body Report, para. 5.188.

第二个方面是经济效率和社会发展目标上的考虑。各国在电网设计和新能源电力采购上的做法大体接近，也总体符合人类社会发展的终极利益。在听证会中，上诉机构和当事方探讨了一个经济学问题，加拿大的做法本质上是否将外部成本内部化，从长远来看，是否具有效率。这个经济学上的考虑可能会影响上诉机构的分析和判断。但上诉机构可能恰恰忘记了"保证可靠的电力供给"是政府的目标❶，而不是市场中的经济人的目标，经济人的目标是利益最大化。我们不妨假设，如果化石能源真的消耗到穷途末路，化石能源的价格自然会上涨，可再生能源的价格自然会相对下降，如此，将逐步演化出再生能源市场。政府的干预（现阶段创造市场）扭曲了市场正常的演变路径，也改变了供需结构。从这个意义上来说，这可能是上诉机构经济学考虑的不周之处（但这些分析绝非批评上诉机构在社会发展目标上的立场，只是从法律技术角度反思上诉机构追求社会发展目标的方式）。

第三个方面是补贴规则与新能源产业的兼容性问题。这也是笔者最不能理解上诉机构的另一个原因。《补贴与反补贴协定》并不禁止所有补贴，只禁止了最严重的扭曲性和歧视（刺激出口和进口替代）❷，如果"未被禁止的补贴"（可诉补贴）对其他国家造成了不利影响，其他国家可以采用反补贴措施，或诉诸世贸争端解决，即便诉诸世贸争端解决，出口国也可以选择撤销补贴或消除不利影响❸。在诉讼过程中，日本与欧盟也反复说了，并不寻求禁止新能源补贴，而只是反对加拿大电力管理体系中的歧视性措施（生产设备上的进口替代），进口替代政策只会推高新能源产业的成本，却不能保护环境，所以，此案无关"贸易与环境"，最多可以说是"贸易与投资"的争端❹。从这个角度而言，即便上网电价项目构成补贴，只要消除了歧视，就没有人会质疑其存在的合理性及 WTO 的合规性。

二、国民待遇中的政府采购排除

此案中，政府采购的产品是电力，而加拿大的歧视措施针对的是电力生产设备。专家组认为，《关贸总协定》第 3.8（a）条义务规范的是政府"采

❶ European Union's other appellant's submission，（AB – 2013 – 1/DS426），Geneva，11 February 2013，para. 161（referring to Panel Reports，para. 7. 312）.

❷ SCM Agreement，Article 3.

❸ SCM Agreement，Article 7. 8.

❹ First Written Submission of Japan，Canada—Certain Measures Affecting the Renewable Energy Generation Sector（WT/DS412），24 November 2011，para. 3. First Written Submissionby the European Union，Canada—Measures relating to the Feed—In Tariff Program（DS426），Geneva，14 February 2012，paras. 4 –5.

购"（procurement），而不是与采购的商品相连接，换言之，"采购"比"采购的商品"范围更广，加拿大的本地含量要求是政府采购的前提条件，有直接关联，可以落入第 3.8（a）条的范围❶，所以，专家组的后续精力放在了是否为"政府目的"（government purpose）和"商业转售"（commercial resale）的问题上。但上诉机构否定了专家组的结论，认为《关贸总协定》第 3.8（a）条中的产品范围和第 3.4 条中的范围应该是一致的，而此案政府采购的电力歧视的是设备，所以，加拿大的本地含量歧视性措施不落入第 3.8（a）条的范围之内（这是中方的观点）。❷上诉机构针对非歧视待遇的严格解释无可厚非，也符合传统，只是仍然留下一个疑问：上诉机构认为采购（procurement）和购买（purchase）不同❸，那么究竟什么地方不同呢？既然产品范围上被堵死了，那么是指采购程序吗？供货商的资质要求可以吗？抑或政府采购过程中正当程序和透明度的处理？可能正是这个不同之处就是将来政府可以继续歧视国外产品的空间。

关于"政府目的"（government purpose）和"商业转售"（commercial resale）问题，上诉机构修改了专家组的裁决，认为两者不能混淆，不能互为参照，而是累积性义务。❹"政府目的"要看交易是否和政府职能（function）挂钩❺；"商业转售"则既要从销售者角度看是否为利润驱动型，也要从购买者角度看是否为其效益最大化。❻从以上解释来看，各国最为担心的公立医院免费提供或卖廉价药、公立学校免费提供或低价销售教科书的行为，都可以符合政府采购的构成要件而豁免出国民待遇。

综上总结几个知识要点：（1）上诉机构认为《与贸易有关的投资措施协定》（TRIMs）第 2.2 条及示例清单的解读要参照第 2.1 条，也受《关贸总协定》第 3.8（a）条范围条款的约束。❼此法律解释防止了在《TRIMs 协定》与《关贸总协定》中造成两个不同的国民待遇义务的局面，这也是上诉机构对欧盟立场的一个顾虑。❽（2）关于电力是否构成"货物"（goods），当事方无争议。❾（3）专家组的一位成员对专家组的补贴利益裁定有异议，他主张

---

❶ Panel Report, paras. 7.126 – 7.127.
❷ Appellate Body Report, paras. 5.54 – 5.85. 中方观点参见：Appellate Body Report, para. 2.205.
❸ Appellate Body Report, para. 5.59.
❹ Appellate Body Report, para. 5.69.
❺ Appellate Body Report, para. 5.68.
❻ Appellate Body Report, para. 5.71.
❼ Appellate Body Report, paras. 5.19 – 5.33.
❽ Appellate Body Report, paras. 5.26 – 5.27.
❾ Panel Report, footnote 46.

用"反事实分析方法"（but for test）认定再生能源领域存在补贴利益，他认
为帮助某种科技进入既存市场就是一种利益。❶（4）上诉机构认为，政府的
补贴行为（某笔交易）有可能同时构成不同形式的财政资助，即《补贴与反
补贴协定》第 1.1（a）（1）条中的 3 种财政资助形式之间可以互相重叠。❷

案件报告索引：

Reports of the Panels, Canada—Certain Measures Affecting the Renewable Energy Generation
Sector, Canada—Measures Relating to the Feed—in Tariff Program, WT/DS412/R, WT/
DS426/R, adopted 24 May 2013, as modified by the Appellate Body Report, WT/DS412/AB/
R, WT/DS426/AB/R.

Reports of the Appellate Body, Canada—Certain Measures Affecting the Renewable Energy
Generation Sector, Canada—Measures Relating to the Feed—in Tariff Program, WT/DS412/AB/
R, WT/DS426/AB/R, adopted 24 May 2013.

---

❶ Panel Report, paras. 9. 1 – 9. 23, the dissenting opinion in para. 9. 3 provided that "［i］n my view,
the competitive whole salemarket for electricity that could exist in Ontario is the appropriate focus of the benefit a-
nalysis. Furthermore, I am of the view that facilitating the entry of certain technologies into the market that does
exist—such as it is—by way of a financial contribution can itself be considered to confer abenefit. "

❷ Appellate Body Report. para. 5. 120.

15. 遭遇"暗算"的印度

——印度诉美国反补贴案

案件编号：DS436

谁也没料到印度的案件打得如此雄心勃勃，又输得如此惨烈！一共涉及52 个法律点，印度赢了 17 个，输了 30 个，司法节制 5 个，其中的 1 个胜诉点还是美方诉讼过程中的"事后合理化"，为了帮助执行，专家组在假设情形下完成的法律分析又裁决印度败诉，给予了美国调查机关宽泛的自由裁量权，胜了还不如不胜，让人心酸不已。从核心关注来看，印度只赢了交叉累积评估，而公共机构的"有意义的控制"（meaningful control）、事实上的专向性、外部基准、不利推定和可获得事实（非微量的最高补贴税率）的败诉后患无穷。坦率地说，面对如此大面积的败诉，并且涉及如此之多的体制性问题，笔者都不知道印度在上诉中该如何抉择才能避免顾此失彼。❶

一、有意义的控制

诉美双反措施案（DS379）的上诉机构在法律标准上未能将美方所主张的"政府控制论"彻底扫除出门，而是留下一桩悬案，即政府对某实体的有意义的控制（meaningful control）可以构成认定具有政府职能的证据，进而可将该实体认定为公共机构。❷ 当年预判，美国商务部会在此问题上做文章，却没想到首先做文章的是专家组。印度起诉的是美国商务部 2001 ~ 2010 年的反

---

❶ 印度 2014 年 8 月 8 日就专家组裁决提出了大范围的上诉，此文写作时尚未发布上诉裁决报告。Notification on an Appeal by Indian under Article 16. 4 and Article 17 of the Understanding on Rules and Procedures Governing the Settlement of Disputes (DSU) and under Rule 20 (1) of the Working Procedures for Appellate Review, WT/DS436/6, 15 August 2014.

❷ Appellate Body Report, United States—Definitive Anti-Dumping and Countervailing Duties on Certain Products from China, WT/DS379/AB/R, adopted 25 March 2011, para. 318.

补贴裁决（包括行政复审）❶，而 DS379 上诉机构裁决报告是 2011 年发布的，即意味着此案的专家组通过自身努力，帮助美国证明了 DS379 之前的涉案措施符合 DS379 的上诉机构裁决。

专家组把"有意义的控制"理解为"所有权 + 其他有关控制的证据"，重点考察了政府参与度。❷ 按照这个法律解释，印度在两处输了法律适用，分别为国家矿产开发公司（NMDC）和钢铁发展基金管理委员会（SDF Management Committee）。国家矿产开发公司中的其他证据包括：政府对公司高管的任命；国家矿产开发公司网站上对政府关系的模糊表述（受政府"行政控制"（administrative control））。❸ 钢铁发展基金管理委员会的其他证据为：管理层由 4 个现任部长级官员组成。❹

这两个裁定很有问题。专家组的法律解释完全背离了政府职能的分析思路，沿着"所有权/控制论"越陷越深，忘却/刻意忽视了上诉机构在提及"有意义的控制"时的目的和语境（即检查是否存在政府职能），两处论述除了引用先例报告，只字未提政府职能。从法律适用层面来看，印度钢铁发展基金管理委员会（SDF Management Committee）的事实很不理想，政企不分，官员兼任董事，如果有人主张实质正义，这里就暂且不论；但国家矿产开发公司（NMDC）的公共机构认定很值得怀疑，至少从在案事实来看，政府依据股东权对国有企业高管的任命权与所有权属于共生关系，是所有权的必然之义，按照印度的观点，两者是硬币的正反面。❺ 至于网站上关于"行政控制"的模糊表述究竟是政府的一般行政管理，还是存在特殊的政府职能，似乎没有证据上的解答，但至少笔者没有看到政府职能的迹象，专家组只是尊重了美国商务部的认定，显得不够"具有批判性的和不断搜索的"（critical and searching）。❻ 所以，当前比较务实的考虑应该是避免纠缠于 SDF Committee 的结论，而是以 NMDC 为例，要求上诉机构澄清"有意义的控制"的含义，防止美国在 DS379 中输掉的"所有权/控制论"借"高管任命权"诈尸

---

❶ Request for the Establishment of a Panel by India，WT/DS436/3，13 July 2012.

❷ Panel Report，paras. 7. 81 and 7. 276.

❸ Panel Report，paras. 7. 82 – 7. 89.

❹ Panel Report，paras. 7. 277 – 7. 279.

❺ Panel Report，para. 7. 84.

❻ Appellate Body Report，United States—Investigation of the International Trade Commission in Softwood Lumber from Canada—Recourse to Article 21. 5 of the DSU by Canada，WT/DS277/AB/RW，adopted 9 May 2006，and Corr. 1，paras. 89 – 140.

还魂。❶

二、外部基准和当前市场条件

印度在"法律本身"（as such）和"适用措施"（as applied）两个方面提出了不少法律主张，但遭到了全面的驳回。❷ 这里无意总结印度或牵强或有些道理的诉点，而是希望观察专家组究竟在何种程度上进一步放宽了软木 IV 案（DS257）以来的外部基准纪律。

先说感觉尚可的方面，专家组将"政府所获报酬的充分性"（adequacy of remuneration）和"利益"（benefit）分析视为一体（印度认为应该是两步骤，前者为门槛❸），似乎裁得没有太大问题，印度的主张实际上复活了利益分析中的"政府成本"（government cost）立场，而这个分析思路已经在乌拉圭回合中被彻底扫入历史。❹ 另外似可接受的一点就是，专家组在确定比较基准时，将政府价格彻底扫除在基准之外。专家组所理解的软木 IV 案裁决意味着如果政府（包括政府定价行为）在市场中占据了主导地位，扭曲了市场，则应该使用外部基准；如果政府未扭曲市场，则可以（may）使用市场中的私营部门价格作为基准。❺ 我理解出口国的苦衷，既然政府价格未造成市场扭曲，凭什么说政府价格不是市场价？进而凭什么不能在选择基准上予以考虑？但专家组的结论似乎也很难说是错误的，既然是通过比较确定是否存在利益，那么总不能用政府价格和政府价格自相比较吧？政府价格是否高于或低于市场价，可能得找个不完全是政府价格的价格。

然而专家组的另外两处裁决则让人颇为担忧。其一，在使用国家外部基准问题上，专家组将软木 IV 案上诉机构的裁决局限于政府处于主导地位的市场扭曲情形，而且不是唯一情形，调查机关完全可以在其他情形下使用外部

---

❶ 印度似乎也如此判断，上诉通知里主要上诉 NMDC 的公共机构裁定。Notification on An Appeal by Indian under Article 16. 4 and Article 17 of the Understanding on Rules and Procedures Governing the Settlement of Disputes（DSU）and under Rule 20（1）of the Working Procedures for Appellate Review，WT/DS436/6，15 August 2014，para. 17.

❷ Panel Report，paras. 7. 26 – 7. 35，7. 38 – 7. 46，7. 49 – 7. 52，7. 146，7. 153 – 7. 165，7. 179 – 7. 185.

❸ Panel Report，para. 7. 17.

❹ Terence P. Stewart，Editor，The GATT Uruguay Round：A Negotiating History（1986 – 1992），Volume Ⅱ：Commentary，Subsidies and Countervailing Measures，Kluwer Law International；1 edition（June 1，1995）. 利益分析（基准判断）中没有政府的角色，不意味着补贴定义中没有政府角色。政府角色主要体现在财政资助构成要件。

❺ Panel Report，para. 7. 42.

基准。❶ 此表述非常含混，既没有说明这种其他情形是否就是所谓的"显著角色＋扭曲"（significant role＋distortion）情形，也没有设置任何使用外部基准的前提条件。如果这段模糊的表述确实给了调查机关无边的外部基准授权，则可能改写软木 IV 案和诉美双反措施案（DS379）的裁决，甚至可能不符合上诉机构的本意。当年的软木 IV 案中，上诉机构不顾条文的明确限定，将外部基准引入《补贴与反补贴协定》，或许其初衷是给予授权，但在适用上加以了严格规范，例如引入了扭曲、主导地位、市场支配力（market power）❷ 等概念。然而不曾想，此潘多拉魔盒一启，美国和专家组就几乎必然走得更远，例如本案。对此，且看上诉机构如何澄清自己当年设置的这些条件。

其二，交付价（delivered price）问题上的裁定。如果仅仅以交付价作为外部基准的起始点，本身可能并无过错，关键在于价格调整，只要调整了运输成本、税收等与补贴无关却能影响价格的因素，保证在同一贸易环节下做到公平比较，那么应该是无可厚非的。但从当事方抗辩和专家组裁决来看，美国立法似乎规定在选择外部基准时必须包括运输成本和税费等，以此反映市场状况，专家组裁决也将消费者的终端购买环节理解为适合比较的贸易环节，而这些税费则成了反映"当前市场条件"（prevailing market condition）自然应当纳入考虑的因素。❸ 专家组的这种理解和公平理念恰恰背道而驰，也不符合反补贴的宗旨。所谓反补贴，就是反对政府通过财政资助扭曲市场的行为，维持完全由市场机制本身决定的市场竞争、市场选择以及相应的结果。如果是由于不同的运输成本和税费造成的终端价格差异，凭什么将此差异归结为政府的补贴？

所以，在这两点上，专家组或不完整或存在瑕疵的裁决，给外部基准问题留下了明显的隐患。

三、事实上的专向性

在事实上的专向性问题上，将此案（DS436）和我国诉美国反补贴措施案（DS437）作比较阅读，是有些启发性的。中国和印度为了解决美国相同的做法，选择了不同的诉讼思路。中国主攻"补贴项目"和"最终用途范式"（请参见本书对 DS437 案专家组报告的评论，此处不再赘述），而印度则

---

❶ Panel Report，para. 7. 50.

❷ Appellate Body Report，US—Anti-Dumping and Countervailing Duties，para. 444. It provides that "the concept of predominance does not refer exclusively to market shares, but may also refer to market power."

❸ Panel Reports，paras. 7. 56 and 7. 60.

主张：（1）调查机关应当证明补贴存在"歧视"，即证明某些条件相似的企业无法获得该补贴；（2）不能因为产品性质而在比较专向性时将分母确定为全体经济部门，而应该以产品使用者作为分母（本案中为铁矿石使用者）。❶

印度的第一个主张和"补贴准入的限制"❷似乎只是视角的差异，核心是相同的，对准入的限制似乎必然是对另一部分市场参与者的排斥（歧视），而且"歧视"主张的执行效果也是存疑的。尽管专家组驳回了印度在法律标准上的立场❸，但假设胜诉，美国调查机关执行中裁定，不使用铁矿石的其他市场参与者自然不能获得补贴利益而受到歧视，印度自此陷入"条件相似"（similar situated）的持久战中，此时又如何确定法律标准？

印度的第二个主张，在原理上可能接近于波音飞机案（DS353）中"不成比例的大量"（disproportionately large amount）的裁决（对分母的选择）。❹DS353的上诉机构最终认为应该比较"补贴利益的实际分布"和"补贴利益的预期分布"，即分母是所有"适格投资者"❺，从这个角度而言，原材料补贴项目中可能为该原材料的所有购买者（包括实际与潜在的购买者）。但毕竟两案的补贴形式不同，DS353为政府协助下的债券，而本案为政府（公共机构）提供原材料，这可能会影响人们对两者的类比。为了增加胜算，印度从乌拉圭回合的第2次卡特兰文本（Cartland Ⅱ）中挖出了一个"产品内在特征"（inherent characteristics of goods）与专向性关联的脚注。❻但问题在于，这个脚注除了反映存在的以往争议，以及莫名其妙地消失于最终文本，几乎没有任何其他价值——美印之间存在完全矛盾的解读。而且，印度的第二个主张还面临软木Ⅳ案中不利的潜台词，即木材的提供被认定为具有专向性，无论是当年的当事方诉漏了，还是当年的专家组裁错了，木材和铁矿石绝对可以在专向性问题上作为等量齐观的投入物。

由此观之，中印为了挑战美国的相同做法，采取了迥然不同的诉讼思路，背后是对法律依据和法律推理的不同权衡、判断与运用，目前均遭遇了败诉。如果两国就此问题均提出上诉，且上诉机构作出高下立显的裁决，对两国诉讼团队和诉讼策略而言，倒是颇有压力的对比。

---

❶　Panel Reports，paras. 7. 93 – 7. 102.

❷　SCM Agreement，Article 2. 1（a）.

❸　Panel Report，paras. 7. 120 – 7. 126.

❹　Appellate Body Report，United States—Measures Affecting Trade in Large Civil Aircraft（Second Complaint），WT/DS353/AB/R，adopted 23 March 2012，para. 886 – 889.

❺　Appellate Body Report，para. 886.

❻　Draft Text by the Chairman，MTN/GNG/NG10/W/38/Rev. 1，4 September 1990.

四、交叉累积评估

印度起诉的产业损害交叉累积评估是最极端的情形，美国对 11 个国家进行了累积评估，其中 5 个是双反调查，另外 6 个只涉及反倾销调查。❶ 专家组全面地回应了当事方的法律主张，裁定美国交叉累积的立法和措施均违反《补贴与反补贴协定》第 15.3 条，进而又都违反了产业损害方面的几乎所有条款。❷ 专家组的总体结论是符合逻辑的，美国试图将"受补贴产品"（sub-sidized imports）实质上变更为"不公平贸易"（unfair trade），经不起文字上的推敲，调查机关通过反补贴措施救济补贴之外其他因素造成的损害（包括倾销造成的损害），也违背了基本的归责理念，所以输是自然的。

但交叉累积评估是双反措施国内产业损害调查的方法论问题，不仅影响《补贴与反补贴协定》的累积评估（第 15.3 条），还影响损害总体义务（第 15.3 条）、涉案进口产品的数量影响和价格影响分析（第 15.1 条）、国内产业的影响分析（第 15.4 条）、因果关系认定和非归因分析（第 15.5 条）和产业损害威胁认定（第 15.7 条），如果禁止交叉累积评估，紧随的问题就是如何区分倾销与补贴以及它们各自的影响。所以，交叉累积评估的难点不在于证明违规，而在于执行，亦即美国在诉讼中指出的"实际困难"（practical difficulty）或"分离难题"（disentangling problem）。❸ 那么美国究竟说得对还是错？世贸争端是高手过招，再复杂的事实问题也不过点到为止，所以，光看专家组报告可能一头雾水，最好的办法是将实践中可能遇见的主要情形揉碎了，掰开来仔细审查。这里不妨假设 A、B 两国的涉案进口均满足第 15.3 条中的微量和竞争性要求：

情形一，A 国只有补贴，B 国只有倾销。此时双反措施的进口量、进口价格及其相应的指标，例如国内市场份额、涉案产品的库存，均可以分割。但第 15.4 条项下所有涉及国内产业的指标均不可分割，因为核心指标如销售价格、产量、销量、就业是唯一的。所以，此时最多只能做到 50% 的分离。❹

情形二，A 国和 B 国均有补贴与倾销。此时双反措施的进口量、进口价

❶ Panel Report, para. 7. 323. Hot Rolled Steel Products from Argentina and South Africa, Investigation No. 701 – TA –404（Final）and Investigations Nos. 731 – TA –898 and 905（Final），USITC Publication 3446（August 2001），pp. 16 –21，internal pages 9 –14.

❷ Panel Report, 7. 356 and 7. 369.

❸ Second Written Submission of the United State, paras. 90 –91. Panel Report, paras. 7. 334 – 7. 335.

❹ 此处的比例问题是从定性角度而言，并对有关数据附加了主观的权重。例如，虽然进口数量和进口价格只是 2 项指标，而国内产业损害认定方面至少 15 个指标，但从重要性角度而言，其被赋予了各50% 的重要性。

格和国内产业的所有指标均是唯一的，不可分割。所以，此时是0%的分离。

情形三，A国有倾销和补贴，B国只有倾销。此时反补贴措施的进口量、进口价格只能区分B国的进口，不能区分A国的补贴进口和倾销进口，同时，双反措施的国内产业的所有指标均不可分割。所以，此时最多只能做到25%的分离。

以上情形的核心是，只要某批产品同时存在补贴和倾销，则难以分离（即专家组在脚注601中谈及的内容）。❶ 如果双反措施涉及更多的国家，或众多出口商之间存在倾销或补贴的差异情形，尽管更为复杂，但只能影响分离程度（比例问题），一定范围内的"技术不可能"局面仍然存在，而且这个"技术不可能"的结论是基于对实体问题的分析，只要补贴、倾销和损害的调查期重叠，分开立案、调查等程序性手段就不可能修正这个"技术不可能"的结论，反倾销和反补贴裁决报告中的损害部分将大面积重复，很多指标将无法区分补贴和倾销所造成的损害影响。所以，专家组否定技术困难的结论❷是值得商榷的。

专家组的结论可能还基于两个未明言的暗示：其一，补贴影响和倾销影响的区分在本质上与"其他因素"的非归因义务是相同的（专家组提及公平贸易造成的损害）❸，所以，交叉累积评估赖以支撑的"不公平贸易"特殊论在技术上是不值得特殊照顾的。其二，波音飞机案（DS353）和空客飞机案（DS316）的上诉机构和专家组在进行补贴影响分析时，大幅创新了产业损害分析方法，尤其是根据补贴性质（nature of subsidy），按其设计和运作原理来分析补贴对价格、对市场竞争造成的不利影响。❹ 这种创新的分析思路在以往的双边反补贴调查中是不多见的，反倾销调查更是毫无触及。所以，只要在反补贴裁决上沿着飞机案的裁决思路一路创新下去，就可能有效避免重复或"技术不可能"。

基于以上分析，如果上诉机构维持了专家组裁决，各国调查机关在双反过程中将不得不面临痛苦的抉择：（1）随着调查进程，不断修正损害各项指标的数据，在反补贴调查中尽可能扣除倾销数据，在反倾销中尽可能扣除补贴数据，但仍然不能根本性地解决因果关系和非归因问题上的脆弱性；或者（2）沿着飞机案裁决的思路，在尽可能满足前述（1）的基础上，创新当前

---

❶ Panel Report，footnote 601. 但印度表示起诉未涉及此点，专家组也拒绝予以回应。

❷ Panel Report，paras. 7. 362 – 7. 364.

❸ Panel Report，para. 7. 364.

❹ Panel Report，United States—Measures Affecting Trade in Large Civil Aircraft（Second Complaint），WT/DS353/R，adopted 23 March 2012，paras. 7. 1701 – 7. 1797.

的产业损害调查方法和裁决，但这对能力建设方面提出严峻挑战。

五、不利推定和可获得事实

就此诉点，印度起诉了 407 个美国商务部的具体裁定。（您没看错，起诉了 407 个!）❶ 当然，在随后的诉讼中，当事方和专家组将这些主张大致分成几类，按类型分别作出了裁决。即便如此，从互有胜负的最终结果来看，印度的举证强度仍然相当可观。

在法律标准问题上，专家组作出了相当暗黑的裁决，以《补贴与反补贴协定》缺少类似于《反倾销协定》附件 2 的规定为由（事实上，专家组只写了一句话），认定反补贴中的可获得事实只需要为"拥有某个事实基础"（have a factual foundation），至于这些被采用的事实有多不合理、有多少惩罚性效果则无所谓，从而维护美国不利推定的做法。❷ 更可恨的是，专家组竟然援引的是中国作为被诉方的硅钢案（DS414）❸，而那个案件中，专家组恰恰援引了墨西哥大米案（DS295）上诉机构的裁决，对可获得的事实作出了比较严格的法律解释。❹ 硅钢案（DS414）专家组后续还强调，即便出现了不合作，也不能使用不利推定。❺ 本案专家组基于扭曲的理解，彻底断送了"最佳"（best）信息的可能性，也彻底否定了墨西哥大米案中确立的"最适合或最合适的可获得信息"（most fitting or most appropriate information available）法律标准。❻ 也正是基于这样的理解，专家组认为，只要缺少事实，调查机关就可以对出口商使用"非微量的最高补贴税率"（highest non-de minimis subsidy rate）❼，在反补贴领域合法化了类似于反倾销中"其他税率"（all other rate）的最高税率的做法。专家组的裁决几乎违背了法律人的良知，达到了助纣为虐的程度。对此，我们静待上诉机构痛扁之。

---

❶ Panel Report, para. 7. 409.

❷ Panel Report, para. 7. 437.

❸ Panel Report, China—Countervailing and Anti-Dumping Duties on Grain Oriented Flat-Rolled Electrical Steel from the United States（hereinafter referred as China—GOES），WT/DS414/R，adopted 16 November 2012，para. 7. 296.

❹ Appellate Body Report, Mexico—Definitive AntiDumping Measures on Beef and Rice, Complaint with Respect to Rice（hereinafter referred as Mexico—Rice），WT/DS295/AB/R，adopted 20 December 2005，para. 293.

❺ Panel Report, China—GOES, para. 302.

❻ Appellate Body Report, Mexico—Rice, para. 295.

❼ Panel Report, para. 7. 449.

六、其他有意思的裁定

（1）在《争端解决谅解》第6.2条诉点上，专家组支持了印度关于《补贴与反补贴协定》第11条的主张。❶ 印度的专家组请求除了描述性语言，只列举了《补贴与反补贴协定》第11条，该条有11个段落，包含不同义务，模糊性比诉美《关税法修订案》案（DS449）的《补贴与反补贴协定》第19条的争议更进一步。（2）为了确定自用量的政府价格（作为利益比较的分子），专家组维持了一个类似于反倾销结构正常价值的美国商务部做法，即通过对矿产价格、劳动力、资产折旧、管理费和税费的综合测算，估计出矿产的开采成本，进而作为比较利益的分子。❷（3）在分析产业损害中的"增长"（growth）指标时，专家组认为可以和其他指标重叠，认可了产能、产量和产能利用率作为分析"增长"的依据。❸（4）在"资本回报"和"融资能力"两项损害指标问题上，专家组采取了"轻形式、重实质"的思路，认为调查机关对利润、营业收入、资本、科研投入、销售、现金流的考虑足以反映了对以上两个因素的实质性考虑（但专家组对"融资能力"似乎考察得不太充分）。❹（5）专家组裁定，在复审中，调查机关可以引入新的补贴项目。❺

看着这份满目疮痍的专家组报告，如果上诉没有什么实质性变化，中国将深受其害。我也只能利用这篇小文列举一些自己关注并判断具有重要体制性影响的法律点。除此之外，还能说些什么呢？记住裁决此案的3个专家吧：Hugh Mcphail, Anthony Abad, Hanspeter Tschaeni, 剩下的且等上诉机构的裁决了。

案件报告索引：

Report of the Panel, United States—Countervailing Measures on Certain Hot-Rolled Carbon Steel Flat Products from India, WT/DS436/R, 14 July 2014.

---

❶　Panel Report, paras. 1. 30 – 1. 32.
❷　Panel Report, paras. 7. 254 – 7. 255 and 7. 260.
❸　Panel Report, para. 7. 401.
❹　Panel Report, paras. 7. 403 – 7. 408.
❺　Panel Report, paras. 7. 500 – 7. 507.

16. 古怪且令人不安的裁决

——多米尼加保障措施案

案件编号：（DS415/416/417/418）

多米尼加保障措施案是个几乎被人忽略，却又值得记录也必然会被重温的案件。它的核心争议是，进口国在约束税率内临时提高实施关税是否违反世贸规则。在此之前，乃至今日，许多国家坚信，只要在约束税率以内，想怎么调关税就怎么调，这是当年谈判保留的国家主权，也是金融危机以来各个发展中国家争相以邻为壑、提高实施关税的底气所在。但这个案件就冷冷地矗在那儿，随你谈判者怎么想，这就是条文，这就是裁决，这更加证明了案件的重要性不以国家大小划分，而以产生的系统性影响而定。

一、保障措施规则的范围

此案有几个关键事实：第一，多米尼加对进口塑料袋的实施关税从 14% 临时提到 38%，其约束关税税率为 40%。❶ 第二，措施期间为 2010 年 10 月 18 日至 2012 年 4 月 20 日。❷ 第三，排除了哥伦比亚、印度尼西亚、墨西哥和巴拿马的进口产品。❸ 第四，经过了一个与"保障措施"非常相似的调查过程，且其初裁和终裁明确援引了《保障措施协定》作为依据。❹ 第五，在争端解决过程中，多米尼加否认此措施为保障措施。这样的局面就很有意思了，多米尼加在原始调查中模棱两可只能说专业不精、首鼠两端，但其在争端解决中的诉讼策略是理性的。如果不是保障措施，只违反最惠国待遇，执行的时候大不了把别的国家加进来，仍然能维持措施；但如果是保障措施，则不

---

❶ Panel Report，para. 2. 11.
❷ Panel Report，para. 2. 19.
❸ Panel Report，para. 2. 18.
❹ Panel Report，para. 2. 16 and 2. 19.

仅违反了最惠国待遇，还需要重新调查，可能措施不保。而问题严峻地摆在了专家组面前：什么是保障措施？保障措施规则适用于什么样的措施？

专家组裁定，多米尼加的措施中止了世贸协定义务，落入《关贸总协定》第 19 条和《保障措施协定》的范围之内，进而违反了有关条款。❶ 裁决逻辑很简单：第一，违反最惠国待遇的行为，构成《关贸总协定》第 19.1（a）条提及的"中止义务"（suspend obligation）情形。❷ 第二，临时性提高的实施税率具有不同寻常和特殊的（extraordinary and exceptional）性质，不属于《关贸总协定》第 2.1（b）条提及的"通常的关税"（ordinary customs duties），而属于"其他税收或任何费用"（other duties or charges of any kind），所以，新增税收构成了中止《关贸总协定》第 2.1（b）条义务的情形，进而符合第 19.1（a）条实施保障措施的"中止义务"范畴。❸ 基于此分析，多米尼加的措施属于保障措施，落入了《关贸总协定》第 19 条和《保障措施协定》的范围。

这两个裁定都很有争议。首先说第一个裁定。传统上理解，《关贸总协定》第 19.1（a）条的义务指的是《关贸总协定》第 11 条中的内容，如配额、许可证等，而不是最惠国待遇之类的其他义务。如果将"最惠国待遇"包括进来，似乎意味着根据第 19 条，只要符合一定条件就可以"中止最惠国待遇"（suspend MFN），但《保障措施协定》第 2.2 条规定，最终保障措施又必须符合最惠国待遇。两个条款之间的紧张关系（甚至说冲突关系）如何处理？专家组作出了不会冲突的表态，但几乎毫无解释。❹ 对此还有更多的隐忧，将来可以将国民待遇、透明度、技术标准、转口贸易等其他《关贸总协定》或世贸组织其他协定的义务作为此处的"义务"加以"中止"（suspend）吗？

其次谈第二个裁定。各国在缔结关税减让的时候，承诺的是"实施税率不高于约束税率"，理论上说，只要在约束关税之内，我爱怎么调就怎么调。况且，关税就永远不可以针对突发情况加以调整？关税不可以是短暂、临时的吗？如果进口国想在约束关税内提高实施关税，不讲理由而直接无限期地提高，反而不违反世贸规则？如果在调整实施关税之前采取了一套调查程序（貌似是比直接随意调整更合理一些），则反而更有可能违反世贸规则吗？所

---

❶ Panel Report, para. 7. 89.

❷ Panel Report, paras. 7. 61 – 7. 73.

❸ Panel Report, paras. 7. 74 – 7. 88.

❹ Panel Report, para. 7. 71.

以，这个案件的专家组可能裁得草率了一些，这么多涉及体系性的问题，却几乎没有看到任何解答，甚至没有看到像样的回应。● 遗憾的是，多米尼加没有上诉。

很早以前就读完了这个案件，对此裁决印象极为深刻。前段时间有人问及随意调整实施税率的行为是否违反世贸规则，我跟他们讲了这个案件，却遭到了鄙视。我理解他们拒绝此案裁决的疑惑，也理解他们对争端解决的怀疑。但这个案件现在就客观存在于那个角落里，你不能忽略它，尽管我也不太赞同它的裁决。

二、保障措施的调查与裁定

在被调查产品问题上，专家组作出了一个令人不安的决定。起诉方认为被调查产品内部涉及两个完全不同规格的产品，分别为聚丙烯编织袋（polypropylene bags of strip or the like）和合成纤维长丝纱织物（woven fabric of synthetic filament yarn），将这两个不具有竞争性的产品放入同一个被调查产品范围和同一个调查程序，违反《保障措施协定》。❷ 起诉方的此项主张是与空客飞机案（DS316）一脉相承的，那个案件中，上诉机构区分了单通道和双通道飞机，以此认定专家组关于"被补贴产品"（subsidized products）的定义有误。❸ 当年的这个裁决如此致命，以致上诉机构成员对其影响的认识都产生了分歧。❹ 但此案专家组在裁决中，以无法律依据为由驳回了起诉方❺，实质上回击了上诉机构。

这个案件中，多米尼加输了严重损害法律点，最主要的原因是损害指标不支持肯定性裁决，7 个指标呈积极发展趋势，只有 4 个指标显示有产业损害（现金流、成本、收益和亏损、库存）。❻ 此外，让人哭笑不得的是，多米尼加认为中国加入世贸组织的影响是"不可预见的发展"（unforeseen development）❼，好吧，权当这是对中国竞争力的褒奖。

---

❶ 多米尼加主张起诉方的观点（专家组的裁决）会影响成员关税减让的内在灵活性，但专家组对此项主张几乎没有回应。Panel Report，para. 7. 91.

❷ Panel Report，paras. 7. 155 – 7. 156.

❸ Appellate Body Report，European Communities and Certain Member States—Measures Affecting Trade in Large Civil Aircraft（hereinafter referred as EC and certain member States—Large Civil Aircraft），WT/DS316/AB/R，adopted 1 June 2011，paras. 1113 – 1137，1140 – 1147.

❹ Appellate Body Report，EC and certain member States—Large Civil Aircraft，paras. 1149，1205.

❺ Panel Report，paras. 7. 171 – 7. 182.

❻ Panel Report，paras. 7. 259 – 7. 315.

❼ Panel Report，para. 7. 130. 专家组裁定，多米尼加 1995 年就加入世贸组织，其保障措施裁决没有解释为何无法预见中国加入世贸组织及其对国际贸易的影响。

三、平行主义和发展中国家排除问题

传统上，"平行主义"（parallelism）指的是保障措施的调查范围和实施范围应当一致，如果严重损害裁决依据的是所有来源的进口产品，则应当对所有来源实施保障措施；如果严重损害裁决依据的仅仅为部分来源的进口产品（例如来自区域贸易协定成员之外的进口产品），则可以仅针对那些部分来源的进口产品实施保障措施。❶

然而此案专家组的裁定与此理解却似乎出现了背离，他们认为，所谓平行主义是"如果某成员希望在措施中排出某些原产地，该成员应当从事新的分析，只考虑那些被措施实际覆盖的原产地（产品）的影响"❷，同时认为《保障措施协定》第9.1条和第2.2条共同构成了措施的实施范围，"保障措施对所有原产地实施，但满足第9.1条的原产地除外"，所以，调查机关在排除发展中国家进口产品时，不用从事新的调查。❸ 这种理解即意味着保障措施的"平行主义"出现了两个截然不同的分叉：（1）排除区域贸易的时候，调查与措施的范围必须一致，调查机关需要对排除之后剩余进口产品进行单独的关于严重损害的调查与分析；（2）排除发展中成员进口产品的时候，调查与措施的范围无须一致，调查机关无须对剩余进口产品进行单独的严重损害调查与分析，只需要满足《保障措施协定》第9.1条关于微量的要求即可。

调查范围和措施范围相区别的思路，似乎不符合以往世贸争端案上诉机构裁决的精神。"平行主义"（parallelism）所体现的理念是，谁造成的损害谁承担责任，不能将一部分人造成的损害归结到另一部分头上。而专家组在此案中的解释恰恰违反了这种公正的理念。在实际经济运行中，完全有可能是那9%的进口量造成严重损害，比如价格影响、对国内市场份额的影响。如果恰巧是这9%的部分造成了损害，最后实施过程中又排除出去，反而限制那些

---

❶ Appellate Body Report, Argentina—Safeguard Measures on Imports of Footwear, WT/DS121/AB/R, adopted 12 January 2000, paras. 99 – 114. Appellate Body Report, United States—Definitive Safeguard Measures on Imports of Wheat Gluten from the European Communities, WT/DS166/AB/R, adopted 19 January 2001, paras. 93 – 100. Appellate Body Report, United States—Definitive Safeguard Measures on Imports of Circular Welded Carbon Quality Line Pipe from Korea, WT/DS202/AB/R, adopted 8 March 2002, paras. 178 – 199. Appellate Body Report, United States—Definitive Safeguard Measures on Imports of Certain Steel Products, WT/DS248/AB/R, WT/DS249/AB/R, WT/DS251/AB/R, WT/DS252/AB/R, WT/DS253/AB/R, WT/DS254/AB/R, WT/DS258/AB/R, WT/DS259/AB/R, adopted 10 December 2003, paras. 433 – 474.

❷ Panel Report, para. 7. 369. It provided that "when a Member seeks to exclude certain originsfrom the application of a measure, that Member must conduct a new analysis that takes into accountonly the impact of the origins actually covered by the measure."

❸ Panel Report, para. 7. 375.

没有造成损害的进口量，如此结果公平吗？而且，就法律技术而言，从条约宗旨来看，凭什么发展中国家和区域贸易协定成员（FTA/CU 成员）的待遇有所区别？传统"平行主义"内在的公平性原理为何不适用于发展中国家排除？这些问题只能留给未来的上诉机构了。

案件报告索引：

Panel Report, Dominican Republic—Safeguard Measures on Imports of Polypropylene Bags and Tubular Fabric, WT/DS415/R, WT/DS416/R, WT/DS417/R, WT/DS418/R, adopted 22 February 2012.

17. 事无巨细的经典诉讼

——挪威诉欧盟三文鱼反倾销案

案件编号： DS337

这个案件有两个重要意义：第一，挪威律师团队的职业精神让人敬重，不惧繁琐，不惧细节，将每个可能存在争议的事实和程序全部挑战一遍，一个争端打了 47 个法律点，胜诉 22 个，输掉 15 个，司法经济 10 个，是一个典型的积小胜为大胜的案例。第二，欧盟反倾销调查与裁决的阴暗面让人开眼，肆意认定同类产品和国内产业范围，不合理分配举证责任，混乱不堪的案卷管理系统，霸道无理的裁决与认定，"数量测试"及"倾销进口量"这些问题上的屡教不改，几乎是最恶劣调查机关的样板，实在不符合其高调的国际形象。

一、有意思的证据规则

由于不同的事实和法律依据，专家组实际上对 37 个法律点进行了分析。这是一项浩瀚的工程，我也难以在这篇短评中逐一道来，因此摘录些有意思的结论（特别是第（3）点以后的证据规则）：（1）被调查产品定义未要求细分其产品规格，但调查机关对被调查产品定义得越宽，则后续调查事项越复杂，满足义务越困难❶；（2）倾销抽样调查时，调查机关有权决定其调查关注，其抽样可以仅针对国外生产者，排除某些本身不是生产者的出口商，同时可以损害抽样❷；（3）重申了调查机关不能拒绝考虑利害关系方提交的《反倾销协定》附件 2 中规定的信息❸；（4）是否"实地核查"（on－the－spot investigation）不等于是否"可核查的"（verifiable），实地核查也不是核

---

❶ Panel Report，paras. 7. 54 and 7. 58.
❷ Panel Report，paras. 7. 162－7. 181.
❸ Panel Report，paras. 7. 347，7. 384－7. 386.

查某个信息准确性的唯一方式❶；（5）调查机关若打算使用可获得事实（facts available），则必须通知出口商，索取有关信息，并告之不合作的后果❷；（6）欧盟没有错在选择 3 年的平均汇率，而是错在没有回应利害关系方的问题❸；（7）调查机关不必引用每一条证据❹；（8）案卷（record）没有特定格式，但调查机关必须主动给利害关系方看所有的相关信息❺；（9）政府之间的信函，如果没有标记"保密"，则应改推定公开，小心出口国政府反咬一口❻；（10）披露裁决所依据的基本事实，不必让利害关系方预期到裁决结果❼；（11）基本事实披露不影响调查机关后续评估案件事实❽；（12）不需要超过 1 次的终裁前披露❾；（13）接触到所有证据材料的途径（access），不等于基本事实披露❿；（14）披露不需要反映证据的每一个细节，也不需要脚注，没有固定格式，也不需要连接事实的准确程度⓫；（15）新证据与证据的新格式不同，前者在争端解决中不能采用，而后者可以接受⓬；（16）争端解决可以采信欧盟从调查问卷答卷中归纳的信息，隐含了在没有争议的情况下，调查机关所须收集的证据层次到问卷答卷即可。⓭

二、正常贸易过程

本案讨论了两类是否属于正常贸易的情形：（1）《反倾销协定》第 2.2.1 条低成本测试的反推（a contrario）；（2）《反倾销协定》第 2.2.2 条数量测试的使用。

低成本测试在条文上很清楚，半年到一年内，低成本销售数量占其国内总销量的 20% 及以上，这些交易可以排除在计算正常价值之外。问题出在第 2 句话，即"如低于单位成本的价格高于调查期间的加权平均单位成本，则此类价格应被视为能在一段合理时间内收回成本"。这句话能否被反推为"调

---

❶ Panel Report，para. 7. 358.
❷ Panel Report，paras. 7. 452 – 7. 462.
❸ Panel Report，para. 7. 541.
❹ Panel Report，para. 7. 664.
❺ Panel Report，para. 7. 770.
❻ Panel Report，para. 7. 776.
❼ Panel Report，para. 7. 796.
❽ Panel Report，para. 7. 798.
❾ Panel Report，para. 7. 799.
❿ Panel Report，para. 7. 806.
⓫ Panel Report，para. 7. 808.
⓬ Panel Report，para. 7. 838.
⓭ Panel Report，para. 7. 854.

查期内低于加权平均成本的销售，不能在一段合理时间内收回成本"❶? 这种反推实际上排除了两类交易：第一类是单位价格高于单位成本，但低于平均单位成本；第二类是单位价格低于单位成本，也低于平均单位成本，但由于规模效应或经济复苏，未来超过调查期的增长销量将摊薄目前高昂的平均固定成本。据此，挪威认为不能反推，欧盟认为可以反推。❷ 专家组否定了挪威的观点，认为这个条款的反推是一种不违背现行规则的解释。❸ 为支撑其结论，专家组追溯了谈判史，从第 2.2.1.1 条找到了重要的上下文支持理由，尤其是乌拉圭回合的拉姆索尔文本（Ramsauer Text）提供了成本分摊的谈判背景。❶ 这个问题不容易回答，挪威实际上问了一个反倾销调查中的"原罪"，即反倾销内在的经济不合理，没有充分考虑经济周期、产品周期的固定成本分摊问题。这个问题可能与"合理时间"有关系，挪威也从这个角度诉了，但仍然没有成功，原因是条文把这点留给了调查期以及调查机关的自由裁量权。❺ 但务实地从解释现有规则角度来看，专家组观点没有错。第一类交易实际上已经得到弥补，高于平均单位成本的交易有可能低于当时的单位成本，因此两相抵消，也能算公平。第二类交易可以通过成本分摊解决，至于分摊的方法是否科学合理，则是另外的问题，应该由第 2.2.1.1 条解决，再不济，也应该通过谈判解决，似乎不宜指望第 2.2.1 条的"合理时间"来实现一个完美的反倾销调查。

数量测试体现在《反倾销协定》第 2.2 条帽段和脚注 2，目的在于用 5%的内外销比例测试国内交易是否具有可比资格，从而选用合适的正常价值认定方法；如果低于 5%，就采用第三国出口价或结构价格。在随后计算结构价格的时候，第 2.2.2 条又提供了 4 种方法，问题在于这个时候是否仍然可以以第 2.2 条帽段的数量测试为由，选定一个可能不利于出口商的结构价格计算方法。按照专家组的说法，即如何协调被第 2.2 条排除的交易在第 2.2.2条中重新被采用。❻ 挪威认为不可以采取数量测试，欧盟认为可以。❼ 专家组裁定欧盟败诉，第 2.2.2 条没有提供任何关于数量测试的条件，因此，调查

---

❶ Panel Report, para. 7. 245.

❷ Panel Report, paras. 7. 207 and 7. 214.

❸ Panel Report, paras. 7. 246 – 7. 249.

❶ Panel Report, para. 7. 258. Draft Working Paper on Antidumping, dated 26 November 1991, (unpublished working document), (the "Ramsauer" text).

❺ Panel Report, paras. 7. 230 – 7. 237.

❻ Panel Report, para. 7. 297.

❼ Panel Report, paras. 7. 298 – 7. 300.

机关在计算结构价格时，不能随意选择计算方法来排除出口商的低数量交易。❶ 就这个争议，管道管件案（EC—Tube or Pipe Fittings，DS219）的专家组和上诉机构就已经作出了比较明确的裁定，认为结构正常价值中应当包括低销售量的国内交易。❷ 应该说，这是个老问题，采取出口商实际成本、费用和利润价格不一定必然低于采取加权平均或其他方法，这取决于事实，但出口商喜欢用自己的数据，因为更合理，更可控。

三、未抽样的国外生产者倾销幅度与倾销进口量

《反倾销协定》第 9.4 条已经说得很清楚了，未被抽样企业的倾销幅度不得超过对选定出口商或生产者确定的加权平均倾销幅度，同时应忽略零幅度、微量幅度和可获得事实裁定的倾销幅度。本案专家组再次确认了这条规则。❸ 而问题在于，如果这样做显失公平怎么办？举个极端的例子，抽样中 90% 的出口无倾销，剩余 10% 倾销进口的倾销幅度能否适用于所有未被抽样的国外出口商？进一步，这些进口量能否都算作倾销进口量而运用于损害分析？

严格来说，第一个问题不是本案的争议，仅仅是我们读案例顺理成章的推问，目前暂无答案；第二个问题是上诉机构和专家组在这里发生的分歧。欧盟床单案（DS141）中，欧盟认定抽样的出口商中 47% 的出口量存在倾销，并将其倾销幅度适用于未抽样的出口商及随后的损害分析。❹ 在那个案件中，执行专家组和上诉机构没有回应我们第一个问题，但是对第二个问题给出了明确答复。专家组认定不违背《反倾销协定》，上诉机构推翻了其裁决，认为不能将所有未抽样的出口量都认定为倾销进口量，进而运用于损害分析，因为这需要"其他证据"，诸如市场竞争条件、生产特征和其他与生产、销售、进口有关的数据。❺ 专家组不同意上诉机构的这个分析逻辑，终于在本案中找到机会重新阐述。他们认为，上诉机构在不锈钢日落复审案（US—Corrosion Resistant Steel Sunset Review，DS244）中

❶ Panel Report，paras. 7. 304 – 7. 308.

❷ Panel Report，European Communities—Anti-Dumping Duties on Malleable Cast Iron Tube or Pipe Fittings from Brazil，WT/DS219/R，adopted 18 August 2003，paras. 7. 121 – 7. 139. Appellate Body Report，European Communities—Anti-Dumping Duties on Malleable Cast Iron Tube or Pipe Fittings from Brazil，WT/DS219/AB/R，adopted 18 August 2003，paras. 85 – 102.

❸ Panel Report，paras. 7. 420.

❹ Appellate Body Report，European Communities—Anti-Dumping Duties on Imports of CottonType Bed Linen from India—Recourse to Article 21. 5 of the DSUby India（hereinafter referred as EC—Bed Linen（Article 21. 5）），WT/DS141/AB/RW，adopted 24 April 2003，para. 103.

❺ Appellate Body Report，EC—Bed Linen（Article 21. 5），paras. 101 – 146.

明确认为日落复审有关倾销幅度的调查方法应与第 2 条中的方法一致，任何其他方法都是不能接受的❶，那么在欧盟床单案中凭什么又要求调查机关提供"其他证据"来证明"倾销"进口量呢？所以，认定倾销进口量只能依据第 2 条和相应的抽样规则（第 6.10 条）作出裁定，据此，专家组认为欧盟可以将未被抽样的国外出口商的所有出口量都作为进口国的倾销进口，征收反倾销税。❷ 但专家组同时裁定，欧盟将微量倾销幅度的出口量计入倾销进口量，错误地认定了所有被抽样的出口量均为倾销进口量，同时在后续的产业损害调查中沿用此错误前提，将所有未经调查的进口量视为倾销进口量，违反了《反倾销协定》第 3.1 条和第 3.2 条。❸ 坦率地说，专家组否定上诉机构裁决的逻辑是有道理的，抽样算出倾销幅度，然后将此结果适用于未被抽样的出口商，计算出未被抽样的出口商的倾销幅度，并进而缴纳反倾销税，这是"抽样"的必然之义。至于针对未被抽样、且未倾销的出口商出现的"错杀"局面，问题不是出在抽样结果的延伸，而是出在不合理的抽样及其代表性，更何况还可能存在一个技术悖论，即如何认定"未被抽样调查"的出口商倾销幅度为"微量"。可惜三文鱼这个案件没有提起上诉，只能等待下一次机会看上诉机构的回应了。

四、结语及给我们的启示

这个案件的专家组结束以后，挪威和欧盟均宣布获胜。这是 WTO 反倾销争端收尾的一贯场面，但狂输 22 个法律点，无论如何也掩饰不了欧盟实际上的惨败。而且，在第 3.1 条损害认定中的倾销进口量（dumped imports）问题上，欧盟也曾经在欧盟床单案执行争议中输过一遍，这个案件中仍然采用，然后又输一遍，不免让人怀疑欧盟贸易救济调查中的诚信度。2008 年 11 月 21 日，欧盟复审决定终止反倾销措施，挪威完胜。❹ 这个案件没有轰轰烈烈

---

❶　Appellate Body Report, Appellate Body Report, United States—Sunset Review of AntiDumping Duties on CorrosionResistant Carbon Steel Flat Products from Japan, WT/DS244/AB/R, adopted 9 January 2004, para. 130.

❷　Panel Report, para. 7.633. 专家组不同意上诉机构的裁决，直接表示："We are troubled by the Appellate Body's decision in this regard."

❸　Panel Report, para. 7.636.

❹　Notice regarding the termination of the process concerning the implementation of the Panel report adopted by the WTO Dispute Settlement Body concerning the anti-dumping measure applicable to imports of farmed salmon originating in Norway, Official Journal of the European Union, C 298/7, 21 November 2008, pp. 7 – 8.

的归零、反规避等大的实体问题，有的只是比比皆是的证据瑕疵、不当推理，标的看似微小，但只要学习挪威人一丝不苟的严谨精神，做好每一件小事，分析好每一个证据，打好每一个法律点，就能获胜。

案件报告索引：

Panel Report，European Communities—Anti-Dumping Measure on Farmed Salmon from Nor-way，WT/DS337/R，adopted 15 January 2008，and Corr. 1.

18. 欧盟诉墨西哥橄榄油反补贴案

案件编号： DS341

这是一个让人失望的案例。记得两年前看到欧盟诉状时，发现这里包含了很多令人兴奋的元素——补贴与反补贴、农产品、利益传导、国内产业的实质阻碍，随即向同事重点推荐，以为它会给我们带来某些富有建设性的启发。然而今天，专家组裁决报告却向我们讲述了欧盟作为起诉方的一场惨败，诉了10个法律点，输了6个，赢了3个，司法经济1个，其中赢了的法律点还包括调查期限超过18个月这种毫无技术含量的"胜利"。而事先备受关注的实质阻碍，原来是申请人起诉的主张，最后墨西哥仍然是以实质损害结案。❶

一、利益传导之诉的低级错误

很多国家碰到反补贴措施，大多采取严打的策略，你调查一起，我起诉一起，赢不赢另当别论，但首先要增加你的行政成本，唯恐反补贴案件像多米诺骨牌一样发生连锁反应。这种姿态无可厚非，甚至有一种明知不可为而为之的悲壮感。但欧盟在这个案件中做得太不专业了，竟然在起诉利益传导时犯了一个低级错误：适用法律依据错误。

利益传导不是个新问题，早在《1947年关贸总协定》年代，加拿大诉美国的猪肉案（US—Canadian Pork）中专家组就裁定美国在反补贴的利益传导问题上违法。❷ 世贸组织成立以后，软木 IV 案（DS257）上诉机构认为根据《关贸总协定》第6.3条和《补贴与反补贴协定》第10条，反补贴税不能超过补贴额，调查机关需要根据两个条件计算上游补贴的传导利益：（1）出口

---

❶ Panel Report, para. 7. 50.

❷ GATT Panel Report, United States—Countervailing Duties on Fresh, Chilled and Frozen Pork from Canada, DS7/R, adopted 11 July 1991, BISD 38S/30, paras. 4. 8 – 4. 10.

商的原料存在补贴；（2）该出口商与被补贴的企业不存在关联关系。❶ 然而欧盟在此案中，竟然没有从《关贸总协定》第6.3条和《补贴与反补贴协定》第10条起诉利益传导，而是从与之无关的《补贴与反补贴协定》第1.1条和第14条起诉（分别为补贴定义和补贴额计算）。❷ 我们无法揣测其目的，但他们这种挑战专家组智商的行为显然是不可能成功的，无论怎么研究第1.1条和第14条的潜台词，都读不出利益传导的义务。因此，专家组判其败诉。❸

二、行政保护令（APO）制度的风险

本案唯一的亮色是墨西哥输了非保密概要这个法律点。墨西哥在实践中采取了"特定范围披露"（limited disclosure）体系，即利害关系方的部分代理人（主要是律师）可以接触全部保密信息。❹ 这种制度与美国的行政保护令（Administrative Protective Order）制度❺和加拿大的承诺制度（Undertaking）❻相似，在某种意义上实现了绝对的透明度，利害关系方只要选择了敬业可靠的律师，就可以充分接触证据，在调查中维护自身权益，比欧盟和我国采取的"非保密概要"体系更透明。但问题是，调查机关在向外披露的公告中把保密信息直接删去，这种行为有没有满足《补贴与反补贴协定》中非保密概要的义务？❼ 专家组援引了墨西哥钢管案（Mexico—Steel Pipes and Tubes, DS331）的裁决❽，在那个反倾销争端中，专家组认为非保密概要是个独立于特定范围披露的义务，不能因为披露而不履行非保密概要的义务。从这个角度而言，即便特定范围披露制度事实上比非保密概要制度更透明，调查机关仍然要满足世贸规则中特定的非保密概要义务。❾

这个裁决报告让人担忧的是其论述理由，专家组认为非保密概要仅仅删除绝对数字是不够的，还需要让其他利害关系方能够"合理理解"被删除的

❶ Appellate Body Report, United States—Final Countervailing Duty Determination with Respect to Certain Softwood Lumber from Canada, WT/DS257/AB/R, adopted 17 February 2004, paras. 123 – 166.

❷ Request for the Establishment of a Panel by the European Communities, WT/DS341/2, 8 December 2006.

❸ Panel Report, paras. 7. 153 and 7. 169.

❹ Panel Report, para. 7. 93.

❺ United States International Trade Commission, An Introduction to Administrative Protective Order Practice in Import Injury Investigations, March 2005, (Fourth Edition), Publication No. 3755.

❻ Canadian International Trade Tribunal Act (R. S. C. , 1985, c. 47 (4th Supp.)), Subsections 45 to 49.

❼ Panel Report, para. 7. 96.

❽ Panel Report, Mexico—Anti-Dumping Duties on Steel Pipes and Tubes from Guatemala, WT/DS331/R, adopted 24 July 2007, para. 7. 398.

❾ Panel Report, paras. 7. 85 – 7. 102.

信息。❶ 实践中，调查机关会收到大量的表格数据，这如何满足"合理理
解"，难道要求利害关系方再提供相对数说明?❷ 如果某年的表观消费量就一
个数，那么如何提供相对数? 而且，如果利害关系方提供了绝对数就不再提
供相对数，那么这种绝对数如何处理? 不合作? 不采纳? 如何满足"可获得
事实"的义务? 难道调查机关还要润色利害关系方提交的每一笔非保密概要?
笔者与加拿大产业损害调查官员聊过，他们也会收到很多没有标明保密或公
开的材料，为慎重起见，有时直接放到保密案卷中，可能因此没有非保密概
要。从这些坦率的交流来看，只要起诉该条款，那么几乎所有的调查机关
必输。

三、反补贴前磋商义务

　　墨西哥经济部长签署反补贴立案决定是在 2003 年 7 月 2 日，向欧盟发出
磋商邀请是在 7 月 4 日，墨西哥在官方通报上发布立案公告是在 7 月 16 日，
双方的磋商时间是在 7 月 17 日。❸ 欧盟主张墨西哥的立案时间为 7 月 2 日，
所以在立案之前未磋商，而墨西哥认为立案公告时间是 7 月 16 日，根据墨西
哥国内法，反补贴立案之日应为公告之后的第一日，所以应当为 7 月 17 日，
而其那时已经向欧盟发出磋商邀请。❹ 专家组认为应该由调查机关决定何时正
式启动调查，并通过公告公布，从而支持了墨西哥的主张，并裁定磋商未晚
于立案。❺ 专家组还裁定，根据《补贴与反补贴协定》第 13.1 条，进口国只
需要邀请出口国政府进行磋商，并不意味着措施必须实际举行，而且磋商邀
请与反补贴立案之间无须有充分的时间间隔（甚至没有明确的时间间隔）。❻
　　从这个案件的解释来看，反补贴前根本就没有磋商的义务。《补贴与反补
贴协定》第 13.1 条规定进口国在发起反补贴调查之前应"邀请"出口国政府
磋商，邀请就意味着对方不必同意磋商，也不一定有实质意义的磋商，甚至
恶毒点，连可行的磋商时间都不给你留下。举个极端的情形，立案前一天发
出磋商邀请函，要求明天举行，不来就立案。如此理解可能让反补贴应对人
员难以接受，刚磋商完，可能还在回程的飞机上，对方就立案，实在有点被

---

❶　Panel Report，para. 7. 98.

❷　2014 年的汽车双反措施案（DS440）的专家组裁定中，指标的变化比例，即将指标统一调整
为基数 100 的指数，可以满足非保密概要义务。Panel Report，China—Anti-Dumping and Countervailing
Duties on Certain Automobiles from the United States，WT/DS440/R，adopted 18 June 2014，para. 7. 34.

❸　Panel Report，paras. 7. 15 – 7. 16.

❹　Panel Report，para. 7. 21.

❺　Panel Report，paras. 7. 26 and 7. 31.

❻　Panel Report，paras. 7. 32 – 7. 43.

愚弄的感觉。但在反补贴领域，寄希望于磋商解决问题仍然过于理想，对方有组织、有预谋地准备了半天，加之受到国内法管辖（多数国家称自己是法治国家），怎么可能听你说两句就撤诉？无论从法理还是实际考虑，通过反补贴调查的前置程序来解决反补贴争议都是不现实的。

此外，墨西哥还输了产业损害调查期，墨西哥经济部认定的损害调查期为 2000 年至 2002 年的每年 4 至 12 月（连续 3 年，每年 9 个月的调查期）❶。专家组认为，调查机关如果选择了非连续的调查期，则应当充分解释该部分时间段的发展是否反映了整体的发展，墨西哥由于未作相应证明，所以违反了《补贴与反补贴协定》第 15.1 条的肯定性证据和客观审查义务。❷ 此裁决说明，《补贴与反补贴协定》第 15.1 条（《反倾销协定》的对应条款为第 3.1 条）的原则性义务在产业损害调查中起着核心作用，很多条约上未明确规定的事项（例如本案中的产业损害调查期选择），均可以通过挑战调查机关的"客观审查"义务得到救济。

案件报告索引：

Panel Report，Mexico—Definitive Countervailing Measures on Olive Oil from the European Communities，WT/DS341/R，adopted 21 October 2008.

---

❶ Panel Report，para. 7. 278.
❷ Panel Report，paras. 7. 281 – 7. 290.

19. 加拿大第六次诉美国软木措施案

案件编号： DS277

在世贸争端解决历史上，加拿大诉美国的软木系列争端案是一个奇特的存在。加拿大将美国的双反措施拆分为初步裁定、补贴裁定、倾销裁定、产业损害裁定，分别诉诸世贸争端解决。❶ 其就好像遭受了天大的委屈，不弄得史无前例，不足以让世人关注。先不论最终效果，就诉讼策略而言，可能是加拿大的国际形象太好了，所以大家能理解其作为受害者的愤怒，如果换作其他某个国家，如此耗费世贸争端解决的行政资源，还能引起同情吗？

一、产业损害威胁

这个案件是加拿大起诉美软木双反措施系列争端中的最后一个，诉美国国际贸易委员会（USITC）的产业损害威胁裁定。❷ 原始专家组支持了加拿大的诉求，其中涉及一些有意思的论述。首先是《反倾销协定》第3.7条所列的4个指标是非强制性的，原因是条文用语为"应该"（should），意为当做但不一定做❸，同时维持了 Mexico—Corn Syrup 案的专家组裁决，第3.4条所列指标反而是强制性的，建立起损害裁决的背景（background）。其次是情形变化（change in circumstances）没有什么实际的意义，可能是一个事项，和/或一组事项，和/或产业的发展状况，和/或倾销或补贴产品进口。其三，特殊关注（special care）也没什么实际意义，原因是此义务很难和后续的第3.4

---

❶ United States—Preliminary Determinations with Respect to Certain Softwood Lumber from Canada, WT/DS236; United States—Final Countervailing Duty Determination with Respect to Certain Softwood Lumber from Canada, WT/DS257; United States—Final Dumping Determination on Softwood Lumber from Canada, WT/DS264; United States—Investigation of the International Trade Commission in Softwood Lumber from Canada, WT/DS277.

❷ USITC Report in Softwood Lumber formCanada, Investigations, Nos. 701 – TA –414 and 731 – TA – 928 (Final), Publication 3509, (May 2002).

❸ Panel Report, para. 7. 68.

条、第 3.5 条中的那些实体义务相区别，因此很难有明确的单独义务。作为特殊关注，某种意义上只能提醒专家组和上诉机构采取严格的解释规则，限制调查机关的自由裁量权。

原始专家组根据上述标准否定美国的损害威胁裁定，完全走了事实密集的路线，主要有 6 点理由：（1）美国国际贸易委员会没有考虑加拿大出口量增长速率；（2）美国没有证明过剩产能、设计新增产能和开工率表明产能和出口将呈显著增长（increase substantially）；（3）目前的加拿大出口导向现状只能说明历史情形的延续（continuation of the historical patterns），不能支持出口将显著增长；（4）未能证明《软木协定》（Softwood Lumber Agreement）的过期将导致加拿大出口迫近的显著增长；（5）没有分析《软木协定》之前的市场状况和《软木协定》过期后的市场状况；（6）关于美国需求增长的预测不能支持进口将显著增长，尤其这种需求可能影响所有来源的进口。❶ 实事求是地说，美国所依据的因素与潜在的出口增长不能说毫无关系，专家组的这种分析路径实际上反映了严格执法的需求。毕竟损害威胁的案件比实质损害的案件更少，而且由于认定未来可能发生的事情，主观性更强，调查机关的自由裁量权更大，专家组需要防止无损害的案件都走损害威胁的道路，最后成为滥用贸易救济措施的借口。

二、审查标准

原始专家组裁定美国败诉之后，其国际贸易委员会执行了此案，重新打开案卷进行调查，最后作出裁定，维持了产业损害威胁的结论。❷ 加拿大对此结果不满，再次诉诸世贸争端解决机制。❸ 执行专家组维持了美国国际贸易委员会的调查和结论，裁定加拿大败诉。❹ 加拿大随即又提起上诉，上诉机构推翻了执行专家组的裁决，但同时认为无法完成法律分析，因此未给出建议。❺ 如此曲折的执行争议过程中，出现了一个比较重要的法律点，即专家组的

❶ Panel Report, paras. 7.87 – 7.96.
❷ USITC, Softwood Lumber From Canada, Investigation Nos. 701 – TA – 414 and 731 – TA – 928, (Section 129 Consistency Determination), Publication 3740, November 2004.
❸ Request for the Establishment of a Panel, Recourse to Article 21.5 of the DSU by Canada, WT/DS277/8, 15 February 2005.
❹ Panel Report, United States—Final Dumping Determination on Softwood Lumber from Canada—Recourse to Article 21.5 of the DSU by Canada, WT/DS264/RW, adopted 1 September 2006, paras. 8.1 – 8.3.
❺ Appellate Body Report, United States—Final Dumping Determination on Softwood Lumber from Canada—Recourse to Article 21.5 of the DSU by Canada, WT/DS264/AB/RW, adopted 1 September 2006, paras. 162 – 163.

"审查标准"争议。这个争议又具体分为两个层面：第一个层面是双反措施损害裁决的审查标准如何选择；第二个层面是执行专家组的审查标准具体有什么要求。

就第一个层面而言，反补贴产业损害裁决的审查标准依据的是《争端解决谅解》（DSU）第11条，而反倾销产业损害裁决的审查标准是《反倾销协定》第17.6条。理论上讲，乌拉圭回合中美国根据其国内法"Chevron Doctrine"❶写入协定，《反倾销协定》第17.6条的审查标准应该比《争端解决谅解》第11条更为宽松，更倾向于维护调查机关的自由裁量权。问题在于：双反调查中，各国普遍合并损害调查，此时究竟应该采取哪一个审查标准？面对如此艰难的问题，所有人都选择了回避策略。加拿大只从《争端解决谅解》角度诉了审查标准问题❷；美国只是抱怨了一下，但也不要求上诉机构就此单独作出裁定。于是，上诉机构采取了回避策略，直接沿着加拿大上诉的《争端解决谅解》第11条往下裁。❸ 其实这个争议的原罪是双反措施的交叉累积评估问题，各国均在产业损害调查时合并分析倾销和补贴的影响，估计加拿大权衡半天，最后还是没有起诉这点，否则加拿大自己的产业损害调查机关的日子就难过了。不过，上诉机构在热轧钢案（DS184）中已经裁定两个审查标准条款不发生冲突，均应以符合传统国际公法（《维也纳条约法公约》）的解释为准。❹ 从这个角度而言，第11条和第17.6条的适用性争议可能不是那么重要了，无非是文字表述不同，但殊途同归。

第二个层面，执行专家组全面支持了美方做法，几乎推翻了原始裁决（尽管没有更换3位专家），上诉机构痛扁了执行专家组的做法，认为其分析不够"具有批判性的和不断搜索的"（critical and searching），很多结论都是"并非不合理"（not unreasonable），反映了专家组没有认真回应潜在的替代性

---

❶ Chevron, U. S. A., Inc. v. Natural Res. Def. Council, Inc., 467 U. S. 837, 842 –43（1984）. Chevron Doctrine 有时被翻译为"切夫朗原则"，此为美最高法院在行政诉讼案中确立的先例原则，大致意思为，当美国内法出现模糊之处，如果国会未予以明确说明，法院应该审查"行政部门的解读是否为一个条文允许的解读"。这个裁决的实质是要求法院尊重行政部门的合理解释。

❷ Notification of an Appeal by Canadaunder Article 16. 4 and Article 17 of the Understanding on Rulesand Procedures Governing the Settlement of Disputes（DSU），and under Rule 20（1）of the Working Procedures for Appellate Review, Recourse to Article 21. 5 of the DSU by Canada, WT/DS277/16, 16 January 2006.

❸ Appellate Body Report, United States—Investigation of the International Trade Commission in Softwood Lumber from Canada—Recourse to Article 21. 5 of the DSU by Canada（hereinafter referred as US—Softwood Lumber VI（Article 21. 5 – Canada）），WT/DS277/AB/RW, adopted 9 May 2006, and Corr. 1, para. 91.

❹ Appellate Body Report, United States—Anti-Dumping Measures on Certain Hot-Rolled Steel Products from Japan, WT/DS184/AB/R, adopted 23 August 2001, paras. 57 – 62.

解释。❶ 坦率地说，这个案件的执行专家组确实比较过分，大量引用了美国的陈述，几乎没什么分析就维持了美国国际贸易委员会的认定，其推理过程粗糙不堪，整个裁决更像是个仲裁（按照另一位研究者读完此案的感受，对于打产业损害的争端几乎是万念俱灰）。不过，上诉机构在否定揣测专家组想法的时候，认为即便"损害发生"是合理预测之一，也不能必然支持损害威胁的结论。❷ 此表述强烈地体现了上诉机构从严执法的倾向。

最后多说一句，这个案件由于执行专家组适用的审查标准错误，上诉机构否定了其结论，但由于事实不清，无法完成法律分析。于是，这个案件就稀里糊涂地结案了，没有实际结果，不知道美国的执行措施究竟符不符合世贸规则，也不知道加拿大是否应再次提起执行专家组程序。此案典型暴露了上诉机构缺少发回重审权的弊端，但正如有人所言，发回重审会使争端程序更加复杂。

案件报告索引：

Panel Report, United States—Investigation of the International Trade Commission in Softwood Lumber from Canada, WT/DS277/R, adopted 26 April 2004.

Panel Report, United States—Investigation of the International Trade Commission in Softwood Lumber from Canada—Recourse to Article 21.5 of the DSU by Canada, WT/DS277/RW, adopted 9 May 2006.

Appellate Body Report, United States—Investigation of the International Trade Commission in Softwood Lumber from Canada—Recourse to Article 21.5 of the DSU by Canada, WT/DS277/AB/RW, adopted 9 May 2006, and Corr. 1.

---

❶ Appellate Body Report, US—Softwood Lumber VI (Article 21.5 – Canada), paras. 93, 111 – 117.
❷ Appellate Body Report, US—Softwood Lumber VI (Article 21.5 – Canada), para. 117.

20. 加拿大婴儿食品案（反倾销公共利益研究）

婴儿食品案（Baby Food）是加拿大关于公共利益的经典案例，它的核心是回答两个问题：（1）什么利益需要展开公共利益调查？（2）依据公共利益，多少反倾销税为宜？归纳起来，第一个问题是调查的门槛，第二个问题是调查的法律后果。这里并不准备逐一回答这两个问题，而是打算把对这两个问题的思考体现在案件评论中。

一、基本案情

1998 年 3 月 30 日加拿大国税部副部长裁定美国出口的婴儿食品存在倾销行为，加权平均倾销幅度按照出口价格比例计算为 148.51%❶；1998 年 4 月 29 日，加拿大国际贸易法庭（CITT）裁定自美国倾销进口对加拿大唯一的国内生产者造成实质损害。❷ 这个裁决结果引起加拿大社会的高度关注，人们认为"婴儿不应当缴税"，反倾销措施会伤害低收入家庭。随即，27 个利害关系方要求发起公共利益调查，另有 47 个利害关系方表示反对。❸ CITT 审查了所有利害关系方提交的陈述以后，于 1998 年 7 月 3 日发起公共利益调查，向加拿大生产者、进口商、出口商和消费者发放调查问卷，并于 1998 年 9 月 14～18 日召开录像听证会，听取了 34 个证人发言。经过近 5 个月的调查，1998 年 11 月 30 日 CITT 认定有必要依据公共利益降低婴儿食品案的反倾销税，并向财政部提出建议。

二、授权与审查标准

加拿大《特殊进口措施法案》（SIMA）第 45 条授权 CITT 调查公共利益，

---

❶ CITT Report，p. 2.
❷ Inquiry No. NQ－97－002，Finding，April 29，1998，Statement of Reasons，May 14，1998.
❸ CITT Report，p. 1.

并向财政部长报告是否应当维持、降低或取消反倾销税，但这些粗略的规定没有提供立法说明，没有定义公共利益，国际条约上也找不到相关的指导意见。唯一的渊源就是案例。1987 年 10 月的谷类作物案（Grain Corn）认为："国会制定的 SIMA 本身即反映了公共利益，因此第 45 条具有例外的性质，仅适用于贸易救济对用户造成实质的（substantial）和可能没有必要的（possibly unnecessary）负担。"❶（意译）这一原则在 1996 年 4 月的精制糖（Refined Sugar）案中得到再次确认。❷ 值得一提的是，在精制糖案中，CITT 主动限制了公共利益调查的职责，不向财政部长建议国民收入和财富的再分配。

三、调查框架与分析思路

第一，调查反倾销税的价格影响：（1）分析了全额征收反倾销税的影响，重点考察了国内产业的价格战略选择、潜在的商业竞争、购买者的制衡能力、消费者对于价格上涨的反应；（2）分析了取消反倾销税的影响，如国内产业的生存能力；（3）分析了削减反倾销税的影响。❸

第二，调查反倾销税造成的其他影响。这也分为 3 个方面：（1）对低收入家庭的影响，包括全额征税、取消和削减征税的影响；（2）对婴儿健康的影响；（3）对市场竞争的影响，也从全额征税、取消和削减征税的角度来论证。❹

这样的分析思路在效果上存在缺陷：案件中出现大量矛盾、模糊、似是而非的证据，很多冠冕堂皇的宏大叙事缺少准确数据作为支持的理由。比如，在低收入家庭问题上，有证人表明很多低收入父母不具备为婴儿烹饪家庭餐食的能力和设备，但 Brander 教授认为，以控制价格的方式解决儿童温饱（贫困）很不明智。❺ 又如，在婴儿健康问题上，1992 年近 500 名 1 岁以下婴儿因食品噎塞住院，其中 24 个婴儿因此丧生，但证人没有提供数据表明究竟是不当饮食造成的伤害还是价格变化造成的伤害，与此同时，William James 博士认为，近 10 年来不当饮食造成的事故没有增加或减少，而婴儿食品的价格则显著波动。❻ 还可以再举个例子，反倾销税导致婴儿食品涨价，进而导致低

---

❶ Report on Public Interest—Grain Corn, Canadian Import Tribunal, October 1987, p. 2. Quoted from CITT Report, p. 8.

❷ Public Interest Investigation No. PB – 95 – 002. CITT Report, p. 8.

❸ CITT Report, pp. 19 – 28.

❹ CITT Report, pp. 29 – 34.

❺ CITT Report, p. 31.

❻ CITT Report, p. 32.

收入家庭需要支付更高的费用,"涨价"与"新增开销"两者间的线性关系是婴儿食品价格每涨 10% ,1 个孩子的家庭每个月多开支 4.2 加元,通常孩子从 4 个月长到 18 个月期间需要婴儿食品,家庭要为此多开支 63 加元。❶ 即便以中国人的收入水平衡量,这些钱似乎不算很多,但足以算公共利益吗?多少钱合适?

对于这些问题,CITT 并没有给出像产业损害认定那样具有说服力的解释,没有像热轧钢案(DS184)上诉机构要求的那样区分和辨别不同影响❷,更没有仔细甄别每一种替代性解释。相反,CITT 的裁决体现出很大的自由裁量权,在列举完证据和利害关系方立场以后直接选择了结论,他们的主观判断使得公共利益调查更像仲裁。

四、对本案"独有事实"的思考

调查官员在实践中有种倾向,一旦认定了某项结论,就会在报告中不遗余力地通过各类证据加以证明。这些证据有的是这个案件(即证明某个结论)独有的,有的则是在所有案件中都会出现的。分析公共利益案件的特殊性,就需要找到"独有"的证据或事实,而不是调查官员拉来凑数、可有可无的理由,如此才能给我们更清晰的启发。

以此标准审视本案,可以排除涨价给下游企业和消费者带来的成本负担,也可以排除消费者对于品牌的选择与偏好。我所发现的第一个"独有事实"就是"婴儿"。他们是社会中绝对的弱势群体,人们对他们又无限疼爱,这种感情反映出人类对于后代延续的本能性关注,并使"宝宝们"占据了社会舆论的制高点。从这个角度来看,任何有可能伤害婴儿的政策,即便它的初衷是维护某些群体的正当权利,也会给以民选为基础的政治体系带来不能承受的政治压力。第二个"独有事实"是"唯一的国内生产者"。❸ 这种绝对的垄断地位限制了消费者的自由选择权,不仅仅是品牌的选择,而且是对质量、售后服务、产品创新的选择,也限制了购买者、贸易商询价/还价的制衡能力。同时,这个生产者可能会通过其市场支配地位来提高行业的进入门槛,从而限制竞争。从我国的实践经验来看,对于一个国内生产者的反倾销案,下游企业往往反应最为激烈。这两点特殊之处在一般的反倾销案中并不多见,

---

❶ CITT Report, p. 30.

❷ Appellate Body Report, United States—Anti-Dumping Measures on Certain HotRolled Steel Products from Japan, WT/DS184/AB/R, adopted 23 August 2001, paras. 216 – 236.

❸ CITT Report, footnote 15, 以及很多证人的证言。

所以，我认为可能比较重要。

以上观点仅供参考，有待实践和其他案件的佐证。

案件报告索引：

Report to The Minister of Finance, Public Interest Investigation into Certain Prepared Baby Food Originating in or Exported from The United States of America, CITT, PB – 98 – 001, November 30, 1998.

三、技术壁垒及其他案件

21. 小案件产生的体制性影响

——印度尼西亚诉美国丁香烟措施案

案件编号：DS406

本案的事实很简单，美国禁止香烟中包含各种香料，例如丁香、草莓、葡萄、橙子、香草、椰子、巧克力、咖啡等，但是允许包含薄荷。❶印度尼西亚认为丁香味香烟和薄荷味香烟是同类产品，美国措施违反了国民待遇义务，构成了不必要的贸易壁垒，起诉的重点是《技术壁垒协定》第2.1条和第2.2条。❷正是由于超级简单的事实，我们低估了此案法律问题的复杂性，没有预料到此案直接影响了后来的金枪鱼案（DS381）、肉类原产地标识案（DS384/385）的走向，没有申请第三方，印度尼西亚的书面陈述无法看到，听证会上的讨论也无从知晓，现在报复（第22.6条）和执行（第21.5条）程序的热闹也没份参与。可能至今还有人以为这是个无足轻重的小案子，但实际上，它具有惊人的影响力。美国和欧盟几乎参与了所有非当事方案件的第三方，这不是没有原因的，希望将来引以为戒。从评论写作的角度，笔者采取了由易到难的结构，先看同类产品，再讨论"合法的政策性区分"（legitimate regulatory distinctions），最后分析部长级会议决议的法律解释地位及其影响。

一、同类产品

上诉机构沿着石棉案（DS135）❸，基于竞争关系，修改了专家组的部分理由，维持了同类产品的结论。具体而言，上诉机构认为健康风险（health risk）可以成为产品的物理特征和消费者偏好中的一部分，最终用途必须要足

---

❶ Section 907（a）（1）（A）of the Federal Food, Drug and Cosmetic Act, H. R. 1256.

❷ Request for the Establishment of a Panel by Indonesia, WT/DS406/2, 11 June 2010.

❸ Appellate Body Report, European Communities—Measures Affecting Asbestos and AsbestosContaining Products, WT/DS135/AB/R, adopted 5 April 2001, paras. 87–154.

够具体，不能仅仅是"供吸烟"，而应该是"实现尼古丁上瘾，通过香烟口味和气体香味制造出愉悦的体验"❶。上诉机构对数据差异（data discrepancies）作了一些论述，认为专家组不必从事非常复杂的数据统计工作，以解决数据差异问题（甚至认为这种差异是无法解决的），但是专家组也不能仅仅因为数据的指标和计算方法存在不同，就先决地拒绝部分证据的可靠性。❷

二、合法的政策性区分

上诉机构裁定，《技术壁垒协定》第2.1条"禁止针对进口产品的表面和事实上的歧视，同时允许完全由合法的政策性区分对进口产品竞争机会上造成的损害性影响"❸。上诉机构的这个裁决多少有些令人意外，肉类原产地标识案上诉听证会上，加拿大人坦言不甚理解。首次看到此裁决时，我立即在上面画了一个大大的问号，这是针对非歧视的新法律标准吗？我觉得可能不是，或者说，可能是新瓶装旧酒，是《技术壁垒协定》中特别提示注意的表述。这里的核心问题是："合法的政策性区分"改变了传统的"竞争条件的有效平等"（effective equality of competitive conditions）的法律标准了吗？

上诉机构在此案中，沿着《1947年关贸总协定》时代的美国第337节案（US—Section 337）专家组裁决❹，至韩国牛肉案（DS161）的论述轨迹作出裁决。❺ 在上述两个案件中，最重要的启示就是：不能仅仅依据措施/待遇的表面不同，就认定存在歧视。该立场符合传统国际公法对歧视的定义，相同情形相同对待，不同情形也要不同对待。这也符合"事实上"（de facto）的基本逻辑，就像硬币的正反面，同样的措施，可能实际上是歧视的，不同的措施，也可能实际上是公平的。所以，上诉机构才会有了很长的一段，阐明其裁决与以往的《关贸总协定》第3.4条司法意见一脉相承。❻ 也基于同样的考虑，上诉机构明确地建立了类似于因果关系的分析思路，如果进口产品遭受损害性影响（detrimental impacts），专家组还要仔细审查是否仅仅（exclu-

---

❶ Appellate Body Report, paras. 103 – 160.

❷ Appellate Body Report, para. 151.

❸ Appellate Body Report, para. 175, it provided that "prohibiting both de jure and de facto discrimination against imported products, while at the same time permitting detrimental impact on competitive opportunities for imports that stems exclusively from legitimate regulatory distinctions."

❹ Report by the Panel, United States—Section 337 of the Tariff Act of 1930, adopted on 7 November 1989,（L/6439 – 36S/345）, para. 5. 10.

❺ Appellate Body Report, Korea—Measures Affecting Imports of Fresh, Chilled and Frozen Beef, WT/DS161/AB/R, WT/DS169/AB/R, adopted 10 January 2001, para. 137.

❻ Appellate Body Report, para. 180.

sively）来源于合法的政策性区分，要检查该技术法规的设计、构架、揭示的
结构、运行和实施。❶ 从这个意义上讲，至少本案的上诉机构裁决并未完全脱
离传统的非歧视分析框架，仍然采取了"竞争条件"的分析路径。

三、部长级会议决议在条约解释中的法律地位

《技术壁垒协定》第2.12条规定技术法规在公告与实施之间应当有"合
理的间隔"（reasonable interval），2001年多哈部长级会议决定此合理的间隔
应至少为6个月。❷ 问题在于，世贸组织的部长级会议决议究竟具备何种法律
地位？首先可以明确，尽管部长级会议是世贸组织的最高权力部门，但其决
议不是《争端解决谅解》所涵盖的协定（covered agreements）。❸ 其次，如果
不是争端解决所依据的法律依据，那么只有可能是作为《技术壁垒协定》第
2.12条的解释工具，对照《维也纳条约法公约》属于哪一类？

（1）多边司法解释（multilateral interpretations under Article IX：2），依据
的是《WTO协定》第9.2条。（印度尼西亚主张）❹

（2）条约解释的补充性手段（a supplementary means of interpretation），依
据的是《维也纳条约法公约》第32条。（美国主张）❺

（3）条约解释的嗣后协定（subsequent agreement of the parties on the inter-
pretation），依据的是《维也纳条约法公约》第31（3）（a）条。（专家组观
点）❻

关于《WTO协定》第9.2条的司法解释，上诉机构认为有两个构成要
件：（1）3/4的投票同意。（2）基于相关理事会的建议（此案应当是货物贸
易理事会）。多哈部长级决议符合第一个条件，但不符合第二个条件，所以不
是世贸组织正式表决通过的多边司法解释。❼

关于条约解释的嗣后协定，上诉机构认为也有两个构成要件：（1）
时间因素，必须是在所涉协定缔结之后生效的决定。（2）决议的用词和

---

❶ Appellate Body Report，para. 182 and footnote 372.

❷ Implementation-Related Issues and Concern，Decision of 14 November 2001，WT/MIN（01）/17，
para. 5. 2.

❸ DSU，Article 1.1，Appendix 1.

❹ Appellate Body Report，para. 243.

❺ United States' Appellant's Submission，（AB – 2012 – 1 / DS406），para. 126.

❻ Panel Report，para. 7.576. 值得一提的是，专家组并未直接回应印度尼西亚的主张，即多哈部
长级会议决议是否为《WTO协定》第9.2条所提及的多边司法解释，而是强调部长级会议的重要性以
及文本的针对性，随后决定依照该部长级决议理解"合理间隔"。

❼ Appellate Body Report，paras. 249 – 255.

内容明确表明世贸成员达成了法律解释或适用的协定。❶ 此案中，时间因素比较明确，不必赘述。在论述第二个构成要件时，为了认定究竟是什么样的"协定"，上诉机构沿着欧盟香蕉Ⅲ案（DS27）执行争议的裁决❷，援引了国际法委员会就《条约法草案条款》（Draft articles on the Law of Treaties）对"嗣后协定"的评论意见，认为"嗣后协定"作为法律解释工具，应当理解为"某个附加的真正要素之解释，用于与上下文结合起来考虑"（a further authentic element of interpretation to be taken into account together with the context），而所谓"真正的解释"（authentic interpretation）则理解为"针对该条约解释的协定"（agreements bearing specifically upon the interpretation of the treaty）。❸ 以此对照，多哈部长级会议决议的第5.2段符合《维也纳条约法公约》的后续协定解释。上诉机构最后强调，根据《维也纳条约法公约》，这种后续协定没有特定形式（form），其实质（substance）重于形式。❹ 由于上诉机构将多哈部长级会议决议归入了第二类，对美国的补充性手段主张则没有再作分析。上诉机构同时否定了美国关于"通常"（normally）的争议，即不同意以多哈决议第5.2段用词"通常"为由，拒绝认定其成为规则，而强调此用词只表明出口商通常需要至少6个月的适应期（建立了一个推定）。❺

上诉机构的解释没有明显错误，但是有潜在的体制性影响。部长级会议是WTO的最高权力机构，其决议具有WTO法律解释的效力，可能符合多数谈判者的判断，争议也可能相对会小一些（实质上等同于《WTO协定》第9.2条的司法解释，但不同于其制定/通过程序）。不过，由于第31（3）（a）条的"嗣后协定"重实质而不重形式，今后不仅部长级会议的决议需要小心，各个理事会、委员会协商一致达成的决定也需要异常谨慎，否则不排除日后被认定为"嗣后协定"的可能性。

---

❶ Appellate Body Report, para. 262.
❷ Appellate Body Report, European Communities—Regime for the Importation, Sale and Distribution of Bananas—Second Recourse to Article 21.5 of the DSU by Ecuador, WT/DS27/AB/RW2/ECU, adopted 11 December 2008, and Corr. 1, para. 390.
❸ Report of the International Law Commission on the Work of its 18th Session, Geneva, 4 May – 19 July 1966 (1966) Ⅱ Yearbook of the International Law Commission 172, at 221, para. 14.
❹ Appellate Body Report, para. 267.
❺ Appellate Body Report, para. 273.

案件报告索引：

Appellate Body Report, United States—Measures Affecting the Production and Sale of Clove Cigarettes, WT/DS406/AB/R, adopted 24 April 2012.

Panel Report, United States—Measures Affecting the Production and Sale of Clove Cigarettes, WT/DS406/R, adopted 24 April 2012.

22. 强制性的技术标准

——墨西哥诉美国金枪鱼—海豚案

案件编号： DS381

前两天，我又看了一遍《黑熊墓地——我死了，你会来看我吗》。四棱柱上的美丽名字，记录着残忍的故事，我不住地怀念那些埋在地下的表情——好奇，渴望，爱恋，腼腆，甚至是慌张。我敬重这些到中国来保护月熊的外国人，我不会再主动吃一口熊胆粉，如果有机会，可能会去做义工或捐款。但我也不是狂热的动物保护主义者，我始终认为人的价值永远排在动物前面，所以，看《海豚湾》的时候，看到那些海豚在濒死前一边流血、一边直挺挺地跃出腥红海面，很难受，这幅场景应该让人终生难忘。但我也有些同情被钉在道德耻辱柱上的"私人领地"以及温文尔雅的日本外交官，在他们眼里，或许杀海豚与杀鸡没什么区别，尽管在大多数人看来，这过于残酷。

一、"海豚安全"标签

手边的这个案件是关于海豚的，阅读之前，我不知道捕捞金枪鱼的时候有一种叫作"攻击海豚法"的捕捞手段。其大致原理是，海豚经常与金枪鱼伴游，渔民利用海豚上浮换气的特性定位金枪鱼群，再使用漂网或围网加以捕捞，期间不可避免地会误杀海豚。❶ 据统计，在东太平洋热带海域（ETP），1959～1976 年海豚死亡数量超过 500 万只❷，1986 年死亡的海洋哺乳类动物仍然高达 13.2 万多只。❸ 为保护海豚，美国从 20 世纪 90 年代开始对金枪鱼制品采用"自愿性"的"海豚安全"（dolphin safe）标签，为获取此标签，捕鱼船不能使用漂网作业，在 ETP 海域不能使用围网作业。为了不

---

❶ Panel Report, paras. 4.7 – 4.9.

❷ Panel Report, para. 4.151.

❸ Panel Report, para. 7.609.

混淆公众，美国将此标签作为保护海豚的唯一标识，禁止使用其他任何保护海豚或海洋哺乳类动物的标签。❶

与此同时，在国际层面，"美洲热带金枪鱼委员会"（IATTC）也开展了保护海豚的努力，1999年制定实施了《国际海豚保护计划协议》（AIDCP），也设计了一套"海豚安全"标签。该协议允许有条件地使用"攻击海豚法"，有效降低了海豚死亡率，目前ETP海域海豚年死亡率已经降至1200只左右。❷不过，"攻击海豚法"还有可能存在"未观测到的后果"（unobserved consequences），例如追赶海豚导致的海豚母子分离、情绪压抑和肌肉损伤。❸对比于美国"海豚安全"标签的保护目标是"零误杀"❹及"尽可能减少未观测到的后果"❺，AIDCP的保护水平毫无疑问低于美国的保护水平。❻墨西哥的金枪鱼具有AIDCP的"海豚安全"标签，但在美国境内不能使用，于是产生了矛盾。值得一提的是，美国和墨西哥均为AIDCP的缔约国。❼

二、"强制性"的视角

《技术壁垒协定》的条文很清楚，区别技术法规和标准的关键因素是强制性，强制使用某种标签就是技术法规，自愿使用某种标签就是技术标准。❽法规和标准适用不同的法律规则，具有不同的法律义务。美国的"海豚安全"标签是自愿申请的，但禁止使用其他标签，在谈判史上属于"强制性标准"（mandatory standard）的范畴❾，正好处于技术法规和标准之间的灰色区域。问题在于：按照《技术壁垒协定》的两分法，该措施如何分类？专家组成员在这个问题上分裂了，多数派认为这是技术法规，强制性既可体现为"正面"（positive）的形式，也可以是"负面"（negative）的形式，美国的禁止性规定是针对"海豚安全"标签的否定性约束义务，金枪鱼生产者不可以使用任何替代性标签，所以是强制性的。❿专家组异议则认为，多数派的观点混淆了措

---

❶ Dolphin Protection Consumer Information Act, Title 16, Section 1385 of the United States Code (USC). Title 50, Section 216 of the Federal Regulations.

❷ Panel Report, para. 7. 523.

❸ Panel Report, para. 5. 116.

❹ Panel Report, para. 4. 245.

❺ Panel Report, paras. 4. 484 and 7. 713.

❻ Panel Report, para. 7. 730.

❼ Panel Report, para. 2. 35.

❽ TBT Agreement, Annex 1, paras. 1 and 2.

❾ Note on Implications for Developing Countries of Proposed Solutions, Non-Tariff Barriers Arising in the Field of Standards, COM. TD/W/191, 28 May 1973.

❿ Panel Report, paras. 7. 102 – 7. 145.

施本身的特征和措施执行条件，禁止使用其他替代性标签正是使用美国"海豚安全"标签所需的执行条件，其强制与否与措施本身的特征无关。❶ 上诉机构完全支持了专家组多数派的意见，认为在检查某标签是否构成技术法规时，允许未携带该标签的商品在市场上出售的事实，不是决定性的；美国立法只允许唯一的且具有法律强制定义的"海豚安全"标签，同时禁止使用其他标签，不符合标准的定义，所以属于技术法规。❷

上诉机构和专家组多数派裁得有道理，但有些隐忧。通常来说，技术措施的强制性可以体现在3个层面：第一，措施本身，如果是强制实施的，则构成典型的技术法规。第二，措施执行时需要满足的条件或要求，即便是强制的（这个词用得不好，如果用"必需的"可能更贴切），也不一定是技术法规，自愿性技术标准在执行时，其获取条件也是强制性的。第三个层面则是本案的例子，处于第一个和第二个层面的交界的中间区域，即某标签的获取条件中，排斥或禁止了其他替代性选项，也许可以更广泛一点，即在标签的获取条件中规定了一些非产品特征本身、技术本身的强制性要素。

第三个层面实际上涉及政府在宏观层面管理技术措施的操作空间，问题变为：政府究竟有多少权力规范技术标准的数量、实施？如果市面上鱼龙混杂，凌乱不堪，那么政府是否可以取缔某些资质低劣的认证标签？按照此案裁决，只要有限制，几乎就变成了技术法规，而不再是标准。如果还想维持纯粹的"自愿性标准"，那么几乎只能放任市场，任何人都可以随意设计和使用那些涉及通用性特征的标签，就如同我们现在"绿色食品""有机食品"那样泛滥和迷茫。所以，上诉机构的裁决在宏观层面限制了各国管理"自愿性标准"的主权。但如果反过来看，这或许也不是件坏事。只要措施具有强制性因素，就应当具备合理化的内核，禁止了其他标签，实际上也就阻碍了可能的更好的管理模式。如果有人能够证明其存在歧视，不符合更合理的国际标准，不能实现其政策目标，为什么还要维持这样的强制性因素呢？所以，金枪鱼案不仅反对歧视，同样对政策的合理性提出了独特视角的关注。

三、合法的政策性区分

在非歧视问题上，上诉机构彻底推翻了专家组的裁决。专家组根据传统的"是否改变竞争条件"思路，认为美国的"海豚安全"标签是原产地中立的措施，其根据特定海域和捕鱼方法对金枪鱼作出区分的技术标准无歧视效

---

❶ Panel Report, paras. 7. 146 – 7. 188.

❷ Appellate Body Report, paras. 198 – 199.

果，同时认为适应政策的成本（adaptation cost）也不能算作歧视。❶ 但上诉机构只是首先列举了传统的"是否改变竞争条件"思路，随后强调在《技术壁垒协定》第 2.1 条项下，非歧视义务应该参照丁香烟案（DS406）确立的法律标准，如果进口产品遭受损害性影响（detrimental impacts），则还要仔细审查是否仅仅（exclusively）来源于合法的政策性区分。❷ 据此，上诉机构认为，不能使用"海豚安全"标签对墨西哥金枪鱼的竞争条件造成了损害性影响❸，随后又援引了专家组在《技术壁垒协定》第 2.2 条项下论述的无争议事实❹，认定美国"海豚安全"标签措施是对捕鱼方法的政策性区分，但存在不公平之处，对东太平洋热带（ETP）之外海域的金枪鱼捕捞方法毫无限制，反而可以使用"海豚安全"标签。❺ 上诉机构最终裁定美国人未能证明损害性影响仅仅来源于合法的政策性区分（攻击海豚捕鱼法和其他海豚安全捕鱼法之间的区分）。❻

上诉机构的裁决有两个比较重要的特点：其一，将传统的非歧视待遇（"是否改变竞争条件"思路）与《技术壁垒协定》中的非歧视待遇（"是否源于合法的政策性区分"思路）区别开来，将后者分为两个具体环节，分别为"竞争条件分析"与"源于合法政策区分"。其二，将《技术壁垒协定》非歧视待遇中的"竞争条件分析"举证责任分配给起诉方，而"源于合法政策区分"的举证责任分配给被诉方。❼ 这两个特点流露出强烈的变化趋势，上诉机构比丁香烟案（DS406）走得更远，已经试图在技术壁垒领域建立独特的非歧视待遇分析方法，以区别于传统的非歧视待遇法律标准。但由于当事方的争论，以及专家组和上诉机构的裁决仍然围绕"事实上的歧视"（de facto discrimination），未直接对比传统的非歧视待遇（《关贸总协定》第 1 条和第 3 条）与技术壁垒的非歧视待遇（《技术壁垒协定》第 2.1 条），两者之间的关系仍然维系着一层薄纱。它们本质相同还是有区别？如果有区别，为什么要制造这种区别？对此，上诉机构没有最终捅破，留待日后的其他世贸争端判定。

❶　Panel Report，paras. 7. 374 – 7. 375.

❷　Appellate Body Report，United States—Measures Affecting the Production and Sale of Clove Cigarettes，WT/DS406/AB/R，adopted 24 April 2012，para. 182.

❸　Appellate Body Report，paras. 234 – 235.

❹　Appellate Body Report，paras. 243 – 252.

❺　Appellate Body Report，paras. 287 – 297.

❻　Appellate Body Report，paras. 298 – 299.

❼　Appellate Body Report，para. 216.

四、不必要的贸易限制

在《技术壁垒协定》第2.2条，上诉机构完全沿用了《关贸总协定》一般例外条款（第20条）中"必要性"（necessary test）的法律解释，认为需要分析：（1）涉案措施对政策目标的贡献度；（2）涉案措施的贸易限制效果；（3）未能满足政策目标所带来的风险；（4）替代性措施。❶上诉机构推翻了专家组的裁决（替代措施分析），认为AIDCP"海豚安全"标签和美国标签的"共存"（即专家组维持的替代性措施）不能满足美国涉案措施（即单一的美国"海豚安全"标签）的政策目标。上诉机构主要从两个角度进行了分析：其一，AIDCP"海豚安全"标签不适用于东太平洋热带海域（ETP）之外的捕鱼活动，两类措施共存，在东太平洋热带海域之外的保护水平是相等的，只有美国标准在发挥作用；其二，在东太平洋热带海域之内，由于AIDCP标准低于美国标准，即意味着部分低于美国保护标准的金枪鱼也可以携带"海豚安全"标签，从而降低了美国的保护水平。两者综合，"共存"的"海豚安全"标签不能作为合适的替代措施来实现美国的政策目标，墨西哥未能证明美国违反《技术壁垒协定》第2.2条。❷

上诉机构的裁决是有道理的，但有可能没有兼顾到标准的"自愿"性质。所谓"自愿"，就意味着市场中可以同时存在高标准（杜绝伤害海豚）和低标准（对海豚无特定保护），那么此时，市场中又增加一个中等标准（少量伤害海豚），难道就降低了针对海豚的保护水平吗？市场保护水平的降低是由于中等标准本身，还是由于标准的混淆？如果是标准的混淆，可以通过增加透明度、保障知情权加以解决吗？这些问题并未随着上诉机构的裁决而得到自然而然的解答，留待思考。

五、委员会决议的法律地位

本案当事方争论AIDCP是否符合《技术壁垒协定》第2.4条中的"国际标准"，于是出现了一个与丁香烟案（DS406）类似的争议，即WTO某个机构决议的法律地位争议。2000年11月13日，贸易技术壁垒委员会（TBT Committee）通过了一个决议，认为在制定国际标准时需要考虑6个原则：（1）透明度；（2）开放性；（3）公平和协商一致性；（4）有效性和关联性；（5）连贯

---

❶ Appellate Body Report, para. 322.
❷ Appellate Body Report, paras. 328 – 333.

性；（6）具有发展内涵（帮助发展中国家参与）。❶ 核心问题在于：这个委员会决议在解释"国际标准"时，具有什么样的法律地位？专家组回避了此问题❷，援引欧盟沙丁鱼案（DS231），认为委员会决议"是一个倾向性的政策声明，在解释'有关国际标准'时，不是支配性条款（controlling provision）"❸。

上诉机构对专家组的做法不置可否，沿着丁香烟案（DS406）的裁决❹，依据《维也纳条约法公约》第 31（3）（a）条认定该委员会决议是解释"国际标准"的嗣后协定，因为是成员协商一致的决议，又专门针对国际标准❺，这个裁决排除了丁香烟案（DS406）中"部长级会议"的干扰项，完全印证了上诉机构关于"轻形式，重实质"的立场：是否构成嗣后协定，与决策机构的级别无关，只要是成员形成合意，并具有针对性，即可作为解释工具。

上诉机构的此项裁决，必然对未来的委员会决议的谈判方式、决策形式、相应的法律免责条款（legal disclaimer）设计带来体制性影响。传统上，各国认为 WTO 各分支部门的决议不构成《争端解决谅解》的"涵盖协议"（covered agreements）❻，所以不会被争端解决所依据。即便如此，很多文件中也会增加一免责条款以作双保险，例如 "without prejudice to the positions of Members and to their rights and obligations under the WTO"。但根据上诉机构的裁决，委员会决议即便不是"涵盖协议"，也可构成"嗣后协定"而作为现有条文的解释工具，从而实质上将条约中原本模糊的义务转变为委员会决议中相对明确的义务。而且，以往的免责条款几成空文，几乎没有任何意义，因为委员会决议作为解释工具（嗣后协定），本身并不增加或减少任何条约中的权利与义务，只是解释现有条约，参考这些委员会决议（嗣后协定）不违反免责条款。从这个角度而言，如果各国真的不想将会议决定以某种形式变为争端解决中的争论文本，即希望达成一个完全无约束力、无法律影响的决议文本，则应该改变免责条款的表述，例如变为 "shall not be considered as any interpretative legal instruments during any WTO disputes proceedings"，当然，具体文字可探讨。

---

❶ Decision of the Committee on Principles for the Development of International Standards, Guides and Recommendations with relation to Articles 2, 5 and Annex 3 of the Agreement, in WTO document G/TBT/1/Rev. 10, Decisions and Recommendations adopted by the WTO Committee on Technical Barriers to Trade since 1 January 1995, 9 June 2011, pp. 46 – 48.

❷ Panel Report, para. 7. 665.

❸ Panel Report, European Communities—Trade Description of Sardines, WT/DS231/R and Corr. 1, adopted 23 October 2002, para. 7. 91.

❹ Appellate Body Report, United States—Measures Affecting the Production and Sale of Clove Cigarettes, WT/DS406/AB/R, adopted 24 April 2012, paras. 243 – 297.

❺ Appellate Body Report, paras. 371 – 372.

❻ DSU, Article 1. 1 and Appendix 1.

六、值得留意的其他要点

（1）专家组认为互相关联的法律、法规和法院裁决可以累积起来，共同构成涉案措施（measure）。❶（2）专家组在确定歧视性待遇时，比较的基础是墨西哥的金枪鱼、美国的金枪鱼和其他原产地的金枪鱼，而不是墨西哥的金枪鱼与东太平洋热带海域之外的金枪鱼。❷（3）专家组确认，即使部分政策目标存在冲突，也是合法的目标。❸（4）墨西哥使用了抽样调查，证明美方措施未实现其政策目标（消费者免受误导），样本数量为800个。❹（5）在证明"攻击海豚法"是否存在尚未观测到的不利影响（unobserved consequences）时，美国主张追赶海豚可能导致海豚母子分离、情绪压抑和肌肉损伤，但墨西哥也提出大量相反的科学证据。专家组在实际操作中仍然倾向了美国立场。换言之，在证据出现矛盾时，专家组会更倾向于发生危害动物安全的行为。❺（6）专家组认可了危害可能性和保护程度之间的比例性原则，即危害可能性越高，保护措施可以越严格。❻（7）上诉机构在论述国际标准机构的开放性时，认为AIDCP是"邀请加入"，而不只是手续，墨西哥未能证明只要世贸成员表达了加入意愿，就可以自动加入，从而AIDCP不属于国际标准机构。❼

此案墨西哥打得很辛苦，但实质上只赢了歧视性待遇1个法律点，而且这个法律点似乎比较容易修正，美国只要调查东太平洋热带海域之外围网及其他捕鱼手段对海豚造成的伤亡率，完善其自身的"海豚安全"标签，就可能符合上诉机构的裁定。

案件报告索引：

Appellate Body Report, United States—Measures Concerning the Importation, Marketing and Sale of Tuna and Tuna Products, WT/DS381/AB/R, adopted 13 June 2012.

Panel Report, United States—Measures Concerning the Importation, Marketing and Sale of Tuna and Tuna Products, WT/DS381/R, adopted 13 June 2012, as modified by Appellate Body Reports WT/DS381/AB/R.

---

❶ Panel Report, paras. 7.22 - 7.26.
❷ Panel Report, para. 7.212.
❸ Panel Report, para. 7.443.
❹ Panel Report, para. 7.481.
❺ Panel Report, paras. 7.491 - 7.506.
❻ Panel Report, para. 7.549.
❼ Appellate Body Report, paras. 396 - 399.

23. 肉类追踪体系的杀伤力

——加拿大、墨西哥诉美国肉类标识案

案件编号： DS384/386

阅读案例总会有些出乎意料的收获，这回大概了解了一点养猪和养牛的知识。牛的生长过程叫"backgrounding"，紫花苜蓿叫"alfalfa"（牛饲料，还挺可爱的名字），大母猪叫"sow"，猪仔叫"piglet"，一窝猪的"窝"叫"litter"，牛的生长周期大概 33 个月，屠宰前重量 550 ~ 600 公斤，猪的生长周期大概 10 个月，放牧不能降低其长肉速率，屠宰前重量约 115 公斤……❶废话少说，还是来看案子。首先，请原谅笔者不得不花很长的篇幅介绍一下"COOL 措施"，为了弄清这么复杂的事实问题，笔者最初的阅读过程是相当痛苦的。

一、复杂的 COOL 措施

COOL 措施的英文是 Country of Origin Labeling，这是美国从 2002 年开始制定、完善的原产地标签立法，主要针对牛肉、猪肉、羊肉、鱼等产品。北美的肉类生产和加工产业链一体化特征比较明显，由于牛和猪主要经历幼崽、饲养、催肥和屠宰 4 个主要环节，加拿大的牛和猪往往经历了前三个环节后，出口至美国供屠宰；墨西哥的牛和猪，幼崽阶段过后即出口至美国生长催肥并屠宰，主要原因是缺少草原。❷ 2008 年和 2009 年，美国修订了 COOL 措施，将肉类的原产地标签分为 4 类：A 类是美国原产，意味着出生、饲养、屠宰均在美国；B 类是混合原产，指出生、成长、屠宰其中任一环节不在美国，此种情况可能涉及不同的原产地，具体到标签上则以倒序排列；C 类也是混合原产，指牲畜进口至美国以后，立刻屠宰，美国在标签上排列末端；D 类

---

❶ Panel Report，paras. 7. 129 – 7. 138.
❷ Panel Report，paras. 7. 140 – 7. 142.

是外国原产，出生、饲养、生长、屠宰没有任何美国要素。适用这四类标签时，为降低执行成本，美国作了些例外的规定——如果不同类别的肉类在同一天"混装"（commingled），则可以标签为原产地涉及外国或内涵更丰富的标签。例如，A 和 B 类肉在同一天"混装"，则可以全部标为 B 类；如果 A、B、C3 类肉在同一天"混装"，则可以全部标为 B 类或 C 类；如果 B 和 C 类在同一天"混装"，则可以全部标为 C 类。❶

这个措施从表面来看很简单，但实际操作中改写了整个产业链的游戏规则。它建立起一整套的肉类追踪体系，牛仔和猪仔从出生的第一天起就要开始贴标签，整个产业链的所有环节面临相似的境地，昨天、今天、明天、后天的肉从哪里来，销哪里去，都要贴标签，混装了还要换标签。饲养、运输、屠宰、储藏、批发、零售所有贸易节点都需要一套严密的原产地追踪和统计体系，而且随着生产和贸易环节的增加，这种信息跟踪和统计工作的工作量和复杂程度以乘数形式递增。实践的趋势逐渐变化为产业链出现了分割（segregation），要么只生产美国自产自销的牛肉，要么只生产从某特定原产地进口加工的牛肉，即便如此，在零售环节仍然存在复杂的操作困难。❷ 加拿大的牛肉逐渐被挤出美国市场。据加拿大和墨西哥统计，由 COOL 措施导致的新增成本平摊到每头牲口身上达 40～60 美元，与此同时，美国的牲畜生产者是最大的受益者。❸

通过简单的勾勒，即可看出美国的这个措施是一项既包藏祸心又设计巧妙的制度，是技术官僚和产业利益的完美合谋。他们在产品和产业特征上下功夫，制定出表面通用的规则，又限制了国际贸易，具有较高的隐蔽性和杀伤力。这项措施有很大的隐忧，北美牲畜贸易的生产和交易环节已经比较简单，如果将产品换成高度分工的全球化产品，例如汽车，则可能造成无法想象的贸易壁垒，这个螺丝钉，那个螺丝帽，这根铁丝，那根电线，这块玻璃，那块铁皮，这滴润滑油，那滴防冻液，从哪里来，到哪里去，如果一定要弄得清清楚楚，实在是件异常浩瀚的工程。估计绝大多数国际贸易都要死亡了，倒有可能催生出独特的计算机软件和审计产业。

二、事实上的歧视：是否源于合法的政策性区分

尽管 COOL 措施与原产地有关，但不是单纯的原产地规则，不在海关阶

---

❶ Panel Report，paras. 7. 90 – 7. 100.
❷ Panel Report，paras. 7. 315 – 7. 329.
❸ Panel Report，para. 7. 356.

段执法，在消费环节生效，同时适用于国内和进口产品。所以，墨西哥从《技术壁垒协定》下手，主攻事实上的（de facto）歧视。上诉机构进一步阐释了丁香烟案（DS406）的"合法的政策性区分"法律标准❶，具体而言，分为两步走的分析思路：（1）分析是否存在损害性影响（detrimental impact）。对此，上诉机构又区分了两类情形：第一类情形是，涉案措施对市场参与者造成了某种激励，促使其按特定方式行为，从而给予进口产品更差的待遇；第二类情形是，市场竞争条件的变化并不是直接或间接由政府规定造成的，而是完全由私营业主依据其比较成本和利益而采取的行动，此种情形不能理解为歧视进口产品。所以，损害性影响的核心在于分析涉案措施对竞争条件的影响。❷（2）分析是否源于合法的政策性区分（stems exclusively from a legitimate regulatory distinctions）。上诉机构强调，如果涉案措施在设计和实施上存在不平等，例如构成了恣意的、不公平的歧视，则不具有合法性。❸ 同时，在举证责任问题上，上诉机构沿用了金枪鱼案（DS381）的裁决❹，将恣意性、不公平性、不平等性的举证责任分给了起诉方，将是否完全源于合法的政策性区分的举证责任分给了被诉方。❺ 基于以上法律分析框架，上诉机构最终裁定 COOL 措施构成了事实上的歧视，违反《技术壁垒协定》第2.1条。❻

　　坦率地说，多数法律人并不喜欢"事实上的"（de facto）案子，因为真正的法律标准讨论较少，更多为事实密集型的抗辩，如果一定要总结，我倒觉得不妨看看哪些证据具有较大的证明力。第一，COOL 措施的强制标签索取了大量产品信息，为上游生产者和加工商增添了高昂成本，而真正传达给消费者的准确信息却比较少，这种政策上的脱节是恣意的。❼ 第二，COOL 措施导致了整个产业链的分割（segregation）。在这种分割的局面下，涉及的原产地越多，则政策执行成本越高，所以，COOL 措施从本质上对进口产品不太友善，鼓励生产者加工本国的牲口。❽ 第三，分割产生的高昂执行成本改变了进口产品在国内市场的竞争条件，要么消费者买得更贵，要么生产者利润更少，

---

❶　Appellate Body Report, United States—Measures Affecting the Production and Sale of Clove Cigarettes, WT/DS406/AB/R, adopted 24 April 2012, para. 175.

❷　Appellate Body Report, para. 270.

❸　Appellate Body Report, para. 271.

❹　Appellate Body Report, United States—Measures Concerning the Importation, Marketing and Sale of Tuna and Tuna Products, WT/DS381/AB/R, adopted 13 June 2012, para. 216.

❺　Appellate Body Report, para. 272.

❻　Appellate Body Report, paras. 341 – 350.

❼　Appellate Body Report, para. 347.

❽　Appellate Body Report, para. 348.

纯粹的本国产品成本几乎不变，造成不合理分布的政策负担。❶

在专家组阶段，美、加、墨还在法庭上争论了很多"实际贸易影响"（actual trade effect），专家组一方面认为此类实证量化分析不是必需的，另一方面又进行了分析和回应。❷ 从加、墨提供的数据来看，加拿大的牛肉、猪肉出口确实在 COOL 措施的影响下出现了明显下降趋势❸，但墨西哥的数据呈波动状态，似乎并不太支持歧视效果（专家组在结论部分也没有回应墨西哥的数据）。❹ 在论证过程中，加拿大和美国还各提供了一个经济模型，专家组同意了加拿大的模型，认为经济学研究可以分离和量化不同指标的运行，可以区别并评估 COOL 措施、经济衰退和其他损害性因素，以及对牲口的价格和数量造成的影响。❺ 加拿大在后续抗辩中修订了其经济模型（Sumner 模型），区分了经济衰退和疯牛病的影响。❻

还有一点值得记录，美国抗辩 COOL 措施带来的执行成本时，认为任何政策都有执行成本，不能因为进口产品和国内产品执行成本不同就认为存在歧视。❼ 这点是有道理的，尤其参照巴西飞机案（DS46）中巴西输掉的出口信贷裁决（发展中国家和发达国家面临不同的执行成本）❽，但这个主张与防止歧视的义务之间并不矛盾。所谓"事实上的歧视"，就包括了在分摊政策执行成本时采取的不公平待遇。

三、实现合法目的的必要措施

《技术壁垒协定》第 2.2 条有 4 个构成要件：（1）限制贸易；（2）合法目的；（3）实现目的；（4）不能超越必要。这个案件重点打的是合法目的和实现目的。目的论就不谈了，我一直认为"质疑别人目的"的策略不明智，因为实际上在挑战人们的良心和价值观，而加拿大和墨西哥竟然找到了 COOL

---

❶ Appellate Body Report，paras. 347 – 349.

❷ Panel Report，paras. 7. 438 – 7. 485.

❸ Panel Report，paras. 7. 457 and 7. 484.

❹ Panel Report，paras. 7. 465 and 7. 483.

❺ Panel Report，para. 7. 509. It provided that "Unlike descriptive analyses，econometric studies are able to isolate and quantify the different factors at play. Specifically，the econometric approach permits a distinction and assessment of the impact of the COOL measure，economic recession and other determinants on the quantity and price of imported livestock. "

❻ Panel Report，paras. 7. 500 – 7. 506.

❼ United States' first written submission，（WT/DS384/386），August 4，2010，paras. 193 – 194.

❽ Appellate Body Report，Brazil—Export Financing Programme for Aircraft，WT/DS46/AB/R，adopted 20 August 1999，paras. 165 – 186.

立法过程中大量国会议员和产业组织的保护主义诉求❶，但依然没赢，专家组认可了国会和政府在特定措施中追求的多重目的。❷

在"实现目的"这个问题上，专家组裁定 COOL 措施的目的是"尽可能提供清晰和准确的原产地信息"，但在执行过程中，反而容易让人混淆标签的真实含义，尤其是"混装"制度的存在。混装可以发生在各个加工和贸易环节，理论上，即便完全是美国原产的牛肉，通过屠宰、加工、运输、分销等环节的混装，也极有可能变成标签 B 或者 C 的牛肉。基于这些证据和分析，专家组认为 COOL 措施没有实现其目的。❸ 如果对照金枪鱼案（DS381）来看这个裁定，其分析似乎很有意思，金枪鱼案实际上分析了实现目标的程度，这个区域如何保护海豚，那个区域又如何保护海豚❹；而 COOL 案直截了当地一锤定音，实现还是没有实现目的。作出这个结论以后，专家组就此打住，没有继续分析措施的"必要性"构成要件。❺

专家组的裁决存在隐患：其一，关于"实现目的"与否的裁决，COOL 措施在一定程度上可以帮助消费者了解出生、饲养、生长、屠宰信息，A 类的信息很明确，来自美国；B 和 C 类，无论是否充分和准确，但消费者至少知道了可能来自哪几个国家。所以，专家组自己都承认提供了一部分信息。❻ 其二，专家组的司法节制可能有些大胆了，如果上诉机构推翻了之前的裁决怎么办？是否有足够的没有争议的事实？

不出意料，上诉机构否定了专家组关于"实现目的"与否的裁决，认为专家组应该分析涉案措施对政策目标的贡献度，而不是对涉案措施是否完全或最低程度地实现其目标作出回答。❼ 鉴于此，上诉机构推翻了专家组的裁决，但同时又认为缺乏足够的事实，无法完成法律分析，所以最终无法作出 COOL 措施是否违反《技术壁垒协定》第2.2条的裁定。❽

除了《技术壁垒协定》的正面交锋，还有两点值得记录。第一，加拿大获胜了《关贸总协定》第10.3（a）条，因为 Vilsack Letter（美国农业部部长

---

❶　Panel Report, paras. 7. 582 – 7. 585, 7. 687 – 7. 689.

❷　Panel Report, para. 7. 691.

❸　Panel Report, paras. 7. 692 – 7. 719.

❹　Panel Report, United States—Measures Concerning the Importation, Marketing and Sale of Tuna and Tuna Products, WT/DS381/R, adopted 13 June 2012, as modified by Appellate Body Report WT/DS381/AB/R, paras. 7. 390 – 7. 620.

❺　Panel Report, para. 7. 719.

❻　Panel Report, para. 7. 707.

❼　Appellate Body Report, para. 468.

❽　Appellate Body Report, paras. 470 – 491.

致产业界的信）建议了比 COOL 措施更严格的标签体系，其尽管属自愿性质，但没有任何的"合理性证明"（justifiable rationale），是一种不合理的行政管理措施。❶ 此裁决对朝令夕改的管理体制相当不利。第二，墨西哥输了发展中国家特殊待遇。《技术壁垒协定》第 12. 3 条中的"考虑"（take account of）、"兼顾"（with a view）等都是废话，只要发布前公开征求意见即可。❷ 这可能是发展中国家面临的共同困境，WTO 协定中的发展中国家优惠待遇大多为发达国家当年谈判的空头支票，口惠而实不至，没有牙齿。

案件报告索引：

Panel Reports, United States—Certain Country of Origin Labelling（COOL）Requirements, WT/DS384/R / WT/DS386/R, adopted 23 July 2012, as modified by Appellate Body Reports WT/DS384/AB/R / WT/DS386/AB/R.

Appellate Body Reports, United States—Certain Country of Origin Labelling（COOL）Requirements, WT/DS384/AB/R / WT/DS386/AB/R, adopted 23 July 2012.

---

❶ Panel Report, paras. 7. 850 – 7. 864.
❷ Panel Report, paras. 7. 775 – 7. 800.

24. 迷雾散尽

——加拿大、挪威诉欧盟海豹产品措施案

案件编号：DS400/401

在道德问题上，优越感是需要小心的。即便所有人都喜欢海豹，但仍然没办法解释为什么不能猎杀海豹，却能猎鹿；为什么禁止销售海豹制品，却允许海豹皮的加工贸易。所以，一旦挑剔地类比，都不免让人怀疑立法者的道德是否真正那么崇高，抑或只是伪善。但我仍然支持任何可能保护动物福利的措施与裁决，即便只是部分的保护，因为我认为，你也许有吃穿的权利，但没有虐杀的权力。基于这个立场，我不觉得欧盟海豹制品禁令有太大问题，也没觉得这个案件上诉机构裁得有多"政治化"，甚至没觉得加拿大和挪威比专家组阶段输得更多。核心的歧视要素是海豹制品的商业销售（格陵兰岛/因纽特人允许，而其他国家被禁止），这个歧视无论死在《技术壁垒协定》第2.1条，还是死在《关贸总协定》第1条或第3条，实质结果似乎都是相近的。当然，从法律视角来看，这个案件将不少条款推向极端，专家组和上诉机构的裁决值得研究。

一、技术法规

欧盟的措施比较简明，条文未明确禁止海豹制品，但规定只有符合3种例外情形的海豹制品才能进入欧盟市场，即因纽特人例外、渔业资源管理例外和旅行者例外。❶ 当事方均承认，该措施隐含了海豹制品禁令。

当事方的核心争议在于海豹制品禁令是否"针对产品特征"（lays down product characteristics），其中的重点是对比欧盟石棉案（DS135）。当时，法国

---

❶ Regulation (EC) No. 1007/2009 of the European Parliament and of the Council of 16 September 2009 on trade in seal products, Official Journal of the European Union, L Series, No. 286 (31 October 2009), Article 3.

的措施是禁止生产、加工、销售和进口石棉纤维及包含此类纤维的制品，同时规定了温石棉的临时性例外情形。❶ 单纯从事实来看，海豹制品禁令与之具有明显的相似之处：均禁止了某产品及其制品（海豹或石棉），同时规定了例外情形（因纽特人/海洋资源管理例外等和温石棉例外），在石棉案中，上诉机构认定禁令本身和例外均针对产品特征❷，所以，本案顺理成章，专家组认为海豹措施构成技术法规。❸ 但是，专家组的结论遭到上诉机构的全面驳回，上诉机构最终将欧盟措施总结为"规定猎人身份、捕猎方法和捕猎目的"的措施，从而不构成技术法规。❹（两案事实差异见下表）

石棉案（DS135）和海豹案（DS400/401）事实对比表

案件名称	欧盟石棉案	欧盟海豹案
措施形式	禁令加例外	禁令加例外
产品特征	纯石棉纤维及其成分制品	纯海豹产品及其成分制品
措施要素	纯石棉禁令 含石棉产品禁令 例外	纯海豹禁令 含海豹产品禁令 例外
禁令格式	明示	默示
立法宗旨	生产者和消费者安全（致癌性）	公共道德（动物福利）
例外情形	含温石棉物质例外	（1）因纽特人例外（IC 例外）； （2）海洋资源管理例外（MRM 例外）； （3）旅行者例外（Traveler 例外）； （4）加工贸易例外（争端中未提及此例外）
例外原因	无替代品，可附加安全防护	猎人身份、捕猎目的等
例外期限	暂时（年度审批）	永久

对照这份列表，两案究竟有多少事实差别，足以使上诉机构在两案中作出了结论相反的裁定？根据总结，上诉机构依据的两案事实差异应该有 4 点：（1）石棉纤维事关致癌性，海豹制品事关猎人身份和猎杀方法；（2）石棉禁令是明确且直接的，而海豹制品禁令是通过 3 个例外情形延伸出来的；

---

❶ Decree No. 96 - 1133 banningasbestos, issued pursuant to the Labour Code and the Consumer Code (décret no. 96 - 1133 relatif àl'interdiction de l'amiante, pris en application du code de travail et du code de la consommation), Journal officiel of 26 December 1996.

❷ Appellate Body Report, European Communities—Measures Affecting Asbestos and Asbestos—Containing Products, WT/DS135/AB/R, adopted 5 April 2001, para. 75.

❸ Panel Report, para. 7. 125.

❹ Appellate Body Report, paras. 7. 31 - 7. 59.

（3）海豹制品作为产品成分，较难核查；（4）温石棉例外是暂时性的。❶ 如果仔细检查这 4 点差异，能否导致相反结论则是存疑的。第一点的致癌性、猎人身份和猎杀方法均不是产品特征，石棉案针对的产品特征是石棉纤维，而不是致癌性。两案对比的产品特征不应该是致癌性与猎人，而应该是石棉纤维和海豹制品，致癌性、猎人身份和猎杀方法只是区分产品特征的原因。同时，第一点事实差异提及的"猎杀方法"可能还涉及"相关的加工和生产工艺"（related processes and production methods），即技术法规的另外一项构成要件（尽管起诉方有些大意，在此项下未充分起诉❷）。第二点纯属立法技巧。第三点和第四点，我无论如何都没有看出来它们究竟和"产品特征"有什么关联。

上诉机构的裁决还可能不完全符合事实，也有很浓的法律技巧成分。其一，欧盟把自己的措施描述为"禁令加例外"❸，涉案措施除了 IC、MRM 和旅行者例外，还有一个未受争论的加工贸易例外。❹ 加工贸易例外与捕猎几乎毫无关系，旅行者例外也与捕猎几乎没有关系（除非旅行者自己是捕猎者），只可能与转售有关联。IC 例外与猎人身份、捕猎目的有关，但与捕猎方法无关。MRM 例外与捕猎方法、捕猎目的有关，但与猎人身份无关。加之禁令本身也未考虑捕猎管控，可通过缺乏可替代的措施佐证（挪威、加拿大建议的许可证等方式才真正涉及猎人身份、捕猎方法和捕猎目的❺）。海豹立法宗旨也只能比较牵强地证明上诉机构的立场，欧盟立法宗旨是保护公共道德（动物福利），迎合民众的是非观，因纽特人生计和文化权利只是其附属目标。❻所以，上诉机构的做法实际上是根据部分例外情形，汇总得出一些共性，完成对涉案措施主要特征（main feature）的描绘，进而断定涉案措施的总体性质。当然，理论上可以将例外情形无限地列举下去，以求实现表面上的完整共性。

其二，对比上面列举的因素和最终裁决来看，混同各项因素之间的联系，例如用例外原因、立法宗旨、禁令格式、例外期限来证明某类"产品特征"是否存在，逻辑上可能也是存在隐患的，也很难说服人，尤其是参照上诉机

---

❶ Appellate Body Report, paras. 5. 41 – 5. 42.

❷ Appellate Body Report, para. 5. 68.

❸ Other Appellant Submissionby the European Union, (AB – 2014 – 1, 2 / DS400, DS401), Geneva, 29 January 2014, paras. 24 – 25.

❹ Panel Report, para. 7. 53. Appellate Body Report, para. 4. 8.

❺ Panel Report, para. 7. 487.

❻ Other Appellant Submissionby the European Union, paras. 95 – 100.

构对于"产品特征"的法律解释，产品特征是针对"客观的特征、质量或特点"（certain objective features, qualities or characteristics）❶，即意味着技术法规的判断通常应当依据客观的产品特质，而不是立法技巧。正是在这样的比较基础上，上诉的裁决可能在逻辑上有不完全吻合的地方，两者的差异也不只是法律适用那么单纯。

但这绝不是说上诉机构在海豹案中裁错了，而是希望留意两案中的一些差异，这种差异可能说明上诉机构在反思石棉案的裁决，全面禁止某类产品很难说是技术法规，其试图通过本案逐步修正当年的裁决。政策实施的对象作为"产品本身"，可能是有区别的，或者说是有范围的。某些产品本身的主要用途是原材料，由于其属性，长期以其他产品的"特征形式"存在，自身即可能构成产品特征；而另一些产品本身多为终端产品，属性更为基本，不必作为"特征"依附于其他产品，其自身难以构成《技术壁垒协定》中的产品特征。以上面所涉两案为例，"石棉纤维"从名称来看就像原材料，通常作为"特征"附随于其他产品身上❷；而海豹制品给人的感觉是更大范围的一类物，具有终端产品的属性。❸ 这里并不是否认石棉纤维不可以作为终端产品，而是抽象地假设原材料和终端产品之间有一条灰色的区域带，任何商品只是坐落在其中不同位置的点上。如果扩展一些想象，则容易看到，酒禁、牛肉禁令或者海洛因禁令，人们似乎很难接受其为技术法规；但某些纺织品禁止涤纶成分或食品中禁止某些添加剂的措施，人们可能相对容易接受其为技术法规。于是，海豹就某种程度上成为一个极端的案例，挑战着《技术壁垒协定》的适用范围。这种区别，是由于对象之间（物与物之间）的天然差异，还是因为有关生产工艺（PPM），还是在特定语境（诉讼策略）下的区分，仍有待观察。比如，上诉机构触及了涉案措施的"技术成分"（technical component）❹ 和"技术内涵"（technical content）的概念❺（但两者讨论的事项不同），似乎认可"含有海豹成分的制品禁令"可能构成技术法规（此处的默认事实为，欧盟的海豹禁令可以细分为 3 部分：一是海豹制品本身禁令，二是含海豹成分制品禁令，三是例外）。

上诉机构在报告结尾部分，建议将来的案件考虑更多的条约上下文，例

---

❶ Appellate Body Report, para. 5. 39.

❷ Appellate Body Report, EC – Asbestos, para. 72.

❸ Appellate Body Report, para. 5. 35.

❹ Appellate Body Report, para. 5. 29.

❺ Appellate Body Report, footnote 942.

如标准、国际标准、一致性评估程序以及谈判史。❶ 难道他们注意到了一些专家组和当事方没有提及的要素？

二、非歧视和例外之间理不清的纠缠

上诉机构首次正面阐述了《技术壁垒协定》第 2.1 条、《关贸总协定》第 1 条和《关贸总协定》第 3.4 条、第 20 条之间的关系。简而言之，《技术壁垒协定》第 2.1 条中的 "源于合法的政策性区分"（stems exclusively from a legitimate regulatory distinctions）是一个类似于《关贸总协定》第 20 条的例外权利；《技术壁垒协定》第 2.1 条的实际效果接近于《关贸总协定》第 3.4 条 + 第 20 条（略有不同）；《技术壁垒协定》第 2.1 条中的 "损害性影响"（detrimental impacts）可能也等同于传统非歧视待遇中的 "改变竞争条件"（modify the condition of competition）。❷

于是，我们惊讶地看到，在世贸规则体系中出现了两类非歧视义务：第一类是传统的《关贸总协定》条款，按照上诉机构的解释，只要改变竞争条件就可以算作违反。第二类是《技术壁垒协定》，不仅要改变竞争条件（存在损害性影响），还需要通过是否 "源于合法的政策性区分" 的区分。

直至海豹案的上诉听证会结束，我都持有和欧盟类似的观点，根据丁香烟案（DS406）和金枪鱼案（DS381）的模糊表述，上诉机构有可能在《技术壁垒协定》中仍然采取了和《关贸总协定》中非歧视义务相同的法律标准，特别是参照 "事实上的歧视"（de facto discrimination）的情形。❸ 相同情形相同对待，不同情形不同对待。针对不同情形，规定不同的技术法规或标准无可厚非，这本来就有可能符合《关贸总协定》的非歧视义务。如果我们拓宽视野，看看 1978 年国际法委员会作出的《最惠国待遇草案条款及评注》第 5 条的第 5 段评注❹，在讨论 "不少于"（not less favorable）和 "同等"（equal）的过程中，其中一个重要暗示就是摒弃了 "同样"（identical）一词。换言之，一模一样的待遇不一定非歧视，不同的待遇也不一定就是歧视。这个观点也

---

❶ Appellate Body Report, para. 5. 60.

❷ Appellate Body Report, paras. 5. 97 – 5. 130.

❸ Other Appellant Submissionby the European Union, paras. 288 – 309.

❹ Draft Articles on most-favoured-nation clauses with commentaries, text adopted by the International Law Commission at its thirtieth session, in 1978, and submitted to the General Assembly as a part of the Commission's report coveringthe work of that session (at para. 74). The Commentaries onthe draft articles appears in Yearbook of the International Law Commission, 1978, vol. Ⅱ, Part Two.

符合《奥本海国际法》《布莱克法律词典》等国际法著述❶，所以，欧盟立场实际上与传统国际公法的立场是一致的。但本案的裁决，无疑彻底粉碎了这层揣测。

在承认现实的同时，再次结合上诉机构的立场回顾历史，似乎有一条对中国不祥的立场若隐若现。"合法的政策性区分"（legitimate regulatory distinction）最早出现于丁香烟案（DS406）中，其上诉机构报告发布于 2012 年 4 月 4 日❷，扣除翻译的 1 个月，上诉机构的主要思考期间应当在 2 月 4 日至 3 月 4 日之间。与此同时，中国的原材料出口限制案（DS394）上诉机构报告发布于 2012 年 1 月 30 日。❸ 如果没有记错，2012 年 2 月，正是各路专家对《加入议定书》的"《关贸总协定》第 20 条适用性"裁定反应最热烈的时候，网络和学刊上出现了大量批判性文献。上诉机构一定感受到了这个压力，于是在紧接的案件（DS406）中仔细考虑了《技术壁垒协定》对《关贸总协定》第 20 条的适用问题，决定使《技术壁垒协定》成为一个独立完整的协定，在非歧视义务中增加例外的要素，从而不必援引《关贸总协定》第 20 条。其后，上诉机构又在金枪鱼案（DS381）和 COOL 案（DS384/386）中将"合法的政策性区分"敲得异常瓷实，直至今天，海豹案终于揭晓了谜底，其最初动因就是《关贸总协定》第 20 条的适用性顾虑。❹

此外，在《关贸总协定》第 20 条帽段（chapeau）的分析中，上诉机构又强调了与《技术壁垒协定》第 2.1 条的不同。❺ 其谈了几句两者功能和范围的差异，却没有说清楚任何具体的内涵或例证，相反，出现了更多的疑云。我们目前看到了 4 个差别待遇：《关贸总协定》第 1 条和第 3 条、《技术壁垒协定》第 2.1 条（损害性影响）、《技术壁垒协定》第 2.1 条（不合法的政策性区分）、《关贸总协定》第 20 条帽段。为了进一步观察这 4 个差别待遇的异同，这里以此案的专家组和上诉机构裁定为例，分析 4 者的具体适用：

（1）《关贸总协定》第 1 条和第 3 条。专家组和上诉机构认为格陵兰岛的海豹产品均可能满足因纽特人例外（IC 例外），而大多数加拿大和挪威的海

---

❶ Oppenheim's International Law, Ed. Jennings and Watts, 1992, Vol. I, p. 378. Black's Law Dictionary, 6th Edition, 1990.

❷ Appellate Body Report, United States—Measures Affecting the Production and Sale of Clove Cigarettes, WT/DS406/AB/R, issued on 4 April 2012.

❸ Appellate Body Reports, China—Measures Related to the Exportation of Various Raw Materials, WT/DS394/AB/R / WT/DS395/AB/R / WT/DS398/AB/R, issued on 30 January 2012.

❹ Appellate Body Report, para. 5.121.

❺ Appellate Body Report, paras. 5.311 – 5.312.

豹产品无法进入欧盟市场，所以存在差别待遇，违反了最惠国待遇。❶ 由于欧盟内的海豹产品几乎都满足海洋资源管理例外（MRM 例外），而大多数加拿大和挪威的海豹产品无法满足该例外条件，从而无法进入欧盟市场，存在差别待遇，违反了国民待遇。❷

（2）《技术壁垒协定》第2.1 条（损害性影响）。根据专家组裁决❸，由于 IC 例外和 MRM 例外，大多数加拿大和挪威的海豹产品无法享受格陵兰岛和欧盟境内海豹产品的待遇，无法进入欧盟市场，存在差别待遇，违反了非歧视义务。❹

（3）《技术壁垒协定》第2.1 条（不合法的政策性区分）。根据专家组裁决，由于 IC 例外和 MRM 例外均在一定程度上允许了商业捕猎行为，即 IC 例外允许了格陵兰岛的"Great Greenland A/S 公司"商业活动，MRM 例外存在保护渔业资源的商业特征，所以，二者均存在不公平性，属于不合法的政策性区分。❺

（4）《关贸总协定》第20 条帽段。如果没有遗漏，上诉机构裁定欧盟海豹措施的3 个方面特征构成"恣意的和不公平的歧视"，具体为：其一，作为政策目标，在保护动物福利时不当区分了因纽特人（原住民）捕猎和商业捕猎，因纽特人的捕猎同样可能造成海豹的痛苦，却被欧盟允许❻；其二，IC 例外所允许的格陵兰岛商业活动❼；其三，欧盟在帮助加拿大因纽特人获取 IC 例外时，所付出的努力不及对格陵兰岛因纽特人的帮助。❽

仔细比较以上法律适用，上述4 点差别待遇只存在分析框架和视角的不同。根据（1）和（2）的差别待遇，进口产品作为整体，与国内产品、第三国产品进行比较；而（3）和（4）的差别待遇则细致地列举出具体哪些方面存在差别待遇，仅此而已。（3）和（4）的差别待遇是（1）和（2）的差别待遇的本质，因为离开了（3）和（4），（1）和（2）的差别待遇就自然消失了。同时，上诉机构在论述《关贸总协定》第20 条帽段时总结的3 个不公平

---

❶　Appellate Body Report，para. 5. 95.

❷　Panel Report，para. 7. 608.

❸　由于专家组在技术法规上的错误，上诉机构宣布专家组《技术壁垒协定》第2.1 条项下的裁决无效。尽管如此，专家组的分析框架和结论依据仍然对我们探讨当前的法律问题有帮助。尤其是专家组关于《关贸总协定》国民待遇的结论，是基于《技术壁垒协定》第2.1 条作出的。

❹　Panel Report，paras. 7. 149 – 7. 170.

❺　Panel Report，paras. 7. 302 – 7. 319，and 7. 341 – 7. 344.

❻　Appellate Body Report，para. 5. 320.

❼　Appellate Body Report，paras. 5. 328 – 5. 333.

❽　Appellate Body Report，para. 5. 337.

特征，都可以运用于《关贸总协定》第 1 条和第 3 条、《技术壁垒协定》第
2.1 条损害性影响及不合法的政策性区分。从某种角度来说，上诉机构之所以
在第 20 条说出了更多的理由，是因为他们更勤奋，比专家组在案卷中发现了
更多的歧视性、不合理之处，而并不是因为这几个条款之间存在不同的法律
标准。

综合以上考虑，上诉机构尽管说不同的非歧视条款具有不同的法律标准、
不同的法律功能、不同的实施范围，但经常又将同样的歧视性事实在这些条
款中反复适用，尤其例如本案中的"商业狩猎"（commercial hunting）。

上诉机构如此操作，致使非歧视规则造成了丛林般的复杂局面，而且至
少带来 3 个可观察到的体系性后果：第一，《技术壁垒协定》第 2.1 条可能死
亡。即便暂不讨论下文所说的例外情形之开放/封闭型列表问题，只是现实地
考虑，诉诸《技术壁垒协定》第 2.1 条也必然引发是否"源于合法的政策性
区分"的争论，而诉诸《关贸总协定》第 1 条和第 3 条，则还要等被诉方决
定是否及如何援引第 20 条。加之第 20 条中的"必要性"和各个细目中的义
务，以及以往案例的严苛裁定，起诉方的优势是显而易见的。务实的人可能
都不会轻易再走《技术壁垒协定》第 2.1 条的诉讼思路。第二，今后，《技术
壁垒协定》中的任何义务，都需要寻找是否存在"例外"的要素，这完全模
仿了原材料案的分析思路，逐条款分析"例外"适用，甚至都不必考虑《技
术壁垒协定》和《关贸总协定》之间的整体关系。这实际上破坏了整个 WTO
规则的可预期性，以及《关贸总协定》附件之间的体系性关联，人们不得不
逐案考虑每个条款是否具备"例外"的要素。第三，这些"例外"之间的界
限和范围还存在差异。《关贸总协定》第 20 条是封闭性列表，《技术壁垒协
定》第 2.1 条则是开放性列表，两者之间存在不平衡问题。上诉机构将此
"不平衡"推给了世贸成员的谈判❶，不过他们可能忘了，"源于合法的政策
性区分"正是上诉机构自己发明的概念，条文中从未出现过，他们可能还忽
视了谈判中的基本常识，如果《技术壁垒协定》的谈判者当年想达成一个与
《关贸总协定》不同的非歧视待遇，那是多么震惊和不可思议的事情！

欧盟的"事实上的歧视"（de facto discrimination）主张本来为上诉机构提
供了一条思路，将这些可能的破坏性后果和内在的逻辑性矛盾（《关贸总协
定》第 20 条的适用性问题）维持在中国的《加入议定书》范围之内（听起
来挺不公平的，但从兼顾以往案例和体制上的总体协调性考虑，这可能已经

---

❶ Appellate Body Report，para. 5. 129.

是当前的无奈选择），但很遗憾，上诉机构在一条错误的路线上越陷越深。当然，对于中国而言，比较现实的问题是，经历了音像制品案（DS363）、原材料案（DS394/395/396）、丁香烟案（DS406）、金枪鱼案（DS381）、COOL 案（DS384/386）、海豹产品案（DS400/401）等 6 个案件，上诉机构在《关贸总协定》第 20 条的适用问题上的精神内涵如此一致，稀土案（DS431/432/433）又会是什么结局呢？❶

最后多说一句，如果有读者对猎杀海豹的方法感兴趣，可以关注一下专家组报告第 60~83 页的有关段落和脚注。笔者从没见过对于人类猎杀某种动物的如此详细描述，儿童慎入，绝对是指导级的阅读材料。

案件报告索引：

Panel Reports, European Communities—Measures Prohibiting the Importation and Marketing of Seal Products, WT/DS400/R, WT/DS401/R, adopted 18 June 2014, as modified by the Appellate Body Reports, WT/DS400/AB/R, WT/DS401/AB/R.

Appellate Body Reports, European Communities—Measures Prohibiting the Importation and Marketing of Seal Products, WT/DS400/AB/R, WT/DS401/AB/R, adopted 18 June 2014.

---

❶ 上诉机构已经于 2014 年 8 月 7 日作出裁决，驳回中方上诉，维持了《关贸总协定》第 20 条不适用于中国《加入议定书》第 11.3 条的决定。Reports of the Appellate Body, China—Measures Related to the Exportation of Rare Earths, Tungsten and Molybdenum, WT/DS431/AB/R；WT/DS432/AB/R；WT/DS433/AB/R, 7 August 2014.

25. 盘根错节的卫生检疫规则

——印度农产品案

案件编号： DS430

印度农产品案是近年来少见的动植物卫生检疫（SPS）争端，其涉案措施是禽流感检疫措施（禽肉和猪肉产品的禁令）。SPS 争端是悬在各国头顶的达摩克利斯之剑，一旦败诉，大多进退两难。《SPS 协定》通过国际标准、风险评估和科学证据等要求，对进口国的政策管理水平设置极高的"合理性"要求，而卫生检疫措施，事关公共健康，在国内层面又具有极高的政治敏感性，无论撤销还是调整，都存在不容忽视的公众压力。就以中国的"健美猪"为例，一旦民意沸腾，谁还能安静地探讨"瘦肉精"的合理剂量呢。从历史上的 SPS 争端来看，即便发达如欧盟、日本、澳大利亚也难以完全满足条文中的苛刻要求，多次败诉，而发展中国家败诉较少，不是因为做得完美无缺，更可能是因为其他国家隐忍未发，否则谁能经得起专家组和上诉机构放大镜般的审视？此案即为例证，印度的检验检疫措施漏洞百出。

回到争端，阅读此案裁决，最大的感受是需要耐心，既要像小学生一样从头学学禽流感病毒的科普知识，又要慢慢梳理《SPS 协定》各个条款甚至每句话之间千丝万缕的法律关系。纵观专家组报告，前三分之一像词典，其中单词比 GRE "红宝书"还要变态；中间的三分之一是 GATT 第 20 条在《SPS 协定》中的类比性运用，如果同时参照《TBT 协定》，非歧视义务在世贸规则中画出了极为复杂的谱系图；最后三分之一首次探讨了《SPS 协定》第 6 条的内部关系，及透明度要求。所以本篇评论的结构，也大致沿用了以上顺序。

一、禽流感和印度的进口禁令

按照世界卫生组织（WHO）的描述，禽流感是鸟类（特别是野生水禽）

的病毒性传染病，在表面上通常没有生病特征，有时会传染给家禽，爆发大规模严重疾病，部分禽流感病毒已经跨越物种，传染给人类和哺乳动物。❶ 禽流感主要由两类成分的不同组合而形成若干亚型，第一类成分是血凝素抗原（Haemagglutinin），已发现16种；第二类成分是神经氨酸苷酶（Neuraminidase），已发现9种，不同组合构成的特定亚型禽流感表述为"HxNy"。根据世界动物卫生组织（OIE），由于基因突变和基因重组，新的禽流感病毒不断出现，但无论怎样演变，可以根据其致病性分为低致病型禽流感（LPAI）和高致病型禽流感（HPAI）。高致病型禽流感会导致4～6月龄肉鸡死亡率达75%以上，目前所有已知的高致病型病毒均为H5或H7亚型。❷ 禽流感通过飞沫（aerosol droplets）、病毒污染物、卵壳表面等方式传播（尤其是粪便，含有大量病毒），尽管大多数禽流感病毒不感染人类，但也有一部分是人畜共患，中国曾经爆发过低致病型禽流感（H7N9病毒），亚洲部分地区和非洲北部曾经爆发过高致病型禽流感（H5N1病毒），WHO和OIE曾经发现H7N7和H9N2亦感染过人类。❸

OIE的一项任务是为国际动物和动物制品贸易制定卫生标准，其《陆生动物卫生守则》（Terrestrial Animal Health Code）包括了针对禽流感的标准和建议。《陆生动物卫生守则》的目的是促进安全的国际贸易，❹ 其第10.4章对活禽、禽肉、蛋、羽毛、以禽肉为来源的动物饲料等产品制定了详细规则（不包括猪肉），依据国家或地区的禽流感疫情严重程度（高致病型、低致病型、未发现禽流感等），分别规定检验检疫要求，例如国际兽医证明、集装箱卫标、屠宰场卫标、免疫证明等。总而言之，《陆生动物卫生守则》反对简单的贸易禁令，允许有条件地从禽流感疫区进口禽肉类产品。❺

为了防范禽流感疫情，印度立法禁止进口所有发生禽流感国家的禽肉和猪肉产品，无论高致病型和低致病型（S. O. 1663（E））禽流感。印度此举在事实上产生强烈的不公平感，根据各国向OIE的通报，美国从2004年以来从未发生过高致病型禽流感，且从2006年以来开始通报低致病型禽流感；印度从2003年至2013年3月12日，共爆发过95例高致病型禽流感，且从未通报过低致病型禽流感。❻ 当然印度在后续争端中表示之所以没有通报，是因为低

❶ Panel Report, para. 2. 6.
❷ Panel Report, paras. 2. 9 – 2. 10.
❸ Panel Report, paras. 2. 16 – 2. 21.
❹ Panel Report, para. 2. 56.
❺ Panel Report, paras. 7. 219 – 7. 230.
❻ Panel Report, paras. 2. 45 – 2. 48.

致病型禽流感在印度极为罕见，但随后的专家意见和证据却表明，真实原因是印度缺少有效的疫情监控系统，只能对高致病型疫情作出反应，不能主动调查禽流感病毒，若能发现低致病型禽流感，纯属巧合（a matter of luck or chance）。❶

二、《陆生动物卫生守则》的"解释"

印度的一个核心主张是，其禽流感禁令符合（conform to）OIE 制定的国际标准，即《陆生动物卫生守则》。所以最重要的问题是，《陆生动物卫生守则》究竟作何规定，有何建议。从专家组的分析和裁决过程看，《陆生动物卫生守则》的含义是个事实问题，当事方的不断举证、专家意见、OIE 的答复，最终可以证明《陆生动物卫生守则》的真实意思。❷ 所以尽管专家组在论证《陆生动物卫生守则》的"地区"（zone）概念时使用了"解释"（interpretation）等表述，❸ 但不妨碍其分析论证是典型的事实认定过程。

在确定《陆生动物卫生守则》含义过程中，印度选择了一条极端的抗辩思路，即针对《陆生动物卫生守则》的反推理解（a contrario reading）来证明成员国的绝对权力。根据《陆生动物卫生守则》，如果某成员国通报了某个地区的禽流感（包括高致病型和低致病型），进口国不应当因此而立即采取进口禁令。❹ 此项规定的本意是防止不当贸易限制，却被印度理解为，除了那些通报的区域，进口国可以对该通报国的其他地区立即实施禁令，《陆生动物卫生守则》成员国享有绝对的国家主权。❺ 这种反推忽视了《陆生动物卫生守则》的目的、结构框架甚至是常识，其直接结果是：有禽流感的地区，符合适当条件，必须允许进口；没有禽流感的地区，反而可以随时遭到禁令。此法律论证出现了极端不合理的情形，不出意外地遭到了专家组的驳回。之所以将印度策略单拎出来，是因为初次阅读到印度主张时，以为自己理解错了，再次确认才意识到印度竟然采取了如此违背情理的抗辩立场。在法律诉讼过程中，此类做法通常会影响当事方的公信力，实务应以为鉴。

法律分析没有新奇之处，专家组沿用以往的上诉机构裁决，认为《SPS 协定》第 3 条规范了 3 类检疫措施：（1）基于（based on）国际标准情形（第 3.1 条），"基于"至少意味着涉案措施和国际规则之间不应当发生抵触；

---

❶ Panel Report, paras. 7.419 – 7.424.
❷ Panel Report, paras. 7.235 – 7.263.
❸ Panel Report, paras. 7.254 – 7.263.
❹ Panel Report, para. 7.235.
❺ Panel Report, para. 7.179.

（2）符合（conform to）国际标准情形（第3.2条）；（3）自行选择情形，但需要满足风险评估、科学证据等其他《SPS协定》所列条件。且第3.1条的"基于"纪律比第3.2条的"符合"纪律宽松一些。❶鉴于第3条的内在结构，尽管印度抗辩称其措施"符合"《陆生动物卫生守则》，但专家组仍然从"基于"义务开始分析，认为只要措施不满足"基于"的条件，就必然不满足"符合"的条件。依此法律解释，《陆生动物卫生守则》鼓励安全贸易，所提建议不包括禁令，而印度措施是简单明确的禁令，所以不能算作"基于"，违反《SPS协定》第3.1条，从而亦违反第3.2条的"符合"义务。❷由于印度国内法的构建基础是对"符合国际标准"的判断，其决策过程中未做风险评估，也缺乏科学证据，所以自然违反了《SPS协定》第2.2条、第5.1条、第5.2条的义务。❸

三、《SPS协定》的非歧视待遇

根据 Australia – Salmon 案（DS18）上诉机构的晦涩语言，《SPS协定》涉及非歧视待遇的第2.3条和第5.5条之间的关系：违反第5.5条必然会违反2.3条第1句话或第2句话，但是证明违反第2.3条第1句话，不须先检查第5.5条。❹此段耐人寻味的表述可能可以推导出3个观点：（1）第2.3条所禁止的歧视范围比第5.5条宽，或者说第2.3条包含了第5.5条义务；（2）从法律论证角度看，第2.3条与第5.5条之间不存在特定的分析顺序；（3）第2.3条的第1句话和第2句话的含义有可能不同，第1句话和第2句话与第5.5条可能是部分重叠关系，但如前所述，两句话合起来必然包括第5.5条。暂且不论以上学究般的推论是否正确，或许从实务角度并没有太多区别，美方、印度和专家组都同意此案从第2.3条开始分析。❺

专家组认为，《SPS协定》第2.3条第1句话可以细分为3步走：第1步是分析歧视性，第2步是分析恣意性和不公正性，第3步考虑是否为相同或相似情形。❻考虑到《SPS协定》第2.3条和GATT第20条帽段文字上的相似性，专家组决定分析第1步和第2步时借鉴第20条的法律标准，"歧视性"

---

❶ Panel Report, paras. 7.196 – 7.203.

❷ Panel Report, paras. 7.264 – 7.273.

❸ Panel Report, paras. 7.302 – 7.334.

❹ Appellate Body Report, Australia—Measures Affecting Importation of Salmon, WT/DS18/AB/R, adopted 6 November 1998, para. 252.

❺ Panel Report, paras. 7.341 – 7.342.

❻ Panel Report, para. 7.389.

重点看涉案措施针对不用产品的差异，"恣意性和不公正性"则看歧视的原因及合理性（rational connection），❶ 而第 3 步则沿用 Australia Salmon 的法律标准，采用了一个含糊但表面上又与第 20 条无关的单独分析过程，认为"恣意性和不公正性"（即第 2 步结论）有助于认定是否存在"相同或相似情形"。❷ 在法律适用过程中，专家组依据以上 3 个步骤分别论述了两类歧视性情形，一类是印度禁止了所有报告禽流感的进口产品，却只在本国内禁止禽流感爆发点 10 公里以内的禽肉移动；另一类是针对"低致病型禽流感"，印度禁止进口产品，却在国内缺乏有效监控。基于这两类歧视性情形，专家组裁定印度违反第 2.3 条。

审查以上论证结构，不难发现专家组在解释过程中只参考了 GATT 第 20 条，却毫无提及 GATT 第 1、第 3 条的法律标准，也未提及《TBT 协定》第 2.1 条的法律标准。但如果我们将这些条款联系起来，做些批判性思考，则不难发现"非歧视义务"在这 3 个协定中出现了极为错综复杂的谱系，暂且不谈 TBT 与 GATT 之间的关系，也不论《SPS 协定》第 2.3 条第 2 句话和第 5.5 条之间的关系，仅仅从此案看第 2.3 条第 1 句话，至少可以观察以下几点特征：（1）由于"相同或相似情形"（即第 3 步）是一项必须回应的法律义务，第 2.3 条第 1 句话的整个分析过程有些类似于 GATT 第 1、第 3 条中的事实上歧视（de facto discrimination），相同待遇要看是否存在不同事实，不同待遇要看是否存在相同事实。（2）"恣意性和不公正性"（即第 2 步）与"相同或相似情形"（即第 3 步）的混同，使其变成有些类似于《TBT 协定》第 2.1 条中"合法的政策性区分"（LRD），似乎具备一定的例外属性。（3）"歧视性"（即第 1 步）表面上缺失了竞争条件的分析，当然，不排除"3 步走"思路在实质上起到等同于竞争条件分析的效果。以上观察有待上诉机构和未来案件的进一步澄清。

四、对区域卫生情况的适应

此案是世贸争端首次触及《SPS 协定》第 6 条。总体而言，该条款对进口国设立了一项比较苛刻的义务，检验检疫措施不能只考虑以国家为范围的病虫害或疫情，还要考虑这些病疫是否局限于一定"区域"，所谓"区域"既可以是一国范围，也可以是一国之内的部分地区，还可以是若干国家及其地区。如此义务实质上要求检疫执法机关在超越传统的税境基础上，建立一

---

❶ Panel Report, paras. 7.398 – 7.401 and 7.427 – 7.429.
❷ Panel Report, paras. 7.485 – 7.460.

套申诉、审查、核查、批准的监管机制，各国可以通过该机制自行举证主张其部分地区没有病疫，原产自该地区的出口不应受限。

专家组认为第6条的3个条款具有内在层次，第一层次是第6.2条，进口国必须首先认可（recognize）流行病疫的区域性概念，再依据地理、生态系统、传染病监控、检验检疫措施有效性等因素做出认定（即其中的第1句话又排在第2句话之前）；第二层次是第6.1条，只有进口国认可流行病疫的区域性概念之后（满足第6.2条义务），才可能保证其检验检疫措施对区域卫生情况的适应性；第三层次是第6.3条，出口国承担举证责任。❶ 但专家组对第6.3条和第6.1条之间的关系语焉不详，一方面他们强调，出口国是否满足该举证责任，不能作为进口国是否符合前两个条款义务的前提，即第6.1条和第6.2条是独立的法律义务（free standing obligations），不必首先要求出口国援引第6.3条向进口国证明"区域性"主张（para. 7.680）；但另一方面，又认为第6.1条和第6.3条之间存在某种关联，而所谓的"关联"可能不过是第6.1条包含着需要出口国举证的调查（与第6.3条相似的内容）。❷ 在论述以上条款关系时，专家组还援引了SPS委员会于2008年做出的一份指导意见（G/SPS/48），❸ 但除了说明这份文件对法律解释有"进一步支持作用"（further supported）外，没有从《维也纳公约》角度，对该文件的法律地位作出任何论述。❹ 基于以上分析，专家组认为印度的禽流感措施根本未认可"区域性概念"，所以违反了第6.2条，也违反了第6.1条，

专家组这段迷宫般的文字初步梳理出《SPS协定》第6条的内部结构，如果参照此前的第2、第3和第5条之间的关系，《SPS协定》可以说是一个三维的立体模型，不仅涉及条文适用范围之间的平面重叠关系，还具有论证步骤、先后次序的纵向层次关系。从专家组逻辑来看，或许没错，但有必要么？就第6条而言，其实专家组需要回应的核心问题就两个：（1）印度是否违反第6.1条和第6.2条，即是否认同区域性概念，并保证区域性概念的实施；（2）出口国是否满足第6.3条的举证责任，能否作为进口国满足前两个条款义务的前提。也许，只是也许，直接回应这两个问题，而不是复杂地探讨条款字句之间的关系，可能是更有效率地解决争端的方式。

---

❶ Panel Report, paras. 7.649－7.692.

❷ Panel Report, paras. 7.676 and 7.711.

❸ Guidelines to Further the Practical Implementation of Article 6 of the Agreement on the Application of Sanitary and Phytosanitary Measures, adopted at its meeting of 2－3 April 2008, Committee on Sanitary and Phytosanitary Measures, G/SPS/48, 16 May 2008.

❹ Panel Report, para. 7.679.

除了以上比较重要的法律事项，印度还输了两个法律点：（1）不必要的贸易限制措施。专家组对《SPS 协定》第 5.6 条的分析，几乎完全扣合了传统的"necessary"分析模式所寻求的保护级别（政策目标）、实现程度（贡献度）、替代措施（几乎必然包括贸易的限制性影响分析），所以尽管用词可能略有不同，但法律标准没有什么实质区别。❶ 同时，第 5.6 条提及的"技术与经济可行性"，尽管是美好的词语，但几乎就是废话，因为在传统的替代措施分析中，必然需要考虑其可行性。❷（2）印度未能证明其禽流感措施是为了回应"健康保护的紧急问题"，所以其立法不能走《SPS 协定》附件 B（6）所提供的相对简便的程序，而必须走 B（5）的一般程序，❸ 但印度似乎根本就没有考虑过条约所规定的透明度义务，起草时未尽早公布，未向 SPS 委员会通报草案，其他世贸成员没有机会就草案提出评论意见，❹ 而且，措施公布之日起就开始实施，缺少合理间隔。❺

以上就是印度农产品案的初步观感，静待上诉。

案件报告索引：

Report of the Panel, India—Measures Concerning the Importation of Certain Agricultural Products, WT/DS430/R, 14 October 2014.

---

❶ Panel Report, paras. 7.519 – 7.525.
❷ Panel Report, para. 7.540.
❸ Panel Report, paras. 7.760 – 7.765.
❹ Panel Report, paras. 7.783 – 7.798.
❺ Panel Report, paras. 7.749 – 7.759.

26. "潜规则"的破灭

——阿根廷进口措施案

案件编号: DS438/444/445

在世贸争端解决中,"不成文措施"(unwritten measure)是一个绝对能够抓住实务者眼球的单词。这种措施类似于"潜规则",虽无正式规定,但只能这么办。疑难之处在于,一旦对簿公堂,真的有潜规则吗?如何证明?将来如何执行?为了回答前两个问题,此案当事方提交的证据约 900 份❶,大概是中国原材料案(DS394)的两倍,接近了空客飞机案(DS316)。如此规模的举证简直是个农民插秧的体力活,美国、欧盟和日本凭借惊人的工作量,一点一点地拼凑出阿根廷的贸易限制措施,最终赢得一场艰苦的诉讼。

一、阿根廷的"不成文措施"

阿根廷长期以来经济不振。按照《经济学人》2014 年年初的报道,阿根廷经历了一个世纪由盛及衰的过程,闭关自守及经济发展过分依赖资源产品是重要原因,2001 年自由化改革失败以后,保护主义日趋加剧。❷ 2009～2012年其进口增长 77%,出口增长 45%,2012 年与欧盟贸易逆差 3.9 亿美元,与美国逆差 43 亿美元,与日本逆差 2.85 亿美元。❸ 基于逆差的现实,阿根廷政府采取了"有管理的贸易"(managed trade)政策,总统决定其存续时间,工业部和内贸部负责执行,要求进口商在进口之前作出承诺:(1)至少与进口额相等的出口额(one-to-one requirement);(2)减少进口数量或金额(import reduction requirement);(3)在其国内生产中达到一定程度的本土含量(local

---

❶ Panel Report, para. 6.43.

❷ "The parable of Argentina——There are lessons for many governments from one country's 100 years of decline", The Economist, Feb 15th, 2014.

❸ Panel Report, paras. 6.108 – 6.113.

content requirement）；（4）在阿根廷境内投资（investment requirement）；（5）避免从阿根廷收回利润（non-repatriation requirement）。阿根廷总统宣布的最终目标是，国内生产替代45%的进口。❶

这些"贸易限制要求"（TRRs）是赤裸裸违反世贸规则的做法，阿根廷深知一旦公布必然招致公愤，遂将之隐藏于海关通报和监管过程之中，即当事方争议的"提前进口申报"程序（Advance Sworn Import Declaration）（DJAI）。具体流程大致为：进口商向一个信息系统申报清关材料（主要包括姓名、商品数量、商品状况、原产地、通关日期等正常信息），该信息系统由税务部门运营，但国内贸易部门和药品食品监管部门也可以审查此类申报信息。❷ 国内贸易部门审查某些交易时，这些交易进入"观察地位"，暂停清关，进口商须主动联系国内贸易部门，提交补充材料，以信函或合同方式作出上述限制贸易的承诺，然后才能清关。❸ 整个过程很不透明，进口商根本不知道谁在审查报关信息，也不知道该提交哪些补充材料，只能不断地主动联系有关部门，而且最终那些包括贸易限制承诺的信函与合同也不能公开。

应该说，阿根廷的做法很不地道，发展无力，作恶无胆。这个政策是有组织、有计划的故意违法行为，触犯的都是世贸规则中最忌讳的进口替代、许可证等义务，违法了以后，政客在选民面前将之吹嘘成政绩，而政府部门又不敢承认，举全国之力偷偷干。令人更难理解的是，阿根廷在专家组程序中还表现出很不配合的立场，不提供"自证其罪"的证据也就罢了，奇怪的是还要专家组在第一次听证会之后作出案件诉讼范围的先期裁决❹；而且单方面宣布，由于诉求不明，在第一次书面陈述中不回应起诉方所主张的贸易限制措施。鉴于先期裁决在确定案件受理范围等门槛问题上的重要性，专家组肯定不能同意此要求，在第一次听证会之前8日就迅速发布了先期裁决❺，阿根廷又批评专家组的决定"非常笼统"（very summary decision）。这些行为似乎是不合适的，虽然表现出强硬的姿态，但显得有些无理取闹，难以获得别人的同情，算是失策。

二、举证责任

"不成文措施"（unwritten measure）的争议曾经发生过，空客飞机案

---

❶ Panel Report, para. 6. 197.

❷ Panel Report, para. 6. 374.

❸ Panel Report, paras. 6. 389 – 6. 395.

❹ Panel Report, para. 6. 13.

❺ Panel Report, para. 6. 17.

（DS316）中美国挑战了欧盟的成员国补贴措施，将之描述为"启动援助"（Launch Aid）项目，而欧盟表示根本就不存在此补贴项目，这是被上诉机构定性为"不成文措施"的争议。❶ 严格来说，反补贴领域的补贴项目，很多时候不能算作"不成文"，而是起诉方或调查机关为了图省事或出于诉讼策略考虑而拟制出的措施，即将某些具体行为抽象概括为某个项目。所以，阿根廷的"有管理的贸易"（managed trade）政策应该是世贸争端解决历史上第一个严格意义上的"不成文措施"。这种措施的关键之处不在于法律标准和法律适用，而在于举证责任和事实认定。所以，专家组报告几乎花了一半的篇幅讨论证据问题。

　　本案的核心证据是阿根廷政府和进口商之间的合同，或者进口商致阿根廷政府的信函，所以，进口商和阿政府均拥有这些核心证据（此类情形有点像贸易救济）。阿根廷拒绝自证其罪是可以预判的，是人之常情。出口企业担忧日后遭到报复，不愿向起诉方提供证据❷，这也是可以理解的。为了解决此难题，专家组建议设置一个专门程序，指定一名独立专家，负责收取、审查某当事方提供的保密信息，再回答专家组关于事实的问题。其他当事方和专家组均不能直接接触该保密信息。❸ 蹊跷的是，该建议遭到了所有当事方的反对，我们难以揣测其原因，当事方总是有各种奇怪的顾虑，但最终结果就是维持了通常的举证程序，起诉方承担很重的初步举证责任，同时，专家组将合同和信函的举证责任分配给阿根廷❹，理由是起诉方已经证明存在那些合同和信函，起诉方缺少获得上述文件的直接渠道，并且没有获得相关公司的使用授权。❺

　　由于阿根廷的不合作，专家组最终没有获得直接证据，而是依据起诉方提供的外围证据裁定阿根廷存在"贸易限制要求措施"（TRRs measure）。证据主要集中在以下几个方面：（1）报刊文章。专家组援引了国际法院（ICJ）的裁决，接受报刊文章作为证据，认为关键是评估其可信度和证明力。❻（2）阿根廷政府官员的言论。这同样参考了国际法院的裁决，尤其是具有一致性的若干公开言论。❼（3）公司管理人员的言辞证据。（4）针对产业的调

---

❶ Appellate Body Report, Appellate Body Report, European Communities and Certain Member States—Measures Affecting Trade in Large Civil Aircraft, WT/DS316/AB/R, adopted 1 June 2011, paras. 778 – 796.

❷ Panel Report, para. 6. 45.

❸ Panel Report, para. 1. 28.

❹ Panel Report, para. 6. 58.

❺ Panel Report, para. 6. 63.

❻ Panel Report, paras. 6. 66 – 6. 72.

❼ Panel Report, paras. 6. 73 – 6. 81.

查（问卷调查类）。（5）智库提供的材料。（6）有关的贸易数据（例如进出口数量、贸易赤字、投资流入等）。❶ 由于法律义务非常清楚，阿根廷输了证据，自然也就输了《关贸总协定》第 11 条和第 3 条。

三、通关手续和普遍取消数量限制的关系

就 DJAI 程序的合规性而言，专家组作了一个可能存在争议的裁决，认为通关手续条款（《关贸总协定》第 8 条）和普遍取消数量限制（《关贸总协定》第 11 条）之间不是互斥的，而是累积性的。❷ 这就意味着通关手续也可能构成限制贸易的其他措施，违反《关贸总协定》第 11 条。专家组没有清楚列明其裁决依据，但大体梳理应该有 3 条：第一，从通常含义来看，第 11 条的"或其他措施"（or other measure）范围宽泛。❸ 第二，条约解释的有效性。沿用印度尼西亚汽车案（DS54）中的逻辑❹，认为国际公法应当被推定为不存在冲突，所以，专家组推定第 8 条和第 11 条之间无冲突，两个条款在适用时应当是统一和累积的。❺ 第三，第 11 条覆盖面更宽，而第 8 条覆盖面更窄。❻

如果没有理解错，按照《维也纳条约法公约》，专家组只考虑了第 8 条和第 11 条的"通常含义"，根本没有考虑上下文、条约的目的和宗旨等其他解释工具。暂不论专家组在解释方法上的不周全，就按照它援引的印度尼西亚汽车案（DS54）逻辑，假设同一协定的不同条款也算作"不同条约"，则条约之间的冲突需要满足 3 个条件：（1）两个条约具有相同缔约方；（2）覆盖相同的实体问题;（3）相互排斥的义务。❼ 试以第 8 条中提及的海关通关单证要求（documentation requirement）为例，与以上 3 个条件对照检查则可发现，"通关单证要求"完全符合第一个标准，当事方均为世贸成员，甚至是同一个条约，只不过涉及不同条款；符合第二个标准，因为这是《关贸总协定》第 8 条中明确提及的内容，第 11 条又覆盖了极为宽泛的"其他措施"；也符合第三个标准，原因是既然《关贸总协定》第 8 条提及"减少和简化进出口的

---

❶ Panel Report, paras. 6. 82 – 6. 114.

❷ Panel Report, paras. 6. 434 – 6. 445.

❸ Panel Report, para. 6. 435.

❹ Panel Report, Indonesia—Certain Measures Affecting the Automobile Industry（hereinafter referred as Indonesia-Autos）, WT/DS54/R, WT/DS55/R, WT/DS59/R, WT/DS64/R and Corr. 1 and 2, adopted 23 July 1998, and Corr. 3 and 4, para. 14. 28.

❺ Panel Report, paras. 6. 436 – 6. 438.

❻ Panel Report, para. 6. 442.

❼ Panel Report, Indonesia—Autos, footnote 649.

单证要求"，就说明在一定程度上"允许"简便易行的单证的存在，而单证要求作为"其他措施"，恰恰又被《关贸总协定》第11条禁止了。所以，这里可能出现一个不能忽视的条文冲突，专家组的法律解释（第8条和第11条的关系）存在比较明显的不合理之处。

除了以上几个比较重要的法律问题，专家组还作出一些有趣的裁定：（1）关于贸易限制要求，阿根廷还输了"法律本身"（as such），因其适用于不确定的市场主体，且未来依然实施。❶（2）阿根廷没有挑战起诉方关于贸易报复的担忧是否"有效"（valid）❷，这可能是阿根廷的诉讼失误，也可能为贸易救济中的举证责任抗辩留下一条思路。（3）沿用以往诸多案例裁定，若进口国措施只是以原产地为由，造成进口产品和国内产品之间的差别待遇，则论证违反国民待遇时不必再分析同类产品。❸（4）DJAI 程序要求报关企业提供的信息与实际使用的信息之间存在错配，相关政府部门获得了无限制的自由裁量权（open-ended discretion），对货物进口造成了限制性影响，进而违反了《关贸总协定》第11条。❹（5）专家组对《关贸总协定》第10条和《进口许可证协定》的所有法律主张适用了司法克制（judicial economy）。

案件报告索引：

Panel Reports, Argentina—Measures Affecting the Importation of Goods, WT/DS438/R, WT/DS444/R, WT/DS445/R, 22 August 2014.

---

❶ Panel Report, paras. 6. 328 – 6. 342.

❷ Panel Report, para. 6. 61.

❸ Panel Report, para. 6. 274.

❹ Panel Report, paras. 6. 465 – 6. 479.

四、书评及其他论文

27. 非市场经济地位条款过期后的世界

目前的国际经济法圈的舆论氛围对中国似乎不太友善：部分国外的贸易救济申请人律所制造舆论，企图挽救非市场经济地位（non-market economy）条款；即便相对中立的专家，琢磨的也是如何在到期之后利用双反规则的模糊之处，继续使用外部基准。❶ 2016 年 12 月 11 日，有可能根本就不是什么到期日，而是一个宣战日，中国将就非市场经济地位条款的到期或不到期、外部基准的各类变种恶战一场。

无论最后什么策略，至少有 3 个原则比较重要：其一，不能意气用事，打仗就要冷静周旋，仔细算计，不能听到非市场经济就炸锅，也不必在大喜和大悲之间来回浪费感情。其二，杂音很多的局面下，更要看各国实践做法和具体条文，只要牢牢把握这两点，最终立场就不会错得太离谱（请别怪笔者悲观，实务者就是婆婆太多，谁的话都得听，多数情况下也就只能做到不是最坏的选择）。其三，"不慕虚名，追求实效"，这是我以前给的建议。不慕虚名就是不打口水仗，没必要证明自己是市场经济国家；追求实效就是痛斥外部基准，剪裙边一样压缩贸易救济调查机关的自由裁量权。

一、市场经济地位（企业 vs 国家）

中国的非市场经济地位（NME）条款像神一样的存在，看了无数遍，每次都有感慨，为什么《加入议定书》第 15（d）条第 2 句话只终止了第 15（a）（ii）条？为什么其与第 16.9 条不同？为什么第 15（d）条会有第 1 句话和第 3 句话，而且援引的是第 15（a）条？为什么会保留第 15（a）（i）条和第 15（a）条的帽段，这有什么特殊含义？为什么 15 年是个简单的终止符，

---

❶ 本文写作于 2014 年 6 月。King & Spalding LLP. 律所的律师发表文章，表示非市场经济地位条款的到期只意味着转移举证责任，而外部基准永不到期，由此引发国际热议。有关文章参见：Global Trade and Customs Journal，Volume 9，Issue 3，2014 Kluwer Law International BV，The Netherlands.

没有考虑既往的反倾销措施和届时的反倾销调查？为什么会出现第 15（b）条，且没有期限？第 15（b）条比《补贴与反补贴协定》第 14 条是更宽还是更严？幸好 US—Softwood Lumber IV 案（DS257）已经将反补贴外部基准规则多边化❶，否则不知有多少人要背一辈子的黑锅，难道是中国有先见之明吗？这里暂且不谈反补贴，就谈反倾销。

无论条文多么含混，切割国家和企业层面的非市场经济地位应该是专业共识。就企业层面而言，Miranda 和 O'Connor 的立场太极端了，试图从第 15 条不严密的逻辑中读出第 15（a）（ii）条永不日落，或者只意味着举证责任转移至国内申请人❷，实在是很牵强的法律推理，而且自相矛盾（反而说明第 15（d）条第 2 句话成为多余，这是不可思议的结论）。EC—Fasteners 案（DS397）的上诉机构已经裁得很清楚，第 15（a）条整体到期，中国的出口企业理应自动获得市场经济地位。❸ 而且，即便只是第 15（a）（ii）条到期，也没有什么实际意义，最坏的局面，第 15（a）（i）条无非留下一个没有法律后果的举证责任。如果中国企业不满足这个举证责任，调查机关就可以复活非市场经济地位下的外部基准？笔者目前没有看出来这有多高的可能性。

就国家层面而言，非市场经济体的条款理论上是永不到期的。第 15（d）条第 1 句话表明只有满足进口国国内法才能得到各国承认，没有时间限制，但也未规定任何可预见的法律后果，换言之，即便中国仍然被冠以非市场经济地位之名，各国也不能据此采取违反世贸规则的做法。从历史上看，非市场经济地位作为冷战遗物，其对抗性的意识形态基础绝不可能在国际层面达成法律定义上的共识。❹ 美欧国内法，无论是 5 条标准还是 6 条标准，实际上都对中国设立了可望而不可即的透明天花板（参见美国商务部于文具纸案中

---

❶ Panel Report, United States—Final Countervailing Duty Determination with Respect to Certain Softwood Lumber from Canada, WT/DS257/R and Corr. 1, adopted 17 February 2004, para. 7. 57. Appellate Body Report, United States—Final Countervailing Duty Determination with Respect to Certain Softwood Lumber from Canada, WT/DS257/AB/R, adopted 17 February 2004, paras. 93 – 103.

❷ Jorge Miranda, "Interpreting Paragraph 15 of China's Protocol of Accession", Global Trade and Customs Journal, Volume 9, Issue 3, 2014 Kluwer Law International BV, The Netherlands. Bernard O'Connor, Market-economy status for China is not automatic, Vox Article, November 2011, at page 1 (available at http://www. voxeu. org/article/china – market – economy).

❸ Appellate Body Report, European Communities—Definitive Anti-Dumping Measures on Certain Iron or Steel Fasteners from China, WT/DS397/AB/R, adopted 28 July 2011, para. 289.

❹ Francis Snyder, "The Origins of the 'Nonmarket Economy': Ideas, Pluralism & Power in EC Anti-Dumping Law about China", European Law Journal, Volume 7, Issue 4, pages 369 – 424, December 2001.

所作的两个备忘录❶），即便中国 90% 以上国内产品的定价是基于市场机制，中国仍然是"非市场经济体"，其中牵扯的国有企业、金融体制、知识产权、劳工权利、法治环境等，都是些似是而非的"市场经济"特征，每个国家都能挑出一把毛病。但现在就针对中国挑毛病，你又能怎么办呢？所以，在国家层面，即便你想要这个名声，要付出代价，还要看美欧脸色，赢了也不过是个空洞的胜利（hollow victory），在出口企业层面缺乏直接的实际效果。最好的办法，干脆任其自生自灭，让时间逐步消磨非市场经济地位所有的表面价值。

二、美欧国内法

根据美国国内法❷，美国商务部有权在任何时候将任何国家认定为非市场经济国家，只有"放弃"（revoked）之后（美国国会报告认为此放弃必须为"明示放弃"），才能终止非市场经济地位的做法。❸ 根据此条款，即便美国立法可能不必然违反世贸规则，但 2016 年 12 月 11 日，美国商务部必须有所作为，中国企业才能在美国自动享有市场经济地位，且美国商务部的认定不受司法审查。

欧盟的国内法似乎更复杂一些。欧盟国内 2009 年立法中未将中国列为非市场经济国家，但使用了开放型列表，且未规定如何认定非市场经济国家，如何衔接《加入议定书》的权利和义务。❹随后在修正其立法的时候，又将中国列为非市场经济国家。❺ 根据 2013 年年底欧盟法院的一个案件（Rusal Armenal ZAO v. Council of the European），欧盟常设法院（General Court）裁定，尽管亚美尼亚被列为非市场经济国家，但根据 WTO 规则，只有两种情形可以背离通常的反倾销规则，该两种情形分别为《反倾销协定》附注 2 的情形（极端的管制经济）和《加入议定书》有规定的情形（中国和越

---

❶ US Department of Commerce，"The People's Republic of China（PRC）Status as a Non-Market Econo-my"（hereinafter "The May NME Memo"），May 15，2006. "Antidumping Duty Investigation of Certain Lined Paper Products from the People's Republic of China（"China"）—China's status as a non-market economy"（hereinafter "The August NME Memo"），August 30，2006，A‒570‒901，Investigation，Public Document.

❷ 19 U. S. C. Ch1677（18）（C）.

❸ Jane M. Smith，U. S. Trade Remedy Laws and Nonmarket Economies：A Legal Overview，Congressional Research Service，January 31，2013，p. 3.

❹ Council Regulation（EC）No 1225/2009 of 30 November 2009 on protection against dumped imports from countries not members of the European Community（Basic Anti-Dumping Regulation），Official Journal of the European Union，L 343/51，22. 12. 2009，Article 2（7）（b）.

❺ Corrigendum to Council Regulation（EC）No 1225/2009 of 30 November 2009 on protection against dumped imports from countries not members of the European Community，（Official Journal of the European U-nion L 343 of 22 December 2009），L 7/22，12. 1. 2010.

南）。❶ 根据此裁决，2016 年 12 月 11 日，随着中国《加入议定书》有关条款的到期，欧盟法似乎应该是自动给予了中国企业市场经济待遇。但 2014 年 1 月 16 日，欧盟委员会就此案提出上诉，目前正处于诉讼过程中，尚未发布裁决。❷ 所以，欧盟国内法最终如何解释仍然处于不确定状态。

经过以上初步检查，美欧目前均未区分国家和企业的非市场经济地位，也都留下一定的模糊空间，未列明中国，也未排除中国。但美国立法更僵硬，需要调查机关的积极作为。而根据欧盟常设法院的解释，欧盟立法与 WTO 规则的衔接性更好，如果对欧盟常设法院裁决的解读是准确的，且被上诉法院支持，2016 年 12 月 11 日，我国出口企业应自动获得市场经济地位，欧盟法也不会违反世贸规则。综合以上情况，针对美欧可能需要采取不同的应对办法：

（1）针对美国，比较担忧届时以国内缺乏授权为由拖延执行（当然，不排除美国修改国内法，分离国家和企业的市场经济地位，保留个政治大棒吓唬人，就像汇率操纵国一样）。现在，可以敦促美国商务部尽早宣布 2016 年 12 月 11 日终止中国的非市场经济地位。同时，研究是否可以将美国立法诉诸世贸争端解决，我国《加入议定书》规定的是"有期限"的承诺，而美国立法规定的是"无期限"的行政权力，这种法律不确定性会影响正当程序和法律预期（具体诉讼条款可包括《加入议定书》第 15（d）条，也可以检查一下《关贸总协定》第 10 条所列的若干原则性条款）。关于诉讼时机，当前就起诉为时尚早，形势不够明朗，证据也不够充分，但如果等到 2016 年 12 月 11 日美国拖延执行时再起诉，就有些晚了。我觉得，似乎可以将专家组组成时间点定为 2016 年 12 月 11 日比较合适，反推 3~4 个月提出磋商请求。如此安排，一旦美方不作为，我方可尽可能缩短遭受不利影响的期限，也可随时暂停专家组程序，或根据最新实践情况，充实第一次书面陈述。这可能是第一个世贸争端案。

（2）针对欧盟，当前重点是澄清其国内法。如果上诉法院维持了初审，且这里对 Rusal Armenal 案的解读是正确的，欧盟一旦仍然维持了非市场经济做法，则可以同时在多边和双边，通过世贸争端解决和国内法院加以挑战。如果上诉法院驳回常设法院的裁决，或这里对 Rusal Armenal 案的解读是错误的，那么可以参考前文谈及的起诉美国的做法，提前起诉欧盟国内法。这可

---

❶ Judgment of the General Court (Second Chamber, Extended Composition), 5 November 2013, T512/09.

❷ Commission v. Rusal Armenal, Case C – 21/14 P.

能是第二个世贸争端案。

三、到期之日正在进行的反倾销调查

这是个很有争议的问题，核心关注是，2016 年 12 月 11 日指的是反倾销调查的立案时间还是裁决时间。乌拉圭回合之后，《反倾销协定》生效使用的是立案时间，即 1995 年 1 月 1 日之后立案的反倾销调查，适用于 WTO 成立时缔结的新规则。❶ 我们可以主张裁决时间，但笔者个人以为，胜诉可能性不是很高，而且实际意义有限。反倾销调查是个系统性过程，从立案的证据准备和审查、调查过程中的问卷设计都牵涉非市场经济地位问题，不仅仅是发布裁决的最终环节。同时，反倾销调查也就 1 年时间，最长不超过 1 年半，打完世贸争端，3 年过去，措施大多处于复审状态。

如果有人咽不下这口气，不得不开战，可能比较合适的是挑个极端恶劣的情形开刀，比如，2016 年 12 月 10 日（过期前 1 日），某国采用非市场经济的办法，对 1000 个产品发起反倾销调查。挑战极端情形可能提高胜算。这算第三个潜在的世贸争端吧。

四、到期之日仍然存续的反倾销措施

到期之后，我们可以做梦，美欧立地成佛，自动取消既存反倾销措施复审中的非市场经济地位做法，但我个人觉得概率极低。基于现实主义的揣测，美欧在 2016 年 12 月 11 日之后，无论政治氛围还是经济利益，都有可能促使其不会改变既存反倾销措施复审中的非市场经济地位的做法。从法律上看，《加入议定书》第 15 条对此未明确规定，《反倾销协定》第 18.3 条对复审的规定也只是上下文（美欧反而会推定是《加入议定书》故意的"省略"（o-mission））；在 US—Corrosion Resistant Steel Sunset Review 案（DS244）中，上诉机构也只是裁决日落复审"如果"计算倾销幅度，则《反倾销协定》第 2.4 条应该适用。❷ 那么非市场经济条款到期之后的日落复审，是否必须计算倾销幅度？如果计算了，只能依据《反倾销协定》进行，还是同时依据《加入议定书》第 15（a）（ii）条？所以，争议是不可避免的。

对照中国遭遇的数千起反倾销措施，此事的重要性不言而喻。中国大致有两条路可走：

---

❶ Antidumping Agreement, Article 18.3.

❷ Appellate Body Report, United States—Sunset Review of AntiDumping Duties on CorrosionResistant Carbon Steel Flat Products from Japan, WT/DS244/AB/R, adopted 9 January 2004, paras. 118 – 138.

（1）无为而治。此即等待既存的反倾销措施由于缺乏经济利益而缓慢地自动日落（如此结局可能不受欢迎，也不一定是问责政府应该采取的态度）。

（2）诉讼和斗争。如果选择此路，则可能陷入非常艰难的持久战，中国至少需要挑战三个领域——年度复审（主要针对美国等追溯性征税体系）、情势变更复审（主要针对欧盟等预期性征税体系）和日落复审。在每个领域，中国都将处于单兵作战的境地，独立面对所有敌人，没有盟友（充其量有个越南）。本文不准备作全面分析，而是参考归零系列争端，提出几个策略性思考，以期抛砖引玉。

其一，首战挑选最荒谬情形。暂且不算《关贸总协定》年代的日本败诉❶，归零最先打的是最不公平的归零情形（W－W），挑战的是欧盟（EC－Bed Linen 案）❷，而受影响最大的是美国。所以，首战务必选择规模小、情形荒谬的合适对象建立先例。规模小，意味着上诉机构有精力仔细审查所有法律事项；荒谬，才能刺激所有人反思不公平的做法。那么非市场经济地位做法有无可能造成荒谬的情形？我觉得完全有可能，例如某个企业同时遭遇多起反倾销措施，其中部分反倾销在到期之前立案，正处于复审，该企业被认定为非市场经济；而另外的反倾销在到期之后立案，该企业被认定为市场经济。同一个企业，在同一时间段，仅仅因为不同的反倾销程序（原审 vs 复审）就被裁出自相矛盾的企业性质（市场经济 vs 非市场经济），这显失合理。诉讼主张主攻《加入议定书》第 15（d）条和《反倾销协定》，万一赢不了，也要争取拿下《关贸总协定》第 10 条。当然，完全有可能存在更荒谬的情形，有待挖掘。由于是首战，我们也可以选择美欧之外的软柿子，先捏捏试水。

其二，全面梳理美欧对其他非市场经济国家的复审实践（条款到期之后）。这里的核心法律点是非歧视待遇，可以是俄罗斯，但重点应关注那些曾经是美欧对立面，但今天变成了其伙伴或同盟的国家，比如欧盟对东欧国家、美国对乌克兰等。

其三，法律诉讼上的准备。比如对非市场经济条款"转型"特征所具备的法律分析的准备。又如，在充分了解事实和历史案例的基础上，仔细权衡

---

❶ Report of the Panel, EC—Anti-Dumping Duties on Audio Tapes in Cassettes originating in Japan, ADP/136, 28 April 1995.

❷ Appellate Body Report, European Communities—Anti-Dumping Duties on Imports of Cotton Type Bed Linen from India, WT/DS141/AB/R, adopted 12 March 2001, paras. 46 – 70. Panel Report, European Communities—Anti-Dumping Duties on Imports of Cotton Type Bed Linen from India, WT/DS141/R, adopted 12 March 2001, as modified by Appellate Body Report WT/DS141/AB/R, paras. 6. 102 – 6. 119.

年度复审、情势变更复审和日落复审的诉讼难度，选择合适的诉讼顺序。此外，还应考虑是否在执行之诉（21.5 程序）中解决一些难题，比如加拿大就是在 US—Softwood Lumber V（Article 21.5 – Canada）案（DS264）的诉讼中解决了年度复审和交易对交易（T – T）的归零。❶ 再如，选择最好的律师团队。此为系列战役，容不得闪失，必须尽早聘请最好的律师团队，做最全面的作战准备。

其四，舆论造势，传递中国作为"市场经济"的理念和证据。这篇雄文的直接目的不是为了和美欧打嘴仗，向世界证明中国是市场经济体，而是具有非常具体的目标，为双边和多边做好诉讼准备。在重要决策和战斗之前，必须舆论先行，占据道义制高点。美国 2006 年对华反补贴之前如此做过，今天为了延续非市场经济条款的生命，继续在这么做。我们应该向其学习。我国改革开放 30 多年，尽管有这样或那样的抱怨，但每个中国人都能感觉到身边巨大的市场力量，以及市场理念的深入人心。即便中国政府做得再不够，也应该把中国的实际情况和中国政府的实际努力落实到文字上，变成证据，放入案卷。反观以往世贸争端案，如涉及模棱两可的事项，均需要向法官传递某种理念，才能获得最终有利的裁决，比如，归零和双重救济均传递了不公平的理念，上网电价的市场基准传递了清洁能源的理念，公共道德问题传递了动物福利理念（当然，不排除部分理念的实际效果具有一定破坏性）。法官只有内心确认中国经济中的绝大多数参与者都是市场经济的，才可能真正支持中国。这篇雄文需要模仿美国在文具纸反倾销案中的备忘录，在国际视野下，对中国改革开放历程和经贸政策变化作全面回顾，参考各个国际组织的报告，实事求是地书写，而且最好是由国外某个知名专家或智库写作，中国政府和律师支持（中国政府律师负责提供素材和用于诉讼准备的方向性指导）。

针对复审的诉讼，可能是中国加入世贸组织之后面临的最为复杂和艰巨的斗争（顺便请参考 EU—Footwear（China）案（DS405）众多败诉点的教训）。❷ 如果乐观一些，通过 3～4 个世贸争端案解决复审，加上前面提到的 1～2个争端解决美欧国内法（合计 4～6 个世贸争端案），以 10 年为期（至 2026 年年底），彻底终结反倾销领域的非市场经济问题，那么这可能是未来中

---

❶　Appellate Body Report, United States—Final Dumping Determination on Softwood Lumber from Canada—Recourse to Article 21.5 of the DSU by Canada, WT/DS264/AB/RW, adopted 1 September 2006, paras. 71 – 146.

❷　Panel Report, European Union—Anti-Dumping Measures on Certain Footwear from China, WT/DS405/R, adopted 22 February 2012.

国世贸争端解决和贸易救济领域最杰出的成绩。❶

五、欧美采取的反倾销外部基准

单纯地看规则,《反倾销协定》第 2.2 条和第 2.2.1.1 条似乎没有什么特别恐慌之处,本身并未授权可以使用外部基准。纵观历史,美欧滥用贸易救济措施的行为罄竹难书,加拿大、日本、韩国、俄罗斯、挪威深受其害。"特殊市场状况"(particular market situation)和结构正常价值中的成本调整是个多边纪律,美欧完全有可能滥用,目前已经对俄罗斯使用外部基准,主要集中在油气能源、商业贷款等领域。但美欧恶行,不会只有中国一家受影响,中国不会在世贸组织中孤掌难鸣。现在俄罗斯已经就外部基准问题提起诉讼(DS474)❷,中国完全可以全力以赴地支持俄罗斯,也可以挑选合适的案件,主动发起世贸争端,慢慢和美欧周旋下去。对此,相信日本和韩国不会再和美欧捆绑在一起了吧。

最近看了一些材料,觉得大多纠缠于古怪的逻辑和匪夷所思的结论,既无深谋,更无远虑。非市场经济地位不只关乎中国的声誉,更关系到中国出口企业的切身利益,外国人或出于立场差异,或缺乏使命感,写的文章大多浮光掠影,难以为 2016 年之后提供清晰的路线图,最终的分析和决策只能依靠我们自己。希望此篇文章只是投石问路,吸引更多的业内人士建言。由于我的视野所限,思考和建议必然很多谬误,仅供参考和批判。

---

❶ 关于复审争议的艰巨性,笔者感觉,美欧调查机关的立场会比 Miranda 和 O'Connor 要强很多。尽管他们还未正式亮牌,但从条文的沉默(《加入议定书》中缺少类似于《反倾销协定》第 18.3 条的规定)、反倾销程序的连贯性、年度复审的税率评估属性、《加入议定书》第 15 条只关注"调查"(investigation)等方面,都能预估出不少抗辩点;不排除他们还会有其他抗辩主张(例如《加入工作组报告》中某些未留意到的上下文及某些涉及其他国家的实践与先例)。

❷ Request for the Establishment of a Panel by the Russian Federation, WT/DS474/4, 6 June 2014.

28. 欧盟：国内与国际补贴规则的艰难博弈

——《WTO 和 EC 法中的补贴和国家援助规范：国际贸易法的冲突》书评

　　补贴与反补贴成了今日最热门的话题之一，美国的反补贴调查几乎给中国各个层级的政府官员上了一堂国际规则普法课。问题在于，一知半解的实务者往往会陷入更大的困惑：这个政策到底是不是补贴？是不是禁止性补贴？这个补贴能不能发放？发放了以后会有什么结果？国际语境是经济、政治和法律争议的多重奏，国内研究又嘈杂不堪，而政府的决策必须找到一个答案：是，或者不是。答案的形式很简单，但思考和认识过程异常复杂，逼得我们只有不断学习。

　　扯了这么几句闲话，就是为了说明这本书是本好书。它的前 11 章是完美的教科书，思维和框架极为清楚，即便不阅读全文，仅看目录，都能获得许多有益的启发；针对关键术语的司法解释准确到位，没有废话；理论功底扎实，介绍了国内补贴和出口补贴经济学分析，梳理了《哈瓦那宪章》《关贸总协定》、1955 年改革、东京回合和乌拉圭回合的规则演变史；提供了美国海外销售公司案等争议判例的分析，引人思考。笔者阅读这本书实际上分成了两个间隔漫长的阶段，前年看了 WTO 补贴规则的部分，当时的目的是急用先学，一直拖到最近才看了欧盟国家援助的篇章，不料这种功利的分割反而带来了意想不到的收获与视角，加深理解了"政府成本"分析路径，还看到了私人的救济规则，或许打开了服务业反补贴规则的思路。

一、国家援助的独特规则

　　通过阅读发现，欧盟关于国家援助（state aid）的独特规则具有很好的启发价值。欧盟的国家援助定义与《补贴与反补贴协定》中的补贴定义不同，有 4 点构成要件：（1）市场测试（market test），即相关措施须授予超出市场的额外利益；（2）公共账户支出标准（charge on the public account standard），即相关利益须由国家授予，或通过公共资源授予；（3）专向性；（4）此措施必须影响成员之间的贸易。此定义的疑问是：这些因素之间究竟有什么关系？尤其是市场测试和公共财政支出标准之间如何衔接？例如，高于政府成本却低于市场价格的优惠贷款利率算不算国家援助？从欧盟列举的例证和 ECJ 的裁决解释来看，公共账户支出不同于政府成本（government cost），优惠贷款利率是国家援助。ECJ 认为公共账户支出不仅包括直接的财政支付，还包括潜在的政府资源动用。此解释可以分析优惠贷款利率构成国家援助的内在逻辑，如果政府以市场规律使用同笔资金，可能获得更多收益，优惠贷款和市场贷款的收益差额就是潜在的公共资源。欧盟和 ECJ 现在的实践和解释与当年在东京回合和乌拉圭回合中的立场不尽相同，当时，欧盟"政府成本"的主张输给了美国人利益授予的主张，那么如果以今日"公共账户支出"的立场重新谈判，结果如何呢？

书中介绍的欧盟法院（ECJ）裁决并不总是毫无争议的。在 Steenkolenmijnen 案中，法庭认为国家援助的定义比"补贴"的定义更宽，原因是补贴意味着现金支出或某种扶持，而国家援助不仅包括积极性的利益（positive benefit），还包括国家通过公共预算的市场干预。这种干预不限于支付，例如优惠利率、税务免除、社会福利负担的减免。ECJ 的这个解读相当激进，《欧共体条约》（EC Treaty）的第 87～89 条并无"补贴"的定义，同时也没有参考《补贴与反补贴协定》的定义，没有法律依据地主动作出比较和裁定。笔者认为其做法欠妥，没有必要分析条款以外的术语含义。裁决苹果是不是水果，就不必顺便证明苹果和香蕉的不同。就算补贴定义的范围比国家援助定义的范围更大，又有什么实际意义？事实上，从《补贴与反补贴协定》的补贴规则来看，优惠利率、税务免除这些政府行为肯定是补贴。笔者明白，"补贴"的范围可能是当事人在法庭上的争论，但法院不能被当事人牵着鼻子走，它应该尊重法律推理逻辑。上诉机构在 EC—Hormones 的案件中拒绝讨论"风险管理"（risk management），法律分析的目标很单纯，就是"风险评估"（risk assessment），不必涉及其他。还有另外一处，关于事实上的专向性裁决，在 Commission v. Italy 的案件中，意大利降低了工人应缴纳的社会福利负担，其中男性工人降低了 4%，女性降低了 10%，ECJ 认为意大利此举构成事实上的专向性，扶持了女性员工比较密集的产业，例如纺织、服装、鞋、皮革等产业。这个裁决立即引发了我们的假想，如果意大利降低了所有工人的社会福利负担，无论男女都是 10%，这个时候还可以认定具有劳动密集型产业的专向性吗？ECJ 的结论可能严重干预成员国的社会政策，笔者个人感觉，这暴露了欧盟国家援助专向性规则中缺少"客观标准"的弊端。

作者 Gustavo 是 Bellis 的律师，具有国际顶级的法律视野和丰富的实践经验。从引证的案例来看，它成功吸引了专业读者，展示了不同补贴规则产生的蹊跷后果。还有一个案例是 Sloman Neptum 案。德国重新制定了船业的劳工立法，规定如果雇用了欧盟以外的外籍员工，可以减薪，雇主可减少缴纳社会保障金。应该说德国的这个政策够毒辣了，外国人虽然可能抗议歧视，但又可能受益于扩大的就业机会，德国船业通常更愿意雇用便宜的外籍劳工。暂且不论政治上的算计，德国的政策构成欧盟法中的"国家援助"吗？构成 WTO 法中的"补贴"吗？根据欧盟法院，国家援助要求政府必须通过国家资源直接或间接授予利益，而德国的措施实质上要求外籍员工放弃一部分利益，资助了船主，是私营部门扶持私营部门，所以并不构成国家援助。但如果从《补贴与反补贴协定》的角度看呢？社会保障金能算作政府的收入吗？是政府的"收入减免"（revenue foregone）吗？改变之前的政策可以作为衡量利益的基准吗？德国的这个案例可以引发很多关于社会政策变更的思考，中国的"交通强制险"新政是对保险业的补贴吗？笔者感觉政策变更本身并不能必然说明变化之前的政策就是标准化基准（normative benchmark），而是取决于变化后政策的基本制度设计，如果从根本上发生变化，可能不构成"收入减免"（revenue foregone）；如果仅仅是某个制度的部分措施发生变化，则可能形成比较的基准，进而认定为补贴。这种感觉仍然是比较模糊的，需要很多事实逐案分析，全面检查制度设计，目前没有答案。

二、国家援助与补贴规则的冲突及其建议

这本书的第 12～14 章总结分析了欧盟和 WTO 规则之间的差异，建议欧盟修改目前做法，避免和 WTO 规则的冲突。不能说这部分写得不好，但作者的不少观点值得推敲。

国家援助和补贴规则之间的差别具体有：（1）国家援助和补贴的定义不同，重点是公共账户支出的不同，没有考虑价格和收入扶持；（2）禁止性补贴的分类不同，WTO 禁止出口补贴和进口替代补贴，欧盟禁止成员国未经批准使用补贴；（3）农业补贴，WTO 有综合支持量及其他限制条件，欧盟没有；（4）不可诉补贴，WTO 已经过期，欧盟仍然存在，甚至包括企业重整等扶持措施；（5）不利影响，欧盟审查国家援助的时候不考虑对其他国家的不利影响；（6）专向性，欧盟没有区域性补贴和客观标准的条款；（7）救济措

施，WTO 有反补贴、多边救济、撤销、报复，而欧盟不仅有撤销，还有要求受援者返还资金加利息，私营企业可以向法院起诉不当援助，甚至如果某个成员国拒不执行欧委会决定或法院裁决，法院可以罚款；（8）还有若干通报和管理程序的不同。Gustavo 认为这些差异的根本原因是 WTO 和欧盟的政治背景不同，前者 150 多个成员，后者只有 25 个成员（本书完成时欧盟尚未东扩）；WTO 的首要目标是贸易自由，而欧盟追求货物、服务、人员、资本的自由流动，甚至是政治一体化，不仅仅涉及贸易，还要保护竞争。不同的目标，造成了不同的结果。

作者最后的结论是，援助或补贴规则的不同可能造成冲突，因此，建议欧盟法院放弃公共账户支出的构成要件；欧委会管理国家援助的时候要考虑对其他国家的不利影响，重新考虑企业重整的债务免除等做法；甚至建议欧委会发布的指南等"软法"（soft law）明确参考《补贴与反补贴协定》。

Gustavo 的结论存在两个问题。第一，没有清晰定义"冲突"；第二，假定了 WTO 规则的优越，缺乏认真分析补贴规则约束与各国经济和社会政策自主权的博弈，进而忽视了欧盟作为一个区域性国际组织，在 WTO 层面的自身利益。首先，Gustavo 理解的"冲突"（conflict）被等同于差异，这种"冲突"只不过是相应的国际义务没有在欧盟境内的法律中得到体现，欧盟和 WTO 的条文不同罢了。这个理解可能有些问题，不同的规则就是不同的规则，为的是反映不同的目标，不能说不同就是冲突。对此，可以假设一个极端的情形，如果某国根本没有国家援助规则，从国内法义务的角度而言，其扶持政策可以完全不考虑 WTO 规则（我国情况），这种情况不能说明，由于这个国家缺少反映 WTO 规则的国内法，其所有的国内政策及决策机制都与 WTO 规则发生冲突。还可以再研究一个例子，《关贸总协定》第 1 条规定了最惠国待遇，第 3 条规定了国民待遇，符合第 1 条的措施可能违反第 3 条，第 1 条也没有反映第 3 条的义务，但这种情况不能说第 1 条和第 3 条之间存在"冲突"，它们只不过是规范不同义务的规则罢了。沿着 Gustavo 的分析逻辑，所有没有将 WTO 义务转化成欧盟法的情形都变成了"冲突"；所有规范不同义务的规则也都成了冲突。这种对"冲突"的理解既混淆了差异，又混淆了国际法的国内转化问题，容易产生荒谬的结论。所谓"冲突"，应该是两个规则的强制性义务发生的冲突，即某法律规定必须做或禁止做的事情违反了另一类法律。例如，假设欧盟法规定法语类的文化产品出口必须授予补贴，而 WTO 规则禁止所有产品的出口补贴，这种情况才是冲突。依此观点重新审视欧盟的国家援助制度及欧盟法院的解释，并没有明显的冲突，只不过两者的义务各有侧重，有些交集罢了。

其次，在错误理解"冲突"的基础上，Gustavo 的建议就相当草率了，并没有深刻理解各国政策自主权在国际和国内层面的不同规则设计。尽管欧盟是个国际组织，但其在 WTO 平台上是以共同体身份出现，其立场也体现了 25 国的共同利益，具有很强的一国特征。如此看待欧盟，则会发现其国家援助制度关注的是扶持政策的目的和方式，是规范其内部成员扶持政策的管理方法，不同目的的政府援助适用不同的"软法"。其禁止的补贴，与其说是禁止性补贴，不如说是禁止随便乱补。而 WTO 的补贴规则并不看政策目的，只看政策的贸易效果，并从贸易效果上分为禁止性补贴和可诉补贴。两种方法的分野，实际上反映了国内和国际层面的不同管理模式。而从操作层面来看，Gustavo 的建议就相当不务实了，有可能逼着欧盟法院去猜测 WTO 上诉机构的裁决，欧委会也很难预估诸如严重侵害类的不利影响，甚至右派可能会说制定国内政策凭什么考虑外国人的利益。当然，如果 Gustavo 换个角度来写，就社会福利政策从德国和美国海外销售公司案（FSC）那两个裁决切入，分析欧盟和 WTO 规则对各国政策自主权的限制及其可能造成的影响和启示，或许可以比现在的通过简单比较得出跳跃性结论的做法更有价值。笔者认为，欧盟法院关于公共账户支出的扩大化解释，既防止了规避财政资助的行为，又避免了过度干预各国经济和社会政策自主权，是个很不错的思路。

评论了很多，尽管我和作者在一些重要结论和建议上存在分歧，但不能否认这是本经典著作，是补贴与反补贴研究者不能错过的研究资料，其中的案例值得长久玩味。

书目索引：

Gustavo E. Luengo Hernandez de Madrid，Regulation of Subsidies and State Aids in WTO and EC Law：Conflicts in International Trade Law，Kluer Law Internationd，January 2007，Hardcover. p. 616.

29. 补贴的双重救济问题再思考

最近，Brian D. Kelly 在《国际经济法期刊》（JIEL）和《世界贸易期刊》（JWT）上发表了两篇关于双重救济的论文。一篇从法律视角探讨了市场经济国家的双重救济问题；另一篇从经济学角度分析了补贴对产品价格的影响，即所谓的"传导"（pass through）。两相对照阅读，其为双重救济问题提供了不错的素材和分析视角，值得记述。

一、市场经济国家的双重救济

双重救济会发生在 3 种情形下：（1）出口补贴的双反；（2）非市场经济国家可诉补贴的双反，其中反倾销采用外部基准；（3）市场经济国家可诉补贴的双反，其中反倾销使用结构正常价值。379 案打的是第二种情形，当年中国就已经发出警告，在法律争议的本质上，第二种和第三种情形是相同的，均缺乏条款明确禁止双重救济，潜台词是别指望只有中国受损，要死，大家都会玩完。同样是当年，面对各国冷漠的现实主义立场，笔者一直想，实践中是否真的有第三种情形的案件？Brian 的文章就找到了两个案例。具有讽刺意味的是，这两个案件的受害者均为美国出口商。

第一个案件（2009 年），欧盟对美国生物柴油采取双反措施（Council Regulation 599/2009 和 598/2009）。美国政府对混合型生物柴油（生物柴油和矿物柴油的混合）提供每加仑 1 美元的补贴，美国的一个应诉企业向欧盟出口混合型生物柴油（B99），但在美国国内销售纯生物柴油（B100）。欧盟在反补贴调查中认定该企业的补贴率为每加仑 1 美元，而在反倾销调查中，认为 B99 柴油和 B100 柴油不是同类产品，于是决定采用结构正常价值计算 B99 柴油的正常价值。

第二个案件（2006 年），加拿大对美国玉米粒采取双反措施（Grain Corn，见 CBSA 网页）。案情简单明了，在反补贴调查中，加拿大认定每莆式耳玉米粒有 0.45 美元补贴，相当于出口价格的 18% 。在反倾销调查中，加拿大以美国应诉企业不合作为由，采取了可获得事实，依据美国农业部年度生产成本估算了出口企业的正常价值。

此外，作者统计了美国、欧盟和加拿大 2002 ~ 2011 年双反调查占反倾销调查的比例，针对所有国家的双反调查比例不断上升，从 2002 年的 6.5% 上升至 2011 年的 46.9% ；针对市场经济国家的双反调查比例波动幅度较大，总体也呈上升趋势，从 2002 年的 8.5% 升至 2011 年的 50% ，但每年双反案件的绝对数量较少，均未超过 10 起。这些数据是根据 Chad P. Bown 在世界银行所建的贸易救济数据库计算的，是个体力活。最后，作者建议从《反倾销协定》第 2.4 条挑战双重救济。

二、补贴对产品价格的影响

这是双重救济的真正焦点，美国执行诉美双反措施案（DS379）时，以可变成本的变动（changes in variable cost）对比价格变动（changes in prices），计算出系数（表示可变成本和价格之间的关联度，暂且称之为 "可变成本系数"）。再以此系数乘以那些可能影响可变成本的补贴（执行措施中，主要为原材料补贴项目），得出 63% 的补贴传导至产品价格的结论。这种做法具有经济合理性吗？避免了双重计算吗？

双重救济的核心在于补贴在多大程度上影响了出口价格，因而须研究产品的价格形成机制，补贴对出口价格影响得越多，双重救济的比例越大。从这个意义上说，双重救济问题和产业损害调查有着共同的任务：分析某个特定因素造成的价格变化，双重救济的任务是补贴对出口价格的影响，产业损害的任务是进口产品对国内价格的影响。如果说产业损害的价格分析（如 DS414 上诉机构裁决那样包括因果关系的因素）是一个魔法（magic），那么双重救济的魔幻色彩只能有过之而无不及。Brian 的文章从经济学角度提供了独特的分析视角，是一篇开阔视野的好文章。

Brian 认为，补贴对价格的影响取决于很多因素，包括补贴的性质、市场结构（企业是否有能力干预价格）、需求性质（例如替代品）、成本结构（固定成本和可变成本，以及边际成本的变动）。他的核心关注是补贴性质和公司成本结构，其中最重要的问题是产品的需求曲线和供给曲线的弧度。在分析了边际成本（需求和供给的弹性）和供给曲线的斜率（规模经济问题）等基本模型之后，作者进而分析了补贴对固定成本的影响和在可分隔市场的影响，最后反思了美国商务部的做法。笔者无意详细介绍每个模型（当然，有些也看不太懂），只是提供一些笔者能理解的分析和结论。

第一，供给和需求，越缺乏弹性，则占据越多的补贴利益。如果供给具有完全的弹性，则所有补贴利益传递给消费者。反之，如果需求具有完全的弹性，则没有企业愿意降价销售商品，补贴利益留给生产者。

第二，在边际成本递增的产业中（供给曲线斜率为正），补贴产生的价格影响少于补贴额，但在边际成本递减的产业中（即规模经济，供给曲线斜率为负），补贴产生的价格影响可能高于补贴额。请留意，这可能是一个让法律人惊讶的结论，颠覆了双重计算不超过补贴额的传统认知（尤其须参考欧盟利用损害幅度和倾销幅度扣除补贴额的做法，以及当年的评估）。

第三，作者反对资本项下的补贴不影响产品定价的观点，认为由于补贴性质和产业结构因素，针对固定成本的补贴所产生的价格影响是存在的。如果补贴旨在弥补生产者的固定成本，则会降低平均固定成本，同时影响短期的边际成本（在坐标上，边际成本曲线向左下方偏移），还会影响项目的规模、可行性和技术选择，但在充分竞争市场中，低成本会导致更多的生产者进入和价格下跌。如此，补贴传导至价格的部分既有可能少于100%（产能约束情形），也有可能多于100%（新生产者进入，价格下跌情形）。同时，生产者之间的不同效率也会对补贴的传导比例产生不同影响。如果针对固定成本的补贴数额足够多，企业最终定价可能只依据其边际成本，则意味着企业没有收到任何补贴，而全部转移至消费者。

三、反思美国商务部的做法

从这两篇文章来看，Brian 的法律功底稀松平常，没有注意到双重救济的举证责任问题，反而建议从《反倾销协定》分析双重救济的合规性。同时，其对美国对非市场经济国家双反中出现了更为复杂的双重救济争议的情形缺少关注，即在反倾销和反补贴中，均采用"拼盘"模式，根据不同生产要素选择不同的外部基准，由此出现的结果是，倾销幅度可能来自原材料 A，而补贴额来自原材料 B（或者政策性贷款），如此，还有双重救济吗？Brian 没有注意到这点，有些令人遗憾。

然而其经济学论文具有明显的价值，美国商务部的做法至少在以下方面存疑：（1）只考虑"可变成本系数"，缺乏考虑固定成本。（2）使用产业系数，而非企业系数。（3）只考虑物质形态的原材料补贴的价格影响，不考虑其他补贴项目（例如贷款）的价格影响。（4）未考虑特定市场的消费和供给弹性、企业效率、补贴性质等。（5）还有最重要的一点，补贴对价格的影响，可能超过原始补贴额——这不仅涉及双重救济，还涉及若干补贴项目影响的归零、产业损害分析、不利影响分析、贸易报复水平仲裁等多个 WTO 领域的技术难题。

这篇经济学文献是振奋人心的，它至少从事实上揭示出双重救济的复杂图景，也更加表明，只要耐心地和美国人打下去，双重救济就可以动摇美国的双反基础。

以上阅读经验和分析视角仅供参考。

文献索引：

Brian D. Kelly, "The Pass—Through of Subsidies to Price" (2014) 48 Journal of World Trade, Issue 2, pp. 295 – 321.

Brian D. Kelly, "Market Economies and Concurrent Antidumping and Countervailing Duty Remedies", Journal of International Economic Law, 2014, 17, pp. 105 – 123.

30. 汇率低估的关税与补贴影响

　　Krugman 和 Fred 的文字具有强烈的煽动性，他们说中国是新重商主义，人民币汇率低估具有进口关税和出口补贴的双重效果，叫作"关税加补贴"（tariff-cum-subsidy），他们还说强迫人民币升值是财政支出为"零"却可以减少 1000 亿美元赤字的最理想途径。如此精明的计算，对任何政治人物而言都是无可比拟的诱惑。

　　从国际的各种方法和各个模型来看，人民币汇率低估已经成为不争的共识，差别在于低估的程度。而这样的汇率究竟会产生什么样的贸易效果？Staiger 和 Sykes 区分了两种情形：价格放开（fully flexible）和价格锁定（sticky-price）。在价格完全放开的市场中，货币贬值对中国及其贸易伙伴不会产生实际的经济影响。贬值可以简单地看成货币单位价值的变动，若人民币单位价值减半，所有人会以人民币乘以 2 的方式支付。从资源流动角度来看，出口补贴减少了国内出口产品的消费，增加了进口产品的消费；进口关税减少了进口产品的消费，增加了原本出口产品的消费——两者相互抵消。说白了，人为的货币贬值，最终结果是单位货币价值下降，国内出现通货膨胀。

　　价格锁定的情形比较复杂，进一步可以细分 3 种情况。其一，生产者货币定价（producer currency pricing）将产生出口补贴和进口关税的效果，即中国出口产品人民币价格不变（美元价格下降），出口增加；美国进口产品美元价格不变（人民币价格上升），进口减少。但这种现象与传统的贸易保护措施性质不同。传统的贸易保护（垄断、关税、配额）导致社会净损失（dead weight loss），生产者和消费者都得不到利益；而人民币汇率低估则导致支出转移，购买美国产品的支出转移至购买中国产品的支出。其二，当地货币定价（local currency pricing），这种情形的实质是消费者定价，无出口补贴效果，仅产生关税效果，即中国出口产品美元价格不变（人民币价格上升），中国出口商收入增加，贸易没有变化，不存在出口补贴影响；美国进口产品人民币价格不变（美元价格下降），美国出口商收入减少，等同于缴税。其三，美元定价（dollar pricing），这种情形是前两种情形的混合，同样没有出口补贴效果，仅具有关税效果，即中国出口产品美元价格不变（人民币价格上升），中国出口商收入增加，贸易没有变化，不存在出口补贴影响；美国进口产品美元价格不变（人民币价格上升），美国出口商收入不变，中国消费者购买进口产品人民币价格上升，产生关税效果。

Staiger 和 Sykes 清晰地说明了这样的结论：汇率低估并不必然是"tariff-cum-subsidy"，在价格放开的市场中对贸易没有影响；在价格锁定的市场中，其贸易效果取决于该商品定价机制，演变成 PCP，LCP 或 DP 的假设条件之争。

这篇论文的价值和分量无需更多肯定了。我的感受却相当复杂：一方面很敬佩外国学者超越国界的科学研究精神，也很感慨他们环境的宽松，这无异于与白宫唱反调，为中国提供了重要帮助。另一方面，也非常遗憾我们的立场需要外国专家的维护，我们的经济学研究呢？我觉得法学和经济学在某些方面殊途同归，能非常清晰地思考和认识复杂问题。除了这些感慨以外，还要以 WTO 专业视角多说一句，Krugman，Fred，Staiger 和 Sykes 分析的是汇率低估的"效果"。这种分析路径与《补贴与反补贴协定》完全不同。《补贴与反补贴协定》中的可诉补贴不是效果，其认定条件是三要素（即必须存在财政资助、利益授予和专向性），不以贸易影响为前提，换言之，只要是肯定性反补贴裁决，出口商即便把政府提供的补贴拿去中国澳门赌博，仍需缴纳反补贴税。

文章索引：

Robert W. Staiger, Alan O. Sykes, "Currency Manipulation" and World Trade, Nov 12, 2009.

31. 思考贸易战略的经纬度

我手边是美国外交协会 2006 年的一本小册子，给总统的备忘录——《美国贸易战略：自由还是公平?》（US Trade Strategy：Free Versus Fair）。它的核心关注是，美国的贸易政策走向应该是自由贸易（free trade）还是公平贸易（fair trade）。我对此类宏大叙事的观点多不感兴趣，周围从来不缺语惊四座的雄文，但你能行一步吗？所以，作为法律技术人员，更喜欢看关于实证和事实的研究，层次低了一些，还请理解。不过，此次时隔 8 年的偶然回顾，竟然有助于观察美国贸易政策的发展脉络，值得记录。

自由贸易的意思很明确，具体政策选项有：美国继续担负多边贸易谈判的领导者，争取贸易促进授权，推进多哈，开放农业和服务部门；当多哈遭遇不利时，与印度、韩国、日本缔结自贸区；同时，抵御国会针对中国的保护主义举措，说服中国放弃固定汇率（钉住美元）机制。自由贸易的好处很多，可以提高经济效率、改善外交关系、减贫、反恐等。

公平贸易的内涵则比较含混，其最鲜明的立场是保护美国劳工就业和收入。尽管就业损失的观点缺少实际证据，而且代价不菲（下游产业、经贸外交损失），但对美国广泛存在的反全球化运动、短期性的社会混乱（包括 SARS 的影响）、美国国内政治都具有积极作用。具体的政策选项包括：不再复活多哈谈判，除非发展中国家和欧盟愿意显示更大的互惠性承诺；减速与发展中国家的自贸区协定谈判；更多采取管理贸易和单边制裁的方式，促进美国出口；采取保障措施限制中国的纺织品进口；阻挡离岸外包业务的发展；探索保护主义措施的威胁手段，要求中国对人民币重新估值。

在自由贸易和公平贸易这两个根本对立的立场背景下，备忘录以白皮书的方式探讨了 4 个专题：（1）贸易赤字：建议减少石油进口，通过 IMF 向东亚国家施压，重估汇率，从出口导向转变为需求驱动型，甚至还建议用非市场经济问题换取人民币的汇率浮动。（2）贸易与国内规则的关系：重点探讨是否应当规范产品的生产过程（production process），落脚点是民主和法治理念（包括透明度）、财产权（包括知识产权）、劳工标准、消费者健康和环境保护。文章质疑了"政策洼地"（race to the bottom）的观点，理由同样是缺少证据。（3）贸易收益的分配：分析了贸易扩张后的赢家、输家和补偿，其中重要的配套制度是贸易调整援助（TAA）。（4）贸易外交的途径：分析了多边、区域/双边、单边的贸易谈判优缺点。多边的优势在于囊括主要贸易伙伴和高效的争端解决机制，劣势在于交易成本过高，众多发展中国家的开放意愿很低；区域/双边的优势在于美国的谈判力强大，协定内容不仅可以包括货物、服务和投资，还可以触及劳工、环境、反腐等非经济目标，有利于地缘政治，但缺点是贸易开放利益有限，会产生贸易转移效果，对世贸组织的整体性产生威胁，也传递了对多边体制缺乏信心的政治信号；单边制裁的优点在于收益和政治成本均清晰可见，但制裁本身不能增加贸易，容易产生贸易扭曲，不利于外交政策。

对照这份材料，尽管自由贸易的思路比较迷人，但奥巴马政府的贸易政策几乎完全扣合了"公平贸易"的路径，处处维护美国工人的利益（至少表面上），鼓励"购买美国货"，制订出口倍增计划，对华反补贴，对华采取特殊保障措施，放弃多哈回合，在信息技术产品、政府采购、环境产品等诸边谈判中施压中国，布局地缘政治，推进《跨太平洋伙伴关系协议》（TPP）、《跨大西洋贸易与投资伙伴协议》（TTIP）、《服务贸易协定》（TISA）、《双边投资保护协定》（BIT）谈判，在投资、服务、知识产权、劳工标准、国有企业等领域实验新规则，可能唯一的例外就是美国财政部至今还未动手强迫人民币汇率制度改革，只是不停叫唤。虽未明说，美国实践中的贸易战略沿着智库的指向，有着清晰的演变轨迹。当然，这份材料也为我们思考自己的贸易战略提供了一个路线图。

第一，在全球治理面前，价值观和经贸规则是不分家的。重商主义的规则缔造时代已经接近尾声，只有认真思考超越货物贸易的全球性议题（法治、民主、财产权保护、环境、劳工、服务、投资），并提供可资各国借鉴的建设性解决方案，才可能形成严肃的贸易政策思路和多双边谈判路径，才能奠定规则构建的价值性基础。只关心闷声发财，不关心全球发展，如何争取共识，谈何国际话语权！然而问题在于，我们做好准备了吗？独特的政治体系，上百年苦难历程带来的弱者心态，人们有信心承担相应的责任吗？当然，我们绝对有理由乐观，中国人具备"兼济天下"的文化基因，复苏只是时机问题。

第二，贸易战略是个很复杂的系统工程，千头万绪，这份备忘录可以看作一个大提纲，美国智库为我们提供了思考的经纬坐标，每个细节的展开都是一篇当前急需的课题。基础数据和事实评估的重要性、利害攸关方的参与度无须赘言，作为政府而言，可能还有一个心态需要改变，就是不能总忙于锦上添花，还要考虑送终善后。陪着领导人四处签字握手是美好的，但开放、竞争、资源重新配置的过程必然有输家，如何安抚受损群体也是贸易战略不能回避的现实顾虑，美国的"贸易调整援助"（TAA）可能是个思路。所有这些都是我们自己的功课，别人帮不了我们。

第三，美国是否会永久地抛弃多边，也是需要判断的问题。美国走上公平贸易之路，在某种程度上体现了其贸易战略的收缩与撤退。相较于"二战"和冷战结束时期，其至少在现阶段缺乏雄心和自信，以开放的姿态领导世界进步。这种自觉或不自觉的保守心态，使当前的多边体制出现了领导力的真空，无人能够填补。但笔者相信，美国最终不得不回归多边。区域和双边无法根本性解决环境、补贴、反恐等全球性问题，相反，过多的新规则和争端仲裁机制可能对美国政府及其出口商造成规则的丛林以及规则的冲突，进而影响其商业和法律预期。纵观世界贸易体制的发展历程，重要的协定、条款均是从双边逐步演变为诸边，再上升为多边。《1947 年关贸总协定》早期就是 20 多个国家参与的实质意义上的诸边协定，最惠国待遇、国民待遇等基石性条款也是在双边协定中最先诞生和成熟的，补贴规则、反倾销规则、技术壁垒、动植物检验检疫规则也都经历了先诸边再多边的历程。正如备忘录中多次提及的，美国在世界经贸体系中已经下了重注，WTO，IMF 和 World Bank 都是其一手缔造的，其不可能推倒自己，也无力重新建立。美国最终只能无奈地接受大国共治的局面，当然也必须等待部分强大的新兴国家做好足够准备，共同担负建设世界新格局的责任。所以，对于美国暂时离开多边，我们不必过度担忧，静待其回归即可。

乱侃两句，必有谬误，留待时间和实践来纠正。

书目索引：

U. S. Trade Strategy: Free Versus Fair A Critical Policy Choice, Daniel W. Drezner, Council on Foreign Relations Press, September 2006.

32. 反倾销调查中的实质损害威胁

实质损害威胁（若无特指，以下称为"损害威胁"）是反倾销调查中的三种国内产业损害形态之一。实践中，以损害威胁结案的反倾销调查较少，主要原因是它的调查与裁决技术比较复杂，调查机关往往要对不充分的损害证据作出合理的预测性判断❶，其推理过程要符合 WTO《反倾销协定》规定的种种苛刻条件。本文的主要目的是从 WTO 规则的视角出发，分析损害威胁调查与裁决面临的法律障碍，揭示法律风险，并尽可能汇总各国经验，以供调查官员参考。

一、损害威胁调查与裁决的实践现状

我国 11 年反倾销实践❷曾对不锈钢冷轧薄板案❸、丙烯酸酯案❹、二氯甲烷案❺作出"实质损害和继续存在实质损害的威胁"的结论。严格说来，这些都不能算作典型的损害威胁案件。在这些裁决报告中，调查机关认为出口国具有庞大的生产和出口能力，具有向中国市场进一步大量低价出口倾销产品的可能性，进而得出继续存在威胁的结论。这样的做法不一定违反《反倾销协定》，因为调查机关的意图不在于对案件作出损害威胁裁决，而更可能是

---

❶ Wolfgang Muller 等人认为实质损害威胁调查包括一些必要的假设因素，因此很难评估。See Wolfgang Muller, Nicholas Khan, Hans—Adolf Neumann, EC Anti-Dumping Law—A Commentary on Regulation 384/96, John Wiley & Sons (1998), at p. 227.

❷ 本文作于 2008 年，后文所列数字和事实，如无特指，均指截至 2008 年的情况。

❸ 《中华人民共和国对外贸易经济合作部和国家经济贸易委员会关于对原产于日本和韩国的进口不锈钢冷轧薄板反倾销调查的最终裁定》，2000 年 12 月 18 日。

❹ 《国家经济贸易委员会关于对原产于日本和美国的进口丙烯酸酯造成中国产业损害的最终裁定》，2001 年 4 月 18 日。

❺ 国家经济贸易委员会二氯甲烷反倾销产业损害终裁，2002 年 4 月 11 日。

补充说明。❶ 然而这样的做法确实存在两个问题：其一，没有按照 WTO《反倾销协定》第 3.7 条的思路分析和证明"能够明显预见且迫近的情形变化"；其二，庞大的生产能力和出口能力并不必然证明出口增加的可能性，因为没有考察库存和设备使用率，没有证据显示涉案国的潜在出口量。❷ 我们今天无法揣测当年讨论案件的情形，也不必苛责过去的实践。这 3 起案件分别是我国的第四、第五和第六起反倾销案，不锈钢冷轧薄板案和丙烯酸酯案裁决时我国尚未加入 WTO。2003 年以后，调查机关仍然会调查国外出口商的库存等因素，但从未再作出这种双管齐下式的结论，也没有作出任何有关实质损害威胁的反倾销裁决。然而今天，我们有必要认真地重新审视这一概念，原因很简单，时代和现实需要。

世界各国，涉及损害威胁的反倾销案比较少。欧盟没有仅仅因为损害威胁而结案的反倾销调查，所有损害威胁的案件都是与实质损害认定结合在一起的，同时在若干个案例中，欧委会和欧盟法院（ECJ）否定存在损害威胁。❸ 美国和加拿大在 2007 年 10 月 24～25 日 WTO 规则谈判小组技术组会议上分别介绍了其损害威胁调查与裁决实践。美国损害威胁案件大多发生在 1990 年以前，最近 5 年有 5 起；加拿大 1995 年以来，共发起 35 起反倾销调查，其中有 20 起案件实质性损害，剩余的 15 起无损害案件中有 3 起裁定损害威胁。❹

二、损害威胁规则的演变历史

实质损害威胁最早出现在《1947 年关贸总协定》（GATT）第 6 条❺，条

---

❶ 仔细研究裁决报告可以发现，当时的结论仍然是实质损害，为求稳妥，调查机关补充说明了损害持续的可能性，进而达到强化损害结论的效果，即受到继续损害的威胁。这点在不锈钢冷轧薄板案中有所体现，裁决报告中的第一段说明"国家经济贸易委员会最终裁定存在实质损害，而且认为倾销给国内产业造成了实质损害"，而在第五节分析因果关系时，又进一步补充了以下结论："……大量低价倾销出口的不锈钢冷轧薄板，对中华人民共和国的不锈钢冷轧薄板产业造成了实质性损害，并继续存在实质损害的威胁。日本、韩国向中国大量低价倾销被调查产品与中国产业受到实质损害之间具有因果关系。"从这样的篇章结构来看，很难得出调查机关目的在于作出损害威胁的结论。参见不锈钢冷轧薄板案裁决报告，同脚注 2。

❷ 1993 年 GATT 的争端解决 Korea—Polyacetal Resin（聚缩醛树脂）案中，专家组有类似认定，考虑出口商可支配产能的目的是显示实质增加倾销出口产品的可能性，因此仅仅考察产能是不够的。Panel Report, Korea—Anti-Dumping Duties on imports of Polyacetal Resins from the United States, ADP/92 adopted by the Committee on Anti-Dumping Practices on 27 April 1993, paras. 271, 281.

❸ Van Bael & Bellis, Anti-Dumping and other Trade Protection Laws of the EC, 4th ed., 2004 Kluwer Law International, at pp. 253 –255.

❹ 这些数据是美加调查官员口述，未经书面核实，但可以透露出损害威胁的案件较少。

❺ GATT1947, Article VI: 6 (a).

文较为简单，缺少对实践的指导作用。随后的 1959 年《反倾销和反补贴税专家组报告》认为损害威胁案件的调查和裁决必须特别慎重❶，但也缺少具体的指示。1964 年开始的肯尼迪回合谈判制定了 1967 年《反倾销守则》，首次对损害威胁制定专门条款，认为"实质损害威胁的认定要基于事实，不能仅仅依靠指控、推测或极小的可能性。倾销将可能导致实质损害的情形变化必须是能够明显预见且迫近的"❷。1973 年开始的东京回合谈判没有修改实质损害威胁条款，《1979 年反倾销守则》沿用了过去的表述。❸ 1985 年，GATT 反倾销委员会制定了一个《关于实质损害威胁认定的建议》❹，这个建议共有 9 段，比较细致地规范了损害威胁的调查与认定，特别强调了倾销进口量将显著增加、情形变化的充分证据、清晰可预见的不利影响，以及认定损害威胁的 4 个指标：（1）倾销产品的显著增长率；（2）出口商可自由支配的过剩产能及第三国市场的吸收能力；（3）倾销价格对国内市场价格的压低价格和抑制价格影响；（4）进口国的被调查产品库存。❺ 以今天的视角来看，这个建议和 1967 年《反倾销守则》构成了乌拉圭回合的损害威胁议题的谈判基础，最终依据这两份文件形成了 WTO《反倾销协定》第 3.7 条和第 3.8 条。❻ 2001 年 WTO 发起了多哈回合，2007 年 11 月 30 日规则谈判小组首次发布了主席案文。❼ 根据埃及的提案，主席案文明确了第 3.7 条和第 3.4 条之间的关系，要求调查机关调查国内产业面临损害威胁的背景情况。❽

---

❶　The Report of the Group of Experts on Anti-Dumping and Countervailing Duties，L/978，24 April 1959，para. 16. It provides that "With respect to cases where material injury is threatened by dumped imports，the Group stressed that the application of anti-dumping measures had to be studied and decided with particular care."

❷　Agreement on Implementation of Article VI of the General Agreement on Tariffs and Trade，L/2812，12 July 1967，Article 3(e)-(f). 严格来说，Agreement 应当翻译成协定，但这里按照惯例，将肯尼迪回合和东京回合后的文本译为《反倾销守则》（Anti-Dumping Code），以便与乌拉圭回合后的《反倾销协定》（Anti-Dumping Agreement）相区别。这些条款同时举例倾销产品在不久的将来大幅增加，并强调了有关威胁的调查和裁决必须特别慎重。

❸　Agreement on Implementation of Article VI of the General Agreement on Tariffs and Trade，12 April 1979，Geneva，Article 3.6-3.7.

❹　Recommendation Concerning Determination of Threat of Material Injury（"Recommendation"），Committee on Anti-Dumping Practices，ADP/25，31 October 1985.

❺　Recommendation，Para. 2，3，5 and 9.

❻　具体来说，1967 年《反倾销守则》吸收了《关于实质损害威胁的建议》的第 9 段（四个损害威胁认定指标），形成了 WTO《反倾销协定》第 3.7 条。

❼　Draft Consolidated Chair Texts of the AD and SCM Agreements，TN/RL/W/213，30 November 2007，Article 3.7. 截至 2008 年 7 月 31 日，该主席案文尚未获得表决通过。

❽　Threat of Material Injury Communication from Egypt，TN/RL/GEN/121，21 April 2006；THREAT OF MATERIAL INJURY Communication from Egypt，TN/RL/GEN/121/Rev. 1，6 June 2006.

三、前置问题：无损害是损害威胁的前提？

在讨论损害威胁认定的技术难点前，需要解决一个前置性问题，即认定损害威胁之前是否一定要认定国内产业没有受到实质损害（以下称无损害）。

WTO《反倾销协定》第3.7条规定"除非采取保护性行动，否则实质损害将会发生（occur）"，隐含了无损害是损害威胁的前一个环节。据美国和加拿大介绍，损害威胁调查是实质性损害调查的延续，只有在无损害或无因果关系的情形下，调查机关才会继续损害威胁的调查，且无须利害关系方申请。❶ Vermulst 也持此观点，认为所谓损害威胁指倾销产品尚未造成损害，但若不采取反倾销措施，则可能会造成损害。❷ US—Softwood Lumber VI 案的执行专家组在论述损害与损害威胁的关系时，明确认可了损害影响的演变过程，损害威胁是损害尚未发生时的状态。❸

但是这些理由能说明无损害必须是损害威胁的前提吗？不一定。根据通常含义的解释规则，"occur"在英语中被认为是一个过程（process），不仅有发生（take place）的意思，还有考虑（considered by）、被认识到（come into the mind of）的意思。❹ 既然可以理解为一个过程，损害和损害威胁就不可能泾渭分明，某种程度的模糊和重叠在理论上是可以存在的。❺ 我们据此反观美国、加拿大和专家组的论述。一方面，这个问题在 US—Softwood Lumber VI 案中不是焦点，案情很清楚，美国国际贸易委员会的裁决是无损害，但有损害

---

❶ 2007年10月24~25日 WTO 规则谈判小组技术组会议上，CITT 参会代表散发了一份材料，明确作此说明。

❷ Edwin Vermulst, The WTO Anti-Dumping Agreement—A Commentary, 2005 Oxford University Press, at p. 94.

❸ Article 21.5 Panel Report, United States-Investigation of the International Trade Commission in Softwood Lumber from Canada, WT/DS277/RW, adopted 15 November 2005, para. 4.103, it provides that "In referring to the threat of material injury as a basis for taking appropriate action, the covered agreements recognize that even though material injury to a domestic industry may not yet have occurred (or injury to the industry may not yet be 'material'), there may exist a progression or accretion of adverse effects by reason of subject imports such that, in the imminent future, a threat of material injury would become present material injury if protective measures were not taken. Threat of material injury is material injury that has not yet occurred, and thus is a future event whose actual materialization cannot be assured with certainty."

❹ Shorter Oxford English Dictionary on Historical Principle, 5th ed., Volume 2, N-Z, 2002 Oxford University Press, at p. 1974.

❺ 在 US—Line Pipe 案中，上诉机构认为损害不是一瞬间发生的，损害影响通常是一种渐进过程（continuous progression）。See Appellate Body Report, United States—Definitive Safeguard Measures on Imports of Circular Welded Carbon Quality Line Pipe from Korea (US—Line Pipe), WT/DS202/AB/R, adopted 8 March 2002, para. 168.

威胁；另一方面，作以上论述时，专家组考察的对象是情形变化❶，执行专家组考察的则是损害威胁分析是否可以和损害分析交织在一起，是一种对于分析思路的争议。❷ 两个报告的相关论述未援引任何条款或证据，因此很难说这些结论是一种经过深思熟虑的司法意见（obiter dictum），只能是专家组和美国、加拿大在个案中形成的没有争议的共识。❸ 从现实情况来看，认定实质损害以后，如果倾销产品继续大量进口，国内产业完全有可能面临继续受到损害的威胁，以及损害程度进一步加深的威胁，这些威胁认定与损害认定的结论并不冲突。除此以外，如前文所述，欧盟在实践中会同时认定损害和损害威胁，也佐证了"无损害不必是损害威胁的前提"这一观点，或者至少可以说是一种允许的解释（a permissible interpretation）。❹

此外，建立 WTO 以前的 GATT 争端解决经验也能在一定程度上佐证无损害不必是损害威胁的前提。❺ 在 1985 年的 New Zealand—Electrical Transformers（电子转换器）案中，新西兰海关完全以实质损害为由，对自芬兰进口的电子转换器征收了反倾销税，但在专家组面前，新西兰还主张存在实质损害威胁。专家组认为，证据表明芬兰的出口商没有试图增加在新西兰市场的销量，没有理由假设自芬兰的进口将改变现状，因此不同意实质损害威胁的认定。❻ 专家组在这个案件里只是否定了损害威胁的裁决，并没有否定损害与损害威胁同时存在的状态，而且专家组、新西兰和芬兰在此基础上进行了后续分析，表明他们已经默认损害和损害威胁可以同时存在。

有人可能会认为《1947 年关贸总协定》时代的 Korea—Polyacetal Resin（聚缩醛树脂）案不支持这个结论。这是个很有意思的案例，韩国同时作出了实质损害、实质损害威胁和实质阻碍的认定结论，专家组认为这样的结论是内在矛盾的（internally contradictory）。❼ 然而专家组随后的解释却只说实质损

---

❶ Panel Report, United States—Investigation of the International Trade Commission in Softwood Lumber from Canada（US—Softwood Lumber VI）, WT/DS277/R, adopted 26 April 2004, paras. 7. 45 – 7. 60.

❷ Article 21. 5 Panel Report, US—Softwood Lumber VI, paras. 4. 102 – 4. 105.

❸ Panel Report, US—Softwood Lumber VI, paras. 7. 45 and 7. 47.

❹ Anti-Dumping Agreement, Article 17. 6（ii）.

❺ GATT 1947 时期生效的专家组报告不具约束力，但具有很强的说服力（persuasive power），因为建立了 GATT 缔约方和 WTO 成员的法律预期。See Appellate Body report, Japan—Taxes on Alcoholic Beverage, WT/DS8/AB/R, 4 October 1996, at Part E, para. 6. Also See, The World Trade Organization: Law, Practice, and Policy, Mitsuo Matsushita, Thomas J. Schoenbaum and Petros C. Mavroidis, 2003 Oxford University Press, at p. 58.

❻ Panel Report, New Zealand—Imports of Electrical Transformers From Finland, L/5814, adopted on 19 June 1985, para. 4. 8.

❼ Panel Report, Korea—Anti-Dumping Duties on imports of Polyacetal Resins from the United States, ADP/92 adopted by the Committee on Anti-Dumping Practices on 27 April 1993, para. 222.

害与实质阻碍之间存在矛盾，"从逻辑上说，不可能认定国内产业受到倾销进口的损害（前提条件是该产业已经建立），同时这个国内产业的建立被这些进口实质阻碍了❶"。从专家组的理由来看，其只能说明实质损害与实质阻碍之间是互斥的，但没有举例回答实质损害和损害威胁之间是否存在矛盾。这样的刻意省略反而从某种意义上说明专家组不能肯定实质损害与损害威胁之间一定是互斥的，换言之，专家组的谨慎说明这两种损害形态有可能是重叠的。

四、认定损害威胁的特殊要求

产业损害威胁调查的特殊性使这类调查和裁决必须很谨慎，因此，调查机关除了要满足通常的反倾销产业损害调查和裁决义务（尤其是《反倾销协定》第3.4条），还要"特别慎重"（第3.8条义务），并满足《反倾销协定》第3.7条规定的4个额外条件❷：

（1）严格的证据要求：实质损害威胁的认定要基于事实，不能仅仅依靠指控、推测或极小的可能性；

（2）倾销造成损害发生的情形变化是能够明显预见且迫近的；

（3）威胁认定要依据第3.7条中的（i）、（ii）、（iii）和（iv）4个指标；

（4）被考虑因素作为整体必须得出以下结论，即更多的倾销出口产品是迫近的，且除非采取保护性行动，否则实质损害将会发生。

（一）特别慎重

"特别慎重"是否构成一项独立的义务尚无定论，但从WTO争端解决经验来看，利害关系方欲证明调查机关的调查和裁决不够慎重是非常困难的。在US—Softwood Lumber VI 案中，加拿大主张美国违反了第3.8条，认为其损害威胁裁决不够慎重，但专家组驳回了加拿大的主张❸，认为《反倾销协定》已经规定了"肯定性证据和客观分析"义务，因此"特别慎重"的范围不清楚，同时认为不能以调查机关违反某个特定条款来证明违反第3.8条，如果起诉方主张调查机关违反"特别慎重"的义务，必须提供额外或单独的论据。❹

---

❶ Panel Report, Korea—Anti-Dumping Duties on imports of Polyacetal Resins from the United States, ADP/92 adopted by the Committee on Anti-Dumping Practices on 27 April 1993, para. 222.

❷ Edwin Vermulst, The WTO Anti-Dumping Agreement—A Commentary, 2005 Oxford University Press, at pp. 94 - 99. 这种分类并不见于专家组或上诉机构的裁决报告中，而是由一些专家根据条文在研究和实践中归纳的。

❸ Panel Report, US—Softwood Lumber VI, paras. 7. 36.

❹ Panel Report, US—Softwood Lumber VI, paras. 7. 34.

（二）能够明显预见且迫近的情形变化

"情形变化"必须是能够明显预见且迫近的，例如有使人信服的理由表明，倾销进口产品将会实质增加。❶ 在 US—Softwood Lumber VI 案中，专家组认为"情形变化"不是一种清晰的理想模型，《反倾销协定》并未要求辨别第3.7条中的各类变化情形，协定文本没有提示"情形变化"及其特殊性的程度。❷ 据此，专家组认为"情形变化"是认定实质损害威胁的一项因素，但是无须证明该情形变化必须是一个或某个特定的事项，"情形变化"可能是单个事项或一组事项，或国内产业发展状况，或倾销进口产品情况。❸ 在 US—Softwood Lumber VI案中，专家组的一段话值得注意："最为重要的是，要从结论中明显看出，调查机关评估了未来情形与刚刚过去的情形有何不同之处，以至于如果不采取措施的话，当前无损害的局面将在短期内发生改变，变成有损害。"❹ 这段话实际上指出了调查机关的分析思路，裁决报告的关键在于解答"未来与现在和过去的区别"，通过对"区别"的调查和论述，辅之以事实证据，进而证明采取反倾销措施的必要性。

（三）考察损害威胁的经济指标

（1）第3.4条指标的强制性。根据《反倾销协定》脚注9，协定中的"损害"如无特指，意为实质损害、实质损害威胁和实质阻碍。第3.4条中的损害没有特指某种损害形态，因此，调查机关必须考察第3.4条的16个经济和财务指标，尽管有的指标在最终裁定中几乎不起作用。❺ 实践中，Mexico—Corn Syrup 案专家组认为，认定产业损害威胁时，第3.4条的指标构成了产业背景（background），必须全部审查。❻ 专家组同时又指出，调查机关可能会发现，在特定案件的特定产业中，有些指标不能作为证据，与最终裁决没有

---

❶ ADA，footnote 10. 同时，这个例子也是第3.7（i）条里规定的情形。
❷ Panel Report，US—Softwood Lumber VI，paras. 7.53 – 7.56.
❸ Panel Report，US—Softwood Lumber VI，para. 7.57.
❹ Panel Report，US—Softwood Lumber VI，para. 7.58.
❺ Judith Czako, Johann Human, Jorge Miranda, A Handbook on Anti-Dumping Investigations, WTO, 2003, Cambridge University Press, p. 275.
❻ Panel Report, Mexico—Anti-Dumping Investigation of High Fructose Corn Syrup (HFCS) from the U-nited States (Mexico—Corn Syrup), WT/DS132/R, adopted 28 January 2000, para. 7.132. 在其后的US—Softwood Lumber VI案中，Panel 引用并赞同这一观点。

关系。在此种情况下，调查机关仍然需要在终裁公告中作出说明。❶ 同时，在 US—Softwood Lumber Ⅵ 案中，专家组认为第 3.4 条的指标分析不能变为"预测性分析"❷（predictive analysis）。

（2）第 3.7 条指标的非强制性。确定实质损害威胁，还可以❸审查但不限于以下因素：①表明进口很可能发生实质增长的倾销产品进口的大幅增长率；②出口商可充分自由使用的或即将实质增加的能力，表明进入进口成员市场的倾销出口可能发生实质增长，在采用这一指标时，应考虑是否存在其他出口市场吸收任何额外的出口；③进口产品是否正以将大幅压低或抑制国内同类产品价格的价格进口，并且将很可能导致对进口产品需求的增加；④被调查产品的库存情况。❹《反倾销协定》第 3.7 条中规定的 4 个指标不是强制性的。在 US—Softwood Lumber Ⅵ 案中，专家组认为调查机关不必对第 3.7 条中的指标作出明确的认定或裁决。❺ 而且，由于该条文中的用词为"should"，意味着这些指标分析不是强制性的。相应地，如果一个指标都没考虑，或者是没有充分考虑某个指标，则不能必然证明调查机关违反协定。只有依据特定案件的事实，并且参照所有的因素和相关解释说明，才能判断是否违反协定。❻ 值得注意的是，Mexico—Corn Syrup 案专家组认为，调查机关仅仅依据第 3.7 条的指标是不充分的，必须考虑进口倾销产品对国内产业可能造成的影响。调查机关必须证明如果不采取反倾销措施或价格承诺，实质损害就会

---

❶ Panel Report, Mexico—Corn Syrup, para. 7.127 – 7.134. 专家组是类比了保障措施中"严重损害威胁"而作出这一结论的。相关论述为："［C］onsideration of the Article 3.4 factors is required in every case, even though such consideration may lead the investigating authority to conclude that a particular factor is not probative in the circumstances of a particular industry or a particular case, and therefore is not relevant to the actual determination. Moreover, the consideration of each of the Article 3.4 factors must be apparent in the final determination of the investigating authority."（footnote omitted）之所以在终裁时还需要作出说明，是为了满足《反倾销协定》第 12.2.2 条的义务。

❷ Panel Report, US—Softwood Lumber Ⅵ, para. 7.109 – 7.112.

❸ 在 WTO《反倾销协定》中，英文用词"should"我国通译为"应"，此译易引起误解，"should"通常应翻译为"可以"，具体请参见下文。我国通译见《世界贸易组织乌拉圭回合多边贸易谈判结果法律文本》，对外贸易经济合作部国际经贸关系司译，法律出版社 2001 年 12 月第 2 次印刷，第 152 页。

❹《反倾销产业损害调查规定》第 8 条第 1 款。ADA，Art. 3.7.

❺ Panel Report, US—Softwood Lumber Ⅵ, para. 7.67.

❻ Panel Report, US—Softwood Lumber Ⅵ, para. 7.68. It provides that "… the use of the word 'should' in Article 3.7 of the ADA… indicated that, unlike the situation under Article 3.4 of the ADA, consideration of each of the factors listed in Articles 3.7… is not mandatory. Consequently, a failure to consider a factor at all, or a failure to adequately consider, a particular factor would not necessarily demonstrate a violation of the provisions. Whether a violation existed would depend on the particular facts of the case, in light of the totality of the factors considered and the explanations given."

发生。❶

（3）美国考察的经济指标。《1930年关税法案》规定，美国国际贸易委员会认定损害威胁时须考察下列指标❷：①如果涉及补贴，补贴的性质及被补贴进口产品是否会增加；②出口国闲置产能，或可以迅速增加的产能，同时考虑其他出口市场对新增出口量的吸收能力；③被调查产品显著的进口增速或市场渗透；④进口产品对国内价格产生显著的压低价格或抑制价格影响，并可能对进口产品增加需求；⑤被调查产品的库存；⑥生产设备切换生产产品的潜在能力；⑦与初级农产品及其加工品有关的调查，须考虑由于产品切换而导致进口增加的可能性；⑧对国内产业的发展和生产造成现实和潜在的负面影响，包括研发国内同类产品的衍生品和更先进版本；⑨其他可以证明的不利影响，显示被调查产品造成实质损害的可能性❸；⑩被调查产品在第三国倾销的证据，其他WTO成员对倾销的认定及采取的贸易救济措施。❹ 国际贸易委员会必须作为整体来考虑这些指标，出现或缺少某些因素并不必然给予决定性意见。❺ 值得注意的是，在US—Softwood Lumber VI案中，国际贸易委员会只考虑了其中一部分指标，并且作出损害威胁裁定。❻

（4）加拿大考察的经济指标。通常情况下，加拿大国际贸易法庭（CITT）调查以下指标：①如果是反补贴调查，补贴的性质及其对贸易的影响；②被调查产品的进口增幅，以及进一步增长的可能性；③出口商可自由支配的出口能力及其可能性；④外国生产商转换生产被调查产品的潜在能力；⑤被调查产品在加拿大市场的价格，以及发生价格抑制的可能性；⑥被调查产品的库存；⑦对国内产业发展和生产的影响；⑧被调查产品的倾销幅度；⑨第三国对被调查产品的类似产品采取的反倾销或反补贴措施。❼

---

❶ Panel Report, Mexico—Corn Syrup, para. 7. 125 – 7. 126. 专家组指出，第3.7条仅仅考虑了倾销产品的进口增加情况，没有考虑国内产业受到的影响。

❷ 有关美国损害威胁认定的论述还可参见 USITC, Antidumping and Countervailing Duty Handbook, 11th ed., p. II 29 – 31, 2005 等。

❸ Section 771 (7) (F) (i) of the Act (19 U. S. C. § 1677 (7) (F) (i)). 为求清晰明了，这些经济指标（包括第10个指标）均采用意译，省略了一些交叉援引的条款和辅助性说明。

❹ Section 771 (7) (F) (iii) of the Act (19 U. S. C. § 1677 (7) (F) (iii)).

❺ Section 771 (7) (F) (ii) of the Act (19 U. S. C. § 1677 (7) (F) (ii)).

❻ Panel Report, US—Softwood Lumber VI, para. 7. 88. 本案中，美国的国际贸易委员会（ITC）认定实质损害威胁时考虑了以下因素：（1）国外生产者的过剩产能、计划的产能、设备使用率和产量；（2）国外生产者的出口导向；（3）调查期内被调查产品进口的增加；（4）相关国际协定的过期（限制出口协定）；（5）无进口限制时，被调查产品的进口趋势；（6）美国国内市场需求扩大的预测。

❼ 2007年10月24~25日WTO规则谈判小组技术组会议决议。据介绍，美国与加拿大主要通过调查问卷获得以上信息，并利用听证会交叉质询、利害关系方评论意见和证据间的链接关系来验证信息的准确性，进而认定法律事实。办案过程中，损害调查机关不进行海外实地核查。

（5）欧盟考察的经济指标。欧盟关于损害威胁的立法几乎完全照搬了《反倾销协定》第3.7条，这里不再赘述。❶ 除了条文中涉及的4个指标，欧盟还规定，如果出口商拒绝提出或拒绝接受价格承诺，且继续出口倾销产品，则损害威胁更有可能发生。❷ 但值得注意的是，欧盟建立了独特的"可忽略不计的损害"制度❸，主要规定是：如果某些国家的倾销进口量占欧盟市场份额1%以下，欧盟将终止对其的反倾销调查，除非这些国家的合计进口量达到或超过3%。❹ 根据这个条款引申，即使国内产业已经遭受损害，甚至倾销进口的绝对数量有可能很大，但如果倾销进口产品占欧盟国内市场的份额较少，也不能认定为损害威胁，反倾销调查仍需要依法终止。从这层意义上说，欧盟对实质损害威胁的认定是相当保守的。

五、拒绝认定损害威胁的案例

欧盟在个别案例中否定了国内申请人关于损害威胁的主张，需要强调的是，他们的裁决对中国实践不构成约束力，对WTO专家组和上诉机构的解释也不构成任何影响力，其案情和裁决理由仅供参考：

（1）欧盟对若干国家的硝酸铵反倾销案。这个案件中，白俄罗斯、格鲁吉亚、土库曼斯坦和乌兹别克斯坦没有出口被调查产品，而申请人认为这些国家存在大量产能，如果以东欧市场价进口，会造成损害威胁。欧委会否定了这个主张，认为申请人没有提供证据表明迫近的情形变化将导致这4个国家的倾销产品大量流入。❺

（2）欧盟对韩国的聚酯薄膜反倾销案。这个案件中，韩国出口商计划扩

---

❶ Council Regulation （EC） No 384/96 of 22 December 1995 on protection against dumped imports from countries not members of the European Community, Article 3.9.

❷ Council Regulation （EC） No 384/96, Article 8.2.

❸ Council Regulation （EC） No 384/96, Article 5.7. 可忽略不计的损害有时被称为"不显著的损害"，英文为 negligible injury, 或 insignificant injury, 或 de minimis injury. WTO《反倾销协定》第5.8条有相应规定，但与可忽略不计的倾销进口量相比，可忽略不计的损害没有设定数量标准（例如3%和7%），因此，除欧盟以外，没有听说其他国家有相关实践。

❹ Evaluation of EC Trade Defense Instruments, Cliff Stevenson （Project Manager and Principal Author）, Mayer, Brown Rowe $ Maw LLP, Final Report, Annex 1, p. 27. 这里可能涉及可忽略不计的损害与可忽略不计的倾销之间的冲突问题（满足其中某一指标，而未满足另外那个指标），Vermulst对此有清晰精彩的论述。See Edwin Vermulst, The WTO Anti-Dumping Agreement—A Commentary, 2005 Oxford University Press, at pp. 121 – 123.

❺ OJ No L129, 21.5.94. p. 24 （recital 91） —Ammonium Nitrate from Russia and Lithuania / Acceptance of Undertaking and from Belarus, Georgia, Turkmenistan, Ukraine and Uzbekistan / termination. 这个案子是1994年作出裁决的，当时WTO《反倾销协定》尚未生效，因此，调查机关无须考虑可忽略不计的倾销进口。

建其产能，而且美国曾经对韩国的聚酯薄膜征收反倾销税。但是，欧委会仍然裁决不具有实质损害威胁，理由有：①在过去的期间里，韩国进口产品没有削低欧盟生产商的价格；②美国征收的反倾销税只有 3% ~ 5% ，所以，美国市场仍然能够吸收韩国的出口；③调查期间内，韩国出口产品在欧盟的市场份额稳定在 3% ；④传统上，韩国出口商认为欧盟以外的出口市场更具吸引力。❶

六、结论与启示

实质损害威胁的调查与裁决中，关键难点是如何运用现有证据综合分析所有指标，表明"未来"与"现在"不同，并证明其情形变化将在可以预见的未来导致实质损害发生。《反倾销协定》第 3.4 条和第 3.7 条规定的实体义务限制了调查机关的自由裁量权，但也为损害威胁认定指明了分析思路。调查机关必须分析第 3.4 条中的 16 项指标，以构建起国内产业的背景情况；同时，应该对第 3.7 条中的因素进行整体性分析，证明倾销造成损害发生的情形变化是能够明显预见且迫近的，除非采取保护性行动，否则实质损害将会发生。

具体到无损害是否为损害威胁的前提这个问题，有些专家认为无损害是前提，也有理由证明无损害不必是损害威胁的前提，这类争议目前没有定论。如果证据表明损害和损害威胁同时存在，调查官员不必对这个结论过度担忧，即便按照最坏的法律后果准备，假设 WTO 专家组和上诉机构支持了前者观点，认为无损害必须是损害威胁的前提，但只要实质损害威胁的调查和裁决做得扎实，我们仍然可以在执行阶段大胆修订损害裁决，从而在实际上赢得争端。

本文的第四部分和第五部分，提供了一些关于欧美的实践经验，这些经验有参考价值，但不必拘泥于其做法，反倾销调查的灵魂在于逐案分析，案情的细微差别可能会导致结论迥异，其中证据的灵活运用和充分合理的法律推理更为重要。

---

❶ OJ No L151, 15.6.91, p. 89（recitals 19 and 19）—Thin Polyester Film from Korea / termination.

33. 反倾销中的公共利益：宏大叙事下的一团浆糊

公共利益是一个既热闹又分歧丛生的概念，它的混乱时常让人望而却步，但学习不容回避，所以这里简单整理一下前段时间的阅读和思考。

在百度上搜索"反倾销"和"公共利益"，竟然有 233000 篇文章❶，不少是像亲兄弟一样的论文，相似的结构，相似的理由，相似的建议，了无新意。国外对公共利益远没我们这般热情，或许是因为我们更喜欢宏大叙事，"个人利益和国家利益""局部利益和整体利益""短期利益和长远利益"能够满足我们那种希望用大词来指点江山的知识分子优越感。但是，实践需要的是谨慎和可操作性，我试图从公共利益的条约谈判历程、欧盟和加拿大的经验教训以及调查机关面临的现实困难着手，力图避免空谈。可惜行文过程中发现，自己仍然摆脱不了原则性叙述的陷阱，尤其是对于不同利益的定性分析和权衡，这或许是自由裁量权的价值所在，请诸位见谅。

一、缘起与合理性

WTO《反倾销协定》中没有关于公共利益的表述。实践中，欧盟采用了成员国投票的方式决定"共同体利益"，加拿大采取了独立的公共利益审查机制，美国和澳大利亚在规则谈判中明确拒绝考虑公共利益。日本、韩国、挪威等国强烈支持公共利益，但我们可以把它们理解为无实践者的聒噪或谈判筹码，不必理会。❷ 我国《中华人民共和国反倾销条例》（以下简称《反倾销条例》）要求"征收反倾销税应当符合公共利益"❸，但没有定义内涵，没有规定程序，没有指定审查机关——它几乎是一团浆糊。

---

❶ 2014 年 9 月 17 日搜索，http：//www. baidu. com/。此文写于 2008 年 5 月 26 日，后续提及的案件数量，如无特指，均以此时间为准。

❷ 孙昭："世贸组织反倾销规则谈判：尖锐对立的矛盾和严峻复杂的局面"，载《中国贸易救济》2008 年第 4 期，第 5～10 页。

❸ 《反倾销条例》第 37 条，中华人民共和国国务院令第 401 号，2004 年 3 月 21 日。

反对考察公共利益的意见主要有：（1）反倾销规则的制定本身就体现了公共利益，不能以牺牲国内产业免受倾销损害的合法利益为代价，实现其他的政策目标。❶ 以此理推，不能牺牲上游产业的合法利益来实现下游产业的繁荣与扩张，这点类似于民法中的不当得利。（2）反倾销就是反倾销，它不是包治百病的灵丹妙药，不能指望这一个贸易政策能解决经济发展中的所有问题。（3）公共利益会导致政治角力，会削弱法律预期，使反倾销调查政治化——谁找到的官大，谁说了算。郭东平律师说，公共利益是最没技术含量的调查环节。这点甚至会导致部分群体被官方认定不属于公共利益，将分裂社会，影响政府公信力——你能说哪个产业的利益不符合公共利益？（4）司法审查非常困难，上下游产业和消费者如果具有诉权，可能会面临具体行政行为的法律障碍，也可能导致滥诉干扰调查；如果不能进行司法救济，公共利益可能变为一个没有节制的大棒。（5）打开歧视的潘多拉魔盒，部分律师认为调查机关可以公共利益为借口，区别对待某些国家的进口产品。（6）WTO 争端解决机制对此无能为力，因为深度牵涉国家主权。❷ 这些意见也是很多调查官的想法，值得重视。

但是，这些理由不足以否决公共利益审查，因为反倾销是一个"政治正确"大于"经济合理"的贸易政策。这集中体现在反倾销的内在不合理，有点像 John Jackson 所说的"生理缺陷"（birth defect）。从经济角度来看，如果销售价格低于平均成本，但高于平均可变成本，企业可以通过提升销量和产量摊薄其固定成本，虽然是倾销行为，但具备经济合理性，是一种正常的竞争行为。❸ 对此，各国采取了内外有别的法律，不禁止"国内倾销"，而制裁"国外倾销"，保护的是国内产业，而不是竞争。❹ 我国经验也表明，反倾销有时是弱者的保护伞（土豆淀粉案），有时是大企业排挤竞争对手的工具。其在效果上可能会限制竞争，扭曲资源配置——这还是基于不滥用自由裁量权的前提。因此，反倾销从根本上说是保护主义工具，是一种在开放经济条件

---

❶ 美国在规则谈判中反复强调此立场。

❷ WTO 规则谈判主席案文规定，公共利益审查不受 WTO 争端解决制约。See Draft Consolidated Chair Texts of the AD and SCM Agreements，AD Agreement Art. 9.1，TN/RL/W/213，30 November 2007.

❸ 很多经济学者均持此观点，认为倾销在一定条件上能增加社会的总体福利。James Brander，A "Reciprocal Dumping" Model of International Trade，Journal of International Economics 15（1983）313 – 321，North-Holland. Also See John H. Jackson，William J. Davey，Alan O. Sykes，Legal Problems of International Economic Relations：Cases，Materials and Text on the National and International Regulation of Transnational Economic（4th edition），2001.

❹ Vermulst 和 Waer 认为这是基于国际政治经济的现实政治考量（real politik of international political economy），同时认为反倾销法也起到安全阀的作用。E. Vermulst and P. Waer，E. C. Anti-Dumping Law and Practice，London，Sweet & Maxwell，1996，at pp. ⅴ – ⅵ.

下，有原则，有技巧地保护国内产业的"政治正确"的贸易政策。❶

　　既然是政治当头，就不能不考虑公共利益（或者说国民经济的总体利益）。❷ 我们要回答的现实问题是如何把公共利益审查限定在一个可控的范围，一方面尽可能合理化，另一方面最大程度地增强利害关系方的法律预期。

二、公共利益的谈判史

　　乌拉圭回合谈判中，日本、韩国、北欧等国要求在协议中增加公共利益条款，以新加坡的意见为典型，其认为公共利益条款的目标在于使调查机关在更宏观的角度看待反倾销申请，不仅仅考察国内产业的利益，还要考察用户的利益和反倾销对国民经济造成的成本。❸ 美国坚决反对，认为公共利益条款会使反倾销法更加复杂，并且使调查程序政治化，有权的利益团体能凌驾于正义之上，获取有利的裁决结果。❹ 由于分歧严峻，公共利益条款不了了之。

　　多哈回合中，这些问题卷土重来。"联谊小组"（FANs）表态积极，美国依然反对。2007 年 11 月的主席案文纳入公共利益条款，规定各国在反倾销调查时，须设置程序保障下游用户、原材料供应商、消费者等国内利害关系方的合法权益，且这些程序不受国内司法审查和 WTO 争端解决制约。❺ 案文之所以强调这些程序不受审查，主要是担心过度干涉 WTO 成员的政策自主权。

三、内涵：狭窄定义

　　反倾销中的公共利益有广义和狭义之争，两者间没有清晰的分界线。广义认为国家追求的一切目标均属于公共利益，如环境保护、减少贸易顺差、

---

❶　很多学者和国际组织都观察到反倾销措施隐藏的保护主义政治倾向。J. Michael Finger and Andrei Zlate，WTO Rules That Allow Trade Restrictions：The Public Interest Is a Bastard Child，April 16，2003.

❷　商务部产业损害调查局王新将公共利益定义为"被调查产品进口国的社会共享利益，具体表现为国内利益关系方利益与国家整体利益的一致性，以及在符合国家整体利益前提下国内各方利益的最大化"。王新："对反倾销案件调查中维护公共利益问题的探讨"，载《业务研究》总第 50 期，2008 年 5 月 8 日，第 2 页。

❸　Proposed Elements for a Framework for Negotiations，Principles and Objectives for Anti-dumping Rules，Communication from the Delegation of Singapore，GATT Doc. No. MTN. GNG/NG8/W/55，Oct. 13，1989，at pp. 2 – 3.

❹　The GATT Uruguay Round：A Negotiating History（1986 – 1992），Terence P. Stewart，Editor，Volume Ⅱ：Commentary，1993 Kluwer Law and Taxation Publishers，at p. 1688. 美国还强调，对于追溯性体系而言，公共利益审查是不可实现的，因为反倾销税是不断变化的，调查机关不可能每年对国内产业损害再检查一遍。

❺　Draft Consolidated Chair Texts of the AD and SCM Agreements，AD Agreement Art. 9. 1，TN/RL/W/213，30 November 2007.

外交安全；狭义认为只应限定于反倾销利害关系方的利益。这里暂且搁置争议，先看各国实践。

（一）欧盟的经验

尽管欧盟有共同体利益（公共利益）条款，但是其在反倾销案件中占的位置不重要。很多案件中，共同体利益审查往往用来证明无损害裁决。❶ 欧盟的《第 1225/2009 号法规》第 21 条对共同体利益作出如下规定：

关于是否需要共同体利益干预，此项决定必须基于对所有不同利益的整体评估，包括国内产业、用户和消费者的利益；同时须依据第 2 款，给予所有利害关系方机会表达其观点后，才能根据本条作出决定。在进行此项审查时，应当特别考虑消除有害倾销造成的贸易扭曲影响以及恢复有效竞争的必要性。❷

基于这个条款，欧盟对 5 个方面的利益进行了考察，分别为国内产业利益、上游产业利益、用户利益、最终消费者利益、贸易扭曲影响等其他利益。（1）对国内产业利益的考察因素主要有损害状况、规模经济、科技竞争力、增长预期等；（2）对上游产业利益的考察因素有科技损失；（3）对用户利益的考察因素主要有成本价格的上涨、主要用户的原材料供给、稳定的共同体原料供给、贴牌企业的状况；（4）对最终消费者利益的考察因素有价格上涨、保留消费者选择权；（5）对减少贸易扭曲影响等其他利益的考察因素有减少贸易扭曲影响（例如征税导致的市场分割）、恢复或增强欧共体产业竞争力、防止征税对有效竞争的影响（例如垄断和寡头垄断）、科技损失、防止失业和弱势产业的进一步衰退、防止下游产业向国外转移、防止歧视待遇、贸易商的状况、欧共体内的地区利益、与欧共体其他政策的一致性（例如援助政策）。❸

值得一提的是，欧盟在考察共同体利益时明确排除了一系列因素：（1）

---

❶　Van Bael & Bellis, Anti-Dumping and other Trade Protection Laws of the EC, 4th ed., 2004 Kluwer Law International, at p. 295.

❷　Council Regulation (EC) No 1225/2009 of 30 November 2009 on protection against dumped imports from countries not members of the European Community, Official Journal of the European Union, L 343/51, Article 21. 1. 这一条很重要，这里提供原文以助参考：A determination as to whether the Community interest calls for intervention shall be based on an appreciation of all the various interests taken as a whole, including the interests of the domestic industry and users and consumers, and a determination pursuant to this Article shall only be made where all parties have been given the opportunity to make their views known pursuant to paragraph 2. In such an examination, the need to eliminate the trade distorting effects of injurious dumping and to restore effective competition shall be given special consideration.

❸　Wolfgang Muller, Nicholas Khan, Hans-Adolf Neumann, EC Anti-Dumping Law—A Commentary on Regulation 384/96, John Wiley &Sons, 1998, pages. 477 – 497.

反倾销措施对东欧转型的影响；（2）没有受到反倾销调查的原产自其他国家的低价进口产品；（3）除倾销以外，其他造成产业损害的原因；（4）无法转换供应商❶；（5）反倾销措施导致欧盟与出口国关系紧张；（6）欧共体与第三国签订的协议；（7）关税对国内产业的保护；（8）国内产业受到的补贴；（9）国内产业将生产线转移至国外；（10）被调查产品的数量限制；（11）受普惠制覆盖的被调查产品；（12）出口商的财产权（知识产权）；（13）国内生产者和进口商签订的合作协议；（14）国内生产者是某大集团公司的一部分，有足够资源对新一代产品进行投资；（15）反倾销措施将导致公司全球化生产和营销战略的破产；（16）上游产业销往海外的上游产品市场萎缩。❷

（二）加拿大的经验及学术研究

加拿大的法律对公共利益的内涵没有规定，但是对国际贸易法庭（CITT）大幅授权，可以考虑任何有关的因素。❸ 据 CITT 介绍，其公共利益调查主要涉及以下因素：（1）就下游产业而言，商品的可获得性，对该产品在国内市场的竞争的影响，对加拿大下游生产者的影响，对加拿大下游产业竞争力的影响；（2）就消费者而言，对具备竞争价位商品的可获得性或可选择性的限制；（3）就上游产业而言，对资本投入/原料生产者的影响。❹

欧盟和加拿大均狭窄定义公共利益的范围，主要考虑消除损害、上下游产业利益和消费者利益，在审查因素的落脚点上尤其强调了维护有效竞争的重要性。这样的实践是一种谨慎行为，他们力图防止扩大化解释，避免因调查对象的过度膨胀干扰正常的反倾销调查与裁决——12 个月内是无法穷尽所有影响因素的。

此外，Denton 提供了一个反倾销调查的公共利益清单，也能供我们参考：

---

❶ 在欧盟对原产自日本的电视摄像机反倾销案中，有些用户认为无法从日本供应商转至欧共体的供应商，原因是不同供应商的摄像机系统不同。欧共体拒绝了这个观点，认为用户完全可以决定是否要转换供应商，反倾销的目的不是逼着下游用户转换供应商，而是制止不公平竞争。OJ No I, 111, 30. 4. 94, p. 106（recitals 35 and 36）—Japanese television camera systems/definitive.

❷ 例如，纺织品反倾销措施可能导致出口国纺织品的销量和产量减少，进而不再进口生产纺织品的机器，从而导致进口国制造纺织品的产业海外市场萎缩。OJ No L. 29, 31. 1. 97, p. 3（recital 99）—Certain Footwear with Textile Uppers from P. R. China and Indonesia/provisional. 这些非相关因素详见：Wolfgang Muller, Nicholas Khan, Hans-Adolf Neumann, EC Anti-Dumping Law—A Commentary on Regulation 384/96, John Wiley &Sons, 1998, at pp. 497 – 501.

❸ Special Import Measures Act, S – 15, An Act respecting the imposition of anti-dumping and counter-vailing duties, Art. 45, 其中仅规定："In a public interest inquiry, the Tribunal shall take into account any factors, including prescribed factors, that it considers relevant."

❹ 加中世界贸易组织能力建设项目，中国商务部产业损害调查局和加拿大国际贸易法庭的研讨会，2007 年 10 月 16 日，北京。在婴儿食品的一个反倾销案中，CITT 因公共利益降低反倾销税，当时的一个争议理由是婴儿不应当缴税。

（1）对国内产业和下游用户国外供给依存度的影响；（2）对消费者的影响，考虑替代性供应商的能力及其他掠夺性顾虑，如套利的可能性和市场准入障碍；（3）外国公司互相补贴的证据，特别是通过产品互相补贴❶；（4）增加亏损交易的证据，须考虑产品周期、固定与可变成本之间的关系；（5）与政府有关的私有掠夺性行为；（6）限制商业竞争行为；（7）国内产业的研发和投资程度；（8）倾销幅度显著高于损害时产生的公正感；（9）征收反倾销税是否能恢复国内产业的盈利能力。❷

（三）对我国实践的启示

我国反倾销调查经常面临的外部矛盾主要涉及两类：一类是常见的上下游产业利益冲突，另一类是国外政府干涉、与其他政策目标冲突（如环保、节能减排、社会责任、减顺差、通货膨胀等）。

上下游利益是一个需要认真对待的因素。我国48起反倾销案件中涉及石化产品的案件高达33起，占比69%。经仔细观察发现，很多产品处于一条产业链上，典型的有苯酚、邻苯二酚、呋喃酚、丙酮、环氧氯丙烷、双酚A等。究其原因，石化产品产业链简单清晰，成本容易传导，上下联动效应明显。采取反倾销措施以后，上游产品价格提升，其利益和公平竞争环境得到保护，但下游原有的利益格局被打破，国内下游企业成本提升，而国外竞争型的下游企业成本未变，导致下游企业也需要救济以维持生存，最终形成了石化行业沿着生产工艺和产品路线依次传递的反倾销格局，产生多米诺骨牌效应。❸

对于后一类利益，作为行政部门，很难对国家经济政策说不。但作为调查机关，希望用反倾销解决所有的这些问题是不现实的。汇报案件的时候，如果企业环保做得好，就大书特书，以示符合公共利益。如果环保做得一般化，怎么办？闭嘴？此外，如果外国政府抗议了，就终止反倾销调查，那以后怎么办？事实上，现在涉欧美的案件已经非常谨慎❹，但在

---

❶　原文是"evidence of cross-subsidization by foreign firms, particularly across product"。由于缺少上下文，很难掌握这句话的确切含义，笔者倾向于理解为外国公司的关联交易，以及相互的利润转移或再分配。

❷　R. Denton, Should Nations Utilize Anti-dumping Measures? Michigan Journal of International Law, Vol. 11, 1989, at p. 267. 转引自：Paul I. A. Moen, Public interest Issues in International and Domestic Anti-dumping Law: The WTO, European Communities and Canada, Graduate Institute of International Studies, Geneva, 1998, at pp. 40 - 41.

❸　商务部产业损害调查局王新对此有精彩论述。参见王新："对反倾销案件调查中维护公共利益问题的探讨"，载《业务研究》总第50期，2008年5月8日，第2~4页。

❹　2006年至2008年5月，我国对欧反倾销调查仅1起，对美国没有发起过反倾销调查。参见《我国对原产于欧盟的进口马铃薯淀粉进行反倾销立案调查》，商务部公告2006年第4号，2006年2月6日。

WTO 通报审议的时候，外方的指责从来没有停止。❶ 其他诸如减顺差类的政策目标就更难以实现，一是我国反倾销涉案金额小，在外贸总额中所占比例微不足道，例如 2006 年反倾销调查的进口产品金额占同期化学品进口的 1.26%，占同期中国总进口的 0.13%❷；二是反倾销以后，进口产品单位价格上升，虽然进口量可能减少，但进口总额可能未变甚至增加。所以，有些资深调查官员建议公共利益中明确排除出口企业利益和外方意见，同时规定外方律师不得代理国内上下游企业，国内的其他经济政策与目标可以放在相对次要的位置。

四、程序：透明和独立

程序性规范涉及两个方面：一方面是利害关系方的权利，另一方面是审查机关职能及工作步骤。

欧盟和加拿大均充分保证了利害关系方的权利，有知情权，有权提交信息，有权接收其他利害关系方的信息，有权申请听证会，有权评论临时反倾销措施、有权获得终裁前披露，有权提交各类材料。❸

欧盟的公共利益调查机关是欧委会，公共利益是区别于倾销和损害的一项调查内容。调查完毕以后，将分析结果和观点转交咨询委员会（Advisory Committee）供其提出建议，欧委会须考虑咨询委员会提出的观点，但不是必须遵守。❹ 最后，欧盟理事会根据欧委会的建议投票表决，以简单多数的方式决定是否征收反倾销税。❺ 加拿大的公共利益审查机关是国际贸易法庭（CITT），其有权自行发起或应利害关系方申请发起公共利益调查，这一套程序是独立于倾销和损害调查之外的，而且仅当损害认定以后才能进行公共利益审查。❻ 调查完毕，国际贸易法庭向财政部长报告调查结果和建议，由财政

---

❶ Trade Policy Review—People's Republic of China—Minutes of Meeting-Addendum, WT/TPR/M/161/Add. 1, WT/TPR/M/161/Add. 2, WT/TPR/M/161/Add. 3, 15/06/2006 – 16/01/2007. 此外，还有很多过渡性审议、双边场合各国提出的众多问题。最近正在进行第二次对华贸易政策审议，各国对我国调查机关的指责和问题有数十个。甚至有人担心，如果外国公司发现利用外方政府施压是个有效的应对反倾销的方法，以后我国调查工作的开展将更为艰难。

❷ 反倾销产品涉案金额小，不只是中国的情形，欧盟也有类似情况，1996 年其涉案金额仅占欧盟进口总额的 0.61%。See Wolfgang Muller, Nicholas Khan, Hans-Adolf Neumann, EC Anti-Dumping Law—A Commentary on Regulation 384/96, John Wiley &Sons, 1998, at p. 5.

❸ Council Regulation（EC）No 1225/2009, Article 21; Special Import Measures Act, S – 15, Art. 45（6）; Van Bael & Bellis, at p. 294; Wolfgang, at pp. 506 – 509.

❹ Council Regulation（EC）1225/2009, Article 21（5）.

❺ Council Regulation（EC）1225/2009, Article 9（4）.

❻ Meeting of 16 – 18 October 1989, GATT Doc. No. MTN. GNG/NG8/13, Nov. 15, 1989, at p. 2.

部长决定是否执行或修改建议。❶

纵观欧盟和加拿大的实践，其从不在立案时考虑公共利益，均在透明和独立程序上下功夫。提高透明度的原因是防止权力滥用；设置独立程序是因为公共利益调查不同于产业损害调查和倾销调查，这三者在理论和实践上都不应该混淆（尽管可能是同一批人调查），因此其有着相对独立的程序和规则。

我国没有完善的公共利益调查机制，只是在产业损害调查过程中同时调查公共利益的部分内容（如环保和上下游利益），两者没有严格的区分。同时，公共利益的主管机关尚不明确。实践中，国务院关税税则委员会（简称税则委）总是以公共利益为名征求发展改革委的意见，但这种行为不能推定税则委或发展改革委是公共利益的调查机关或代表人。《反倾销条例》规定，由商务部提出建议是否征收反倾销税，国务院关税税则委员会根据商务部的建议作出决定。❷ 从文本上推敲，《反倾销条例》没有授权税则委调查公共利益或修改商务部建议，但从行政隶属上看，商务部必须遵守税则委的决定。因此《反倾销条例》对此语焉不详，有必要加以澄清。❸ 至于发展改革委，似乎没有任何理由承担这份职责，除非法律法规明确授权。

从欧加经验来看，最合适的公共利益调查机关应该是倾销和损害调查机关，因为其最了解案情。而合适的裁决机关，有待政府部门之间的权力博弈。加拿大将决策权推给财政部长，欧盟将决策权推给理事会。这未尝不是个办法，分权即是分责，由上级或另外一个机关决定，可以缓解调查机关的政治压力，这在民主政治中尤其重要。有人说在协调委员会中引入投票表决制，此类方式值得商榷：其一，非常设委员有时不参加案件；其二，很多委员对反倾销缺乏了解；其三，委员是政府官员，其非独立性有碍客观评估案情。

五、利益权衡：反倾销措施符合公共利益的推定

如何取舍不同团体的利益，也是公共利益审查中的一大难题。欧盟的立法历史表明，其公共利益条款有内在侧重（built-in bias），如果发现致损害的

---

❶ Special Import Measures Act（R. S. C.，1985，c. S－15），Art. 45.
❷ 《反倾销条例》第 29 条和第 38 条。
❸ 这里存在一些现实的问题：税则委员会和发展改革委能提出所谓的公共利益推翻有详细数据支撑的倾销和损害调查结果吗？如果有权改写商务部的建议，谁是司法审查的被告？

倾销行为，反倾销措施通常被认为符合共同体利益。❶ 这实际上是"反倾销措施符合公共利益"的推定，只有其他证据表明不符合公共利益时，才有可能改变裁决结果。通过这样的推定，欧盟利用举证责任分配，将公共利益审查限定在反倾销调查与裁决的辅助性地位上。

欧盟在权衡不同利益影响时，主要考虑以下两方面：一方面，比较反倾销措施对不同利益的影响和维持原状的影响，即不采取反倾销措施的影响；另一方面，比较反倾销措施对不同利益可能带来的负面影响的程度。在进行上述两方面比较时，长期利益重于短期利益，因此特别强调要防止欧盟的科技流失和保护国内产业的竞争力，而不是短期的价格上升；欧盟还强调不能机械地比较不同利益，例如比较不同产业的员工数量。❷ 从这点来看，欧盟权衡不同利益时，科技水平和产业竞争力的权重较高。

加拿大没有明确说明如何比较不同利益，但显而易见，即使欧盟费了这么多笔墨，利益比较的确切方法仍然模糊不清。考虑到公共利益牵扯面太广，其模糊本质使调查机关不可能采取定量分析的方法进行数字化比较，而且若此类比较涉及不同类型产业，可能会导致荒谬的结果（如技术密集型产业和劳动密集型产业的比较）。根本的解决办法仍然是留给决策机关自由裁量权。

六、艰难的司法审查

欧盟和加拿大允许对公共利益进行司法审查，但对利害关系方的诉权限制比较严格。

根据《欧共体条约》第 173 条，如果自然人或法人与某法规或决定有直接（direct）和个别相关（individual concern），可以将其起诉至欧盟法院（ECJ）。❸ 所谓"直接"，指申请人必须证明被起诉的措施与其所遭受的损失之间有因果关系。❹ 所谓"个别相关"，指措施的某些因素特别适用于申请

---

❶ Wolfgang Muller（1998），at p. 501.

❷ Wolfgang Muller（1998），at p. 502.

❸ Article 173 of EC Treaty, it provides that "［A］ny natural or legal person may, under the same conditions, institute proceedings against a decision addressed to that person or against a decision which, although in the form of a regulation or a decision addressed to another person, is of direct and individual concern to the former."

❹ 通常来说，法院认为反倾销税可以满足"直接"的构成要件。See Vermulst and Waer（1996），at p. 155.

人，或者申请人发现仅仅是其被涉及，从而可以和别人区别开来。❶ 从法院的这个解释来看，用户和消费者很难满足这两条标准，但不排除某些用户同时是进口商，因此以进口商的资格提起司法审查。❷

相比于欧盟，加拿大对用户和消费者关于公共利益的诉权限制得更加严格。根据其立法，直接受到决定和政令影响的利害关系方可以申请司法审查❸，Marceau 揶揄用户和消费者的权利少得可怜。❹

七、丰富的执行手段及结束语

执行手段很多，如取消反倾销措施、降低反倾销税、价格承诺、缩短反倾销措施存续时间、设置年度复审或提前日落复审、排除部分产品等。❺

公共利益是一个永恒的话题，讨论起来没有结果。但以下几点经验值得借鉴：（1）狭窄定义公共利益，只代表上下游产业和消费者利益，不应考虑外交、"减顺差"等其他因素；（2）设置透明和独立的公共利益审查程序，这些程序应当与倾销和损害程序在理论上相区别，其结果也不能混淆；（3）立案时不考虑公共利益影响，保护国内产业申请反倾销调查的权利；（4）通常情况下，推定反倾销措施符合公共利益；（5）公共利益的司法审查应慎之再慎，对利害关系方的诉权严格限制。

---

❶　25/62, Plaumann & Co. v. Commission, ［1962］E. C. R. 95, it provides that "［P］ersons are individually concerned if the measures affect them by reason of certain attributes which are peculiar to them or by reason of circumstances which distinguish them from all other persons by virtue of which they are identified individually just as in the case of the person addressed". 转引自：Paul I. A. Moen, Public interest Issues in International and Domestic Anti-Dumping Law：The WTO, European Communities and Canada, Graduate Institute of International Studies, Geneva, 1998, at p. 77.

❷　358/89, Extremet Industrie SA v. Council of the European Communities, ［1992］E. C. R. 2501 Extremet（1991）.

❸　Special Import Measures Act（R. S. C. , 1985, c. S – 15）, Section 96. 1（3）.

❹　G. Marceau, Anti-Dumping and Anti-Trust Issues in Free-trade Areas, Oxford, Clarendon Press, 1994, at pp. 146 – 147.

❺　我国在锈钢冷轧薄板反倾销案中排除了四种型号的进口不锈钢板。参见不锈钢冷轧薄板反倾销终裁，中华人民共和国对外贸易经济合作部 2000 年第 15 号，2000 年 12 月 18 日。对此四种型号产品排除是基于下游企业利益考虑，"国家经贸委结合我国实际情况，考虑到包括下游产业利益在内的公共利益需求，裁定将四种型号的进口不锈钢板——制造彩色显像管电子枪帽类零件用不锈钢带、生产剃须刀用不锈钢、洗衣机和微波炉用不锈钢板、汽车排气系统用不锈钢，排除在反倾销税征税的范围以外"。参见宋和平关于《产业损害调查中若干问题的理论思考》的演讲。

34. "纺织品特保"：市场扰乱与重复实施

2005 年，允许过渡期配额的《纺织品与服装协定》（ATC）刚刚终止，欧美就频频发难，利用中国《加入工作组报告》第 242 段，要求对中国实施纺织品特殊保障措施（简称纺织品特保）。中国政府对此表示强烈不满，却收效甚微。美国政府先后于 2005 年 5 月 20 日和 26 日对中方七种纺织品实施特保，其限制效果立竿见影，仅仅两个月不到，其中四类纺织品的 2005 全年配额用完，还有两类也接近上限。❶ 与此同时，欧盟在 5 月 31 日就两类商品（T恤衫和亚麻纱）向中国提出正式磋商请求，并在 6 月 10 日达成《关于中国部分输欧纺织品和服装的谅解备忘录》。贸易争端已起，中国权益遭到侵害，利用 WTO 法律资源保护中国企业外贸权的问题刻不容缓地凸显在每一个关心国事的中国人面前。如何界定中国《加入工作组报告》第 242 段中的"市场扰乱"？其与《加入议定书》第 16 条中的"市场扰乱"是否一样？纺织品特殊保障措施可不可以重复实施？本文将着重回答这几个问题。

一、保障措施与"纺织品特保"

保障措施（safeguard measure）❷，又称逃避条款（escape clause），源自 1942 年美国与墨西哥的《贸易互惠协定》❸，是 WTO 成员贸易救济的三种手段之一（另外两种是反倾销和反补贴）。与后两者不同，保障措施的对象是正当且没有扭曲的国际贸易。国际贸易有利于世界经济发展，但是进口产品一

---

❶　截至 7 月 25 日，棉制针织衬衫、棉制裤子、棉及化纤制内衣、化纤制针织衬衫配额已经使用 100%，化纤制裤子使用 89.3%，男式梭织使用 80.9%，精流面纱使用 18.1%。每日更新参见美国海关数据：http：//www.customs.gov/quotas/files/cntxtrpt.htm（2005 年 7 月 25 日浏览）。

❷　与本文有关的保障措施条款，参见《1994 年关贸总协定》第 19 条，《保障措施协定》，《纺织品与服装协定》第 6 条，与中国相关的《加入议定书》第 16 条，《加入工作组报告》第 242 段。除此之外，在《农业协定》《服务贸易总协定》等条约里还有保障措施条款，本文暂不作讨论。

❸　Agreement on Reciprocal Trade, December 23, 1942, US—Mexico, Article XI, 57 Stat. 833, 845 – 866.

夜之间的大幅增加反而会导致进口国的社会经济严重损害，比如突然性企业破产、工人失业等。为了给本国产业结构调整提供稳定环境，防止进口剧烈波动所带来的危害性后果，WTO 允许其成员在一定条件下对国内产业进行保护，这些保护行为就是保障措施。保障措施的形式通常是配额（quotas）和提高关税（tariff），或者两者结合使用。就实体义务而言，保障措施的实施条件是"不可预见的发展"（unforeseen developments）使进口国行业面临"严重损害或其威胁"（serious injury or threat thereof），并具备因果关系。上诉机构认为"不可预见的发展"应该在使用保障措施之前证明，它必须是以下情况：进口急剧增加，并且导致国内产业遭受严重损害。[1]"严重损害或其威胁"则为一国内产业状况的重大全面减损，这种减损必须根据事实，而非单纯的指控、推测或极小的可能性。[2] 其实施标准高于反倾销与反补贴。[3]

"纺织品特殊保障措施"是中国入世的让步承诺之一，详细载于中国《加入工作组报告》第 242 段。该条款允许其他成员针对中国使用纺织品特保措施，包括提高关税、数量限制或者关税定额等。其实体条件有二：（1）中国的纺织品对进口国"市场扰乱、存在威胁阻碍贸易的有序发展"。（2）存在因果关系。此外，一般保障措施的实施必须遵守最惠国待遇（MFN）义务，即平等非歧视的义务。根据《保障措施协定》，保障措施必须同时针对所有国家，不能仅仅针对某特定国家[4]，而"纺织品特保"仅仅针对中国。从这两点意义上讲，"纺织品特保"对中国产品出口极为不利。

二、市场扰乱

"市场扰乱"（market disruption）是"纺织品特保"实体要求中的核心概念。[5] 其定义可以从两个角度进行探讨：第一个角度是《1947 年关贸总协定》

---

[1] Appellate Body Report，Argentina—Measures Affecting Imports of Footwear，Textiles，Apparel and Other Items，WT/DS56/AB/R，para. 92.

[2] Safeguards Agreement，Article 4. 1.

[3] Appellate Body Report，United States—Lamb Safeguard，WT/DS177/AB/R，para. 124. 反倾销与反补贴措施实施的实体标准为"material injury"（实质损害）。

[4] 这里的形式，指的是各种税收或政策法规，不包括政府提供的辅助性措施，并且受制于很多例外，如 PTA、发展中国家等。但是，safeguard measures 必须针对所有国家，不属于这些例外范畴（参见 Safeguards Agreement Article 2. 2）。最惠国待遇（MFN）并不是本文讨论的范围，这里不再更多讨论。

[5] 对于"市场扰乱"的定义，部分学者认为只要证明进口量的激增会对进口国产业造成实质性损害即可，只不过在论证"因果关系"的时候要更为严格一些。这些意见不是 WTO 法的渊源，不具GATT 1947 缔约方决议的权威性。这些学术意见参见 Benjamin P. Bedard，Paul D. Conlin，"Safeguard Remedies：New Rights Result From China's WTO Accession"，Int. T. L. R. 2002，8（5），pp. 142 – 144.

的实践中可以利用的法律资源；第二个角度是中国承诺的另一段落——《加入议定书》第 16 条转型保障措施（transitional safeguard）有所规定。从两个不同的角度解释，会产生不同的效果。

（一）1960 年决定

《1947 年关贸总协定》缔约方在 1960 年决定❶中表示，为确定"市场扰乱"应该考虑 4 类情形：（1）特定产品从某个特定产地的进口急剧增加；（2）进口产品的市场价格在进口国低于以前的质量相似产品；（3）对本国生产商造成严重损伤或其威胁（serious damage to domestic producers or threat thereof）；（4）价格降低不是政府干预或倾销造成的。这个决议中第（3）项的用词是"严重损伤或其威胁"（serious damage or threat thereof），与一般保障措施要求的"严重损害或其威胁"（serious injury or threat thereof）很相似。什么叫"严重损伤"？与"严重损害"一样吗？不一样。根据 WTO 案例法，条约的解释不能假设两个不同的词代表一样的意思，专家组和上诉机构必须严格解释条约中运用的每一个词。❷ 所以，"严重损伤"（serious damage）具有其他意思，应该寻找其他法律资源进行解释。

回顾 2005 年终止的《纺织品与服装协定》（ATC）可以发现，其中第 6 条涉及保障措施，并且对"严重损伤"有着详细定义。其中规定，确定严重损伤或严重损伤的实际威胁时，有关成员应审查这些进口对特定产业状况的影响，考察以下变量：产量、生产率、开工率、库存、市场份额、出口、工资、就业、国内价格、利润和投资；任何变量，无论单独还是与其他因素相结合，都不必然决定是否存在"严重损伤"，换言之，必须统一综合考虑以上所有变量。❸

（二）《长期安排协定》（LTA）与《多种纤维协定》（MFA）

1960 年决议以后的 GATT 实践中，1961 年缔约方先达成了关于棉纺织品的《短期安排协定》（STA）❹，次年达成了《长期安排协定》（LTA）❺。《长

---

❶ L/1397, Decisions of seventeenth session: Decisions, Declarations, etc. of the Contracting Parties. Between the End of the Sixteenth Session and the End of the Seventeenth Session. (June to November 1960), p. 15.

❷ Appellate Body Report, EC Measures Concerning Meat and Meat Products (Hormones), WT/DS26/AB/R, WT/DS48/AB/R, adopted 13 February 1998, WT/DS26/AB/R, para. 181.

❸ ATC, Article 6 (2) and (3).

❹ "STA", Short-term Arrangement in Cotton Textiles (BISD 10S/18), came into force on 1 October 1961.

❺ "LTA", Long-term Arrangement (BISD 11S/25), came into force on 1 October 1962.

期安排协定》认为市场扰乱不应该包括消费者偏好和技术更新带来的变化，即如果市场变化是因为消费者品味变化，或者技术升级导致一部分产业淘汰，就不能算作市场扰乱。

1973 年取代《长期安排协定》的《多种纤维协定》（MFA）❶ 进一步认为，决定市场扰乱需要考虑贸易额、市场份额、利润、开工率、就业率、其他进口产品的市场扰乱、工业生产力、市场容量和投资等因素的变化。这些因素必须全面考虑，仅有其中一个或几个因素变化不能必然得出市场扰乱的结果。相较于 1960 年决定，《多种纤维协定》指出这些因素在决定市场扰乱的时候通常有两种情形并列出现：（1）特定产品从某个特定产地进口实质性地大幅增加，或迅速增加。这种迅速增加必须是可以计量的，不能依据声称或者可能性来推测，比如依据出口国的生产能力。（2）这些产品的价格比进口国原先具有质量可比性的相似产品价格低很多。❷ 此外，确定市场扰乱应该考虑出口国的利益，换言之，进口国应该考虑出口国相关产业受损、工人失业状况。❸

从这些关贸协定的经验来看，它们的用词多为"综合考虑各种因素"，并且须具有"严重损伤"，已经非常接近一般保障措施条款中的实体要求（严重损害），所以值得特别参考。但是，这里需要提醒的是，无论是《短期安排协定》还是《长期安排协定》，都早已终止，《多种纤维协定》也在 1994 年年底终止，被《纺织品与服装协定》取代，甚至《纺织品与服装协定》都在 2004 年年底终止。它们无法直接作为法律依据使用，但是可以作为法律实践、谈判史来当作现行条文的解释工具，构成了 WTO 成员的法律预期。《争端解决谅解》第 3.2 条要求条约的解释必须根据国际公法的传统解释规则，依据 1969 年《维也纳条约法公约》第 31 条和第 32 条，如果条文解释有歧义，可以采用其他的相关国际法或国际法实践来解释。据此，《长期安排协定》和《多种纤维协定》可以作为解释《加入工作组报告》的工具，其中的法理可以借鉴。❹

---

❶ "MFA"，Multifibre Arrangement（BISD，21S/3），covering textile products of man made fibre and wool on top of cotton，entered into force on 1 January 1974.

❷ MFA，Annex A paras. I and Ⅱ.

❸ MFA，Annex A para. Ⅲ. 美国时任商务部长古铁雷斯在答清华学生提问的时候认为其不考虑中国受影响纺织工人失业问题，这是有争议的，根据 MFA 的条款，美国应该考虑中国利益。

❹ 在 Appellate Body Report，Japan—Taxes on Alcoholic Beverages，WT/DS8/AB/R，WT/DS10/AB/R，WT/DS11/AB/R，adopted 1 November 1996，E 段，上诉机构认为，为了维护法律的连贯性，并使 GATT 平稳地向 WTO 过渡，《关贸总协定》时代的实践经验非常值得借鉴，这些实践经验构成了 WTO 成员的法律预期。

（三）《加入议定书》第 16 条中的 "市场扰乱"

上文着重分析了《关贸总协定》实践中对于市场扰乱的界定，并由其考察了关键词汇 "严重损伤"（serious damage）。而中国在《加入议定书》第 16 条中明确说明了如何界定转型保障措施中的市场扰乱，需要考虑 "实质损害"（material injury）。其要求 WTO 成员提供客观的证据，包括进口量及其对进口国产品和工业的影响，并且这种影响是 "产业实质损伤的一个重要原因"（a significant cause of material injury）。这个说明比较粗糙，因为没有阐释清楚进口量与影响到什么程度才算作 "市场扰乱"，而后者正是争议的关键所在。此外，它提供的 "实质损害" 一语值得警惕，其实施标准毫无疑问低于一般的保障措施标准（严重损伤或其威胁），可能与反倾销和反补贴的条件——"实质损害或其威胁" 差不多。❶

通过分析，实际上这里存在三个术语的两个概念关系（如下图所示）。

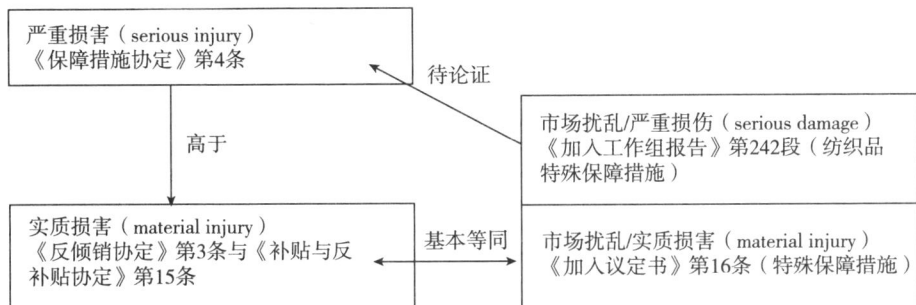

术语关系图

（四）"严重损伤" 与 "实质损害"

那么中国《加入工作组报告》第 242 段的纺织品特殊保障措施中的市场扰乱，究竟按照《关贸总协定》实践解释还是《加入议定书》第 16 条解释？换言之，是按照 "严重损伤"（serious damage）还是 "实质损害"（material injury）来界定？

从 WTO 案例法的解释经验来看，大概有 3 条理由支持按照 "严重损伤"（serious damage）的方向来界定市场扰乱。其一，"实质损害"（material injury）在《中国加入工作组报告》第 242 段中没有法律依据，第 242 段中没有提到 "实质损害"；其二，第 242 段（g）款规定了纺织品特殊保障措施和转型保障措施不能同时使用，隐含了这两个条款的排斥性适用，不能将第 242

---

❶ Antidumping Agreement, Article 3, and SCM Agreement, Article 15.

段等同于第 16 条；其三，从《关贸总协定》发展史来看，纺织品领域一直独立于《关贸总协定》一般规则，纺织品一直都适用特殊规则，所以，在解释第 242 段的时候应该参照《纺织品协定》和《关贸总协定》纺织品领域的实践经验来考察。中国在承诺第 242 段的时候，《纺织品协定》仍然生效，所以应该按照《纺织品协定》中的"严重损伤"来解释。❶

（五）欧盟委员会的《针对中国纺织品特别限制措施的行动指南》❷

欧盟委员会在对华纺织品的《针对中国纺织品特别限制措施的行动指南》中称，在决定"市场扰乱"的时候，将考虑很多因素，其中包括依赖欧盟市场的那些地中海国家的市场份额变化，即如果那些地中海国家的纺织品出口因为受到中国产品的竞争，市场份额被中国产品取代，也要在认定"市场扰乱"时予以考虑。❸ 根据以上所述的 WTO 法，甚至按照《加入议定书》第 16 条解释"市场扰乱"，欧盟的这个考虑因素没有任何法律依据，与保障措施追求的目标也不一样。《保障措施协定》的前言明确说明，保障措施的目的是因为认识到本国产业调整的重要性，在紧急情况下限制国际贸易，提供一个相对稳定的环境，绝不是为了限制国际市场竞争，相反，是为了促进竞争。❹ 从这点意义上说，照顾地中海国家的出口，实质上是代第三国实施保障措施，从而限制国际市场竞争，违背了保障措施用于救济本国产业损害的基本逻辑，其"法律本身"（as such）涉嫌违反《加入工作组报告》第 242 段。

三、"纺织品特保"的重复使用问题

关于"纺织品特保"是否可以重复使用，目前仍存争议。美国认为可以，并且重复使用了 2003 年的配额。关于纺织品特殊保障措施是否可以重复使用的条文，规定在《加入工作组报告》第 242 段（f）款，其中的"without re-application"的含义存在争议，大致有三种观点：（1）"reapplication"应该翻译成"再申请"。条文意思是，没有经过再申请，"纺织品特保"不能超过 1

---

❶　此立场还可以从《加入工作组报告》的上下文得到反映，比如"covered by the ATC"；第 241 段中更是借鉴了 ATC 条款，ATC 连续出现 3 次。

❷　Guidelines for the use of safeguards on Chinese textiles exports to the EU, Brussels, 6 April 2005, a-vailable on http：//europa. eu. int/comm/trade/issues/sectoral/industry/textile/memo060405_ en. htm.

❸　It provides that "［i］n determining the existence of market disruption the Commission will consider a number of factors. As way as assessing the potential threat to domestic industry, investigations will consider the possible damage done to textile exporters in vulnerable developing countries and producers in the Euro—Mediter-ranean region who are in many cases dependent on the EU market and whose market share may be displaced by Chinese exports."

❹　Safeguards Agreement, preamble, third paragraph.

年，换言之，如果"再申请"了，就可以继续"纺织品特保"。（2）"without reapplication"，仅仅针对目前的"特保"。换一个花样，或者放行3个月，又重新评估，就可以算作新的"特保"。❶ （3）"纺织品特保"只能使用1次，且不能重新实施。❷

从语义角度来看，"reapplication"在牛津英语辞典中的意思是"a fresh application"，"application"的意思是"the action of applying；the thing applied"❸。单纯从语义角度来观察，这个单词既包括"重新实施"的意思，也包括"重新申请"的意思。这里涉及语言的多义性，辞典上的定义无法进一步解释条文。WTO案例法中，专家组和上诉机构经常借助辞典展开法律分析，其根源是《维也纳条约法公约》第31条的解释规则，条约的解释须符合"通常的意思"（ordinary meaning）。但这仅仅是第一步，而且是远远不够的。US—Gambling案中，在判断"体育"是否包括"赌博"的时候，词典之间的定义发生了矛盾，上诉机构认为仅仅辞典不能必然解决复杂的法律解释问题，并对专家组过分依赖辞典的做法提出了保留意见。上诉机构转而通过分析上下文，借助其他法律工具。❹

从上下文来看，第一种观点是经不起推敲的，大致有两点理由。其一，如果"reapplication"应该翻译成"再申请"，那么说明其隐含了一个前提条件——已经"申请"（apply）过第一次，否则不会出现"re"（再）这个字眼。但是根据《加入工作组报告》第242段上下文，并没有发现有"apply"（申请）或者类似的意思在其中。因此，解释为"申请"没有法律依据。其二，唯一比较接近的词组是"request for consultations"（磋商请求）。磋商不是申请，磋商则意味着主体平等，而申请意味着主体不平等，审核权力在受理者手中，受理者可以不批准申请者。从第242段（d）款来看，如果没有满意地解决问题，磋商请求方可以单方面实行限制措施。申请者在没有经过同意的情况下，是不能行使权力的。所以，"磋商请求"不是一个"申请"行为。

第二种和第三种观点的分歧主要源于（f）款的对象范围。"reapplication"

❶ 持第一种观点者以张五常为代表，参见http：//www. e - economic. com/info/1453 - 1. htm；持第二种观点者以美国为代表，国内法院可以裁定究竟是否为"新的特保"。

❷ 《中国加入世界贸易组织法律文件》，对外贸易经济合作部世界贸易组织司译，法律出版社，2001年版.

❸ Oxford English Dictionary, available on http：//dictionary. oed. com.

❹ Appellate Body Report, United States—Measures Affecting the CrossBorder Supply of Gambling and Betting Services, WT/DS285/AB/R, adopted 20 April 2005, para. 164 - 167.

指的是前面的"action"，即特殊保障措施，但是没有说清楚是否包括"新调查程序"下的特保，或者"另外一个限制方式"的特保。这样，条文就产生了歧义。举一个例子，原来对衬衣实行"特保措施"，具体形式是数量限制（配额）；到期以后，再次实施一种新形式的"特保措施"——提高关税。问题是：后面的"提高关税"算不算特殊保障措施的"reapplication"呢？如果"提高关税"之前也作了市场扰乱调查呢？

根据 WTO 的法律实践，这一点似乎很难站住脚。如果可以重新评估，再特保，或者换一个方法特保，就会在事实上（de facto）造成连续"特保"，就会使第 242 段（f）款没有意义，成为多余的废话。在 WTO 案例法中，上诉机构曾经明确地说，条约的解释者不能假设条约的用语是无心的错误。❶ 所以，不可以假设中国入世谈判的时候制定了一个无关紧要的条文，从而让其他国家可以事实上重复使用"纺织品特保"，以致（f）款流于空谈。如果说（f）款是有意义的，那么依据 WTO 严格文本分析的法条解释规则，不能为成员增加或减少权利和义务❷，则"without reapplication"应当是"且不得重复实施"的意思，不得重复实施的对象包括了企图规避法律的"新限制方式"——纺织品特保。

四、结论

根据《纺织品协定》的法律条文和《1947 年关贸总协定》的法律实践，"纺织品特保"中的市场扰乱（《加入工作组报告》第 242 段）不同于"转型保障措施"中的市场扰乱（《加入议定书》第 16 条）。"纺织品特保"中的市场扰乱应当根据"严重损伤"的构成要件，提出更具体、更全面的实施标准。同时，欧盟考虑市场扰乱的部分因素涉嫌违反 WTO 法。

根据 WTO 案例法和《加入工作组报告》第 242 段上下文解释，"without reapplication"应理解为"不得重新实施"最为合适。"reapplication"不应当理解为"重新申请"，第 242 段也不应当理解为"允许新限制方式"。否则，其（f）款将会变成没有意义的条文，这不符合国际公法的有效性解释规则。

在纺织品特殊保障措施上，中国纺织品商毫无过错。出口增加是市场竞争的结果，是中国劳动力密集的比较优势所在，外国消费者愿意购买，中国

---

❶ Appellate Body Report, United States—Restrictions on Imports of Cotton and Manmade Fibre Underwear, WT/DS24/AB/R, adopted 25 February 1997, p. 17; and Appellate Body Report, EC Measures Concerning Meat and Meat Products (Hormones), WT/DS26/AB/R, WT/DS48/AB/R, adopted 13 February 1998, para. 164.

❷ DSU, Article 3. 2.

厂商有能力生产，这不仅合法，而且体现了 WTO 贸易自由化目标。而"纺织品特保"则是一个不折不扣的歧视性条款。在这个问题上，中国占有道义上的优势。然而道义优势不一定能转化成法律优势，因为后者需要更多的法律知识和法律技巧。本文从 WTO 法角度，对针对中国纺织品实施的特殊保障措施进行了考察，借鉴相关法律资源界定了两个核心概念——"市场扰乱"（market disruption）和"不得重新实施"（without reapplication），希望有助于理解纺织品特保的实施条件。

35. 补贴额计算公式及其 WTO 合规性分析[*]

截至 2013 年 6 月，我国已遭遇 69 起反补贴调查。❶ 与此同时，我国 2009 年以来也开始对外发起反补贴调查，目前已针对美国发起 4 起调查❷，针对欧盟发起 3 起调查。❸ 无论从出口应诉还是进口调查的角度，这些不断变化的贸易救济形势都要求我们既要熟悉美欧的反补贴实践，也要逐步完善我国的反补贴调查制度。从目前的规则层面来看，尽管我国制定了与 WTO《补贴与反补贴协定》相似的《反补贴条例》，规范了部分程序和实体义务，但没有任何条文直接规范补贴额计算方法，调查机关仍然处于探索和学习阶段，有必要研究美国和欧盟的实践经验，并分析其 WTO 规则合规性，择其成熟做法加以借鉴。

一、补贴额计算的基本分析思路：接受者利益

缔结《关贸总协定》时，各国对补贴的定义没有共识，进而认为补贴额是难以准确计算的，所以只能在条文中使用"估算"（estimated）的概念。❹

---

* 本文发表于《国际经济法学刊》，2014 年第 21 卷第 1 期。

❶ 数据来源：世贸组织。其中，美国对我国反补贴 34 起，加拿大对我国 18 起，澳大利亚对我国 8 起，欧盟对我国 6 起，印度、墨西哥和南非对我国各 1 起。

❷ 《关于对原产于美国的取向电工钢进行反补贴立案调查的公告》，商务部公告 2009 年第 41 号，2009 年 6 月 1 日；《关于对原产于美国的进口白羽肉鸡产品进行反补贴立案调查的公告》，商务部公告 2009 年第 75 号，2009 年 9 月 27 日；《关于对原产于美国的排气量在 2.0 升及 2.0 升以上进口小轿车和越野车进行反补贴立案调查的公告》，商务部公告 2009 年第 84 号，2009 年 11 月 6 日。《关于对原产于美国的进口太阳能级多晶硅进行反补贴立案调查的公告》，商务部公告 2012 年第 41 号，2012 年 7 月 20 日。

❸ 《关于对原产于欧盟的进口马铃薯淀粉进行反补贴立案调查的公告》，商务部公告 2010 年第 48 号，2010 年 8 月 30 日。《关于对原产于欧盟的太阳能级多晶硅进行反补贴立案调查的公告》，商务部公告 2012 年第 70 号，2012 年 11 月 1 日。《关于对原产于欧盟的葡萄酒进行反补贴立案调查的公告》，商务部公告 2013 年第 37 号，2013 年 7 月 1 日。

❹ General Agreement on Tariffs and Trade, Article VI: 3. Also see Report of the Operation of the Provision of Article XVI, Panel on Subsidies, L/1442, 19 April 1961, para. 23.

所以，在计算补贴额之前，要解决的首要问题是如何定义补贴，究竟应该从"政府成本"（cost to government）的角度认定补贴，还是从"接受者利益"（benefit to recipient）的角度认定补贴。❶ 这个问题是补贴认定的根本性分歧，它决定了不同的补贴计算方法❷，可能影响补贴是否存在、补贴是否需要分摊、补贴是否需要考虑时间价值等。❸

GATT 1947 第 6 条和第 16 条均没有关于"补贴"的定义，也没有提供详细的补贴额计算方法；1979 年结束的东京回合谈判，《补贴与反补贴守则》（即《东京回合补贴守则》）❹ 是该回合最后达成的协议❺，美国和欧盟作出让步，美国同意在反补贴调查中考虑国内产业损害❻，欧盟同意美国针对其补贴产品采取反补贴措施❼，但《东京四合补贴守则》依然没有明确的补贴定义，各国仍然为此争执❽，其中以美国和欧盟的立场最为典型。欧盟认为 GATT 1947 第 6.3 条中的表述是"给予"（granted），而不是"收到"（received），刻意选择的用词表明补贴计算应依据政府的财政资助额。❾ 美国不同意欧盟的解释，认为"给予"仅仅意味着补贴的存在，不能决定补贴额的计算；同时，

❶ Subsidies and Countervailing Measures, Note by the Secretariat, Negotiating Group on Subsidies and Countervailing Measures, GATT Doc No. MTN. GNG/NG10/W/6, 28 April 1987, p. 11.

❷ Problems in the Area of Subsidies and Countervailing Measures, Note by the Secretariat, GATT Doc No. MTN. GNG/NG10/W/3, March 17, 1987.

❸ 举例说明：（1）补贴是否存在。如政府债券利息成本为1%，借给受益者利率2%，市场中的商业贷款利率3%，按照政府成本计算，政府收益1%，不存在补贴；按照接受者利益计算，比商贷优惠1%，存在补贴。（2）补贴是否需要分摊。如政府拨款购买设备，按照政府成本计算，则不用依据使用年限分摊；而按照接受者利益计算，则需要在设备使用年限内分摊。（3）补贴是否需要考虑时间价值。仍然以政府拨款购买设备为例，按照政府成本计算，当年支出，当年结算，无须考虑时间价值；而按接受者利益计算，设备可以使用若干年，应当考虑资产的时间价值。

❹ Agreement on Interpretation and Application of Articles Ⅵ, ⅩⅥ and ⅩⅩⅢ of the General Agreement on Tariffs and Trade（"Tokyo Subsidies Code"）, 12 April 1979, Geneva.

❺ Communication from the United States concerning Subsidy Determinations on Certain Carbon Steel Products, SCM/36, 27 October 1982, p. 2.

❻ 尽管 GATT 1947 第 6 条规定，采取反补贴措施须考虑国内产业损害，但由于祖父条款（grandfather clause）的存在，美国在反补贴调查中不考虑国内产业的损害；Protocol of Provisional Application of the General Agreement on Tariffs and Trade, Article 1（b）："... provided that this Protocol shall have been signed on behalf of all the foregoing Governments not later than 15 November 1947, to apply provisionally on and after 1 January 1948:...（b）Part Ⅱ of that Agreement to the fullest extent not inconsistent with existing legislation..."

❼ Terence P. Stewart, Editor, The GATT Uruguay Round: A Negotiating History（1986-1992）, Volume Ⅱ: Commentary, Subsidies and Countervailing Measures, Kluwer Law International; 1 edition（June 1, 1995）, p. 817.

❽ R. Stem & B Hoekman, The codes approach, in The Uruguay Round: A handbook for the Multilateral Trade Negotiations, pp. 59-61, J. M Finger & Olechowski, eds. 1987.

❾ EEC Memorandum on US Final Countervailing Duty Determination on European Steel Exports, GATT Doc No. SCM/35.

《东京回合补贴守则》脚注 15 要求缔约方就补贴额计算达成备忘录❶，美国认为这个脚注表明缔约方对如何计算补贴额并没有形成共识，如果按照欧盟的解释，补贴额就是政府成本，则脚注 15 变成多余的条款，不符合条约的解释规则。❷

1986～1994 年的乌拉圭回合最终解决了"政府成本"和"接受者利益"之间的争议，《补贴与反补贴协定》形成了偏重于"接受者利益"的妥协文本：一方面，第 1.1（b）条规定"利益授予"（benefit conferred）是补贴认定的构成要件，第 14 条进而提供了以接受者所获利益计算补贴额的基本方法和一系列准则；另一方面，第 1.1（a）（1）条帽段规定"政府或公共机构提供的财政资助"也是补贴认定的构成要件，同时根据附件 4 第 1 款，认定"推定严重侵害之从价补贴额超过 5%"时（第 6.1（a）条），应当依据政府成本计算。❸ 因此，尽管《补贴与反补贴协定》现有条文中纳入了欧盟的部分主张，但补贴定义明确了"接受者利益"的基本分析思路，并据此计算补贴额。

二、补贴额计算的两个前提条件

补贴额的计算方法不同于补贴率的计算方法。补贴额是企业实际获得的补贴利益，而补贴率是在补贴额的基础上根据产量或销售额计算的比例，用于征收反补贴税，本文并不讨论补贴率的计算方法。❹ 补贴额计算需要满足两个必要的前提条件：首先是分辨该补贴项目是否为重复发生的补贴，进而确定是否需要在特定年限内分摊；其次要认定补贴调查期，进而测算调查期内的补贴额。

（一）重复发生补贴和非重复发生补贴的区分

计算某补贴项目利益，首先要区分该补贴是重复发生（recurring）补贴还是非重复发生（non-recurring）补贴。❺ 重复发生补贴具有经常性和持续性特

---

❶ Footnote 15 of Tokyo Subsidies Code, it provides that "An understanding among signatories should be developed setting out the criteria for the calculation of the amount of the subsidy."

❷ Communication from the United States concerning Subsidy Determinations on Certain Carbon Steel Products, SCM/36, 27 October 1982, p. 55.

❸ 根据《补贴与反补贴协定》第 32 条，第 6.1 条临时适用至 1999 年 12 月 31 日。

❹ 我国目前采用从价补贴率征收反补贴税，补贴率依据补贴利益占其总销售额的比率计算得出。见《中华人民共和国商务部对原产于美国和俄罗斯的进口取向电工钢反倾销调查及原产于美国的进口取向电工钢反补贴调查的最终裁定》，公告 2010 年第 21 号，2010 年 4 月 10 日，第四部分结论处。

❺ "Recurring"也经常被翻译成"经常性"，参见《英汉法律词典（修订本）》，法律出版社 1998 年 12 月版，第 665 页，其"recurrent account"译为"经常性开支账目"。

征,例如税收减免等;通常来说,重复发生补贴带来的利益在当年开支(expensed),其补贴额的价算方法相对简单,只需要与该补贴项目(例如应缴纳的税款、信贷利率等)的市场基准相比较,就可以计算出补贴额。❶

非重复发生补贴则比较特殊,它们往往与长期财务结构(长期债务和资本等)和固定资产(厂房和设备等)相关,对受益人而言,此类补贴的利益可以延续一年以上,因此非重复发生补贴的利益需要在若干年内分摊(allocated)❷,其计算方法相对复杂。本文研究的补贴额计算方法,就是指此类非重复发生的补贴项目的计算方法。

然而重复发生和非重复发生补贴之间的界限并不清晰。1998 年,WTO 补贴与反补贴措施委员会成立的非正式专家组(Informal Group of Experts)提出建议,区分了赠与、税收减免、商品和服务供给、研发费用、资产注入、出口信用等 18 个补贴项目❸,同时建议了以问题形式表现的 5 个原则:

(1)补贴的目的是否为购买固定资产?

(2)补贴是不可重复的和/或数额巨大?

(3)补贴是否用于将来生产?

(4)补贴是否构成资本?

(5)接受者的会计记录是否向前结转?

如果这 5 个问题的答案有"是",则该补贴项目通常需要分摊。❹ 对于重复发生和非重复发生补贴项目的区分,《WTO 协定》是沉默的,没有明确规定,但上诉机构在若干争端裁决中默认了此类区分。❺

---

❶ 2010 年 6 月,国际可持续发展研究中心(International Institute for Sustainable Development)根据不同补贴项目汇总了实践中的补贴额估算(estimation)方法。重复发生补贴项目的计算方法可参见其报告:Subsidy Estimation: A Survey of current practice, Edited by Darryl Jones and Ronald Steenblik, June 2010. 该报告主要介绍的是美国实践,其中也包括了美国的非重复发生补贴项目的计算方法。

❷ Report by the Informal Group of Experts to the Committee on Subsidies and Countervailing Measures (hereafter referred as IGE Report), Note from the Informal Group of Experts, Revision. G/SCM/W/415/Rev. 2, 15 May 1998 para. 10.

❸ Ibid, Recommendation 1, Illustrative Table on Expensing Versus Allocation of Subsidies in the Context of Article 6. 1 (a) and Annex IV, p. 23.

❹ Ibid, para. 9. The five principles were "1. Whether the purpose of the subsidy was for the purchase of fixed assets; 2. Whether non-recurring and/or large; 3. Whether oriented toward future production; 4. Whether consisting of equity; 5. Whether carried forward in recipient's accounting records. "

❺ Appellate Body Report, United States—Imposition of Countervailing Duties on Certain Hot-Rolled Lead and Bismuth Carbon Steel Products Originating in the United Kingdom, WT/DS138/AB/R, adopted June 2000, para. 62; Appellate Body Report, United States—Countervailing Measures Concerning Certain Products from the European Communities, WT/DS212/AB/R, adopted January 2003, para. 84, 158.

（二）补贴调查期的认定

计算补贴额还需要解决的一个条件是认定补贴调查期（period of investigation）。调查机关需要认定补贴调查期内的补贴额，并据此计算补贴幅度来征收反补贴税。美国的补贴调查期通常为立案前的最近一个完整的日历年度，例如 2009 年 10 月 23 日立案，其补贴调查期为 2008 年 1 月 1 日至 2008 年 12 月 31 日。❶ 欧盟的补贴调查期通常为补贴受益人的最近会计年度，但可以是立案前其他至少 6 个月的期限。❷ 该期限通常为 1 年，有时延长至 15 个月，或减少至 9 个月，其截止时间通常为立案前最后一个完整季度。❸ 欧盟调查机关选择调查期时具有较大的自由裁量权，但因此可能导致调查期跨越两个年度，最后计算补贴额时，需要在调查期内分配。❹

三、补贴额计算公式及其历史演变

20 世纪 70 年代至 80 年代早期，发达国家的钢铁业遭遇了严重衰退，而发展中国家的钢铁产能出现扩张，其政府是钢铁产业资本的主要提供者。❺ 美国钢铁业在 1977 年面临转折点，大量低价进口产品冲击了美国国内市场，净收入接近为零。❻ 在这种背景下，美国钢铁业发起大量反补贴调查，限制进口产品的不正当竞争，1982 年发起 124 起反补贴调查，1983～1985 年另发起

---

❶ US Department of Commerce, Certain Sodium and Potassium Phosphate Salts From the People's Republic of China: Initiation of Countervailing Duty Investigation, 74 FR 54778, October 23, 2009.

❷ EC COUNCIL REGULATION (EC) No 597/2009 of 11 June 2009 on protection against subsidized imports from countries not members of the European Community, Article 5.

❸ Commission Regulation (EC) No 1008/2004 of 19 May 2004 imposing a provisional anti-subsidy duty on imports of certain graphite electrode systems originating in India, Official Journal L 183, 20/05/2004 P. 0035 –0060, 调查期为 2002 年 4 月 1 日至 2003 年 3 月 31 日。Commission Regulation, Stainless steel bars (India) [1998] OJ L202.40, recitals 6, 52, 调查期为 9 个月。Commission Regulation, Polyester fibres and polyester yarns (Turkey) [1991] OJ L137/8, recitals 5 –6, 调查期为 18 个月，主要原因是数据复杂。

❹ Konstantinos Adamantopoulos, María J. Pereyra, EU Anti-Subsidy Law and Practice, 2nd ed., London Sweet & Maxwell 2007, para. 5 –52. 但是，现有资料包括搜索的相关案例并没有提供欧盟跨年度分配补贴额的具体方法，尚不知晓是否为两年的月份/季度的平均数据，或进一步考虑年度内的时间价值，按照不同月份/季度计算补贴额，或其他方法。

❺ T. R. Howell, W. A. Noellert, J. G. Krier, & A. W. Wolff, Steel and the State: Government Intervention and Steel's Structural Crisis, Westview Press 1988, p. 251.

❻ Robert W. Crandall, The US Steel Industry in Recurrent Crisis: Policy Options in a Competitive World, Brookings Institution 1981, p. 1.

101 起反补贴调查。❶ 与此同时，随着东京回合谈判结束，美国《1979 年贸易协定法案》明确指示美国商务部在规定时限内完成反补贴调查，并接受司法审查。1981 年 7 月，美国乔治城大学法学院国际法中心（并受美国商务部进口管理局支持）召集了当时全美最杰出的国际贸易法专家，专门研究反补贴法的实施问题（包括补贴额计算）。❷ 通过这些研究和反补贴实践，美国探索了补贴额计算方法，其补贴额计算公式主要体现在非重复发生补贴的分摊过程，并经历了复杂的演变历史。此外，对于信用不良公司接受的优惠贷款补贴项目，如果缺少可供比较的商业基准利率，美国会依据其国内法，使用利率计算公式测算可比较的商业基准利率，再计算该信用不良公司的补贴额。在美国公式基础上，欧盟也逐步摸索出略有不同的非重复发生补贴利益计算公式。

（一）美国关于非重复发生补贴的分摊方法❸

1. 简单相除方法及其摒弃

最简单的补贴额计算方式是相除方法，即首先了解补贴总额，然后确认分摊年限，平均相除，即可得出每年补贴额。❹ 公式表示如下：

$$A = \frac{Y}{n}$$

其中：

A = 每年的反补贴额

Y = 补贴面值

n = 分摊年限

按照该公式，假设 100 万美元的补贴资产，分摊年限 10 年，平均每年的反补贴额是 10 万美元。这种方法的优点是简单明了；缺点是没有考虑货币的时间价值，没有充分反映出补贴接受者享受到的利益。所以，这种简单相除

---

❶ G. Hufbauer, "A View of the Forest in Subsidies and Countervailing Measures: Critical Issues for Uruguay Round", World Bank Discussion Paper No. 53, p. 24. 转引自 Terence P. Stewart, Editor, The GATT Uruguay Round: A Negotiating History (1986 – 1992), p. 824.

❷ Gary N. Horlick, A Personal History of the WTO Subsidies Agreement, Journal of World Trade, 2013 Kluwer Law International BV, the Netherlands, pp. 447 – 452.

❸ 部分著作把此类分摊方法称作"赠与（grant）的分摊方法"。

❹ 美国财政部在 1980 年以前采取以上方法计算补贴额，但通常的分摊年限是资产的会计有效的使用年限的一半，例如，100 万美元的补贴资产具有 10 年的会计有效使用年限，美国财政部用 100 万美元除以 5 年，得到每年 20 万的补贴额。Dr. R. Quick, 'Calculation of Subsidy' in Jacques H. J. Bourgeois (ed.), Subsidies and International Trade—A European Lawyers' Perspective, Kluwer Law and Taxation Publishers 1991.

的方法很快遭到摒弃。❶

2. 美国 1982 年钢铁案计算公式及其批评

美国商务部在 1982 年的一系列钢铁反补贴案中❷尝试了新的补贴额计算方法，融入资金的时间成本概念。新公式是：

$$A = \frac{(y)(d)(1+d)^{(n-1)}}{(1+d)^n - 1}$$

其中：

A = 每年的反补贴额

y = 补贴面值

d = 贴现率

n = 分摊年限

这个公式是利用后付年金终值计算公式推导而来的，后付年金终值系数（用 $FVIFAi,n$ 表示）公式为❸：

$$FVIFAi,n = \frac{(1+i)^n - 1}{i}$$

此处的 i 就是美国公式中的 d，表示贴现率。考虑时间价值的补贴总额（用 $FVAn$ 表示），即经过贴现后的补贴额既可以通过每年反补贴额（A）乘以年金终值系数得出，也可以通过补贴额面值（y）的 n 年（分摊年限）复利得出，两者代入即可得出美国 1982 年公式。具体推导如下：

$$FVAn = A \times FVIFAi,n = A \times \frac{(1+i)^n - 1}{i}$$

同时：

$$FVAn = y \times (1+d)^{n-1}$$

两者相等，代入，即可得出：

---

❶ Dr. R. Quick, "Calculation of Subsidy" in Jacques H. J. Bourgeois (ed.), Subsidies and International Trade—A European Lawyers' Perspective, Kluwer Law and Taxation Publishers 1991, pp. 86 – 87.

❷ Preliminary Affirmative Countervailing Duty Determinations, Certain Steel Products from Belgium, 47 Fed. Reg. 26, 400, 26, 307. Final Affirmative Countervailing Duty Determinations, Certain Steel Products from Belgium, 47 Fed. Reg. 39, 304, 39, 316 (1982).

❸ 美国 1982 年补贴额计算公式也可以根据预付年金现值计算公式推导，由于结果一致，本文不再赘述。后付年金终值系数推导为：

$FVIFAi,n = (1+i)^0 + (1+i)^1 + (1+i)^2 + \cdots\cdots + (1+i)^{n-2} + (1+i)^{n-1}$ (1) 式

(1) 式两边同乘以 (1 + i) 得：

$FVIFAi,n(1+i) = (1+i)^1 + (1+i)^2 + (1+i)^3 + \cdots\cdots + (1+i)^{n-1} + (1+i)^n$ (2) 式

(2) 式减 (1) 式得年金终值系数：$FVIFAi,n = \dfrac{(1+i)^n - 1}{i}$

$$y \times (1 + d)^{n-1} = A \times \frac{(1 + i)^n - 1}{i}$$

求 A ，得出美国 1982 年公式：

$$A = \frac{(y)(d)(1 + d)^{(n-1)}}{(1 + d)^n - 1}$$

按照该公式，假设 100 万美元的补贴资产，分摊年限 10 年，每年贴现率为 10% ，则平均每年的反补贴额（ A ）为 147950 美元。这比起简单相除的分摊方法，大幅提高了每年反补贴额。这种方法反映了资金的时间价值，但没有考虑资产余额的递减及其利息，所以也受到批评，美国商务部在随后的案例中进行了完善。

3. 美国 1984 年钢铁案计算公式及其沿用

美国商务部在 1984 年的一系列钢铁案中修正了 1982 年的公式，根据资产的平均使用年限，采用了余额递减法（ Declining Balance Schedule ）❶。具体公式为：

$$A_k = \frac{y/n + [y - (y/n)(k - 1)]d}{1 + d}$$

其中：

A_k ＝第 k 年的反补贴额

y ＝补贴面值

d ＝贴现率

n ＝分摊年限

k ＝分摊的年度，该年为 $1 \leqslant k \leqslant n$

该公式中，y/n 为年度利益的面值；$[y - (y/n)(k - 1)]d$ 为赠款面值余额递减按照贴现率 d 的利息；分母 $1 + d$ 为将当年末的现金流根据贴现率 d 折现回年初现金流。❷ 简而言之，该公式分子可以看成由"本金"和"利息"构成，y/n 为每年的本金，$[y - (y/n)(k - 1)]d$ 为第 k 年的利息；分母 $1 + d$ 则是将"年末"的本金和利息折回"年初"的本金和利息。❸ 按照该公式，假设 100 万美元的补贴资产，分摊年限 10 年，每年贴现率为 10% ，每年的补贴额

---

❶ Preliminary Affirmative Countervailing Duty Determinations, Certain Steel Products from Mexico, 49 Fed. Reg. 5, 142, 5, 148 et seq (1984). Final Affirmative Countervailing Duty Determinations, Cold-rolled Carbon Steel Flat-Rolled Products from Argentina, 49 Fed. Reg 18, 006, 18, 016 (1984).

❷ 例如，年初现金流为 100 元，利率 10% ，则年末为 100 × （ 1 + 10% ） ＝110 元；反过来，已知年末 110 元，利率 10% ，折回年初，则为：110/ （ 1 + 10% ） ＝100 元。此例中的 d 是 10% 。

❸ Also See Communication from the United States, Allocation Periods for Subsidy Benefits, TN/RL/W/157/Rev. 1, 14 July 2004.

如下：

第 1 年：181818 美元　　　第 6 年：136364 美元

第 2 年：172727 美元　　　第 7 年：127273 美元

第 3 年：163636 美元　　　第 8 年：118182 美元

第 4 年：154545 美元　　　第 9 年：109091 美元

第 5 年：145455 美元　　　第 10 年：100000 美元

从余额递减法的效果来看，补贴额在分摊初期急剧放大，分摊末期的时候变小，且反补贴税应当根据非重复发生补贴项目的余额利息变化逐年递减，直至分摊年限结束。1984 年的这个公式沿用至今，并被美国列入其反补贴法律条文。[1]

（二）美国关于信用不良公司贷款利益的计算方法

根据《补贴与反补贴协定》第 14（d）条，接受贷款的公司支付政府贷款的金额与公司支付可实际从市场上获得的可比商业贷款的金额相比，两者的差额为补贴额。但市场中可能存在部分公司因为信用不良，没有可比商业贷款的情形，《补贴与反补贴协定》也未提供相应的补贴额计算方法。由于优惠贷款的补贴额是通过实际贷款和商业贷款的差额来计算，因此最重要的是确认这些信用不良公司的商业贷款利率，再同实际利率比较计算利益额。不过，《补贴与反补贴协定》依然没有提供计算"信用不良公司的商业贷款利率"的方法。

对此，美国国内法规定：如果公司没有可比商业贷款，则可以采用可比商业贷款的国内平均利率[2]；但信用不良公司（uncreditworthy companies）除外。信用不良公司利率的计算公式为[3]：

$$i_b = \left[\frac{(1 - q_n)(1 + i_f)^n}{(1 - p_n)}\right]^{1/n} - 1$$

该公式的前提条件是：贷款公司针对不同借款人的贷款，其最终收益是相同的，因此其利率与风险承担也相匹配。根据这个条件，得到以下公式：

$$(1 - q_n)(1 + i_f)^n = (1 - p_n)(1 + i_b)^n$$

进一步推导求 i_b，得以下公式：

$$i_b = \left[\frac{(1 - q_n)(1 + i_f)^n}{(1 - p_n)}\right]^{1/n} - 1$$

---

[1]　Final Rules（Countervailing Duties），19 CFR Part 351，November 25，1998，Subpart E，§ 351. 524（d）.

[2]　US Code of Federal Regulations，§ 351. 505（a）（3）（ii）.

[3]　US Code of Federal Regulations，§ 351. 505（a）（3）（iii）.

其中：

n = 贷款时限

i_b = 信用不良公司的基准利率

i_f = 信用公司可能获得的长期利率

p_n = 信用不良公司在 n 年期间的违约可能性

q_n = 信用公司在 n 年期间的违约可能性

违约意味着无法偿付或推迟偿付利息和/或本金、破产、破产监管、扣押抵换（distressed exchange）。p_n 通常基于 CAA 至 C 评级公司的平均累计违约率，该违约率是穆迪公司（Moody）❶ 根据公司债券发行商的历史违约率研究得出的。q_n 则通常基于 AAA 至 BBB 评级公司的平均累计违约率，该违约率同样也是穆迪公司根据公司债券发行商的历史违约率研究得出的。❷

回到反补贴调查，美国首先根据上述公式得出通常商业环境中信用不良公司的基准利率（i_b），再与该信用不良公司实际获得的优惠利率比较，依其差额得出补贴幅度。

（三）欧盟关于非重复发生补贴的分摊方法

欧盟调查赠与补贴项目时，补贴利益应当依据补贴接受期间和调查期内的不同时点进行调整，既包括本金，也包括利息❸，并在 PET Film 案中详细阐述了考虑时间价值的理由。❹ 欧盟没有明确规定信用不良公司的补贴额计算方法，因此，这里只能初步研究其非重复发生补贴项目的分摊方法。欧盟没有在条文中列出补贴额计算公式，但规定其调查机关通常须分摊非重复发生的补贴项目，并提供了一个固定资产的分摊案例，有助于理解欧盟的具体做法。❺

---

❶ 穆迪投资服务公司（Moody's Investors Service）为商业和政府部门提供金融研究和分析，同时该公司对债务人的信用进行评级，目前占据了全球 40% 的评级市场份额。其母公司穆迪公司（Moody's Corporation）创立于 1909 年，创始人是约翰·穆迪（John Moody），目前沃伦·巴菲特旗下的伯克希尔哈撒韦公司（Berkshire Hathaway）是其重要股东。参见 http：//en. wikipedia. org/wiki/Moody's，2009 年 12 月 8 日访问。

❷ United States, Notification of Las and Regulations under Articles 18. 5 and 32. 6 of the Agreements, Supplement, G//ADP/N/1/USA/1/Suppl. 4, 29 March 1999, pp. 34 – 37.

❸ Guidelines for the Calculation of the Amount of Subsidy in Countervailing Duty Investigation, (98/C 394/04), Official Journal of the European Communities, 17 Dec. 1998, C 394/7, para. E (a).

❹ Polyethylene terephthalate (PET) film (India), 199 O. J. (L 316) 1. 转引自 Van Bael & Bellis, Anti-Dumping and other Trade Protection Laws of the EC, 4th ed., 2004 Kluwer Law International, at pp. 553 – 554.

❺ Ibid, para. F (a) (ii), and Example 6. 为方便论述和理解，后文引用该案例时作了必要的简化和增补。

案例：假设 A 公司被给予了非重复发生补贴 500 万欧元，用于购买固定资产生产出口产品，年产能 10 万吨，且该产业固定资产折旧期为 5 年，年利率 25%，则该补贴项目的名义补贴额每年 100 万欧元，每吨产品被补贴 10 欧元。

补贴额计算：面值为每年 100 万欧元（每吨 10 欧元）。利息则要依据赠与的未折旧部分利息，在 5 年（折旧期）内平均分摊，具体而言则为：

第 1 年利息：500 万欧元×25% ＝125 万欧元

第 2 年利息：400 万欧元×25% ＝100 万欧元

第 3 年利息：300 万欧元×25% ＝75 万欧元

第 4 年利息：200 万欧元×25% ＝50 万欧元

第 5 年利息：100 万欧元×25% ＝25 万欧元

平均年息：（125＋100＋75＋50＋25）÷5＝75 万欧元

平均每吨产品利息：7.5 欧元

最终补贴利益（面值＋利息）：10 欧元＋7.5 欧元＝17.5 欧元/吨

虽然欧盟没有像美国那样给出具体的补贴额计算公式，但可以通过上述案例推导出其补贴额计算公式：

$$A = \frac{y + \sum_{k=1}^{n} [y - (y/n)(k-1)]d}{n}$$

其中：

A ＝每年的反补贴额

y ＝补贴面值

d ＝贴现率

n ＝分摊年限

k ＝分摊的年度，该年为 $1 \leq k \leq n$

通过比较欧盟和美国的补贴额计算公式可以发现，两者的基本原理是相近的：均考虑时间价值，除了补贴面值以外，还要增加补贴产生的利息，并且采取了余额递减法。但是，两国公式也略有不同：（1）美国在分摊期限内单独计算每年的补贴额，补贴额呈递减趋势；而欧盟采取了简单平均的方法，分摊期限内的补贴额均等。（2）如果补贴总额（面值）和分摊期间相同，在分摊期间的前期，美国计算的年度补贴额较高，欧盟较低；而在分摊期间的后期，欧盟计算的补贴额较高。最终反补贴税取决于补贴调查期的分布，美国公式计算的补贴额并不必然高于或低于欧盟公式计算的补贴额。（3）补贴额分摊以后，就每一单独年份而言，美国将每年的补贴额折成现值并征收反补贴税，而欧盟直接采用终值计算补贴额并征收反补贴税，从实施效果来说，欧盟征收的反补贴税（面值）更多，具有更强的贸易限制效果。

（四）我国关于非重复发生补贴的分摊方法

在我国对原产于美国的取向电工钢反补贴案中，国内申请人就本案中涉及一次性补贴利益的调查和分摊期提出了评论意见，建议以美国国内税务服务署《1977 年分类资产使用寿命及折旧范围体系》中列明的钢铁行业非原料生产性有形资产的折旧年限（即 15 年），作为本案一次性补贴利益的调查和分摊期。❶ 调查机关最终裁定以 15 年作为本案一次性补贴利益的调查和分摊期，对补贴调查期内及之前 14 年中可能给企业带来利益的财政资助以及任何形式的收入或价格支持展开调查。❷ 在我国对原产于美国的白羽肉鸡反补贴案中，调查机关认定美国阿肯色州"退税鼓励措施的销售税和使用税退税奖励以及创业退税鼓励措施的现金奖励"为一次性补贴利益，补贴利益按 10 年期进行分摊。❸ 白羽肉鸡案中，我国调查机关借鉴了美国 1984 年钢铁案中的计算公式。

四、时间价值做法及其国际认可

美国的做法实际上是考虑了补贴的时间价值，其理论基础是财务管理中的货币的时间价值，又称资金的时间价值。❹ 这个概念在乌拉圭回合谈判时引起了广泛争议，很多成员不赞同采用考虑了资金的时间价值的"现值"方法计算补贴利益。❺

（一）谈判史和 GATT 争端案例

GATT 1947 第 6 条仅仅规定了反补贴税不能超过直接或间接给予的补贴额，没有说明如何计算补贴额，也没有说明是否考虑补贴的时间价值；《东京

---

❶ 《中华人民共和国商务部对原产于美国和俄罗斯的进口取向电工钢反倾销调查及原产于美国的进口取向电工钢反补贴调查的最终裁定》，公告 2010 年第 21 号，2010 年 4 月 10 日，第一（三）2（6）段。

❷ 同上，第 5 段。

❸ 《中华人民共和国商务部关于原产于美国的进口白羽肉鸡产品反补贴调查的最终裁定》，公告 2010 年第 52 号，2010 年 8 月 29 日，第 87 页。

❹ 货币的时间价值并没有唯一的定义，通常指货币经历一定时间的投资和再投资所增加的价值，也称资金的时间价值。这个概念在财务管理中被广泛接受。参见荆新、王化成、刘俊彦主编：《财务管理学》，中国人民大学会计系列教材第 3 版，中国人民大学出版社 2002 年版，第二章第一节。

❺ Problems in the Area of Subsidies and countervailing Measures, Note by the Secretariat, GATT Doc. No. MTN. GNG/NG10/W/3（March 17, 1987），p. 2.

回合补贴守则》依然沉默；直至 1993 年，欧盟将美国对其采取的热轧铅铋碳钢产品的反补贴措施告至 GATT 专家组（以下简称 US—Lead and Bismuth I 案）❶，欧盟认为根据《东京回合补贴守则》第 4.2 条，反补贴税不能超过补贴额，该条意味着补贴面值必须与每年分摊的名义补贴额合计数相同；美国则认为，该条款意味着提供补贴当年的补贴面值与每年分摊的名义补贴额的"实际或现值"（real or present value）的合计数相同。专家组支持了美国的观点，认为时间可能影响价值，如果一个成员采用现值概念计算补贴额并分摊，则不能说这样的反补贴税必然超过存在的补贴额。❷

（二）后续的国际实践与有关解释

澳大利亚在反补贴实践中采用了美国 1984 年公式，其计算补贴额时须考虑时间价值❸；加拿大在计算赠与、优惠贷款、贷款担保、所得税延期等项目的补贴额时，规定采取现值计算方法，也考虑时间价值❹；欧盟如前所述，输了 US—Lead and Bismuth Steel I 案时间价值法律点以后，改变了其立场，1998 年颁布的《反补贴税调查的补贴额计算指导意见》承认了补贴的时间价值（尽管其做法与美国的做法略有不同），规定调查机关计算补贴额应依据通常的商业利率，将补贴面值转化为调查期内的价值。❺ WTO 成立以后，根据补贴委员会决议，1998 年非正式专家组（IGE）提交报告，赞同在计算补贴额过程中考虑资金的时间价值。❻

从谈判史、争端案例、后续的国际实践来看，补贴额计算公式中考虑

---

❶ United States—Imposition of Countervailing Duties on Certain Lead and Bismuth Steel Products Originating in France, Germany and the United Kingdom (referred as US—Lead and Bismuth I), SCM/185, 15 November 1994.

❷ Panel Report, US—Lead and Bismuth Steel, para. 647 – 675.

❸ Australian Customs Service, Customs Subsidy Manual, January 2009, pp. 9 – 10.

❹ Canada, Special Import Measures Regulations (SIMA), G/SCM/N/1/CAN/4, Section 27 – 34. 其中，第 27 节规定，计算赠与的补贴额时，要依据通常接受的会计准则（generally accepted accounting principles），如前文所述，时间价值是财务管理过程中通常须考虑的因素，因此，该条款实际上也包含了时间价值因素。

❺ Guidelines for the Calculation of the Amount of Subsidy in Countervailing Duty Investigation, (98/C 394/04), Official Journal of the European Communities, 17 Dec. 1998, C 394/7. It provides that "… the face value of the amount of the subsidy has to be transformed into the value prevailing during the investigation period through the application of the normal commercial interest rate."

❻ Informal Group of Experts, Report by the Informal Group of Experts to the Committee on Subsidies and Countervailing Measures, G/SCM/W/415/Rev. 2, 15 May 1998, para. 25. 但 IGE 对如何计算时间价值仍存分歧。报告同时列举了反对考虑时间价值的主要理由，即从"政府成本"的角度来看，政府提供补贴时，该笔补贴金额已经计入当年的政府成本，在公共账户上列支的是补贴的名义价值（nominal value），无论该价值是否在一定期限内分摊。IGE Report, para. 27.

时间价值已经成为广泛接受的国际惯例，从整体上推翻这种国际共识并不现实。

五、补贴额计算方法引发的争议及其 WTO 合规性分析

经过 35 年的实践，余额递减法补贴额计算公式已经发展得比较成熟，而且该公式根植于财务管理和会计学理论，具有比较扎实的理论与实践基础。但是，这些公式依然在 WTO 成员中引起很多争议，有些争议已经过 GATT 专家组裁决，有了初步结论；还有部分争议尚无定论，值得仔细思考，有待澄清和完善。

（一）选择分摊年限的争议

分摊年限（n）取决于资产的使用年限（AUL），其长短并不必然反映出口利益或进口利益。分摊年限长，每年补贴额小，但存续时间长，调查期内累积的补贴项目可能较多；分摊年限短，每年补贴额大，但存续时间短，调查期内累积的补贴项目可能较少。所以，从制定规则的角度来看，并不是必然要追求某个"长"或"短"的分摊年限，而应该追求一个"合理"的分摊年限。

基于这个认识，再看待分摊年限。各国通常均规定依据资产的使用年限进行分摊，但实践中有所不同，大致有 3 类方法：（1）产业分摊年限（industry-wide）；（2）特定公司分摊年限（company-specific）；（3）国别分摊年限（country-wide）。美国是产业分摊年限的坚定支持者，其国内立法规定了可抗辩的产业分摊年限推定，即通常根据美国财政部更新的"国税局 1977 年分类折旧年限制度"（IRS's 1977 Class Life Asset Depreciation Range System）认定涉案产业的固定资产使用年限，除非声称并证明其应诉公司资产使用年限或国别使用年限与国税局提供的年限显著不同❶。美国随后对背离国税局产业年限的情形作出了苛刻的条件限制：如果要采取特定公司分摊年限，应诉公司须采用直线折旧法（straight line method），或证明其使用年限计算没有因为非正常或非均衡的固定资产集中而扭曲；如果要采取国别使用年限，涉案国政府须证明具有为其产业计算资产使用年限的系统，并且这种系统提供的资产使

---

❶ US Code of Federal Regulations，§ 351. 524 (d) (2) (i).

用年限可靠。❶ 欧盟也采用了类似于美国的做法，规定分摊年限通常为产业的资产使用年限，并且须采用直线折旧法。❷

美欧实践容易引起分摊年限先后次序的争议。需要注意的是，国别分摊年限往往是争取特定公司分摊年限未成功时政府抗辩策略的替代性选择，或抗辩其他税率时的主张。如果调查机关首先采用了特定公司分摊年限，则国别分摊年限引发的争议的重要性降低，因此，本文关注的重点是产业年限和特定公司年限之间的选择，即调查机关应首先采取产业分摊年限还是特定公司分摊年限。

首先看到，WTO《反倾销协定》第2.2.1.1条明确建立了特定公司分摊年限的优先次序，成本通常应以被调查的出口商或生产者保存的记录为基础进行计算，此类记录符合出口国的公认会计准则并合理反映与被调查的产品有关的生产和销售成本。❸ 对照《反倾销协定》则发现，《补贴与反补贴协定》在同样的问题上出现了空白。WTO上诉机构在 Japan—Beverages 案中说"省略必有含义"（omission must have some meaning）❹，又在 Canada—Autos 案中说"不同文本中的省略可能有不同的含义，省略本身并不是决定性的"❺。因此，单纯看待条文，无法找到明确答案，还需要研究围绕文本的争端和后续实践。但这里并不否认《反倾销协定》的文本（第2.2.1.1条）已经构成了解释《补贴与反补贴协定》的"上下文"❻，从某种程度上支持了特定公司分摊年限的主张。

---

❶ US Code of Federal Regulations，§351.524（d）（2）（iii），it provided that "A calculation of a company-specific AUL will not be accepted by the Secretary unless it satisfies the following requirements: the company must base its depreciation on an estimate of the actual useful lives of assets and it must use straight-line depreciation or demonstrate that its calculation is not distorted through irregular or uneven additions to the pool of fixed assets. ... A country-wide AUL for the industry under investigation will not be accepted by the Secretary unless the respondent government demonstrates that it has a system in place to calculate AULs for its industries, and that this system provides a reliable representation of AUL."

❷ Article 7（3）of Regulation 2026/97 and Guidelines for the Calculation of the Amount of Subsidy in Countervailing Duty Investigation，（98/C 394/04），17 Dec. 1998，C 394/12.

❸ Antidumping Agreement Article 2.2.1.1，同时规定了投产期企业经常性项目（recurring item）的分摊方法。

❹ Appellate Body Report，Japan—Taxes on Alcoholic Beverages（referred as Japan—Beverages），WT/DS8/AB/R，WT/DS10/AB/R，WT/DS11/AB/R，adopted 1 November 1996，p. 18.

❺ Appellate Body Report，Canada—Certain Measures Affecting the Automotive Industry（referred as Canada—Autos），WT/DS139/AB/R，WT/DS142/AB/R，adopted 19 June 2000，para. 138. It provided that "omissions in different contexts may have different meanings, and omission, in and of itself, is not necessarily dispositive."

❻ 此处"上下文"应按照《维也纳条约法公约》第31条理解。See Vienna Convention on the Law of Treaties，1155 U. N. T. S. p. 331. Done at Vienna on 23 May 1969. Entered into force on 27 January 1980.

GATT 1947 和《东京回合补贴守则》没有直接回应这个问题。1985 年 GATT 补贴与反补贴措施委员会发布的《摊销和折旧的指导意见》(以下简称《指导意见》)❶ 建议调查机关应(should)选择"被调查企业的一个合理的资产平均使用期限"❷,但没有说明究竟应该首先选择哪个合理年限。在 US—Lead and Bismuth I 案中,美国和欧盟曾经争议过这个问题,欧盟认为应根据个别企业选择年限,而美国认为《指导意见》允许使用产业年限。❸ 专家组采取了一个折中的立场,首先不同意欧盟的观点,认为《指导意见》没有规定必须选择某个年限,《指导意见》如果意味着只能采取特定企业的资产使用年限,则变成多余。❹ 专家组据此推理裁定:"某成员方使用特定产业的资产平均使用期限作为标准期限,这种行为并不必然违反'被调查企业的一个合理期限'的概念解释,但该标准期限不能恣意认定,而且必须在实施中具有一定灵活性,以使调查机关考虑特定案情所使用的期限合理性的证据。"❺

该司法意见的前半句话认可了采取产业平均资产使用期限并未违反"一个合理期限"的解释,但后半句话又给调查机关增加了"合理性和灵活性"义务。专家组在其后的裁决部分,根据合理性义务,裁定美国商务部使用产业平均资产使用年限(15 年)的做法违反《东京回合补贴守则》第4.2 条,没有充分解释选择该标准期限的理由。❻

WTO《补贴与反补贴协定》对这个问题依然没有回应。根据《补贴与反补贴协定》第6.1(a)条和附件 4,在认定严重侵害而分析某产品从价补贴总额是否超过 5% 的时候,使用的术语是"接受公司"(recipient firm,单数),WTO 补贴与反补贴措施委员会成立的非正式专家组(IGE)1998 年报告也据此明确认可了特定公司分摊年限❼,同时建议"应当根据营运资产的总

---

❶ Guidelines on Amortization and Depreciation, adopted by the Committee on Subsidies and Countervailing Measures on 31 May 1985, have been circulated in document SCM/54.

❷ Guidelines on Amortization and Depreciation, Article 3.2. It provides that "the investigating authority should select a reasonable period for the firms being investigated."

❸ Panel Report, US—Lead and Bismuth I, para. 622.

❹ Panel Report, US—Lead and Bismuth I, para. 623.

❺ Panel Report, US—Lead and Bismuth I, para. 626, "The Panel considered that it was not necessarily inconsistent with the above interpretation of the notion of 'a reasonable period for the firms being investigated' for a signatory to apply a standard period for the average useful life of assets in a given industry, provided that such standard period was not established on an arbitrary basis and that it be applied with a degree of flexibility so as not to prevent an investigating authority from taking into account evidence calling into question the reasonableness of that period under the circumstances of a given case."

❻ Panel Report, US—Lead and Bismuth I, paras. 628 – 633.

❼ IGE Report, G/SCM/W/415/Rev. 2, para. 61.

体平均账面价值与平均每年折旧额的比例，确定资产平均使用年限"❶。这个建议考虑了应诉公司传统的分摊方法，也避免了过于繁琐的资产分摊计算，节约了调查成本。然而这些条文或报告都不直接用于解释和说明反补贴调查和措施，而且GATT争议和《指导意见》足以说明这个问题尚无定论，因此难以直接构成反补贴调查的补充和说明文本。2004年，美国在WTO多哈回合规则谈判中提出讨论补贴利益分摊期限的提案，认为虽然理论上特定公司分摊年限更可取，但美国反对采用此类年限，主要有两点原因：一是应诉公司可能根据减免税等原因选用资产折旧年限以及相应的加速折旧等方法；二是计算特定公司的资产使用年限工作繁琐，会增加巨额工作量，往往产生不连贯、不可预测的结果。❷

根据以上分析，尽管美国主张采用产业分摊期限，且GATT争端解决裁定美国胜诉，但《补贴与反补贴协定》第6.1（a）条和附件4、《反倾销协定》第2.2.1.1条以及非正式专家组（IGE）1998年报告构成了支持特定公司分摊年限主张的上下文背景和解释工具。

（二）企业惯用折旧方法的争议

如前所述，美欧实践还容易引起关于折旧方法的争议，即应诉企业为什么只能采用直线折旧法，而不能采用国际通行的加速折旧法（accelerated depreciation method）。

与直线折旧法相对应的是"加速折旧法"，指在固定资产使用年限的初期计提较多折旧。❸我国税法规定，由于技术进步等原因，企业可以加速折旧固定资产。❹这些固定资产包括两类：（1）由于技术进步，产品更新换代较快的固定资产；（2）常年处于强震动、高腐蚀状态的固定资产。采取加速折旧

---

❶ IGE Report, G/SCM/W/415/Rev. 2, para. 13.

❷ Allocation Periods for Subsidy Benefits, Communication from the United States, TN/RL/W/157/Rev. 1, 14 July 2004, p. 3. 美国在这个提案中提出了问题，介绍了自身做法，但没有给出解决方案。

❸ 采用了加速折旧法以后，企业早期折旧额较大，企业的应课税所得较小，税负较轻；后期由于折旧额小于前期，故税负较重。对企业来说，虽然总税负不变（面值），但税负前轻后重，有税收递延缴纳之利，亦同政府给予一笔无息贷款之效；对政府而言，在一定时期内，虽然来自这方面的总税收收入未变，但税收收入前少后多，有收入迟滞之弊。政府损失了一部分收入的"时间价值"。参见 http://baike. baidu. comview634397. htm? fr = ala0_ 1, 2010年1月17日访问。这里出现了一个很有意思的问题：加速折旧是否构成《补贴与反补贴协定》范围内的补贴？但该问题非本文关注点，这里不作分析。

❶ 《中华人民共和国企业所得税法》第32条，2007年3月16日第十届全国人大第五次会议通过，自2008年1月1日起施行。

方法的，可以采取双倍余额递减法或者年数总和法。❶ 根据我国财政部会计准则委员会公布的会计准则，企业应当根据与固定资产有关的经济利益的预期实现方式，合理选择固定资产折旧方法，可选用的折旧方法包括年限平均法、工作量法、双倍余额递减法和年数总和法等。❷ 从这些规定来看，加速折旧是符合我国税法和会计准则的通行商业惯例。

再看美欧关于加速折旧的做法。1975 年以前美国国内税法采用的折旧方法是直线折旧法，后来变化其做法，考虑了资产的加速折旧，1975~1983 年期间使用"加速成本回收制"（ACRS）；其后通过了《1986 年税收改革法案》（Tax Reform Act of 1986），建立了"修正的加速成本回收制"（MACRS）并沿用至今。❸ 欧盟成员国负责税收政策，加速折旧是成员国内广泛存在的税收措施，经常用于刺激投资，克罗地亚、马其顿、罗马尼亚、塞尔维亚均采用加速折旧扶持其公司体系。❹ 2009 年芬兰政府向欧盟建议通过加速折旧的税收措施刺激投资，应对经济下行，欧委会认为该税收刺激政策是普遍性措施，并不构成国家援助（state aid）。❺ 这些规定和措施表明加速折旧也是符合美欧税法的通行商业惯例。

然而在反补贴调查时，美国和欧盟却不考虑其国际通行的加速折旧做法，规定只能采用唯一的直线折旧法。这种拒绝考虑外国公司合理行为的立法，可能使调查机关在反补贴调查活动中难以解释其"拒绝某种合理折旧方法"的合理性。根据 DSU 第 11 条，WTO 上诉机构在 US—Softwood Lumber VI（Article 21. 5 - Canada）案中建立了"合理性与充分性"（reasoned and adequate）审查标准，认为调查机关需要"辨明为什么拒绝或忽视记录在案的证据的替代性说明和解释"❻。同时，上诉机构在 US—Lamb 案中表示："如果某些事实的替代性解释表面看起来有道理，而且调查机关针对该替代性解释的

❶ 《中华人民共和国企业所得税法实施条例》第 98 条；该条款与第 60 条同时规定，房屋、建筑物、飞机等交通工具、与生产经营活动有关的器具、工具、电子设备等固定资产计算折旧的最低使用年限（3~20 年不等），加速折旧最低折旧年限不得低于以上列明的折旧年限的 60%。

❷ 《企业会计准则体系（2006）》，企业会计准则第 4 号——固定资产，第 17 条。

❸ U. S. Department of the Treasury, Internal Revenue Service Publication 946, Cat. No. 13081F, How to Depreciate Property. Washington, DC：U. S. Government Printing Office.

❹ Luigi Bernardi, Mark W. S. Chandler, Luca Gandullia, Tax Systems and Tax Reforms in New EU Members, Routledge, 2005, p. 128.

❺ Commission endorses Finnish temporary tax incentives for productive investment, Brussels, 14 October 2009, http：//europa. eu/rapid/pressReleasesAction. do? reference = IP/09/1515&format = HT ML&aged = 0&language = en&guiLanguage = en, Jan. 19, 2010 visited.

❻ Appellate Body Report, United States—Investigation of the International Trade Commission in Softwood Lumber from Canada—Recourse to Article 21. 5 of the DSU by Canada（referred as US—Softwood Lumber VI（Article 21. 5 - Canada）），WT/DS277/AB/RW, adopted 9 May 2006, and Corr. 1, para. 93.

解释不充分，专家组应认定调查机关的解释不合理或不充分。"❶根据上诉机构的解释的审查标准，基于财务数据和经营状况计算补贴额时，不能否认加速折旧法是直线折旧法的一种替代性解释和实践，因此，调查机关应当给予合理和充分的说明。从以上分析来看，美欧法律规定直接禁止适用加速折旧法，可能违反了WTO义务。同样，比较《反倾销协定》和《补贴与反补贴协定》可以看到，《反倾销协定》第2.2.1.1条明确要求考虑出口国的公认会计准则并合理反映与被调查的产品有关的生产和销售成本。就这点而言，《反倾销协定》更尊重企业的自主选择和出口国国内的会计制度，是一个值得参考的合理做法。❷

（三）贴现率及信用不良公司的争议

根据前述美欧的补贴额计算公式，贴现率的大小直接影响补贴额的多少，因此其认定方法值得注意。根据美国法律，调查机关通常要选择提供补贴当年的贴现率数据，在此基础上通过3种方式认定贴现率（d），并且这3种方式按先后次序实施（信用不良公司除外）：

（1）涉案公司的长期固定利率贷款的成本，排除调查机关认定的构成反补贴的贷款补贴项目；

（2）涉案国的平均长期固定利率贷款的成本；

（3）调查机关认为最合适的利率。❸

这三种认定方式目前未引起争议，欧盟和美国曾经在 US—Lead and Bismuth I 案中争议过"通常可获得的最高利率"❹，但是从上述立法来看，美国现在并不必须采用曾经的做法。

然而美国关于信用不良公司（uncreditworthy companies）的贷款利率的认定却存在一些显而易见的争议：（1）仅仅依赖指定商业公司的判断，忽视了

---

❶ Appellate Body Report, United States—Safeguard Measures on Imports of Fresh, Chilled or Frozen Lamb Meat from New Zealand and Australia（referred as US—Lamb），WT/DS177/AB/R，WT/DS178/AB/R，adopted 16 May 2001，para. 106.

❷ 需要注意的是，如果考虑了企业惯用的折旧方法，补贴额计算公式可能要发生大幅变化，需要分别考虑直线法、工作量法、双倍余额递减法和年数总和法等不同情形的补贴额计算公式。这将大幅增加调查机关的工作量，并使得反补贴调查更加复杂。

❸ US Code of Federal Regulations, §351.524（d）（3），it provided that "（A）The cost of long-term, fixed-rate loans of the firm in question, excluding any loans that the Secretary has determined to be countervailable subsidies；（B）The average cost of long-term, fixed-rate loans in the country in question；or（C）A rate that the Secretary considers to be most appropriate."

❹ Panel Report, US—Lead and Bismuth I, para. 571–580. 在此案中，美国在计算法国公司贷款利率时，依据可获得事实，采用了国际货币基金组织（IMF）的贷款利率，但美国输了该法律点，专家组裁决美国调查机关没有充分解释其做法。

其他可能存在的商业判断；（2）穆迪公司（Moody）的评价标准不明，评价
程序不明，美国立法也没有清楚解释评价结果的形成机制；（3）单纯以历史
违约率计算公司资信及相应基准利率，没有考虑涉案公司的未来发展；（4）
没有考虑外部投资者和内部投资者可能存在的差异；（5）没有考虑出口国商
业习惯、市场状况；等等。美国政府这种完全依靠本国公司来评价全球其他
公司的行为，实际上反映了渗透于贸易政策的金融霸权，以本国经验取代他
国经验，以本国视角审查他国实践。尽管我们能初步观察出美国做法的强权
本色，但目前的《补贴与反补贴协定》缺少直接有效的约束纪律，只能从
"合理性和充分性"义务角度，结合具体案件争取技术上的制衡。❶ 这种应对
策略治标不治本，比较理想的情形还是通过 WTO 多边谈判，建立尊重涉案国
自主评价的规则体系，如此才能从根本上防范可能滥用的贴现率。

（四）涉嫌违反的 WTO 规则

WTO 规则尽管未直接规范补贴额的计算方法，但在若干条款中对反补贴
调查和措施规定了比较宽泛的法律义务，特别是以下两类：（1）反补贴税的
适当性义务（包括不能超过认定存在的补贴额义务）；（2）反补贴调查和裁
决的透明度义务，包括充分解释反补贴裁决的义务、向反补贴利害关系方提
供可理解的非保密摘要义务。❷

关于反补贴税的适当性义务，《补贴与反补贴协定》第 19.3 条规定进口
国应当"在非歧视基础上收取适当金额的反补贴税"；《补贴与反补贴协定》
第 19.4 条和《关贸总协定》第 6 条第 3 款规定"反补贴税不得超过认定存在
的补贴金额"。这几个条款建立了补贴额上限的基本规范。至于何为"适当
性"，上诉机构没有明确阐述过"适当"的法律标准，但在 US—AD and CVD
Measures 案❸中表示此标准非"自动适用或绝对的标准，其评估必须与其他情
形有关联，或参考其他情形"❹，还确认了"适当"具有丰富的内涵，避免补

---

❶ US—Lead and Bismuth I 案中，欧盟和美国曾经争议过信用不良公司的资本注入，当时欧盟提
出了麦肯锡（McKinsey）公司的研究报告，从公司的未来财务状况角度论证了投资价值。专家组裁决
美国败诉，认为美国没有充分合理地说明为什么拒绝麦肯锡报告。从该角度而言，在这个争端上可以
制衡美国对于信用不良公司的差别待遇。See Panel Report, paras. 522 – 558.

❷ 与之相对应的主要 WTO 条款：反补贴税的适当性义务包括《补贴与反补贴协定》第 19.3 条、
第 19.4 条和《关贸总协定》第 6 条；透明度义务包括《补贴与反补贴协定》第 22 条和第 12.4.1 条。
后文将详细阐述其相关解释。

❸ Report of the Appellate Body, United States—Definitive Anti-Dumping and Countervailing Duties on
Certain Products from China（referred as US—AD and CVD Measures），WT/DS379/AB/R, 11 March 2011.

❹ Report of the Appellate Body, US—AD and CVD Measures, para. 552 provides that "These defini-
tions suggest that what is 'appropriate' is not an autonomous or absolute standard, but rather something that must
be assessed by reference or in relation to something else."

贴的双重救济只是其中的最低要求。❶ 上诉机构还强调"调查机关具有肯定性
义务，确定补贴的具体金额"，将调查补贴额的证明责任分配给调查机关。❷
据此，再对照美欧的补贴额计算方法，则可以观察到：（1）在分摊年限问题
上，美欧在规则层面（包括立法层面）不当拒绝了特定公司分摊年限的方法，
而是选择实务中相对方便的产业分摊年限，没有尽到勤勉调查的肯定性义务，
也没有充分解释其理由。（2）在折旧方法问题上，美欧拒绝了企业惯常的折
旧方法（包括加速折旧法），而是规定应诉企业只能采用直线折旧法，这是一
种不合理的做法（尤其参考《反倾销协定》中的规定），最终计算出的补贴
额也很难说"适当"。所以，美欧在"分摊年限"和"折旧方法"上的立法
（或者与立法相类似的实践）有可能违反《补贴与反补贴协定》中的适当性
义务。

关于透明度义务，需要结合美欧在具体案件中的做法，也取决于应诉企
业是否提出有效的抗辩主张和证据。但从美欧规则层面的模糊性和不合理性
来看，从透明度方面挑战美欧做法具有可行之处，可以制约调查机关的自由
裁量权。《补贴与反补贴协定》第22条规定，反补贴肯定性裁决应向当事方
提供与裁决有关的所有事实和法律信息，包括裁决理由；第12.4.1条规定，
如果涉及保密信息，调查机关应当要求申请人提供非保密概要，且"这些概
要应足够详细，以便能够合理了解以保密形式提交的信息的实质内容"。这些
条款建立了严格的透明度义务，专家组在若干反倾销和反补贴案件中多次确
认了此项义务。❸ 如前所述，如果美欧调查机关在裁决过程中未清楚解释"分
摊年限"和"折旧方法"的做法，未充分回应利害关系方的主张，是可以通
过这些条款加以挑战的。同时，关于"信用不良公司贴现率"问题，可以要
求美国调查机关解释穆迪公司评级标准的理由和依据，如美国调查机关未充
分回应，或未要求起诉方提供可供理解的非保密概要，则涉嫌违反透明度
义务。

六、结语

补贴额计算的复杂性在于，国际条约的义务是调查机关必须定量分析扶

---

❶ Report of the Appellate Body, US—AD and CVD Measures, para. 571.
❷ Report of the Appellate Body, US—AD and CVD Measures, para. 602.
❸ Panel Report, China—Countervailing and Anti-Dumping Duties on Grain Oriented Flat-Rolled Electrical Steel from the United States, WT/DS414/R, adopted 16 November 2012, paras. 7.187 – 223 and 7.472 – 474. Panel Report, China—Anti-Dumping and Countervailing Duty Measures on Broiler Products from the United States, WT/DS427/R, adopted 25 September 2013, paras. 7.49 – 7.65, and 7.364 – 7.367,

持政策给予接受者的利益，而这些扶持政策的形式和存续时间、接受者自身的组织结构和运营方式又是千差万别的，因此，补贴的利益影响也根据个案存在不同。美国和欧盟经过 30 多年的实践和争执，研究出比较完善的补贴额计算公式和整套规则，考虑了补贴的时间价值和分摊方法，具有开创制度的贡献价值，对我国开展反补贴调查也具有积极的启发意义。

但美欧的这些做法也引起很多争议，其关于分摊年限、折旧方法和信用不良公司贴现率等问题的立法或实践，涉嫌违反 WTO 规则中反补贴税的适当性义务和透明度义务。另外，1998 年 WTO 补贴与反补贴措施委员会非正式专家组（IGE）发布的报告，尽管目的是澄清补贴多边救济的严重侵害触发点，但在形成过程中深入研究了补贴政策和会计准则，平衡了 WTO 成员观点❶，在非重复发生补贴的区分、分摊年限认定等方面具有很多值得借鉴的因素。美国在 WTO 多哈回合规则谈判中提出了一系列提案，讨论补贴利益分摊、补贴的时间价值、非重复发生补贴利益区分等问题。❷ 这些动向值得我们关注，可在充分了解美欧实践的基础上，推动制定尊重出口国商业环境和会计制度、尊重出口国政府商业判断、尊重应诉企业传统做法的国际规则。

---

❶ Note from the Informal Group of Experts, Questions and Answers and Comments regarding the Report of the Informal Group of Experts（G/SCM/W/415/REV. 2），G/SCM/W/416/Suppl. 2，14 September 1998，p. 7.

❷ Communications from the United States, Subsidies Disciplines Requiring Clarification and Improvement，TN/RL/W/78，19 March 2003；Allocation of Subsidy Benefits over Time，TN/RL/W/148，22 April 2004；Allocation Periods for Subsidy Benefits，TN/RL/W/157，4 June 2004；Expensing versus Allocating Subsidy Benefits，TN/RL/GEN/17/Rev. 1，21 September 2004.